ATLAS
DU
MONDE RÉEL

COMPRENDRE LE MONDE AUJOURD'HUI

Direction éditoriale :
BRUCE MARSHALL

Sélection
du Reader's Digest

PARIS • BRUXELLES • MONTRÉAL • ZURICH

L'ATLAS DU MONDE RÉEL
est l'adaptation française de *Real World*, conçu
et réalisé par Marshall Editions, 170 Piccadilly
Londres W1V 9DD

ÉDITION ORIGINALE
Direction éditoriale : Bruce Marshall
Rédacteur principal : Philip Boys
Consultant principal : Dr. Risa Palm
Consultants : Len Brown
          Dr. David Green
          Dr. Linda Newson

ADAPTATION FRANÇAISE

**Réalisée sous la direction éditoriale
de Sélection du Reader's Digest**

Coordination : Paule Meunier

Lecture-correction : Dominique Carlier,
Catherine Decayeux, Emmanuelle Dunoyer

Fabrication : Gilbert Béchard et Jacques
Le Maitre

Réalisation de l'adaptation française :
Atelier Martine et Daniel Sassier

Consultant scientifique : François Beautier,
agrégé de géographie, diplômé de géopolitique

Traduction : Marie-Catherine Andréani, Nathalie
Bailleux, Claude Bonnafont, Évelyne Brochard,
Yannick Trancart

Maquette : Évelyne Brochard

Cartographie : Atelier Graffito

© Marshall Editions Developments Limited,
1991

PREMIÈRE ÉDITION

© 1992, Sélection du Reader's Digest, S.A.,
212, boulevard Saint-Germain, 75007 Paris

© 1992, N.V. Reader's Digest, S.A.,
29, quai du Hainaut, 1080 Bruxelles

© 1992, Sélection du Reader's Digest
(Canada), Limitée,
215, avenue Redfern, Montréal, Québec H3Z 2V9.

© 1992, Sélection du Reader's Digest, S.A.,
Räffelstrasse 11, «Gallushof», 8021 Zurich

ISBN 2-7098-0377-1

SOMMAIRE

UN MODÈLE RÉDUIT DU MONDE
8
Dans la vallée du Rhône, en Suisse, la nature
a constamment défié les hommes. Pourtant,
ceux-ci ont transformé ses contraintes en
avantages. De cet enrichissement réciproque
est né l'un des États les plus riches du monde.

LA TERRE ET LES HOMMES
14

LA PLANÈTE TERRE
16
La Terre occupe dans l'espace une position
idéale pour accueillir la vie. Notre planète,
si belle, connaît en fait un équilibre
très fragile. Nous en prenons enfin conscience.

LES HOMMES
38
Poussés par le désir de découvrir d'autres
univers au-delà de leur horizon immédiat,
les hommes ont peu à peu colonisé toute
la planète. Cette expansion, si elle fut souvent
hasardeuse, connut aussi de grandes réussites.
En s'imposant et en conquérant le monde,
l'Europe l'entraîna dans les Temps modernes.

L'ENTREPRISE MONDE
64

LA NAISSANCE D'UN SYSTÈME MONDIAL
66
La révolution industrielle a tissé un réseau
planétaire d'économies et de sociétés
interdépendantes. Ce système préside aujourd'hui
encore aux relations entre tous les pays.

LE MONDE AU TRAVAIL
82
Le développement des moyens de transport et
des communications a permis la généralisation
des échanges. Les biens de consommation
circulent désormais à travers le monde entier.
La main-d'œuvre et les matières premières
ne connaissent plus de frontières. Même
les régions les plus isolées sont touchées.

PRÉFACE

Voir et Comprendre le Monde aujourd'hui

Voir le monde en 450 cartes, schémas et photographies.
Ces documents situent à des échelles diverses — du planisphère
au plan de quartier — les lieux qui jouent un rôle de première
importance dans l'actualité, mais aussi dans la mémoire et le destin
de la Terre et de l'humanité.

Comprendre le monde commence par le repérage et la définition
de ces lieux majeurs, mais nécessite aussi de mettre en relation,
de «prendre ensemble» différents facteurs. La géographie, l'histoire,
l'économie, les sociétés, les politiques... expliquent en effet comment
chaque endroit de la planète, chaque groupe humain est unique,
tout en participant au système mondial.
Cet ouvrage réussit remarquablement à conduire ces passionnantes
enquêtes. Il rend parfaitement claires des questions aussi complexes
que la recherche d'un équilibre écologique en Australie
ou la circulation planétaire des capitaux.

Voir et comprendre le monde tel qu'il est, c'est donc pénétrer le
mécanisme profond, l'ordre caché de phénomènes ou d'événements
naturels et humains apparemment confus et désordonnés. Mais
c'est aussi aller au-delà des habituels préjugés qui, à force
de simplification, finissent souvent par trahir la vivante complexité
de la réalité. En partant toujours de faits concrets, très complètement
décrits et précisément mesurés, **l'Atlas du monde réel** fait appel
à l'esprit critique de son lecteur ; dès lors, celui-ci peut appréhender
des situations aussi préoccupantes que l'écroulement de l'Empire
soviétique, la montée en puissance du Japon et des «tigres asiatiques»,
l'endettement massif du tiers monde, la croissance explosive
des grandes agglomérations, le développement du marché mondial
de la drogue, la généralisation des pollutions ou encore la difficulté
des organisations internationales à réduire les tensions
dans les points chauds de la planète.

Dans un monde de plus en plus ouvert et interdépendant, savoir
penser l'espace devient une démarche nécessaire, qui ne doit plus
être le privilège exclusif des seuls géographes. En ce sens, **l'Atlas
du monde réel** est un guide pour le présent et un passeport
pour l'avenir.

François Beautier

agrégé de géographie
diplômé de géopolitique

UN MODÈLE RÉDUIT DU MONDE
La vallée du Rhône en Suisse

L A SUISSE EST UN ÉTAT INDÉPENDANT, QUI se classe parmi les plus riches et les plus influents dans le monde. On peut s'en étonner, car rien ne semblait l'y prédisposer. En effet, ce pays n'est guère favorisé par sa géographie physique. Peu étendu (41 200 km²), enclavé au cœur du continent européen, il ne dispose pas de ressources naturelles importantes. De plus, nombre de ses régions sont couvertes de neige durant une bonne partie de l'année. Les données de la géographie humaine ne sont pas plus favorables : avec une population totale équivalant à celle d'une grande ville, la Suisse n'a pas d'unité linguistique, religieuse ou même culturelle. Ainsi, les 5,7 millions de nationaux parlent au moins l'une des quatre langues officielles distinctes (allemand, français, italien, romanche) et le million de résidents étrangers en utilisent bien davantage.

Cependant, ces différences entre les hommes n'ont pas entraîné la Suisse dans les désordres et les conflits qui endeuillèrent si fréquemment le reste de l'Europe, notamment au cours des guerres entre catholiques et réformés, ou entre germanophones et francophones.

La Suisse ne devrait-elle donc rien à ses caractères physiques et humains ? Il n'en est rien. Si ce pays est devenu un des plus prospères de la

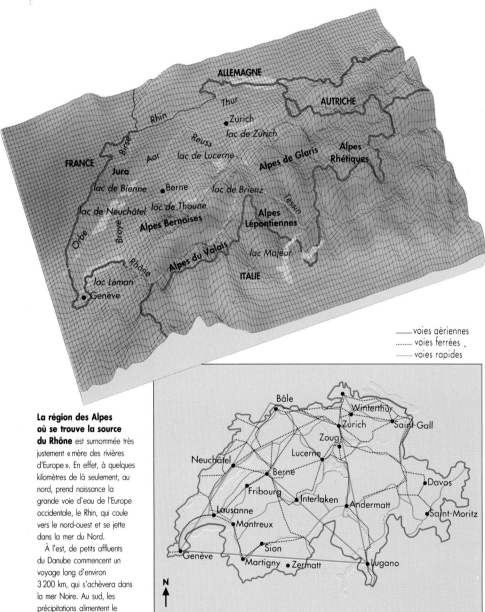

— voies aériennes
.... voies ferrées
— voies rapides

La région des Alpes où se trouve la source du Rhône est surnommée très justement « mère des rivières d'Europe ». En effet, à quelques kilomètres de là seulement, au nord, prend naissance la grande voie d'eau de l'Europe occidentale, le Rhin, qui coule vers le nord-ouest et se jette dans la mer du Nord.

À l'est, de petits affluents du Danube commencent un voyage long d'environ 3 200 km, qui s'achèvera dans la mer Noire. Au sud, les précipitations alimentent le Tessin ; celui-ci rejoint le Pô, qui se jette à son tour dans l'Adriatique, un peu au sud de Venise.

Ces vallées forment des couloirs naturels de communication que les routes empruntent. De même, les lignes de crête guident naturellement la plupart des frontières politiques des différents cantons et de la Confédération helvétique.

Le passage d'une vallée à l'autre suppose le franchissement d'une ligne de crête et constitue donc une difficulté qu'il importe de résoudre, soit par un col, soit par un tunnel. Parmi les trente-quatre cols routiers situés à plus de 1 000 m d'altitude, le Simplon, le plus connu, a été aménagé par Napoléon. Grâce aux tunnels, les grandes routes sont praticables toute l'année.

Les chemins de fer suisses sont un chef-d'œuvre de technique. Le tunnel du Saint-Gothard, notamment, serpente à l'intérieur de la montagne, gommant ainsi les différences d'altitude d'une vallée à l'autre.

Trois grands aéroports internationaux desservent la Suisse — Zurich, Genève et Bâle-Mulhouse (partagé avec la France) —, et la Swissair est l'une des plus grandes compagnies aériennes du monde.

planète, ce n'est pas en opposant les hommes à la nature. Au contraire, il doit tout à leurs relations réciproques. Depuis longtemps, les habitants ont en effet appréhendé les contraintes de leur milieu naturel comme des richesses à mettre en valeur. La nature les a défiés et modelés, mais ils l'ont eux aussi transformée, ce qui les a fait, à leur tour, évoluer. Cette interaction se poursuit aujourd'hui encore.

Ainsi, la Suisse tire l'une de ses forces des Alpes, cette grande chaîne de montagnes qui sépare l'Italie méditerranéenne de l'Europe septentrionale, plus froide et plus humide. À l'échelle des temps géologiques, les Alpes sont récentes, bien qu'elles soient nées il y a des millions d'années de grands mouvements de l'écorce terrestre. Malgré les attaques de l'érosion, elles conservent un relief jeune avec des pointes et des

Suisse

La vallée du Rhône a été creusée lors des dernières glaciations par un glacier qui s'étirait jusqu'à Lyon, en France, et occupait tout le lac Léman. Ce géant s'est retiré il y a environ 10 000 ans. Actuellement, il ne descend plus que jusqu'à 1 500 m d'altitude environ. Une eau d'apparence laiteuse suinte à sa base, sortant d'une grotte de glace : la source du Rhône.

La Suisse doit beaucoup à ses nombreux glaciers. Ils ont en effet sculpté des vallées profondes, larges, aux versants bien dégagés. Celles-ci constituent d'excellentes voies d'accès naturel à travers les montagnes. Les fonds de vallées tapissés d'alluvions constituent, depuis qu'ils sont protégés des inondations, d'excellentes terres agricoles.

Avant d'être canalisé, le Rhône supérieur s'écoulait de façon assez anarchique au milieu d'une vallée inondable et marécageuse. Le contrôle de son cours a permis d'assécher le sol et de transformer les berges en une riche mosaïque agricole. Des barrages et des centrales hydroélectriques permettent en outre de tirer des fleuves une électricité d'autant plus précieuse que la Suisse ne dispose d'aucune autre source d'énergie.

Aujourd'hui, cependant, la vallée du Rhône commence à payer le prix de son exploitation intensive et des bienfaits qu'elle a procurés à ses habitants. Les gaz d'échappement des voitures et les fumées des usines dégradent les forêts alors même qu'elles sont indispensables pour retenir les sols et la neige. De vieux villages sont ainsi menacés par des avalanches et des glissements de terrain. Ce paysage humanisé à l'extrême aurait pu mourir de ses propres excès si la Suisse n'avait pas entrepris à temps de lutter contre cette menace.

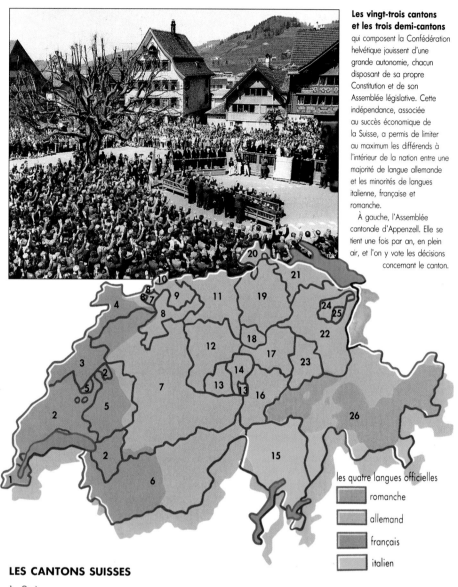

Les vingt-trois cantons et les trois demi-cantons qui composent la Confédération helvétique jouissent d'une grande autonomie, chacun disposant de sa propre Constitution et de son Assemblée législative. Cette indépendance, associée au succès économique de la Suisse, a permis de limiter au maximum les différends à l'intérieur de la nation entre une majorité de langue allemande et les minorités de langues italienne, française et romanche.

À gauche, l'Assemblée cantonale d'Appenzell. Elle se tient une fois par an, en plein air, et l'on y vote les décisions concernant le canton.

les quatre langues officielles

romanche

allemand

français

italien

LES CANTONS SUISSES

1 Genève
2 Vaud
3 Neuchâtel
4 Jura
5 Fribourg
6 Valais
7 Berne
8 Soleure
9 Bâle-Campagne
10 Bâle-Ville
11 Argovie
12 Lucerne
13 Obwald
14 Nidwald
15 Tessin
16 Uri
17 Schwyz
18 Zoug
19 Zurich
20 Schaffhouse
21 Thurgovie
22 Saint-Gall
23 Glaris
24 Appenzell-Rhodes-Extérieures
25 Appenzell-Rhodes-Intérieures
26 Grisons

La Suisse est un État fédéral fondé sur l'égalité de chacun de ses cantons. Elle porte le nom officiel de Confédération helvétique, d'où les initiales CH, qui apparaissent sur les plaques minéralogiques des automobiles et dans le code postal.

Les grandes décisions sont souvent prises après des référendums régionaux ou nationaux. Les plus récents ont concerné, par exemple, l'adhésion de la Suisse aux Nations unies (non), la séparation de l'Église et de l'État (non), la mise en place de péages sur les autoroutes (oui), l'égalité entre hommes et femmes (oui). Celles-ci n'obtiennent le droit de vote qu'en 1971, la Suisse étant ainsi l'un des derniers pays d'Europe à le leur accorder.

pics déchiquetés. Et elles grandissent d'ailleurs toujours d'environ 1 mm par an. Le paysage actuel porte l'empreinte des actions naturelles, celles du soleil, de l'eau, de l'atmosphère, de la faune, de la flore. Cependant, l'homme aussi l'a marqué, en l'adaptant à ses besoins.

La plupart des nations situées dans d'autres régions montagneuses du globe subissent à l'évidence de fortes contraintes géographiques.

En Suisse, les montagnes ont au contraire représenté un atout. Pendant des millénaires, de petits groupes humains venus des quatre coins de l'horizon ont colonisé les Alpes, se sont infiltrés dans ses massifs en suivant les vallées, peuplées au fur et à mesure. Par la hache et le feu, ils ont défriché les forêts, créant ainsi peu à peu de nombreuses communautés isolées. (Le mot suisse vient probablement du vieux terme germanique *suedan*, qui signifie brûler.)

En 1291, trois de ces districts forestiers, ou

cantons, parmi les plus reculés conclurent une alliance perpétuelle afin de se porter secours face à toute tentative d'hégémonie menaçant leur indépendance. L'unité politique actuelle de la Suisse est née de ce pacte. Au cours des siècles suivants, d'autres cantons échappèrent à la domination des grandes puissances voisines, en devenant membres de la Confédération helvétique.

Il faut dire que les montagnes de ce pays accidenté et froid représentent une excellente défense naturelle. Les Alpes constituent un terrain tout à fait propice à la guérilla. Pendant près de mille ans, la Suisse a suscité la convoitise de la France à l'ouest, de l'Italie au sud, de l'Empire germanique au nord et de l'Autriche à l'est. Mais il est très difficile, sinon impossible, de vaincre un peuple qui sait utiliser ses montagnes contre l'adversaire.

À l'exception d'une très courte période, pendant laquelle la France révolutionnaire puis impé-

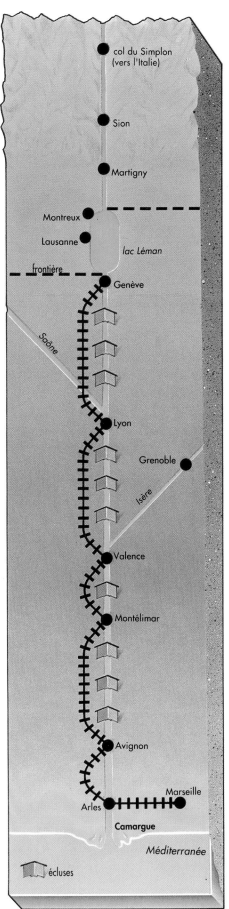

riale annexa une partie de la Suisse et imposa à l'autre un gouvernement centralisé, ce pays est toujours resté un État fédéral indépendant, y compris pendant les deux guerres mondiales, recueillant indifféremment les malades et les blessés des deux camps.

Cette neutralité lui valut de devenir le siège d'organisations internationales telles que la Croix-Rouge, le Conseil mondial des Églises ou l'Organisation mondiale de la santé. D'ailleurs, la Suisse veille si jalousement sur son indépendance qu'elle hésite encore à se joindre à la Communauté européenne, dont les pays membres l'entourent pratiquement de toutes parts. De même, elle refuse toujours d'adhérer aux Nations unies, alors que l'administration centrale de cet organisme en Europe se trouve... à Genève! Toutefois, elle appartient à la très souple Association européenne de libre-échange et participe à la préparation du futur Espace économique européen.

Les Romains apportèrent d'Italie la vigne. Ce serait elle qui, bien plus que les légions dit-on, leur ouvrit la route du Nord. Il semblerait en effet que les Romains utilisaient le vin un peu comme les Anglais et les Français se sont servis beaucoup plus tard de l'alcool en Amérique du Nord : il leur permettait de créer une dépendance chez les populations indigènes.

Le gouvernement suisse soutient largement l'agriculture — il a dans ce domaine une active politique de subventions. Ci-dessus, un paysage agricole bien ordonné typique de la vallée du Rhône.

Le Rhône (à droite) a toujours été une importante voie de passage et de commerce. Les noms des lieux situés tout au long du fleuve en témoignent. Cette toponymie des villages et des villes qui le jalonnent permet de suivre la pénétration de la culture française à travers les Alpes. En amont de Lyon se sont développées des villes très réputées — Genève et, sur la rive nord du lac Léman, Lausanne et Montreux —, qui portent des noms français. En remontant encore, on traverse de petites villes comme Martigny ou Sion et des cols comme le Simplon, qui conduisent en Italie. Beaucoup plus haut, les noms changent et prennent une consonance germanique : Munster, Saint-Gothard, Andermatt.

À Vevey, sur les bords du lac Léman, que le Rhône traverse juste avant de quitter la Suisse pour la France, se trouve le siège d'une grande entreprise multinationale : Nestlé.

Pendant près de deux siècles, la Suisse fut presque synonyme de chocolat de qualité. La consommation de ce produit s'était répandue lentement en Europe, à partir de l'Espagne, qui avait gardé pendant longtemps le secret de fabrication appris des Aztèques depuis le début du XVIᵉ s.

Les fabricants suisses utilisent évidemment des matières premières nationales, comme le lait. Quant au cacao lui-même, il provient de divers pays. L'industrie chocolatière doit donc affronter la compétition étrangère, notamment celle de Mars, compagnie américaine qui détient une part appréciable du marché mondial des sucreries pour enfants.

Récemment, les Suisses ont fait un gros effort pour exporter des chocolats de luxe, notamment vers des pays comme le Japon et l'Arabie Saoudite, qui représentent de nouveaux débouchés.

Nestlé est également célèbre pour ses produits laitiers : lait condensé, lait en poudre, aliments pour bébés. Le fondateur de la société, Henri Nestlé, fabriquait ces derniers à partir du lait condensé. En le combinant avec du chocolat, Daniel Peter créa le premier chocolat au lait en 1875.

Mais la plus grande trouvaille de Nestlé fut sans doute l'invention du café soluble — café instantané —, le Nescafé, mondialement connu.

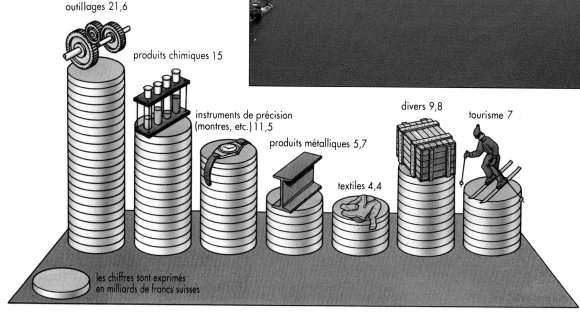

machines et outillages 21,6

produits chimiques 15

instruments de précision (montres, etc.) 11,5

produits métalliques 5,7

textiles 4,4

divers 9,8

tourisme 7

les chiffres sont exprimés en milliards de francs suisses

Le manque de matières premières a conduit l'économie suisse à se spécialiser dans les produits à haute valeur ajoutée — ceux pour lesquels le profit est le fruit de l'investissement dans la recherche et le savoir-faire. La Suisse est aussi renommée pour la compétence — et la discrétion — de ses services bancaires.

Le diagramme à gauche illustre la valeur annuelle des principales exportations suisses.

La géographie a-t-elle aussi profondément modelé l'économie de la Suisse ? Ce pays possède peu de terres labourables — rien en tout cas de comparable avec les grands champs céréaliers d'Amérique du Nord, d'Ukraine ou du Bassin parisien. Pourtant, il produit ou transforme de nombreuses denrées alimentaires, et la réputation de ses fromages et autres produits laitiers, de ses aliments pour bébés, de son chocolat, etc. s'étend au monde entier.

À l'origine, les agriculteurs ont développé leurs cultures sur les pentes les plus douces. Pour élever leurs troupeaux hors de ces terres, ils ont déboisé les forêts situées plus haut et les ont transformées en prairies soigneusement entretenues pour empêcher les arbres de repousser. Comme ces pâturages d'altitude sont enneigés en hiver, les fermiers ont adopté une vie nomade saisonnière, s'installant sur le versant des montagnes au printemps, après la fonte des neiges, et y restant jusqu'aux premiers froids. Pendant cette période estivale, ils travaillaient à la fabrication des fro-

mages — une façon traditionnelle, mais efficace, de mettre en conserve, pour l'hiver, le lait produit en montagne pendant la belle saison.

Ils redescendaient ensuite avec les troupeaux et des provisions de foin passer l'hiver dans les vallées. Dans les Alpes, celles-ci sont accueillantes, car très profondes — donc d'altitude assez basse et de climat doux et abrité. Tous ces caractères résultent du travail des anciens glaciers qui, au cours des périodes froides, ont puissamment érodé la montagne. Il y a 10 000 ans environ, les

La Suisse se montre si jalouse de son indépendance qu'elle refuse même d'entrer aux Nations unies et qu'elle entretient une armée particulièrement bien entraînée et organisée. Le service national militaire est obligatoire, avec des périodes régulières d'entraînement. Tous les hommes sont automatiquement inscrits sur la liste de réserve, depuis leur majorité jusqu'à l'âge de 50 ans, ou 55 ans pour ceux qui ont un grade d'officier. Citoyen-soldat, chacun conserve en permanence ses armes et ses munitions chez lui.

Sa neutralité n'implique pas en effet que la Suisse soit insouciante des menaces extérieures. La loi impose que chaque nouvelle construction dispose d'un abri souterrain antinucléaire, et des travaux sont en cours pour que tous les citoyens en bénéficient d'ici à l'an 2000.

langues glaciaires ont reculé vers les sommets, abandonnant des vallées maintenant larges, profondes et en forme de U, dont le fond s'est tapissé d'un limon fertile. Au cours des siècles, les paysans apprirent à canaliser les rivières de ces vallées afin qu'elles n'emportent pas le sol à chaque inondation. Dès lors, ces terres bien travaillées comptent parmi les meilleures du monde pour la culture maraîchère.

Les versants escarpés ont également été adaptés à l'agriculture. Ceux qui sont chauds et secs — car orientés au sud et protégés du vent — ont été aménagés en terrasses. Voilà pourquoi la Suisse possède un vignoble réputé à quelques kilomètres seulement de ses stations de ski.

En exploitant les qualités de cette terre de montagne, les Suisses ont su véritablement façonner leur pays. Plus de la moitié de sa superficie sert à l'agriculture : 46 % en prairies ou pâturages et 6 % en terres labourables. Un quart du territoire est laissé aux forêts, pour la plupart bien exploitées. Quant aux espaces non agricoles, ils attirent des amoureux de la nature, des alpinistes et des skieurs venus du monde entier.

L'économie suisse ne se limite pas, loin de là, à l'agriculture et au tourisme. Cela peut paraître

paradoxal, mais les Alpes ont favorisé l'industrie, le commerce et les activités bancaires suisses. En effet, la plupart des grandes routes reliant le nord et le sud de l'Europe traversent le pays.

Contraints d'utiliser un nombre limité de cols et de vallées, les marchands devaient se plier aux conditions helvétiques, c'est-à-dire payer des taxes élevées, verser des tributs. Toute une activité de services, assurant aux voyageurs des guides, des gardes, des porteurs, etc., se développa dès le haut Moyen Âge. Plus tard, grâce à la mise en place d'organismes spécialisés dans le change, les dépôts et les prêts financiers, l'assurance des marchandises, la Confédération helvétique devint l'un des tout premiers centres financiers du monde.

Le manque de matières premières ne désavantagea pas le développement industriel. La pénurie de charbon, par exemple, fut compensée par l'exploitation de la « houille blanche », c'est-à-dire de l'eau descendant en cascade des flancs des montagnes. Les Suisses, qui furent parmi les premiers à utiliser la puissance hydroélectrique, devinrent par là même d'excellents spécialistes des industries de matériel électrique.

Assez comparable en cela au Japon (autre pays montagneux ne disposant que de faibles res-

sources naturelles), la Suisse a développé une industrie de pointe tournée vers des produits légers, miniaturisés, à haute valeur ajoutée. Depuis des siècles, le label *Swiss made,* qu'il s'applique aux montres ou aux instruments scientifiques, a toujours été synonyme de précision et de qualité. Récemment, cette réputation s'est étendue à une industrie pharmaceutique florissante.

Aujourd'hui, le pays se trouve au cœur de la nouvelle Europe des affaires ; il dispose de véritables richesses industrielles et commerciales, et sa population bénéficie d'un niveau de vie nettement supérieur à celui de nombreux pays.

L'exemple du petit univers helvétique illustre le propos principal de ce livre : l'histoire et le développement social et économique d'un peuple ou d'une région permettent de mieux comprendre les aspects profonds, dynamiques, de l'interaction entre les hommes et leur environnement. La Suisse, qui semble à première vue handicapée par sa géographie physique et humaine, lui doit, au contraire, son succès et sa position enviable. Elle est ainsi la preuve vivante qu'il n'y a pas de fatalité naturelle que les hommes ne puissent, patiemment, surmonter.

LA TERRE ET LES HOMMES

LA PLANÈTE TERRE

QUE LA VIE SOIT POSSIBLE SUR NOTRE PLANÈTE EST TOUT À FAIT EXTRAORDINAIRE. À QUELQUES KILOMÈTRES SOUS NOS PIEDS SE TROUVE UN VÉRITABLE ENFER NUCLÉAIRE. IL SUFFIRAIT QU'UNE MÉTÉORITE DE 1 KM DE DIAMÈTRE HEURTE LE GLOBE POUR QU'UNE NOUVELLE GLACIATION COMMENCE. SI LA TERRE ÉTAIT UN TOUT PETIT PEU PLUS PROCHE DU SOLEIL, SI SA ROTATION ÉTAIT LÉGÈREMENT PLUS LENTE, SI LE TAUX D'OXYGÈNE DANS L'ATMOSPHÈRE ÉTAIT À PEINE PLUS ÉLEVÉ, TOUTE LA MATIÈRE VIVANTE SERAIT RÉDUITE EN CENDRES.

NOUS NE POUVONS PLUS IGNORER QUE L'ÉQUILIBRE DU SYSTÈME QUI PERMET NOTRE VIE EST TRÈS FRAGILE, CAR NOUS SAVONS MAINTENANT QUE NOUS RISQUONS D'ÊTRE UN JOUR CONFRONTÉS AUX CONSÉQUENCES D'UN RÉCHAUFFEMENT DU GLOBE OU AU DÉVELOPPEMENT DE «TROUS» DANS LA COUCHE D'OZONE QUI NOUS PROTÈGE DES RAYONNEMENTS ULTRAVIOLETS MORTELS DU SOLEIL.

L'ÉVOLUTION DE L'HOMME

BIEN QU'EXPOSÉE À DES RISQUES PERMANENTS ET PRATIQUEMENT INÉVITABLES — TREMBLEMENTS DE TERRE, ÉRUPTIONS VOLCANIQUES, TEMPÊTES, SÉCHERESSE OU INONDATIONS —, LA TERRE A DONNÉ À L'HOMME LA CHANCE EXCEPTIONNELLE D'EXISTER ET DE DÉVELOPPER SA CRÉATIVITÉ.

LES PREMIÈRES CRÉATURES HUMANOÏDES (RESSEMBLANT, DE LOIN, À DES HOMMES) SONT APPARUES DANS LES FORÊTS TROPICALES IL Y A QUELQUE DIX MILLIONS D'ANNÉES. JUSQU'À IL Y A ENVIRON CENT MILLE ANS, ELLES ONT DONNÉ NAISSANCE À DES LIGNÉES D'ÊTRES DIVERS; L'UNE D'ENTRE ELLES A PROGRESSIVEMENT ACQUIS LES CARACTÈRES PHYSIQUES, INTELLECTUELS ET SOCIAUX DE L'HOMME MODERNE, LA SEULE ESPÈCE VIVANTE CAPABLE DE COLONISER TOUTE LA PLANÈTE.

CES HOMMES SE SONT MULTIPLIÉS, ONT AUGMENTÉ LEUR POUVOIR ET ÉTENDU LEURS RELATIONS — NOTAMMENT AU COURS DES CINQ CENTS DERNIÈRES ANNÉES, DEPUIS QUE LES GRANDS NAVIGATEURS ONT RELIÉ ENTRE EUX DES CONTINENTS JUSQU'ALORS SÉPARÉS, ET ONT FINALEMENT CRÉÉ UN SYSTÈME MONDIAL UNIQUE AUQUEL, DÉSORMAIS, NOUS APPARTENONS TOUS.

La Planète Terre

S I LA TERRE POUVAIT TENIR COMME UN fruit dans la paume de la main, les dénivellations entre les sommets des montagnes les plus élevées et les creux des vallées les plus profondes ne seraient pas plus marquées que les aspérités de la peau d'une pêche. L'atmosphère qui l'entoure et les océans immenses qui, par endroits, pourraient submerger le mont Everest sous 2 km d'eau ne seraient alors qu'un simple film humide.

Et pourtant, c'est cette mince pellicule de roche, d'eau et d'air — à peine épaisse de 15 km entre l'altitude de vol d'un avion intercontinental et la plus grande profondeur d'une mine de diamants — qui a permis à la vie d'apparaître et de se développer.

Si la planète perdait cette enveloppe, elle laisserait voir une fournaise nucléaire bouillonnante, où le diamant lui-même fondrait et coulerait comme de la guimauve. 35 km seulement d'écorce terrestre séparent les rues de New York de ce brasier infernal. Au fond des grandes fosses océaniques, cette croûte n'a pas plus de 5 km d'épaisseur. Parfois, elle bouge, craque, se déforme imperceptiblement... Parfois, des tremblements violents dévastent des régions peuplées, faisant des victimes.

Mais, comparées à celles des autres planètes, telles que Mars, glaciale, ou Vénus et Mercure, surchauffées, les conditions terrestres apparaissent d'une étonnante clémence.

Un concours de circonstances remarquable a permis l'existence sur Terre d'une biosphère, c'est-à-dire d'une zone propice à la vie. La distance au Soleil, la faible inclinaison de l'axe de rotation, la succession rapide du jour et de la nuit ainsi que le relief peu accidenté : tout s'accorde pour que la chaleur solaire se répartisse sans trop de contrastes dans le temps et dans l'espace. L'atmosphère est assez ténue pour laisser passer les rayons solaires les plus utiles mais suffisamment efficace pour retenir une large part des météorites, des rayons ultraviolets et des flux de particules cosmiques dont l'énergie considérable détruirait la vie. Dès lors, une part importante de la surface de la Terre est habitable.

Cet équilibre reste cependant très précaire. Il est si fragile que le moindre changement, s'il n'est pas contrôlé, peut avoir des résultats catastrophiques. Ainsi, si le taux d'oxygène dans l'atmosphère augmentait de seulement 2 %, tous les végétaux s'enflammeraient brusquement ; si la température s'élevait de quelques petits degrés, presque toutes les terres habitables seraient noyées. Il faut tant d'équilibres pour que la vie soit possible et durable que beaucoup pensent que la Terre constitue un système vivant. Les anciens Grecs avaient déjà cette idée puisqu'une de leurs légendes présentait la Terre comme la fille vivante de la déesse, Gaia ou Gé, dont elle portait le nom.

Enfants de la Terre, les hommes ont su en tirer d'innombrables avantages et y développer leur créativité. En effet, ils ne se sont pas seulement adaptés à leur planète, ils l'ont également transformée. Et par là même, ils ont évolué à leur tour.

*Surtsey, 1963 :
un brusque retour à la
Terre sauvage. Dans
l'Atlantique Nord, au
large de l'Islande, une
île naît probablement
d'une formidable
remontée de roches
en fusion, venues des
profondeurs de notre
planète, à travers une
fissure dans la croûte
terrestre. En l'espace
de quelques mois,
300 millions de m^3
de lave, deux fois plus
de cendres, des quantités
énormes de gaz
carbonique et des nuages
de vapeur d'eau ont été
projetés à l'air libre.*

*De tels événements
permettent de
comprendre la longue
aventure de la Terre.
Le Soleil et sa famille
de planètes se sont
formés, il y a environ
5 milliards d'années,
quand un nuage
de gaz et de poussières
commença à se
condenser. Au cours
du premier milliard
d'années de son histoire,
la chaleur née des
réactions nucléaires
qui se produisaient à
l'intérieur de la planète
l'a peu à peu
transformée. Un noyau
liquide de nickel
et de fer s'est trouvé
progressivement entouré
d'un manteau de roches
à demi fondues, lui-
même recouvert d'une
croûte craquelée. Cette
coquille fragile, épaisse
par endroits de quelques
kilomètres seulement,
est notre seul rempart
contre le brasier interne.*

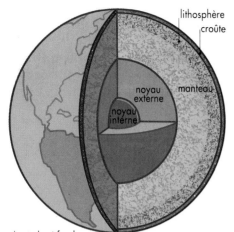

lithosphère
croûte
noyau externe
manteau
noyau interne

roche à demi fondue
portant les plaques
de l'écorce terrestre

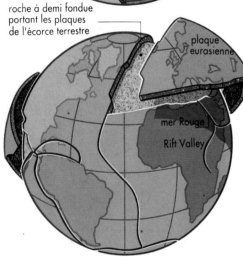

plaque eurasienne
mer Rouge
Rift Valley

il y a 200 millions
d'années

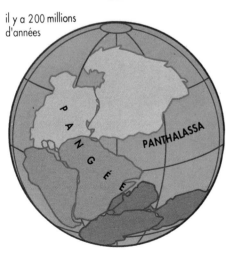

PANGÉE
PANTHALASSA

*Seule une mince et cassante écorce rocheuse protège
la surface de la Terre de la fournaise nucléaire
de son centre (en haut). Sous cette croûte,
les températures sont si élevées que les roches
et les métaux fondus s'agitent en lents tourbillons,
entraînant sans cesse à la surface du globe le puzzle
des plaques (au centre). Portées par certaines de ces
plaques, les masses continentales actuelles formaient
autrefois un seul grand continent, la Pangée, baigné
par une mer universelle, Panthalassa (en bas).*

LE FEU DE LA TERRE

AU TOUT DÉBUT DE SON HISTOIRE, IL Y A peut-être 4 milliards d'années, la matière qui constitue la Terre commença à se différencier. Une température interne d'environ 3 000 °C, produite par la désintégration naturelle d'éléments radioactifs comme l'uranium, liquéfiait les matériaux et conduisait les atomes les plus lourds à s'enfoncer, tandis que les plus légers remontaient. Ainsi se constitua progressivement un noyau d'environ 7 000 km de diamètre, très dense et très chaud, composé de fer et de nickel.

La Terre tournant dans l'espace, les matières de viscosité inégale se déplacent à des vitesses différentes, ce qui produit le champ magnétique terrestre.

Autour du noyau se forma le manteau, une enveloppe épaisse d'environ 2 900 km, de consistance semi-rigide, plus légère. À mesure que la Terre se refroidissait, la croûte, une écorce faite des matériaux encore plus légers, se forma à sa surface, flottant sur le manteau comme de l'écume. Son épaisseur varie de 5 à 20 km sous les océans, de 12 à 50 km sous les continents. Les parties les plus minces se trouvent sous les fosses océaniques les plus profondes, et les plus épaisses sous les montagnes les plus élevées. Quant aux enveloppes d'eau et d'air qui entourent la Terre, elles ont été, comme la croûte solide, extraites du magma originel. Toutes sortes de gaz, et notamment de la vapeur d'eau et du gaz carbonique, en ont été progressivement et massivement rejetés vers la périphérie.

La Terre avait, compte tenu de sa masse, une force de gravité suffisante pour retenir, plaquée contre elle, une couche des gaz les moins légers, l'atmosphère. Si notre planète avait été plus petite ou moins dense, les gaz, et particulièrement la vapeur d'eau, se seraient tout simplement échappés vers l'espace, comme cela s'est passé pour la Lune, dont l'attraction est six fois moins forte que celle de la Terre. Quand notre planète s'est peu à peu refroidie, l'essentiel de la vapeur d'eau s'est condensé, formant l'hydrosphère. Les océans étaient nés. Ils recouvrent actuellement d'une couche de 3 à 5 km d'eau liquide plus de 70 % de la surface du globe.

LA TERRE EN MOUVEMENT

Une croûte solide recouvre entièrement la planète, mais elle ne forme pas une enveloppe immobile et d'une seule pièce. En fait, l'écorce terrestre est fragmentée en plaques mobiles, semi-rigides, composées en partie de fonds océaniques, et en partie de croûte continentale. Selon la théorie actuelle, la chaleur interne de la Terre crée des courants de convection si puissants dans l'épaisseur du magma visqueux que ces plaques, tels des radeaux à la dérive, sont ballottées dans

les remous et déplacées. Cette théorie, dite de la «tectonique des plaques», maintenant prouvée, a des origines assez anciennes.

Au début du XVIIᵉ siècle, le philosophe et savant anglais Francis Bacon remarqua, grâce à des cartes récemment établies, que les contours de l'Amérique du Sud s'ajustaient si bien à ceux de la côte ouest de l'Afrique que les deux continents avaient peut-être été soudés l'un à l'autre.

En regardant une carte du monde, on observe qu'il existe d'autres exemples d'«emboîtements» possibles entre des masses terrestres maintenant séparées. Le cas le plus curieux est celui de l'Inde, qui paraît pouvoir combler un vide entre l'Antarctique et l'Afrique.

L'étude des roches, des fossiles, des grandes orientations des chaînes de montagnes, mais aussi des traces laissées par les anciens glaciers, tout semble confirmer l'hypothèse de continents autrefois rassemblés.

Il y a un siècle, à force de recoller par la pensée les différents continents actuels, les chercheurs découvrirent qu'il aurait existé autrefois deux supercontinents, l'un au sud — le Gondwana —, l'autre au nord — la Laurasia.

Cependant, certains écrivains avançaient l'idée que Dieu avait peut-être repoussé les continents au moment de la faute d'Adam et Ève. D'autres, plus matérialistes, pensaient que la Terre, en se refroidissant, avait augmenté de volume, causant ainsi la cassure originelle des masses continentales et leur éloignement.

Cette hypothèse pouvait expliquer la séparation des continents mais ne rendait pas compte d'un autre phénomène, leur dérive les uns par rapport aux autres. En effet, les différents morceaux des anciens supercontinents sont répartis de façon assez anarchique; s'il s'était agi d'un simple éloignement par expansion de la Terre, leurs positions respectives auraient dû rester les mêmes. Or il semble plutôt que chacun se soit promené, un peu au hasard, à la surface de la planète.

En 1912, le météorologue et géologue allemand Alfred Wegener dressa le bilan de toutes les observations qui prouvaient, selon lui, que les continents dérivaient mais aussi se heurtaient et se déformaient. Il s'intéressa aux accidents physiques tels que les montagnes et les fossés, les chaînes volcaniques et les zones de forte activité sismique, ainsi qu'à la répartition des ressources minières dans le monde.

Jusque vers 1960, trente ans après sa mort, les idées de Wegener furent considérées comme un peu trop originales. Or l'exploration des fonds océaniques par des engins plongeant à grande profondeur commença à fournir des preuves de ses intuitions. On s'aperçut qu'il existait des plaques sous-marines distinctes; la théorie de la tectonique des plaques devint possible.

D'après cette thèse, ce ne sont pas les continents qui ont dérivé autour du globe, mais les plaques dont ils font partie. Certaines d'entre elles sont relativement petites, d'autres beaucoup plus vastes. La plaque nord-américaine, par exemple, s'étend sur 9 500 km de large, de la côte du Pacifique jusqu'au milieu de l'Atlantique. Nombre d'entre elles se composent aussi bien de régions denses et minces appartenant aux fonds océaniques que de matériaux plus légers mais plus épais qui constituent les continents.

Actuellement, on distingue douze grandes plaques et de très nombreux fragments plus petits. Cependant leur nombre, leur taille et leur configuration changent constamment. Les plaques se heurtent continuellement, et c'est sur leurs bords que les activités sismiques et volcaniques sont les plus développées. Leur centre, au contraire, est géologiquement calme, et les hommes peuvent y vivre en toute tranquillité.

Les mouvements des plaques déterminent aussi la distribution des continents, leur position et leur taille, et par là même influencent le climat, le niveau de la mer et la direction des courants marins. Ils font émerger ou au contraire engloutissent les ponts de terre entre les continents et les îles, modifiant ainsi les sentiers de l'évolution et même la répartition des hommes.

Grâce aux études menées principalement sur les roches et les fossiles qu'elles renferment, les géologues ont aujourd'hui une idée assez précise de la façon dont les fragments de croûte étaient autrefois réunis. Ils en déduisent qu'il existait, il y a quelque 220 millions d'années, un unique supercontinent, qu'ils appellent Pangée («toute la terre»), isolé dans un immense océan, Panthalassa («toute la mer»).

La Pangée était formée de deux énormes masses de terres. Le supercontinent du nord, la Laurasia, comprenait la majeure partie de l'Eurasie actuelle et l'Amérique du Nord. Celui du sud, le Gondwana, englobait toutes les autres terres. Puis les lents mouvements des plaques fragmentèrent ces masses terrestres.

DES MARGES AGITÉES

Sur les marges des plaques, l'activité géologique est particulièrement dynamique. Selon les phénomènes qu'ils engendrent, on qualifie ces bords de constructifs ou de destructifs.

Dans le premier cas, les plaques se séparent les unes des autres, de part et d'autre d'une profonde fissure. Du magma en fusion fait irruption par cette crevasse, comble le vide, puis se solidifie et se fixe de chaque côté des plaques, dont il soulève la suture en formant une chaîne — ou dorsale — de montagnes volcaniques. La fissure ne cessant de s'écarter, le mécanisme de colmatage se poursuit : les plaques s'agrandissent sans cesse par cet apport de nouvelle matière. La fosse qui sépare leurs bords ressemble à une sorte de volcan allongé, continu, où monte un magma sombre. Aujourd'hui, la plupart de ces bords

constructifs se trouvent sous les océans, mais il en existe aussi sur les continents. Les fossés d'effondrement les plus jeunes, telles la Rift Valley, dans l'Est africain, ou la mer Rouge, encore très étroite, sont en fait des océans en cours de formation. Si l'on retient son rythme de croissance actuel, la mer Rouge sera dans 200 millions d'années aussi large que l'Atlantique !

C'est d'ailleurs ainsi que s'est formé cet océan large de 5 000 km : il a commencé à s'ouvrir il y a environ 180 millions d'années, au milieu de l'ancienne Laurasia. Aujourd'hui, il s'agrandit toujours, à partir d'une fissure cassant sur toute sa longueur la dorsale médio-océanique dont les deux versants s'écartent de 2,5 cm par an.

Il arrive localement que le magma jaillisse d'un volcan sous-marin avec une telle force qu'il donne naissance à de nouvelles îles. Ce phénomène s'est produit récemment, en 1963, quand l'île de Surtsey a surgi au large des côtes d'Islande, sur la dorsale médio-atlantique. Les Açores, les îles de l'Ascension, les Bermudes ou les îles Tristan da Cunha se formèrent, il y a plus longtemps, de cette façon.

Des cartes précises des fonds océaniques, établies grâce au sonar — une technique de sondage par ultrasons —, ont révélé que la dorsale atlantique, longue d'environ 64 000 km, ne se termine pas dans l'Atlantique Sud.

Évidemment, le phénomène de construction s'accompagne d'une compensation : si les plaques en mouvement voient s'agrandir certaines de leurs marges, à l'opposé elles se heurtent à d'autres limites qu'elles anéantissent ou bouleversent profondément : ce sont leurs bords destructifs.

Les bordures continentales qui se heurtent sont massivement écrasées, soudées, déformées et soulevées l'une contre l'autre. Les mêmes forces qui, autrefois, ouvrirent les océans, font jaillir et émerger des laves et des sédiments sous-marins.

Quand la plaque indienne s'est détachée du Gondwana, il y a environ 180 millions d'années, elle est remontée vers le nord en direction de l'Eurasie. Voici quelque 37 millions d'années, elle l'a heurtée, créant ainsi la plus haute chaîne actuelle, l'Himalaya. Un processus semblable a entraîné la formation des Alpes quand la plaque africaine a commencé à s'enfoncer en coin sous celle de l'Europe, un peu comme un pied soulève en le poussant un gigantesque tapis.

Les Rocheuses et les Andes, sur la côte ouest du continent américain, se sont elles aussi érigées sur les bords de deux plaques, mais d'une façon assez différente : le fond de l'océan Pacifique, beaucoup plus dense, plonge sous la matière continentale plus légère — on parle alors de subduction. À l'endroit où la plaque océanique s'enfonce dans le manteau — où elle fond —, une fosse profonde se forme en avant du continent. En dessous du bord de celui-ci, la matière fondue du fond océanique s'accumule en poussant vers le

il y a 135 millions d'années

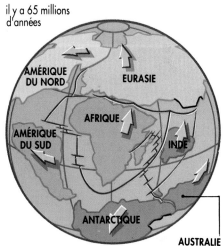

il y a 65 millions d'années

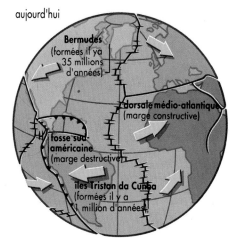

aujourd'hui

En 70 ans, l'Europe et l'Afrique s'éloignent du continent américain d'environ 1,80 m. La découpe des côtes de l'Ancien et du Nouveau Monde (en haut) atteste d'un tel mouvement, qui demeura très longtemps incompréhensible. Les plaques qui portent les continents se déplacent de part et d'autre d'une fracture dans la croûte terrestre ; le magma en fusion y jaillit en permanence. La fracture s'élargit, l'eau l'inonde, l'océan Atlantique est formé (au centre et en bas).

Sur cette photo prise par le satellite Landsat, l'énorme cône volcanique du Vésuve (en bleu) domine la ville de Naples. D'autres nombreux volcans, beaucoup moins élevés, montrent les formes circulaires de leurs cratères (à gauche).

Comme de nombreux volcans assoupis, le Vésuve laisse planer un danger permanent. Au mois d'août de l'an 79 de notre ère, il entra en éruption, recouvrant la région de scories et de cendres et ensevelissant Pompéi sous plus de 3 m de débris volcaniques, causant des milliers de morts, mais préservant miraculeusement les œuvres d'art.

Depuis, le Vésuve a connu plusieurs éruptions, notamment en 1906 et en 1944.

La région de Naples est régulièrement agitée par des tremblements de terre. En 1980, l'un d'eux fit 2 700 morts et 100 000 sans-abri. Tous les bâtiments de la région furent ébranlés par les mouvements du sol. Quant au port de Pozzuoli, il peut s'élever ou s'abaisser de 2,5 cm en une semaine.

haut la masse continentale et en formant la chaîne de montagnes.

Les Andes, ainsi que divers groupes d'îles volcaniques formant la ceinture de feu du Pacifique, se développent encore de cette façon. Quand l'accumulation de matière fondue devient trop importante, celle-ci doit se frayer un passage vers l'extérieur sous forme de laves, jaillissant des volcans. Les éruptions volcaniques les plus violentes surviennent lorsque de l'eau s'infiltre en profondeur et se trouve emprisonnée, au contact de la roche en fusion. La vapeur surchauffée exerce alors une pression telle que le cône du volcan est littéralement soufflé. Ce fut le cas du Krakatoa en 1883.

Il arrive aussi que les plaques glissent latéralement l'une contre l'autre, phénomène qui se constate le long de la faille de San Andreas, dans le sud de la Californie. Leur frottement se fait par à-coups. La plupart du temps, elles semblent immobiles, bien que des poussées formidables s'exercent sur elles en permanence. Celles-ci sont d'une telle puissance que seul un mouvement brutal de la croûte — un tremblement de terre — peut en libérer la tension. La rupture et le brusque déplacement des roches sur toute l'épaisseur de la croûte provoquent, tel un diapason, des vibrations qui traversent toute la planète.

La croûte terrestre n'est pas seulement l'enveloppe passive de la Terre. Elle constitue aussi un excellent isolant contre la propagation en surface de sa terrible chaleur interne. À quelques kilomètres seulement de profondeur, la température atteint celle de l'eau bouillante. Pourtant, la quantité de chaleur interne qui parvient globalement en surface est étonnamment faible, puisqu'elle ne contribue que pour 1 % à la température relevée sur le globe.

L'ÉNERGIE DU SOLEIL

DANS UN PASSÉ TRÈS LOINTAIN, LES ENTRAILLES de la Terre libéraient dans l'espace la majeure partie de leur énergie. Puis la planète s'est peu à peu refroidie, et l'écorce ainsi créée a constitué une mince mais efficace protection isolante. Depuis, c'est le rayonnement solaire qui lui procure presque toute sa chaleur superficielle. La température du Soleil atteint en surface environ 6 000 °C. Cependant, en raison de sa petite taille et de son éloignement (approximativement 150 millions de kilomètres), la Terre ne reçoit qu'une infime proportion (0,002 %) de l'énergie totale dégagée par le Soleil. Un chiffre qui correspond cependant, en moyenne, à 1 390 W/m².

Les rayons solaires sont indispensables au développement de la vie, dans certaines limites

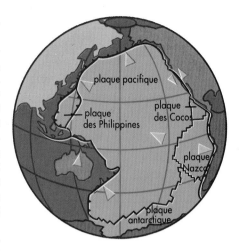

La plupart des 600 volcans actifs et des zones sismiques de la planète se répartissent autour du Pacifique (ci-dessous, le pôle Nord est au centre; les triangles rouges signalent les volcans, les points jaunes les zones de tremblements de terre).

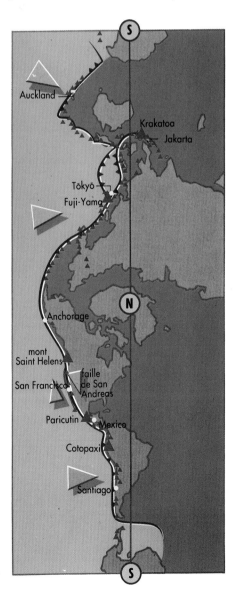

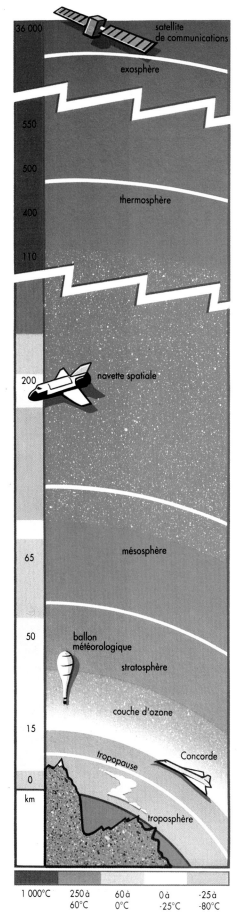

d'ozone, produite par l'oxygène dans la haute atmosphère. Des UV intensifs sont mortels (ils sont couramment utilisés pour stériliser le matériel chirurgical); même à faible dose, ils peuvent provoquer des troubles qui vont du simple coup de soleil au cancer de la peau ou à la cataracte.

L'apparition de la couche d'ozone, il y a quelque 420 millions d'années, a permis à la vie de sortir de l'eau et de conquérir la terre ferme, qui était auparavant rendue stérile par un rayonnement UV intense. (L'eau de mer, elle, absorbe les UV.) Des observations récentes ont révélé un amincissement de la couche d'ozone, sous l'effet de la pollution atmosphérique, qui risque d'avoir de sérieuses répercussions sur la santé humaine et sur la stabilité des végétaux et des animaux.

Une partie de l'énergie solaire est immédiatement réfléchie par le sol qui la reçoit. La mesure de la fraction d'énergie réfléchie porte le nom d'albédo. Plus la réflexion est forte, plus il est élevé. La neige, la glace et les déserts ont tous un albédo élevé : ils ne retiennent qu'une très faible quantité de l'énergie incidente. De la neige fraîchement tombée n'en absorbe que 5 %, une terre sombre et dénudée, au contraire, près de 95 %.

Les plantes elles-mêmes réfléchissent d'importantes quantités d'énergie, ce qui leur évite de surchauffer. De vertes prairies peuvent renvoyer de 10 à 15 % de la lumière visible, alors que ce pourcentage ne sera que de 5 à 10 % pour une forêt de conifères plus sombre.

VENTS ET COURANTS

Si le climat ne dépendait que de la latitude, notre planète ne serait guère habitable. Les terres tropicales seraient brûlées tandis qu'au nord du 38ᵉ parallèle — latitude de Washington et d'Athènes —, un temps doux serait impossible. À Paris, New York ou Tōkyō, la température serait inférieure à 0 °C durant toute l'année.

En fait, les conditions de vie ne sont favorables sur Terre que grâce aux mécanismes qui, à l'échelle planétaire, déplacent d'énormes quantités de chaleur.

Si on la considère comme un tout englobant la terre, l'eau et l'atmosphère, la planète reçoit du Soleil, en une année, une quantité de chaleur égale à celle qu'elle renvoie dans l'espace.

L'atmosphère terrestre exerce une pression d'environ 11 t/m². Ses gaz sont indispensables à la respiration et à la photosynthèse, et ils filtrent les rayonnements ultraviolets, mortels. Une grande partie de l'énergie solaire est absorbée avant d'atteindre le sol, ce qui explique les différences de température selon les couches de l'atmosphère.

Atlantique Nord

Notre planète Terre
aurait dû s'appeler Mer.
En effet, plus de 70 %
de sa surface sont
recouverts par des
océans d'une profondeur
moyenne de 3 km.
Lents à se réchauffer,
mais aussi à se refroidir,
disposant d'une énorme
capacité d'absorption
de l'énergie solaire, ils
sont indispensables aux
échanges thermiques
autour du globe et à la
formation des différents
climats dans le monde.

Les vents et les
courants chauds se
déplacent généralement
vers les pôles, d'autres,
plus froids, les
remplacent; ils se
comportent comme
un tapis roulant
transporteur d'énergie.
Ainsi les régions
équatoriales sont-elles
rafraîchies et les hautes
latitudes réchauffées.

Ce processus inclut
aussi l'évaporation,
la condensation et la
précipitation — sous
forme de pluie ou de
neige — d'énormes
quantités d'eau. Près
d'un quart du volume
total des océans se
trouve recyclé chaque
année ; 394 millions de
milliards de litres d'eau
douce sont ainsi distillés
par l'océan (de quoi
recouvrir de 4 m d'eau
le désert du Sahara !).

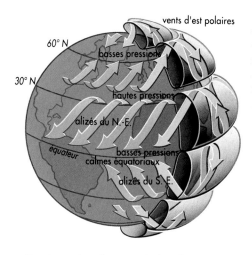

vents d'est polaires
60° N
basses pressions
30° N
hautes pressions
alizés du N.-E.
équateur
basses pressions
calmes équatoriaux
alizés du S.-E.

Sans le « tapis roulant » constitué par les vents qui conduisent l'air chaud de l'équateur vers les pôles, les terres tropicales seraient brûlées tandis que Vancouver, Paris et Moscou resteraient sous la glace à longueur d'année.

Le mécanisme général est simple. L'air chaud s'élève très haut au-dessus de l'équateur, s'écarte vers le nord et vers le sud, libère sa chaleur, puis descend à basse altitude pour retourner vers l'équateur au niveau du sol, sous forme d'air plus frais qui va à nouveau être réchauffé (ci-dessus).

En fait, parce que la Terre tourne sur elle-même, ce transfert, même s'il est continu, ne peut pas s'effectuer en un seul circuit équateur-pôle-équateur. La thermodynamique détermine des masses atmosphériques indépendantes, ou cellules. Le schéma de base en compte trois. L'air monte au-dessus de l'équateur et redescend aux environs des latitudes 30° N. et S., zones de hautes pressions où se trouvent la plupart des déserts. Dans la cellule tempérée, l'air circule dans une zone s'étendant de 30° à 60° N. et S. Là aussi, il monte et diverge ensuite vers les latitudes 60° N. et S., alors que les courants d'air froid compensateurs arrivent des pôles au niveau du sol.

Cependant, si l'on compare la même donnée enregistrée en différents points du globe, on constate alors des écarts impressionnants. Les régions tempérées et polaires semblent en effet irradier beaucoup plus de chaleur qu'elles n'en reçoivent du Soleil, alors qu'un phénomène inverse se produit entre les tropiques.

Le paradoxe n'est qu'apparent ! En réalité, des sortes de tapis roulants, faits de vents, de courants marins chauds et de nuages de vapeur d'eau déplacent la chaleur tropicale vers les pôles. La nature ayant horreur du vide, des courants compensateurs viennent combler les trous que ces convoyeurs laissent derrière eux. Ces masses d'eau ou d'air recueillent à leur tour la chaleur solaire... et le cycle recommence. Bien sûr, les différences thermiques persistent. Cependant, grâce à ce transfert continu de calories autour du globe, la température des régions équatoriales n'est supérieure que de 45 °C à celle des pôles, alors que, sans lui, l'écart serait de 100 °C.

Ce vaste mouvement général, étonnamment régulier, permet de dresser les cartes des vents, des courants et des précipitations, qui donnent à chaque région son climat ou « temps moyen ».

Les Vents

En principe, l'ensemble du processus qui rafraîchit les régions équatoriales et réchauffe les pôles est un courant de convection unique. À l'équateur, l'air chaud monte, diverge en altitude vers les pôles, se refroidit, et redescend vers le sol des régions de haute latitude. Là où l'air s'élève, la pression atmosphérique diminue. Là où il descend, elle augmente. Les vents naissent de ces différences de pression : plus elles sont grandes, plus ils sont forts. Ce circuit est fermé, puisque les vents froids des régions polaires (hautes pressions) se déplacent au niveau du sol en direction des régions tropicales (basses pressions).

En fait, les vents n'effectuent pas des allers et retours directs entre l'équateur et les pôles, en un seul cycle. Ils se déplacent en trois énormes boucles, ou cellules de convection. Ils ne circulent pas non plus en ligne droite des hautes pressions vers les basses pressions. En raison de la rotation de la Terre, les vents sont déviés vers la droite dans l'hémisphère Nord et vers la gauche dans l'hémisphère Sud.

Dans la cellule tropicale, l'air chaud monte au-dessus de l'équateur, formant une ceinture de basses pressions. Ne pouvant s'élever indéfiniment, il se trouve repoussé sur les côtés, vers le nord et vers le sud. Dès lors, il se refroidit et commence à descendre ; il retombe au sol entre les 25e et 30e parallèles Nord et Sud, créant ainsi des zones de hautes pressions : à ces latitudes se trouvent les plus grands déserts du monde.

Arrivé là, l'air converge, tant du sud que du nord, vers l'équateur, afin de remplacer celui qui s'est élevé. En mer, cette zone de convergence

équatoriale est si stable que l'on y rencontre des calmes, autrefois très redoutés des navigateurs. Les voiliers peuvent y rester pendant des semaines, encalminés, sans un souffle de vent. En dehors de ces calmes, les vents intertropicaux, forts, réguliers, ont une direction constante ; ce sont les fameux alizés. Parce que la Terre tourne sur elle-même, les alizés de l'hémisphère Nord ne soufflent pas du nord, mais du nord-est, et ceux de l'hémisphère Sud, eux, arrivent du sud-est.

La deuxième cellule, ou cellule tempérée, se situe entre les calmes des régions de hautes pressions, à 30° de latitude (ou ceinture subtropicale), et les latitudes moyennes de basses pressions, aux environs de 60° N. et S. Les vents qui soufflent vers les latitudes moyennes sont fortement déviés vers l'ouest ; ils sont parfois très puissants, notamment dans l'hémisphère Sud où ils rencontrent peu de grandes masses continentales. Dans les mers australes, les marins les appellent les Quarantièmes Rugissants.

Aux alentours des latitudes 60° N. et S., l'air polaire, froid et dense, glisse sous la masse d'air plus chaud qui remonte vers les pôles et la soulève, créant ainsi une autre bande de basses pressions. Cependant, ce front polaire est beaucoup plus capricieux que les autres. Voilà pourquoi certaines régions telles les îles Britanniques connaissent un temps aussi instable. Les zones de basses pressions, localisées et mobiles, ont tendance à se développer. À l'intérieur de ces dépressions, l'air polaire froid vrille sur lui-même en formant des tourbillons. Lorsque l'air humide s'élève au-dessus de l'air froid, il pleut souvent.

La troisième cellule enfin, ou cellule polaire, se heurte à l'air plus chaud qui s'élève dans les régions de basses pressions situées aux environs de 60° de latitude. Une partie de celui-ci retourne vers les ceintures subtropicales et s'intègre à la cellule tempérée. Une autre passe au-dessus de l'air polaire pour aller plonger dans la zone de hautes pressions, au-dessus des pôles. Elle repart ensuite sous forme d'air polaire vers les latitudes moyennes.

Les Courants Océaniques

Les courants marins fonctionnent comme un autre mécanisme très efficace de transfert de chaleur. Ceux-ci sont dus à l'action sur la surface de l'eau de vents chauds se déplaçant régulièrement dans la même direction. Les courants, comme les vents, en s'éloignant de l'équateur, sont déviés vers la droite dans l'hémisphère Nord, et vers la gauche dans l'hémisphère Sud. Ils ont donc un itinéraire essentiellement circulaire à travers les océans, tout comme les faibles courants compensateurs qui longent l'équateur en surface et en ligne droite d'est en ouest.

La plupart des courants marins chauds, tel le Gulf Stream, entraînent d'énormes volumes d'eau et influencent considérablement le climat des pays qu'ils longent, même parfois de très loin. Les courants froids ont eux aussi des conséquences climatiques importantes. Ainsi, ceux qui descendent du Groenland emmènent souvent des icebergs détachés de l'extrémité des glaciers. Leur rencontre avec des courants chauds — c'est le cas au large de Terre-Neuve — provoque parfois la formation de brouillards persistants.

Le Gulf Stream est souvent comparé à un « fleuve dans l'océan », mais il est en fait beaucoup plus important que n'importe quel fleuve existant. Au départ, il mesure 80 km de large sur 400 m de profondeur. Il se déplace à la vitesse de 6,5 km/h et transporte en une seconde mille fois plus d'eau que le Mississippi, soit vingt-cinq fois plus que toutes les rivières du monde réunies!

Il véhicule une telle quantité de chaleur qu'il adoucit considérablement le climat des côtes nord-ouest de l'Europe. Une isotherme (ligne reliant sur une carte différents points ayant la même température) établie sur la base 0 °C en janvier indique nettement l'existence d'une ceinture de « douceur hivernale » liée au courant. En hiver, sans le Gulf Stream et la dérive nord-atlantique, le nord-ouest de l'Europe serait probablement bloqué par les glaces. Les jardins exotiques de la côte ouest de l'Écosse, située pourtant à la même latitude que la Sibérie du Sud ou la baie d'Hudson, au Canada, illustrent parfaitement les effets spectaculaires de ce courant.

LES NUAGES ET LA PLUIE

L'évaporation de l'eau puis sa condensation, qui mobilisent puis libèrent d'énormes masses de chaleur, constituent le troisième mécanisme climatique de transfert global de calories, comme dans un climatiseur. Un vent humide déplace beaucoup plus de chaleur qu'un vent sec. L'eau s'évapore facilement dans l'air depuis la terre, la mer ou la végétation, surtout lorsque le vent souffle en surface. Mais la transformation en vapeur consomme une quantité considérable d'énergie et rafraîchit donc le milieu ambiant. Cette vapeur d'eau restitue ensuite les calories qu'elle a absorbées là où elle se condense en nuages. Autrement dit, l'eau emmagasine de la chaleur là où elle s'évapore et réchauffe les régions où elle tombe sous forme de pluie.

LE CLIMAT

LE CLIMAT JOUE UN RÔLE FONDAMENTAL DANS la vie sur Terre. Les différentes combinaisons de températures, de précipitations, de vents et d'humidité n'affectent pas seulement le mode de vie des hommes ou les vêtements qu'ils portent. Elles ont aussi une influence considérable sur la végétation, la masse des récoltes (et donc sur la consommation ou les exportations), les paysages,

la répartition de l'eau douce, les formes d'habitat, etc. Quant aux catastrophes climatiques — orages, tornades et ouragans —, elles constituent une menace sérieuse pour les vies et les biens.

Bien sûr, les climats de notre planète sont beaucoup plus complexes que ne le montrent les schémas de l'ensoleillement et de la circulation générale de l'air et des eaux selon les latitudes.

En avril, mai et juin, la position du Soleil se trouve déplacée vers le nord de l'équateur, modifiant d'autant les régions climatiques. Lorsque le Soleil culmine en son point le plus au nord, il se trouve au-dessus du tropique du Cancer, et le climat de cette région devient, durant cette période, plus équatorial. Cependant, le pôle Nord reste très froid et les zones climatiques de l'hémisphère Nord sont réduites à un espace restreint. Celles de l'hémisphère Sud, au contraire, s'étendent. En octobre, novembre et décembre, la position du Soleil se déplace au sud, vers le tropique du Capricorne ; les zones climatiques de l'hémisphère Sud se trouvent à leur tour resserrées.

Le climat est aussi influencé par l'altitude. En général, la température chute très rapidement lorsque l'on s'élève (d'environ 1 °C tous les 100 à 150 m). Une montagne située presque sous l'équateur, comme le Kilimandjaro en Tanzanie, peut être couverte de neige toute l'année, alors que, non loin de là, Mombasa, sur la côte du Kenya, connaît une température de 37 °C.

Un troisième facteur climatique important est lié à la différence entre les quantités de chaleur reçues et émises par la terre et la mer. L'océan a une énorme capacité thermique : il emmagasine la chaleur lentement et la restitue tout aussi lentement. La terre, au contraire, absorbe et libère les calories beaucoup plus rapidement. Ces particularités peuvent avoir des conséquences importantes, sur le plan tant planétaire que local.

En hiver, les pays maritimes baignés par un courant chaud bénéficient de conditions climatiques beaucoup plus douces et plus humides que les régions continentales, situées à l'intérieur des terres. En été, cependant, les climats maritimes sont beaucoup plus frais (et toujours plus humides) que les climats continentaux. En hiver, au cœur du Canada, il n'est pas rare que les températures moyennes chutent à −45 °C, alors qu'en été elles peuvent s'élever à 40 °C. En revanche, à Vancouver, située sur la côte pacifique, la moyenne mensuelle des températures ne varie que de 3 à 17 °C.

Par ailleurs, la surface des terres émergées est beaucoup plus rugueuse que celle de l'océan, ce qui ralentit les vents et entraîne de légères modifications de leur direction, surtout au ras du sol. Mais ceux-ci rencontrent d'autres obstacles sur leur passage : les montagnes. En s'élevant, l'air chaud et humide se refroidit, la vapeur d'eau qu'il contient se condense. Si les reliefs sont assez élevés, une grande partie de l'eau transportée par

Les grands courants marins déplacent la chaleur de l'équateur vers les pôles (en haut). En raison de la rotation de la Terre, ainsi que de la répartition et de la forme des continents, ils circulent dans le sens des aiguilles d'une montre dans l'hémisphère Nord et en sens inverse dans l'hémisphère Sud; selon la saison, leur intensité et leur localisation varient aussi légèrement. Le Gulf Stream, par exemple, « pompe » la chaleur des Caraïbes et du sud des États-Unis et évite au nord-ouest de l'Europe de connaître un climat digne d'une époque glaciaire.

Les courants marins ont aussi influencé l'histoire de l'humanité (en bas). Les zones de pêche les plus riches, comme au large du Pérou et près du Groenland et du Labrador, correspondent à des courants froids chargés d'oxygène et de substances nutritives.

Les courants ont également conditionné les explorations et les transports maritimes. Le courant nord-équatorial comme celui des Canaries ont joué un grand rôle dans les premiers voyages de découvertes des Européens.

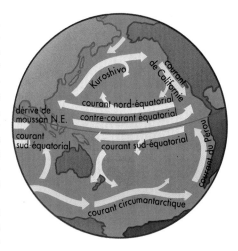

les vents dominants se déverse sur le versant qui y est exposé, sous forme de pluie ou de neige. Plus bas, en redescendant sur l'autre versant, l'air se réchauffe, mais il devient aussi plus sec.

Ce phénomène est très net aux États-Unis, où le versant occidental des Rocheuses, très arrosé, s'oppose au versant oriental et aux grandes étendues sèches du centre. De même, et en dépit de la proximité des zones de mousson humide, le Tibet, abrité par l'Himalaya, est un pays aride. On peut donc voir, éloignés de quelques kilomètres seulement, des crêtes qui enregistrent 5 000 mm de précipitations par an et des plateaux n'en recevant pas plus de 500.

Un Climat Changeant

LES CLIMATS TERRESTRES N'ONT PAS TOUJOURS ÉTÉ ce qu'ils sont actuellement. De même que les continents bougent, les climats changent.

Tous les cent mille ans environ se produit un refroidissement; on parle alors de période glaciaire. Si les températures moyennes diminuent assez peu entre les tropiques — peut-être de 1 à 2 °C —, elles chutent cependant globalement d'environ 5 à 10 °C. L'écart

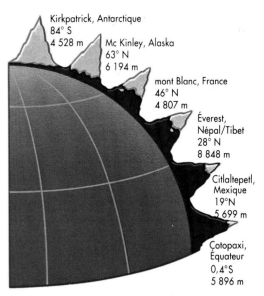

Kirkpatrick, Antarctique
84° S
4 528 m

Mc Kinley, Alaska
63° N
6 194 m

mont Blanc, France
46° N
4 807 m

Éverest,
Népal/Tibet
28° N
8 848 m

Citlaltepetl,
Mexique
19°N
5 699 m

Cotopaxi,
Équateur
0,4°S
5 896 m

La limite des neiges éternelles — altitude à partir de laquelle la neige et la glace ne fondent jamais complètement en été — varie du niveau de la mer (aux pôles) à 5 500 mètres d'altitude (à l'équateur). Si la latitude joue ici un rôle déterminant, les conditions locales et régionales interviennent également. Ainsi, grâce aux vents d'ouest dominants et chauds, cette limite est en moyenne nettement plus élevée dans les Alpes françaises que dans les Alpes autrichiennes. En outre, des chutes de neige parfois plus tardives et moins prévisibles ont de sérieuses conséquences sur l'activité des stations de sports d'hiver.

À moins de 400 km au sud de l'équateur, la cime dentelée du mont Meru, dans le parc national Arusha, en Tanzanie, domine de ses 4 566 m le cratère égueulé d'un grand volcan endormi.

Comme le faîte de son célèbre voisin, le Kilimandjaro, celui du mont Meru est recouvert de neige durant toute l'année. Sur les versants les plus élevés des hautes montagnes d'Afrique orientale, la végétation de type alpin fait place, à mesure que l'on descend, à des pelouses naturelles puis à des forêts.

Au sommet, les variations de température sont telles que les habitants disent que c'est l'été pendant le jour et l'hiver pendant la nuit. Par beau temps en effet, le thermomètre peut monter jusqu'à 40 °C et, 10 heures plus tard, descendre au-dessous de 0 °C.

paraît faible, mais ses conséquences sont énormes.

Au cours des deux à trois derniers millions d'années, chacune des époques plus froides a vu s'étendre les inlandsis polaires jusqu'aux latitudes moyennes de l'Eurasie et de l'Amérique du Nord. La glace, épaisse parfois de plusieurs kilomètres, atteignait alors les sites actuels de Londres et de Varsovie, et descendait bien au-delà des Grands Lacs en Amérique du Nord. Plus au sud, la plupart des régions montagneuses, comme les Alpes, étaient recouvertes de leur propre calotte glaciaire d'où partaient d'imposants glaciers. Aux abords immédiats de ces mondes glacés régnaient les conditions climatiques de la toundra gelée.

Les glaciers retenaient une telle quantité d'eau douce que le niveau des mers était probablement inférieur de plus de 120 m à ce qu'il est aujourd'hui. Les fonds marins en bordure des continents étaient alors émergés, parfois sur une largeur de 100 km en avant des côtes actuelles... Des ponts de terre reliaient des régions aujourd'hui séparées par la mer. Des animaux, mais aussi certaines populations de chasseurs, en profitaient pour gagner de nouveaux territoires. L'Asie et l'Amérique se trouvaient reliées au niveau du détroit de Béring ; l'Indonésie et les Philippines prolongeaient l'Asie du Sud-Est ; l'Australie, la Tasmanie et la Nouvelle-Guinée

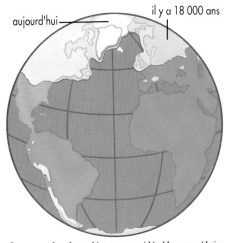

aujourd'hui   il y a 18 000 ans

La masse des glaces, bien que considérablement réduite depuis la fin de la dernière période glaciaire, il y a environ 10 000 ans, retient encore 25 millions de km³ d'eau. Qu'arriverait-il si elle se liquéfiait ? La fonte des glaces flottantes du pôle Nord, qui ne reposent sur aucun socle terrestre, ne changerait en rien le niveau de la mer. Cela ne ferait que lui restituer leur propre volume en liquide.

Pour le Groenland et, dans des proportions infiniment supérieures, pour l'Antarctique, il en irait tout autrement. La calotte glaciaire repose ici sur une île et là sur un continent. L'eau de fonte irait donc s'ajouter à celle des océans existants. Le niveau de ceux-ci s'élèverait probablement d'environ 60 m, submergeant toutes les grandes villes proches des côtes.

En haut, l'étendue de la calotte glaciaire aujourd'hui et il y a 18 000 ans.

formaient un immense et unique continent.

La glace réfléchissant plus de 90 % de l'énergie solaire, les températures restent basses pendant les périodes glaciaires. Quant aux chutes de pluie, elles diminuent d'un tiers environ. Et tous les grands mouvements qui déterminent les climats et les zones de végétation sont repoussés vers l'équateur. Les précipitations sont si faibles que les régions désertiques et la savane se développent, jusqu'à occuper parfois le tiers des surfaces libres de glace. Même les forêts tropicales humides régressent.

Au plus fort de la dernière période glaciaire, il y a environ 18 000 ans, l'enfer vert amazonien se réduisait sans doute à des parcelles forestières isolées. Les lointains ancêtres de l'homme ont probablement évolué, dans une période remontant de −10 millions à −1 million d'années, en passant du stade de singes vivant dans les arbres à celui de bipèdes courant dans les herbes, à cause du recul des forêts et de l'extension des savanes. Plusieurs adaptations spécifiques de l'espèce humaine, telles que l'absence relative de pilosité, la position debout et la marche sur les deux pieds, sont peut-être liées à un mode de vie en prairies légèrement boisées.

APRÈS LA GLACE

Chaque période glaciaire est suivie d'une époque plus chaude, généralement plus courte. La dernière a débuté il y a un peu plus de 10 000 ans. Avec la fonte des glaces, le niveau de la mer s'est élevé de plus de 100 m. De grandes étendues plates ont été inondées. Le détroit de Béring, pont entre l'Amérique du Nord et l'Asie, s'est trouvé submergé, tandis que la mer du Nord et la Manche se remplissaient. En Grande-Bretagne, les peuples qui avaient suivi le recul des glaces se trouvèrent coupés du continent européen.

Pendant la période fraîche et humide qui suivit le dégel, de nombreuses régions aujourd'hui désertiques étaient verdoyantes. Il y a encore 5 000 ans, comme en témoignent les peintures rupestres, des troupeaux de bovidés sillonnaient le Sahara. Des animaux des savanes, tels que les girafes et les gazelles, y prospéraient.

Les cycles climatiques naturels semblent avoir des durées très variables : de 200 à 500 millions d'années pour les plus longs et de 11 à 27 ans pour les plus courts. Chacun serait dû à des causes bien spécifiques. Ainsi, les cycles les plus longs (ceux qui interviennent tous les 200 à 500 millions et tous les 30 à 60 millions d'années) paraissent associés aux vastes et lents mouvements des masses continentales (voir p. 18-19). Les périodes glaciaires les plus marquées ne surviennent que lorsqu'il y a une forte concentration de terres émergées à proximité des pôles.

Les cycles de moyenne durée (ceux qui se produisent tous les 100 000, 40 000 ou 20 000 ans) sont liés à des modifications imperceptibles mais

régulières du mouvement orbital de la Terre autour du Soleil, de l'angle d'inclinaison de son axe et de la direction prise par cet axe. Tous ces facteurs réunis ont des répercussions tant sur la longueur que sur l'intensité des saisons.

Entre les cycles longs et moyens prennent place des périodes froides beaucoup plus courtes. Il est probable que ces changements à court terme (tous les 2 500, 100 à 400 et 11 à 27 ans) aient un rapport avec les différences de production d'énergie du Soleil et soient liés aux évolutions des taches solaires. Il y a 100 à 500 ans, lors du petit âge glaciaire, les températures étaient plus fraîches que de nos jours. Les calottes glaciaires des régions arctiques descendaient beaucoup plus au sud, et les glaciers s'étendaient jusqu'au fond des vallées. Les divers établissements des Vikings en Islande et au Groenland, datant de la période

précédente (X^e au XIVe siècle), disparurent.

Outre ces phénomènes cycliques, d'autres modifications climatiques paraissent survenir par hasard ou sans logique apparente. Ils en ont pourtant une. Ainsi, certaines éruptions volcaniques projettent dans l'atmosphère d'énormes quantités de poussières que les vents de haute altitude répandent tout autour de la planète. Ces poussières renvoient alors une grande partie des rayons solaires et représentent autant d'innombrables et minuscules noyaux autour desquels l'eau se condense avant de retomber en pluie. Il en résulte pendant quelques mois, voire des années, un climat plus brumeux, humide et frais.

LE RÉCHAUFFEMENT DU GLOBE

Un refroidissement climatique naturel est théoriquement en cours. Mais, en raison des modi-

fications dues aux activités humaines, c'est à un réchauffement que nous risquons d'assister. Aujourd'hui, cette grave menace pèse sur notre environnement, à cause de la pollution de l'air. En brûlant, les combustibles fossiles, tels la houille et le pétrole, contribuent largement à l'augmentation du volume des «gaz de serre» présents dans l'atmosphère. En outre, la destruction massive des forêts tropicales a une influence sur la quantité de gaz carbonique contenu dans cette atmosphère, car elle réduit la capacité du monde végétal à en absorber l'excès et à le remplacer par de l'oxygène. L'homme contribue ainsi à une isolation thermique si rapide que, dans les prochaines décennies, la planète pourrait bien surchauffer! Ce qui aurait des conséquences désastreuses sur le climat, l'agriculture, le niveau des mers et les écosystèmes naturels du globe.

Le glacier Cotopaxi (ci-dessus), en Équateur, est situé à 100 km seulement de l'équateur. Dans le monde, on dénombre environ 200 000 glaciers.

La glace recouvre plus de 10 % de la surface solide de notre planète (l'Antarctique représente à lui seul plus de 86 % de la superficie totale des glaciers), tandis que le pergélisol — sol gelé en permanence — couvre, lui, 20 % des terres émergées.

Maldives

L'HISTOIRE
DE L'EAU DOUCE

L'EAU DOUCE EST INDISPENSABLE À TOUTE FORME de vie. Notre corps lui-même est fait de plus de 50 % d'eau. Pourtant, l'eau douce ne représente que 3 % de la masse liquide totale de la Terre, constituée très majoritairement d'océans salés. En outre, plus des deux tiers sont, d'une façon presque permanente, retenus dans les glaciers.

Seul 0,9 % des eaux du globe est donc réellement disponible pour le développement de la vie hors des océans. Mais sa plus grande part se trouve enfouie sous la surface, dans des nappes phréatiques, des réservoirs naturels. Et, en fin de compte, l'eau douce à l'état liquide des fleuves, des rivières et des lacs ne représente que 0,29 % de toutes les eaux de la planète. Un petit 0,01 % se trouve dans l'atmosphère, l'équivalent de 2,5 cm de pluie sur tout le globe ou de la quantité d'eau nécessaire à dix jours de vie.

En revanche, l'eau a l'avantage de se recycler rapidement. Le processus permanent d'évaporation à partir de la mer et de la terre, suivie de condensation, de formation de nuages et de précipitations sous forme de pluie et de neige, permet de restituer l'eau à la terre et d'y maintenir ainsi les réserves globales d'eau douce.

SÉCHERESSE ET INONDATION

Cependant, les précipitations ne sont jamais constantes. Dans certaines régions, leur volume, leur intensité et leur durée sont si variables — et parfois imprévisibles — que toute forme de vie et de subsistance s'en trouve menacée.

Les régions intertropicales sont les plus arrosées, même si de fortes pluies s'abattent aussi sur diverses zones de la ceinture des moyennes latitudes (entre les tropiques et les cercles polaires). Dans les régions équatoriales, les pluies sont fréquentes et régulières, les nuages se formant rapidement pendant la journée et crevant en fin d'après-midi. À l'inverse, les zones subtropicales de hautes pressions — savane et régions désertiques — ne reçoivent généralement que des précipitations négligeables ou irrégulières.

Les régions tempérées, en général bien approvisionnées en eau douce, sont pourtant parfois sérieusement touchées par les aléas des précipitations. Dans les États du centre-ouest des États-Unis, par exemple, les prairies sont exposées à de rudes périodes de sécheresse.

L'eau qui tombe sous forme de neige pose d'autres problèmes. En réfléchissant une grande partie de l'énergie solaire, la neige et la glace maintiennent naturellement des températures peu élevées. L'enneigement peut ainsi persister pendant des mois, rendant le sol inutilisable durant une bonne partie de l'année. Plus tard, lors d'un dégel trop rapide, les risques d'avalanches et d'inondations se multiplient.

Les Eaux Souterraines

Pour leur approvisionnement, les hommes ne comptent pas seulement sur l'eau de pluie qui reste en surface, recueillie dans les rivières, les lacs ou les bassins de retenue. Ils puisent aussi dans les eaux souterraines. Celles-ci s'accumulent quand l'eau absorbée par le sol s'infiltre à l'intérieur des roches poreuses.

Cependant, elle n'y reste pas toute emprisonnée. Une partie s'écoule tout simplement vers le bas, jusqu'au moment où elle ressort sous forme de sources et, de ruisseaux en rivières et en fleuves, retourne finalement à la mer.

Au contraire des eaux qui circulent sous terre dans des réseaux de galeries naturelles localement élargies en grottes comportant parfois des lacs, les eaux infiltrées et contenues dans les couches de roches poreuses forment des nappes dont l'étendue dépasse souvent plusieurs centaines de kilomètres carrés. Ces nappes — ou couches — aquifères peuvent se situer à des profondeurs très diverses. Les moins profondes sont exploitables grâce à de simples puits ouverts, ce qui leur vaut le nom de nappes phréatiques (du grec *phreas*, puits). Le niveau de l'eau dans les puits correspond à la surface supérieure, ou niveau piézométrique, de la nappe. Généralement, il s'abaisse lors des saisons sèches ou de puisage excessif, et remonte quand le volume d'eau infiltrée s'accroît de nouveau suffisamment. Il n'en va pas de même dans les nappes profondes (certaines gisent à plus de 1 000 m) emprisonnées entre deux couches imperméables, où l'eau n'arrive qu'après plusieurs dizaines — voire des centaines — d'années d'infiltration. Certaines de ces nappes se situent étonnamment dans des régions arides, par exemple pour le Sahara, la Libye, l'Oman ou l'Australie centrale. Elles s'étendent sur des milliers de kilomètres carrés et contiennent d'énormes réserves d'eau accumulées depuis plus de 40 000 ans, bien avant la formation des déserts actuels. Ces réserves n'étant plus réapprovisionnées, on les dit fossiles.

Une Planète Sculptée

INDISPENSABLE À LA VIE ANIMALE ET VÉGÉTALE, l'eau joue également un rôle capital dans le modelage de la surface de la Terre. Les traits les plus marquants du relief terrestre — montagnes et fosses sous-marines — sont directement liés à la tectonique des plaques. À peine créées, encore à l'état brut, ces formes, soumises aux actions de la glace, de la pluie, du vent, du soleil et de la mer, vont être ciselées, polies, usées, modifiées. Millions d'années après millions d'années, les montagnes seront réduites à l'état de collines, puis de plaines ou de plateaux.

Cette érosion met en jeu de gigantesques masses de matériaux qui finissent par tomber au fond de l'océan où ils se déposent sous forme de sédiments. Plus tard encore, ces dépôts se transforment en roches dures, qui réapparaîtront peut-être à l'air libre, participant ainsi à un nouveau cycle de création et de destruction du relief.

Par ce lent processus de rabotage, de transport et de dépôt, la matière terrestre donne naissance à une grande variété de paysages caractéristiques : dans le désert, des dunes modelées par le vent ; en haute montagne, des cavernes creusées dans la glace ; sur les côtes, des falaises et des plages ; le long des rivières, des vallées et des gorges, etc. Parfois, la transformation est brutale : une rivière en crue ouvre un nouveau chenal, le versant d'une colline s'affaisse en partie. Cependant, dans la plupart des cas, les paysages évoluent lentement, imperceptiblement, au cours de milliers, voire de millions d'années.

La Formation des Sols

Si ces modifications n'avaient pas lieu, les paysages ne présenteraient que des surfaces nues et rocailleuses, peu propices au développement de la vie végétale. Au contraire, les roches brutes, soumises pendant quelques années aux assauts de l'eau et de l'air, se couvrent d'un sol rudimentaire qui contient, sous une forme assimilable par les plantes, les éléments nutritifs essentiels.

L'action, surtout physique, de la glace, du vent et du soleil effrite les surfaces rocheuses. En gelant dans les fissures et les crevasses, l'eau exerce des pressions suffisamment fortes pour faire éclater la roche la plus dure. Elle agit aussi chimiquement. Légèrement acide, elle dissout le calcaire. Plus encore, elle parvient à décomposer chimiquement les minéraux mêmes qui constituent la roche.

Ce processus est extrêmement utile car, tout en laissant subsister des minéraux résistants, il désintègre ceux qui le sont moins et permet ainsi la formation de l'argile. Une grande partie des substances nutritives enfermées dans la roche

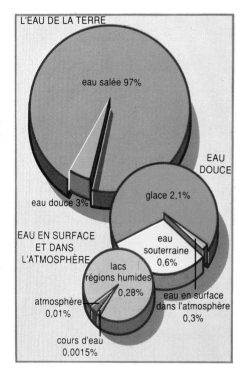

L'atmosphère contient juste assez d'humidité pour assurer la vie sur la Terre pendant 10 jours. Sans un renouvellement constant, la majorité de l'eau de surface — dans les rivières, les lacs et les bassins de retenue — aurait tôt fait de s'évaporer. Or l'eau présente l'avantage de se recycler très rapidement.

Ce cycle dépend presque exclusivement de l'énergie solaire. L'eau s'évapore en grande partie des océans... et y retourne directement. Cependant, les vents en transportent une petite quantité au-dessus des terres, où elle retombe sous forme de pluie ou de neige. Une fois au sol, elle retourne par gravité vers l'océan, en traversant le sol ou en suivant les ruisseaux et les rivières.

Tout au long du parcours, elle s'évapore encore en grande partie dans l'atmosphère. Et pourtant, la quantité d'eau que la terre rend à l'océan correspond très précisément à celle que ce dernier libère sous forme de vapeur d'eau.

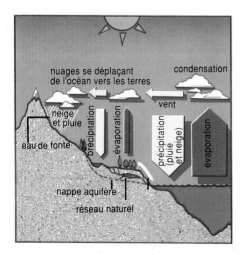

solide se trouve alors libérée. Certaines d'entre elles restent dans l'eau, et d'autres se fixent autour des particules d'argile. Les plantes pourront les absorber en fonction de leurs besoins.

Grâce à un système de recyclage naturel, les éléments nutritifs passent de la roche au sol, puis à la végétation et aux animaux ; ils retournent finalement dans le sol, ou se retrouvent durablement stockés dans la roche elle-même. Cet autre recyclage depuis la faune et la flore vers le sol repose surtout sur l'action des bactéries, qui décomposent la matière organique et libèrent ainsi les substances nutritives qu'elle contient.

DIFFÉRENTS TYPES DE SOLS

Les sols diffèrent énormément en fonction de leur âge, des roches dont ils sont issus et du climat. Dans les régions très humides, par exemple, ils sont souvent pauvres, car la plupart des précieuses substances nutritives sont « lessivées ». La luxuriance de nombre de forêts tropicales est due bien davantage à la vitesse du recyclage de ces éléments qu'à la fertilité du sol. La déforestation a d'ailleurs pour principale conséquence une disparition accélérée de ces substances, emportées par les pluies qui frappent alors le sol sans rencontrer d'obstacles.

Dans les contrées sèches, on observe parfois des sols salés ; ils se forment lorsque de l'eau contenant des sels minéraux dissous est attirée en surface et s'évapore sous l'action de la chaleur. Les pluies sont trop faibles pour éliminer l'excédent de sel et l'eau trop peu abondante pour entretenir la végétation.

LES ÉCOSYSTÈMES

LA VÉGÉTATION CAPTE MOINS D'UN MILLIÈME DU rayonnement solaire reçu par l'atmosphère, et pourtant, toute la vie sur Terre dépend de cette infime fraction.

Sous sa forme brute, l'énergie solaire n'est, pour la plupart des êtres vivants, que d'une faible utilité ; elle ne contribue pas vraiment au processus de la fabrication cellulaire, au mouvement, à la croissance ou à la reproduction. Pour assurer ces différentes fonctions, les organismes doivent s'alimenter en sucres — produits chimiques agissant comme des accumulateurs biologiques.

Seules les plantes vertes fournissent de tels sucres. Elles les créent à partir du gaz carbonique et de l'eau en utilisant comme source d'énergie la lumière solaire : c'est la photosynthèse. Elles libèrent ensuite par oxydation (respiration) une grande partie de cette énergie amassée biologiquement sous une forme utile à leur développement organique.

Les animaux, incapables de produire leurs propres sources d'énergie, doivent se nourrir de

Bryce Canyon, Utah (États-Unis). Ce paysage spectaculaire de colonnes de calcaire et de grès a été sculpté, au cours de millions d'années, par l'érosion.

Ce décor fantastique illustre l'un des grands cycles de la nature, qui transforme la matière terrestre, la déplace, la remodèle, tout au long d'un travail ininterrompu. Il y a 60 millions d'années, cette région était recouverte par une mer de faible profondeur. Des sédiments — squelettes d'innombrables générations de minuscules créatures aquatiques, mêlés à des matériaux arrachés des collines voisines — s'y déposèrent, se transformant peu à peu sous leur propre poids en roches solides. Soulevées sur plusieurs centaines de mètres par les forces telluriques, ces roches subirent aussitôt les assauts du soleil, de l'eau courante, de la glace et du vent.

Les différents degrés de résistance des roches sont à l'origine des formes étranges qu'elles ont adoptées. L'oxydation de métaux comme le fer et le manganèse a teinté le paysage de rouge, de jaune, de brun et même de bleu.

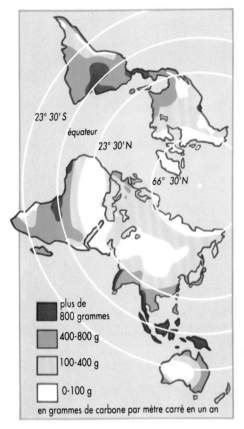

plus de
800 grammes

400-800 g

100-400 g

0-100 g

en grammes de carbone par mètre carré en un an

Tous les animaux, qu'ils soient carnivores ou herbivores, ont besoin de l'apport nutritif des plantes. La productivité de la végétation — et plus particulièrement la vitesse à laquelle elle transforme, grâce à l'énergie solaire, du gaz carbonique et l'eau en sucres — varie énormément d'une région à l'autre; elle dépend surtout du climat. Dans un écosystème, la quantité de matière nouvelle ajoutée à la biomasse (poids total) des organismes existants est étroitement liée à trois facteurs : la température, l'eau et le temps d'ensoleillement.

Les milieux les plus riches, en ce qui concerne tant la biomasse que la diversité des espèces, animales et végétales, sont la forêt tropicale, la mangrove, les récifs coralliens et les estuaires. C'est donc là que les transferts d'énergie et les cycles alimentaires sont les plus complexes et les plus rapides.

Les déserts de glace, de roche ou de sable, au contraire, abritent les écosystèmes les moins productifs, et en général les plus simples. De même, pour une superficie donnée, les océans ouverts produisent relativement peu de biomasse; cela tient sans doute au manque d'éléments nutritifs majeurs tels que le fer. Cependant, parce qu'ils sont immenses, leur production totale est énorme.

En haut : représentation simplifiée de la productivité globale des écosystèmes, mesurée en grammes de carbone par mètre carré en un an.

plantes... ou d'animaux qui en ont eux-mêmes consommé. Ils utilisent ainsi l'énergie qui y est stockée pour entretenir leurs fonctions vitales, qu'elles soient d'ordre musculaire ou nerveux.

Cette énergie, passant d'étape en étape d'un bout à l'autre de la chaîne alimentaire, fait vivre la biocénose (ensemble des animaux et des végétaux vivant en équilibre dans un même milieu, ou biotope). Les caractéristiques de chacun des écosystèmes (associations d'un biotope et de sa biocénose) dépendent de la quantité de soleil qui parvient jusqu'au sol, de la température en surface et des ressources en eau. Beaucoup de soleil, des températures élevées mais peu d'eau... donnent les déserts. De bonnes réserves d'eau, mais de brèves saisons ensoleillées et des températures basses... développent la toundra. Du soleil, de l'eau et de la chaleur en abondance... créent l'écosystème terrestre le plus productif, celui de la forêt tropicale humide.

CHAÎNES ET RÉSEAUX ALIMENTAIRES

Chaque espèce végétale fixe plus ou moins d'énergie, sous forme de sucres par exemple, et l'utilise au cours de ses activités vitales. La part d'énergie ainsi stockée est alors disponible pour la consommation des animaux qui vivent à l'intérieur du même écosystème, et ainsi de suite dans la succession de ceux qui mangent et se font manger, tout au long de la chaîne alimentaire. Certains individus ont une nourriture très spécifique, d'autres consomment plus ou moins de tout. Dans la plupart des cas, cependant, les êtres vivants, au-delà de leur alimentation de base, peuvent, à l'occasion, étendre leur menu. Ainsi les chaînes se superposent-elles souvent, créant des réseaux alimentaires complexes.

Les phytophages (mangeurs de plantes), comme les insectes suceurs de sève ou les mammifères herbivores, sont certes efficaces, mais ils ne transforment qu'une partie de leur nourriture végétale en tissu animal. Une grande quantité de ce qu'ils absorbent se perd sous forme de gaz et d'excréments, et une large proportion de l'énergie assimilée est brûlée lors de leurs déplacements ou de tout autre activité physique. Seule une petite partie de l'alimentation sert à la construction de leur organisme proprement dit, à l'engraissement de leur chair.

Ainsi, dans la chaîne alimentaire d'un écosystème, le passage d'un maillon à l'autre représente une importante perte d'énergie. Le nombre de maillons est donc nécessairement limité.

L'eau, les gaz et les minéraux eux-mêmes évoluent à l'intérieur des écosystèmes. Mais à la différence de l'énergie, des gaz comme le gaz carbonique ou l'azote et des minéraux comme le potassium ou le calcium s'y recyclent très longtemps.

Dans son récit intitulé *Odyssey*, l'écologiste américain Aldo Leopold explique très clairement la nature du recyclage minéral. Il raconte l'his-

toire de X, un atome de phosphore contenu dans le squelette d'un micro-organisme déposé dans une mer ancienne. Au bout de quelques millions d'années, celui-ci se transforme en calcaire, et se retrouve un jour sur la terre ferme. Plus tard, la racine d'un chêne participe à la décomposition de ce calcaire, le réintroduisant alors dans le monde de la matière vivante. Tout d'abord, X vit à l'intérieur d'un bourgeon, qui devient gland, lequel nourrit un cerf, mangé à son tour par un Indien. Voilà pour la première année! Lors de réincarnations ultérieures, X se transforme en plante, en moisissure, en flocon d'avoine, en buffle, en tranche de buffle, en plante, en lapin, en hibou, en champignon, etc. Et finalement, il est emporté par de l'eau de pluie vers un ruisseau, qui rejoint un fleuve... et donc la mer. Et le même cycle peut recommencer, sans fin.

L'homme est un animal de plus en plus universel; autrement dit, il est impliqué dans presque tous les écosystèmes, petits et grands, de la

planète. Pour répondre à une demande — une denrée alimentaire ou une matière première, par exemple —, il sait exploiter plusieurs des éco-systèmes naturels du globe.

Comme l'a démontré Leopold, les aliments sont devenus itinérants. Auparavant, ils demeu-raient des millions d'années dans un espace restreint, recyclés continuellement à l'intérieur de la flore et de la faune locales. Mais aujourd'hui, il leur arrive souvent de se retrouver de l'autre côté de la Terre, tels les ananas produits aux Phi-lippines et mangés aux États-Unis.

Les écosystèmes eux-mêmes sont transformés par l'élevage, les cultures, les constructions, les exploitations minières ou encore l'implantation de décharges. L'introduction volontaire ou non de plantes ou d'animaux modifie également l'équi-libre local. Actuellement, les activités humaines ont sans aucun doute une influence sur la compo-sition de l'atmosphère ; elles risquent donc de modifier la mosaïque climatique, ce qui aura pro-

bablement des répercussions sur les écosystèmes.

Mais pourquoi l'homme est-il devenu uni-versel à ce point ? Cela tient sans doute, si l'on ne considère que sa fonction écologique, au fait qu'il n'a pas de niche spécifique.

Cette réalité est vieille d'environ 10 millions d'années. Au début de leur histoire, les ancêtres de l'homme sont passés peu à peu de l'éco-système de la forêt tropicale à celui de la savane herbeuse et sèche.

Grâce à leurs facultés d'adaptation, les pré-hominiens ont survécu dans ce milieu particuliè-rement rude. Ils ont appris à capturer toutes sortes d'animaux, de la gazelle au guépard, et n'hésitaient pas à disputer une carcasse aux vautours. Ils mangeaient les végétaux appréciés par les tortues et... les tortues elles-mêmes. En apprenant à surmonter tous les obstacles imposés par un milieu hostile, nos ancêtres préparaient les générations futures à affronter avec succès les situations les plus difficiles.

Des périodes régulières d'ensoleillement de 12 heures par jour, des températures se situant toujours entre 21 et 27 °C, et des minima annuels de 1 650 mm de pluie font de la forêt tropicale humide le milieu le plus luxuriant, le plus varié et le plus interdépendant de la planète.

La déforestation est synonyme d'érosion du sol, d'inondation, de modification climatique locale, voire générale. Pis encore, elle s'accompagne souvent de la disparition des populations indigènes.

LES HOMMES

SELON UNE ESTIMATION
de l'Organisation des Nations Unies,
notre planète aurait franchi le cap des
5 milliards d'habitants le samedi 11 juillet
1987. Ce chiffre devrait doubler au cours
du siècle à venir. En fait, le nombre des humains reste
incertain. Dans certaines régions où la population semble
augmenter particulièrement rapidement — par exemple dans
les zones arides des franges du Sahara —, aucun recensement
global n'a jamais été effectué.

Et si les estimations actuelles s'avèrent difficiles, elles
le sont encore davantage pour le passé. Cependant, une chose
est sûre : la plus forte croissance de l'histoire a été enregistrée
depuis la Seconde Guerre mondiale.

L'homme moderne apparaît sans doute voilà quelque
100 000 ans. Il ne s'est cependant répandu en assez grand
nombre sur la Terre que depuis quelques milliers d'années. Il
y a environ 10 000 ans, au terme de la dernière grande période
glaciaire, lorsque la calotte de glace qui recouvrait la plupart
des continents de l'hémisphère Nord a reculé, la planète
ne comptait probablement que vingt millions d'habitants,
soit moins que la seule ville de Mexico aujourd'hui !

En outre, pendant des millénaires, le peuplement de la
Terre n'a pas été continu mais, lent et difficile, il connut
de fréquents et désastreux déclins dus aux aléas du climat,
aux troubles liés aux invasions et aux grandes épidémies.

Vers 8000 avant notre ère, l'apparition de l'agriculture
dans différentes parties du monde s'est accompagnée d'une
première poussée démographique. Pourtant, même au Ier siècle
de notre ère, la population mondiale n'excédait probablement
pas trois cents millions d'habitants. En 1800, elle atteignait
le milliard, passait à deux milliards à la fin des années 1930,
pour doubler encore vers 1970. Au cours du XXe siècle,
l'augmentation moyenne annuelle — c'est-à-dire l'excédent
des naissances sur les décès — fut d'environ cinquante millions
de personnes par an : plus d'un habitant supplémentaire
à la seconde !

Certains experts s'inquiètent vivement de cette croissance.
Ils la tiennent pour responsable de divers grands problèmes
du monde actuel, tels ceux de la faim et de la maladie, de
la raréfaction ou de la disparition des ressources naturelles.
D'autres, au contraire, soulignent l'extraordinaire vitalité de
l'espèce humaine au cours des temps et considèrent l'avenir
avec beaucoup d'optimisme. Ils mettent l'accent moins sur
l'augmentation du nombre d'êtres humains que sur
l'amélioration simultanée de leur bien-être et le
développement de leur esprit créateur et scientifique.

Dans tous les cas, les réalisations des hommes
et la prodigieuse capacité de la planète à leur permettre
de les concrétiser sont indéniables. Issus de petits groupes
de chasseurs-cueilleurs itinérants, ils ont, en 10 000 ans,
organisé d'énormes sociétés de peuples sédentaires.

Afrique
de l'Est

Le pays massaï
se situe au cœur du
berceau de l'humanité,
dans une région de
l'Afrique de l'Est, où
les hommes modernes
apparaissent il y a
environ 100 000 ans.
La vie des Massaïs,
peuple de pasteurs
nomades, n'a sans doute
pas subi de grands
changements au cours
des 10 000 dernières
années. Leur territoire
ancestral ne tient compte
ni des frontières
des États, ni des limites
des réserves de chasse.
Insensibles aux
tentatives des autorités
pour mettre fin à leur
vagabondage, ils
continuent de parcourir
le grand rift africain
avec leur bétail, ainsi
qu'ils l'ont toujours fait.

DE LA FORÊT
À LA SAVANE

LES HOMMES, AUJOURD'HUI TRÈS NOMBREUX ET très différents, ont colonisé pratiquement tous les habitats naturels que leur offrait la planète. Pourtant, malgré cette diversité, nous partageons tous des liens très forts, une origine commune, remontant à un peu moins de 100 000 ans. Depuis l'extinction des différentes espèces qui ont précédé la nôtre, les scientifiques classent l'homme en une sous-espèce bien précise, à l'intérieur du genre *Homo* — homme — et le gratifient du titre quelque peu prétentieux d'*Homo sapiens sapiens*, qui peut se traduire par « homme doublement sage ».

Les caractéristiques d'un *Homo sapiens sapiens* actuel ne diffèrent pratiquement pas de celles de ses ancêtres les plus lointains. Malgré quelques adaptations aux conditions locales, cette sous-espèce a une racine commune, unique. Si l'on pouvait réunir un nouveau-né d'aujourd'hui et un nourrisson d'il y a 100 000 ans, ils se ressembleraient étonnamment par leur biologie.

Quelles sont les raisons de cette extraordinaire adaptation au milieu géographique, qui a permis à l'homme de prospérer, où qu'il se trouve ? La principale tient au fait qu'il n'a pas de niche écologique spécifique dans l'économie naturelle. Il n'est pas dépendant d'un environnement donné et il se nourrit de toutes sortes d'aliments. C'est un animal universel. Mais cela ne suffit pas. Les ancêtres d'*Homo sapiens sapiens* lui ont légué leur « préadaptation » : ils savaient déjà utiliser leurs acquis physiques, intellectuels et culturels lorsqu'ils changeaient de milieu.

Si les racines de l'homme moderne ne remontent qu'à 100 000 ans, de nombreuses espèces proches de l'homme — les hominidés — sont apparues lors des derniers 10 millions d'années et, semble-t-il, toujours en Afrique. Plusieurs, cependant, comme les pongidés (« grands singes ») Dryopithèque et Ramapithèque, se sont très tôt risquées hors de ce continent.

Des découvertes faites dans des contrées aussi éloignées que la Grande-Bretagne, la Chine et l'Inde confirment cette hypothèse. Mais ces grands singes s'aventuraient sans doute rarement loin des forêts. Ils ont d'ailleurs probablement quitté l'Afrique par un pont de terre qui reliait ce continent à l'Arabie, à une époque où les étendues d'arbres couvraient encore une grande partie du sud de l'Europe et de l'Asie.

Pourquoi l'Afrique a-t-elle été le berceau de l'humanité ? Peut-être parce qu'elle réunissait de très nombreux types d'habitats, et notamment des forêts humides, des savanes boisées et de grandes steppes herbeuses. La plupart des caractères physiques qui lient l'homme aux grands singes se sont développés en milieu forestier. Cependant, notre ancêtre a étendu ses spécificités propres, s'est distingué des pongidés, à travers une succession d'espèces — parmi lesquelles *Homo habilis* et *Homo erectus* —, sur une période de plusieurs millions d'années et dans des milieux moins protecteurs que la forêt dense.

DANS LA FORÊT

Un séjour prolongé dans les forêts chaudes et humides a doté les grands singes d'une excellente perception des couleurs et aiguisé à la fois leur goût et leur odorat. Ces qualités sont essentielles pour survivre dans un environnement dense et sombre, où le vert domine.

Le goût et l'odorat de l'homme moderne ne sont pas aussi développés que ceux de leurs ancêtres. Ces sens sont vitaux dans le milieu forestier : ils permettent de distinguer les fruits et les baies mûrs de ceux qui ne le sont pas, ou les insectes comestibles de ceux qui sont venimeux. Les exploits réalisés par les goûteurs de vin ou de thé, au nez ou au palais très entraînés, mais aussi par les chimistes ou les parfumeurs prouvent que nous avons conservé, à l'état latent, des qualités qu'une formation appropriée peut raviver.

Bien d'autres facultés sensorielles et physiques datent probablement de cette période de vie forestière. Ainsi, les singes qui se déplacent en se balançant de branche en branche ont besoin d'une vision en trois dimensions, c'est-à-dire stéréoscopique. Car la moindre erreur d'évaluation de la distance risque d'être fatale.

C'est peut-être aussi en souvenir de cet ancestral mode de locomotion que l'homme dispose d'une articulation de l'épaule suffisamment souple pour qu'il puisse projeter ou frapper avec force des objets tels qu'une lance ou une pierre, une balle de base-ball ou de tennis. Un régime alimentaire fondé essentiellement sur des fruits, des graines, des jeunes pousses, des insectes, etc., a sans doute également développé les manipulations faites à la fois en force et en finesse, ainsi qu'une bonne coordination de l'œil et de la main.

Certains de nos comportements sociaux semblent aussi hérités de ce contexte. L'habitude que nous avons de nous promener, par petits groupes, en forêt pour ramasser des baies ou des champignons rappelle la vie nomade des chasseurs-cueilleurs. Une telle collecte ne peut être efficace que si les ressources forestières sont exploitées au mieux grâce à des méthodes d'organisation, donc de communication.

Nos ancêtres avaient certainement des visages expressifs et utilisaient probablement un ensemble complexe de gestes, de bruits et de sons vocaux ; ils s'occupaient également de leurs petits jusqu'à leur maturité sociale, c'est-à-dire tant physique que culturelle.

Il y a quelques millions d'années, lors d'une période de refroidissement climatique, la grande

Les peintures rupestres de nos ancêtres de la préhistoire constituent notre première source d'information sur leur existence. Les plus anciennes d'entre elles remontent à plus de 30 000 ans, et les plus connues sont celles de Lascaux, en France, qui datent, elles, d'environ 15 000 avant J.-C.

Les artistes de ces époques ont surtout représenté des animaux, mais aussi quelques scènes de la vie quotidienne, comme la chasse ou la préparation des repas. Certaines de leurs œuvres pourraient avoir eu une signification religieuse, magique. Peut-être étaient-elles destinées à assurer le succès d'une expédition ou d'une chasse, gage d'une nourriture abondante.

Cette peinture, découverte sur le plateau du Tassili dans le Sahara algérien, a sans doute été exécutée vers l'an 5000 avant J.-C., lorsque les populations locales commencèrent à vivre de l'agriculture. Les principaux thèmes traités par les artistes sont la chasse et la domestication des animaux. Ils ont aussi représenté de grands buffles, des éléphants et d'autres espèces aujourd'hui disparues du Sahara.

calotte glaciaire antarctique s'étendit et le climat de l'Afrique de l'Est et du Centre devint plus sec. Les forêts ont alors reculé, se sont morcelées, ont été remplacées en partie par des paysages mêlant des lambeaux forestiers, des savanes boisées et des steppes. Pour faire face à ces changements, leurs occupants «sont descendus des arbres».

Biologiquement, cette nouvelle situation n'a entraîné aucune transformation radicale, aucune mutation brutale. Au contraire, les progrès acquis dans le domaine forestier se sont révélés d'une grande utilité pour nos ancêtres : ils leur permettaient de vivre sur les franges plus clairsemées des forêts. Cependant, c'est dans l'étroite interaction entre les évolutions physiques, technologiques et sociales, liées à leur nouveau milieu de savanes et de steppes, qu'il faut chercher la clé de leur fantastique expansion géographique.

Entre autres progrès, la station debout et la marche sur deux jambes libérèrent les mains, qui purent alors transporter des objets. Peu à peu, elles devinrent des outils à la fois puissants et délicats, adaptés à la... manipulation. Le cerveau évolua également, devenant de plus en plus complexe. La vie en communauté se développa, et avec elle le langage et l'apprentissage.

Les premiers hominidés qui quittèrent leur environnement d'origine semblent être les Australopithèques, les «singes du Sud»; ils évoluaient dans la savane, il y a environ 4 millions d'années.

Cette savane semi-tropicale présentait-elle des éléments particulièrement attrayants ? En fait, on pense plutôt que les difficultés à y survivre ont entraîné des évolutions importantes. Dans cet environnement, les fruits, les noix et les baies sont moins abondants qu'en forêt; les feuilles sont ici plutôt coriaces et indigestes. Cependant, les savanes et les steppes proposent en abondance des grains, des racines et des tubercules, qui constituent encore des bases de notre nourriture.

Les hommes de cette époque n'étaient sans doute pas de bons chasseurs. Les lézards, les tortues, les serpents et les petits mammifères devaient certes être plus faciles à capturer dans les herbages que dans les forêts denses. Mais attraper de grands mammifères herbivores — zèbres, gnous, girafes, éléphants, ou hippopotames —, c'était une autre histoire !

En outre, de nombreux animaux, grands prédateurs et nécrophages — lions, léopards, hyènes, loups — constituaient à la fois une concurrence, un danger et une cible à atteindre. Heureusement, les ennemis les plus redoutables étaient aussi les plus faciles à repérer pour l'animal en position debout qu'était devenu l'être humain.

Dans ce milieu nouveau, les hommes, de toute évidence, rencontraient plus d'obstacles que dans la forêt de leurs prédécesseurs. Et pourtant, c'est là que nos ancêtres ont réussi à survivre, et même à prospérer. Cette aventure les a sans doute préparés à vivre partout ailleurs.

La répartition de la population humaine entre les continents et les pays s'est modifiée rapidement au cours des derniers siècles, avec d'importantes conséquences sur le mode d'occupation des terres.

Dans l'ensemble, les taux de natalité et de mortalité dans le monde sont en régression, mais de profondes différences existent entre les continents. En Europe, où la mortalité est faible et la natalité parfois plus basse encore, la population devrait diminuer dans l'avenir. En revanche, des pays comme le Pakistan, le Kenya ou le Brésil, où la mortalité baisse mais où la natalité demeure élevée, resteront encore en état de « boom démographique ».
La plupart des pays dont la population augmente très rapidement sont aussi parmi les plus pauvres du monde — et, pour certains, déjà parmi les plus densément peuplés. Une telle évolution risque d'avoir des conséquences dramatiques.

Le Royaume-Uni, par exemple, comptait en 1985 56,1 millions d'habitants. Il était alors le 15ᵉ pays le plus peuplé du monde. En 1991, sa population s'élevait à 57,5 millions d'habitants, mais il n'était plus qu'au 19ᵉ rang mondial, loin derrière des pays à l'essor démographique beaucoup plus rapide. On prévoit qu'en l'an 2025 la population du Royaume-Uni comptera 3,5 millions de personnes de plus, juste assez pour conserver une... 25ᵉ place. Dans le même temps, le Nigeria devrait passer de la 8ᵉ position, avec 122,5 millions d'habitants, à la 5ᵉ, avec 305,4 millions d'habitants.

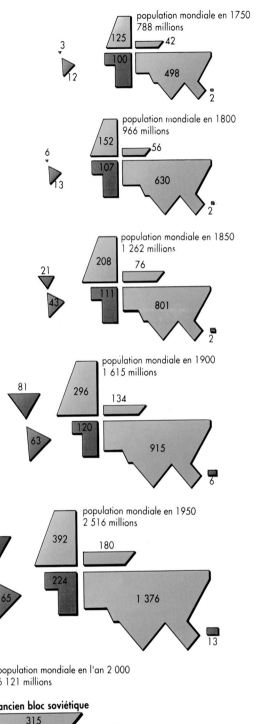

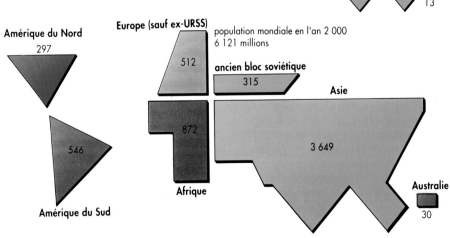

les chiffres sont exprimés en millions

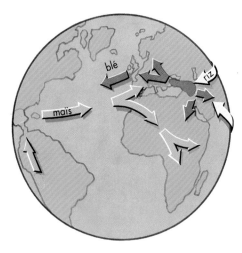

L'agriculture a dû apparaître il y a plus de 7 000 ans, en différents endroits d'Amérique, du Moyen-Orient et d'Asie, sans contact les uns avec les autres. La plupart des cultures de base demeurent inchangées : le riz en Inde et en Extrême-Orient, le maïs en Amérique, et le blé au Moyen-Orient et en Europe.

Cependant, après la découverte du Nouveau Monde, puis grâce à l'essor du commerce mondial, les plantes cultivées furent introduites dans d'autres régions. L'Australie est maintenant un grand producteur de blé, et les États-Unis en sont le premier exportateur mondial. Le maïs s'est répandu à la fois dans l'ouest et dans l'est de l'Afrique, où il représente aujourd'hui, au même titre que le manioc, une ressource alimentaire essentielle. La Chine en est le deuxième producteur mondial après les États-Unis.

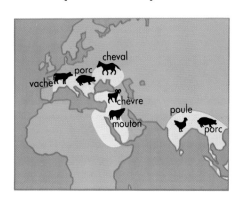

La domestication animale suivit tout naturellement le développement de l'agriculture. Les animaux avaient toujours été chassés pour leur viande ; ils allaient désormais donner leur lait ou leur laine, voire leur sang.

Les animaux devinrent aussi des bêtes de somme. Ils permirent de couvrir de plus grandes distances, favorisant ainsi le commerce. Le développement de l'agriculture s'accompagna aussi de la sédentarisation. Les excédents alimentaires — un premier pas vers la croissance des villes — allaient libérer les hommes du souci de produire leur subsistance. Des cultures plus complexes apparurent alors.

La plupart de ces populations ne constituent pas de réserves de nourriture. Partout, à l'exception des régions les plus riches, la quête alimentaire est pour elles une activité presque quotidienne et le nomadisme représente une réponse aux nécessités de subsistance. Cependant, aux périodes d'abondance succèdent parfois des temps de disette.

La recherche de la nourriture occupe tous les membres du groupe. En général, les hommes chassent, tandis que les femmes et les enfants récoltent des plantes, mais tous vont à la pêche. La répartition se fait ensuite entre toute la communauté : un chasseur ne garde pas pour lui-même et sa famille l'animal qu'il capture. L'approvisionnement étant souvent irrégulier, ce partage est important pour la survie, tant immédiate qu'à long terme, de l'espèce. Il favorise également les bonnes relations et cimente l'union.

Cependant, là où la nature se montre généreuse — c'est le cas au Botswana, dans le désert du Kalahari, pour l'ethnie ! kung du peuple bochiman —, les groupes ne consacrent que deux ou trois jours par semaine à chercher leur nourriture. Ils jouissent ainsi de longs moments de loisirs. Certains anthropologues les ont même décrits comme le modèle d'une « société d'abondance originelle ».

Mais le cas demeure rare. Car, en général, la nature n'est pas assez féconde pour faire vivre des populations nombreuses qui, malgré quelques inventions réellement efficaces, comme le harpon, ne possèdent pas les technologies leur permettant de tirer le meilleur parti de leur environnement. Les groupes de chasseurs-cueilleurs excèdent donc rarement une centaine de personnes et, plus souvent, n'en comptent qu'une trentaine. Dans les régions particulièrement pauvres, tels les déserts d'Australie, la densité de population n'atteint pas toujours deux personnes aux 5 km². Si elle était plus forte, les hommes épuiseraient les réserves de nourriture et la survie de tous s'en trouverait menacée.

Non seulement les ressources sont fréquemment très maigres, mais elles s'épuisent vite. Le chasseur-cueilleur est nécessairement un nomade. Une nature riche — saumons en abondance ou arbres couverts de fruits et de noix — permet à un groupe de se stabiliser pendant plusieurs mois. Dans le cas contraire, par exemple celui des pêcheurs de mollusques de l'archipel de Los Chonos, au Chili, les hommes, pour survivre, sont parfois obligés de se déplacer quotidiennement.

La vie errante des chasseurs et des cueilleurs marque leur culture. Ces populations sans cesse en mouvement se contentent d'habitations qui consistent en de simples refuges provisoires. Elles occupent parfois des grottes mais, la plupart du temps, construisent des abris avec des matériaux périssables, tels que le bois, les feuilles et les peaux ou, comme chez les Inuits, avec de la neige

et de la glace. Le nomadisme implique également que les biens personnels soient réduits au strict nécessaire (outils et ustensiles de cuisine). Il rend également difficile de se déplacer en portant des bébés ; ces peuples pratiquent donc différentes méthodes de contrôle de la population — espacement des naissances et même infanticide — afin qu'un enfant ne naisse pas tant que le précédent ne sait pas marcher.

Leur survie à long terme dépendant des produits de la terre, ces nomades doivent vivre en équilibre avec la nature. Si on les compare aux agriculteurs et aux citadins, il est certain qu'ils ne possèdent pas de technologies susceptibles de transformer vraiment leur environnement. Pourtant, dans le passé, ils ont sans aucun doute modifié sensiblement les paysages et la vie animale.

Peu après la dernière période glaciaire, l'homme prédateur a certainement été à l'origine de la disparition de nombreux grands mammifères, mammouths, ours des cavernes et félins à dents en forme de sabre. Plus récemment, la colonisation de la Nouvelle-Zélande par les Maoris, il y a un millénaire environ, a probablement joué un grand rôle dans l'extinction de plus d'une vingtaine d'espèces d'oiseaux coureurs, comme le moa géant (ou dinornis), haut de 3,30 m.

La maîtrise du feu est sans doute l'héritage le plus important que nous aient transmis les chasseurs-cueilleurs. En Amérique du Nord, par exemple, les Indiens de la steppe utilisaient les flammes pour pousser les bisons vers des chasseurs à l'affût, vers des falaises d'où ils se précipitaient, ou vers des ravins, véritables pièges naturels. En Australie, depuis des millénaires, les aborigènes brûlent systématiquement la végétation coriace, envahissante, afin de favoriser la venue de nouvelles pousses, plus comestibles. Ainsi, au fil du temps, nos ancêtres ont peu à peu transformé de nombreuses régions, boisées à l'origine, en de vastes prairies et en des steppes semi-désertiques.

De la Cueillette à l'Agriculture

On ne peut pas dater ni localiser avec certitude les débuts de l'agriculture. En revanche, il est certain qu'elle n'est pas apparue soudainement, telle une invention de génie, une découverte révolutionnaire. Au contraire, depuis des millénaires, les chasseurs-cueilleurs avaient une connaissance si intime du monde vivant et de l'environnement qu'ils auraient pu pratiquer l'élevage et cultiver la terre... s'ils l'avaient voulu.

En fait, la plupart du temps, les tribus nomades refusent avec un certain dédain la vie des cultivateurs. Car l'agriculture représente un travail trop pénible, demande trop de temps et est, bien sûr, trop sédentaire. Pour les chasseurs-cueilleurs, la nature sauvage est un garde-manger toujours plein ; elle subvient à tous leurs besoins en échange d'un minimum d'efforts et laisse du temps pour les occupations sociales et culturelles : parler, jouer, faire de la musique, se parer...

Ce n'est sûrement pas un hasard si les nombreuses peintures rupestres découvertes dans le monde entier — à Altamira en Espagne, à Lascaux en France, au cœur du Sahara, ou celles que peignent encore de nos jours des aborigènes d'Australie — sont toujours l'œuvre de sociétés de chasseurs-cueilleurs, jamais d'agriculteurs.

LE TRIOMPHE DE L'AGRICULTURE

En dépit du peu d'empressement montré par de nombreux chasseurs-cueilleurs, il y a 10 000 ans environ, peu après la fin de la dernière période glaciaire, différentes variétés de grains et de racines comestibles étaient cultivées. Au-delà de ce que la nature leur offrait, les hommes tentèrent de domestiquer des plantes et des animaux susceptibles de leur procurer de la nourriture, des condiments, des teintures et des fibres... Aujourd'hui encore, sur les 80 000 plantes comestibles existant, l'homme n'en cultive environ que 150 et, parmi celles-ci, une vingtaine à peine fournissent près de 90 % de nos ressources alimentaires. Et trois, à elles seules, constituent l'alimentation de base de plus de la moitié de la population mondiale : le riz, le maïs et le blé.

Les cultures les plus anciennes ont probablement été réalisées sur les flancs herbeux des montagnes du Moyen-Orient, où le blé sauvage faisait déjà partie de la nourriture de base. Mais de nombreuses autres régions, comme l'Amérique centrale, avec le maïs, ou les Andes, avec la pomme de terre, semblent avoir été également des foyers du développement agricole. D'autres productions suivirent bientôt, celles des dattes, des olives et des figues par exemple. Les animaux aussi furent domestiqués. Certains d'entre eux — chiens, volailles, porcs, ânes — vivaient en liberté, attachés ou parqués ; ils se nourrissaient par leurs propres moyens, mais bénéficiaient aussi d'un surplus de récoltes ou de restes des repas. D'autres — chèvres, moutons, bovins et chameaux — se déplaçaient éventuellement d'un lieu de pâture à l'autre suivant la saison.

La sélection entraîna une telle transformation physique et génétique des plantes et des animaux que ceux-ci sont aujourd'hui très différents de ce qu'étaient leurs ancêtres. Ainsi, notre épi de maïs est beaucoup plus nourrissant que son précurseur sauvage. Les croisements consanguins ont permis de créer des races de moutons qui engraissaient plus vite, ou avaient une laine plus longue. Quant à la banane, sa partie charnue s'est tellement développée que le fruit ne peut

plus se reproduire à partir de sa propre graine. Les grains de blé, eux, ont été sélectionnés de telle sorte qu'ils ne s'éparpillent plus et restent enfermés dans l'épi jusqu'à la moisson.

La nature des plantes cultivées a conduit à des modifications importantes des modes de vie. Les céréales contiennent un mélange équilibré de protéines, de glucides et de graisses, alors que les végétaux comme le manioc ou l'igname

L'invention de la charrue favorisa le développement de l'agriculture. Il semble qu'une version lourde, en métal, soit apparue, vers 2000 avant J.C., à la fois en Égypte et dans l'Irak actuel ; elle aurait atteint l'est de l'Europe avant l'essor de l'Empire romain. Mais la charrue légère, en bois, était encore suffisamment répandue au XVᵉ s. pour qu'elle apparaisse sur cette miniature des Très Riches Heures *du duc de Berry.*

manquent, eux, des premières. Les populations qui s'en nourrissent doivent donc, pour équilibrer leur régime, chasser, pêcher ou récolter des grains riches en protéines.

Cette contrainte limite le nombre d'occupants d'une région donnée ; elle explique aussi en partie pourquoi la plupart des civilisations urbaines reposent sur la production des céréales plutôt que sur celle des racines et autres rhizomes. Les premiers empires d'Amérique étaient fondés sur le maïs, ceux d'Asie du Sud et de l'Est sur le riz, et le Moyen-Orient et l'Europe sur le blé et sur l'orge.

Le blé et l'orge ont d'abord été cultivés au Proche et au Moyen-Orient — Iraq, Turquie et Jordanie —, il y a 8 000 à 9 000 ans. À cette époque, les habitants du futur Nouveau Monde faisaient déjà pousser des végétaux, mais le maïs, lui, n'y a été planté que vers 5000 avant J.-C. Le riz fut domestiqué plus tard, probablement en Inde ; son existence est attestée en Chine vers 3000 avant notre ère.

Nul ne sait avec précision pourquoi les hommes sont devenus agriculteurs. Certains avancent l'idée qu'ils y furent contraints par les changements climatiques intervenus après la dernière période glaciaire : la végétation s'est modifiée et les grands mammifères dont les chasseurs étaient traditionnellement tributaires devinrent plus rares.

Selon une autre théorie, tant que la chasse et la cueillette assurèrent un régime suffisamment équilibré, les expériences de domestication ne

servaient qu'à compenser l'accroissement de la population et la diminution des ressources individuelles qui en résulta.

Mais, selon une troisième hypothèse, ce ne sont pas les peuples menacés de famine qui développèrent la domestication, car ils n'en avaient ni le temps ni les moyens, mais ceux qui disposaient de réserves confortables, supérieures à leurs besoins, et qui purent alors se livrer à de longues expériences sur les plantes et les animaux.

Il existe aussi une vive polémique à propos du nombre de foyers où l'agriculture a été «inventée». Certains scientifiques prétendent qu'elle est née en Asie du Sud-Est et, de là, s'est répandue vers les quatre coins du monde; d'autres pensent qu'elle s'est développée indépendamment à partir de huit régions ou plus.

En revanche, un fait est sûr: elle a évolué de façon tout à fait indépendante dans l'Ancien et dans le Nouveau Monde. Avant la colonisation des Amériques par les Européens, les hommes installés de chaque côté de l'Atlantique ne cultivaient qu'un nombre très réduit de plantes identiques, et parmi elles, certains fruits ont sans doute été transportés par les courants marins, sans aucune intervention humaine. En outre, les méthodes étaient très différentes d'une région à l'autre. Dans l'Ancien Monde, les graines de céréales n'étaient pas plantées une à une mais semées à la volée; les agriculteurs connaissaient la charrue, utilisaient la roue et un grand nombre d'animaux domestiques, ce qui n'était pas le cas des paysans du Nouveau Monde.

LA MAÎTRISE DE LA TERRE

AU TOUT DÉBUT DE L'AGRICULTURE, LES TERRES cultivées et les enclos d'élevage se regroupaient autour des habitations, sur de petits espaces. Peu à peu, pour étendre champs et pâturages, les hommes ont défriché — par le feu ou la hache — des surfaces de plus en plus grandes.

Les premiers paysans changeaient souvent de terres de cultures. Les racines alimentaires, comme le manioc et la patate douce, tenaient une grande place et épuisaient rapidement les sols. La production baissait alors, et les agriculteurs défrichaient un nouveau champ, délaissant l'ancien.

Après dix ou vingt ans de repos, cette terre redevenait cultivable. Cette alternance culture/jachère donne de bons rendements et assure un équilibre écologique satisfaisant. Cependant, une part seulement de l'espace défriché fournit des récoltes, le reste étant laissé en jachère. Cette méthode ne peut donc satisfaire qu'une population réduite.

Il y a cinquante ans à peine, les Européens considéraient la jachère comme primitive et peu efficace. On reconnaît aujourd'hui qu'il s'agit d'une excellente technique d'exploitation des sols tropicaux qui sont, en général, peu fertiles et très fragiles. L'alternance culture/jachère se pratique encore dans certaines régions d'Amérique latine et dans le Sud-Est asiatique; elle demeure dominante en Afrique tropicale.

La culture permanente des sols permet de nourrir un plus grand nombre de gens puisque les périodes de jachère sont supprimées. Mais dans ce

La charrue en métal, plus efficace pour défoncer les sols lourds que son équivalent en bois, plus léger, permit de mettre en culture des terres nouvelles. L'agriculture assura dès lors la subsistance de la plus grande partie de la population mondiale.

En abandonnant la vie nomade pour devenir sédentaires, les hommes, pour la première fois, allaient modeler leur environnement. Ils ne seraient plus totalement dépendants des saisons car, en période de prospérité, ils pourraient stocker les surplus de nourriture et parer ainsi aux disettes.

Bien sûr, l'agriculture n'a cessé de faire des progrès. De nos jours, 25 min suffisent pour labourer une surface de 1 ha. Dans les nations riches, très peu de gens connaissent une économie de subsistance. Dans les pays en voie de développement, les gouvernements encouragent fréquemment les cultures destinées à l'exportation. Pourtant, comme des millions d'agriculteurs d'Asie et d'Afrique, ce paysan pakistanais de la province du Baloutchistan (à gauche) laboure encore la terre à l'aide d'un attelage et d'un araire en bois semblables à ceux qu'utilisaient ses ancêtres.

Philippines

Parce que la population humaine n'a cessé de croître tout au long de son histoire, elle a dû produire toujours plus de nourriture. Là où les terres arables et fertiles ne répondaient plus à la demande, diverses méthodes ont permis de les rendre plus productives. La culture en terrasses est l'une des plus anciennes. Elle est pratiquée depuis des siècles dans l'est de l'Asie, dans certaines régions d'Afrique et dans les Andes.

Au nord de Luçon, la plus grande île des Philippines, les rizières en terrasses de Banaue (à droite) ont au moins 2 000 ans. Non seulement elles permettent d'assurer des rendements maximaux dans cette région montagneuse, mais elles sont tellement spectaculaires qu'elles représentent, à juste titre, une attraction touristique. Irriguées par des chutes d'eau artificielles, elles étendent, estime-t-on, leurs murettes sur environ 22 500 km de longueur. Et ce chiffre augmente chaque année, à mesure que les agriculteurs s'attaquent à de nouveaux pans de la montagne. Ils utilisent la roche pour construire ces murettes qui retiennent la terre de chaque banc de rizières. Le riz, d'un rose pâle délicat, est très apprécié des connaisseurs.

cas, il faut que la terre soit enrichie. Cette fertilisation se fait parfois naturellement : par exemple, par les alluvions fertiles laissées sur les berges des rivières ou les plaines fluviales lors des crues. Cependant, le plus souvent, il faut utiliser massivement les engrais.

Pour augmenter la production agricole, on peut aussi accroître la superficie cultivable. Les régions montagneuses, par exemple, sont exploitées grâce à diverses techniques telles que la classique construction en terrasses ou le labourage en courbes de niveau, qui s'effectue perpendiculairement à la pente du terrain. Ces techniques combinées permettent non seulement d'exploiter les versants escarpés, mais aussi de réduire l'érosion et de maîtriser la fertilité et l'humidité du sol.

Les premières terrasses ont sans doute vu le jour au Proche-Orient, il y a 9 000 ans environ. Mais c'est en Asie, dans les régions de riziculture intensive, qu'elles ont atteint leur perfection. La terre devient alors capable de fournir de multiples et bonnes récoltes annuelles sur des périodes relativement longues, et donc de nourrir une population dense. En revanche, la construction et l'entretien des terrasses et de leur réseau d'irrigation nécessitent le travail d'une nombreuse main-d'œuvre. L'agriculture savante des Incas, au Pérou, fut ruinée par manque de bras dès lors que les conquistadores forcèrent les paysans à travailler hors de leurs champs, surtout dans les mines. Aujourd'hui, différents projets de développement prévoient la réhabilitation des terrasses et des systèmes hydrauliques originels.

Naturellement, l'irrigation caractérise les cultures des régions sèches. Au bord du Nil, en Égypte, ou le long du Chang Jiang (fleuve Bleu) et du Huang He (fleuve Jaune), en Chine, les premiers canaux et aqueducs sont vieux de 4 000 à 5 000 ans. L'eau qu'ils conduisent est indispensable pour cultiver des terres arides ; en outre, grâce aux éléments nutritifs qu'elle renferme, elle fertilise les sols. À grande échelle, il s'agit d'une technique très perfectionnée, exigeant une bonne gestion de l'eau et une main-d'œuvre importante pour établir et entretenir les canaux.

Car un réseau d'irrigation mal géré ou mal entretenu peut causer beaucoup plus de problèmes qu'il n'en résout : destruction des récoltes, humidification trop grande de la terre, etc. Un sol imbibé d'eau et une forte évaporation provoquent la remontée des sels en surface ; un pompage excessif des sources peut les épuiser, voire causer un affaissement de terrain ou l'infiltration d'eau saumâtre dans les nappes d'eau douce.

Même dans les régions mal drainées ou marécageuses, par exemple le long d'une rivière ou sur les rives d'un lac, les rendements agricoles peuvent, dans certains cas, être excellents. Les berges des fleuves et leurs embouchures, rendues fertiles par la présence du limon, constituent en effet des terres extrêmement riches. Mais il faut

les protéger de l'excès permanent d'eau et des inondations saisonnières.

La construction de digues permet souvent de les éviter. La surélévation des champs constitue une autre technique. Les paysans creusent alors des canaux, des fossés, et entassent la terre ainsi rassemblée pour former des banquettes de terre riche prête à cultiver. Chaque année, ils curent les fossés et en étalent la boue sur les champs afin de maintenir leur fertilité. Ce procédé était très utilisé dans le centre du Mexique, où les *chinampas* de la cuvette marécageuse de Mexico assuraient la subsistance du peuple aztèque.

LES TROUPEAUX

En devenant agriculteurs, les hommes, pour la plupart, se sont sédentarisés. Mais certains d'entre eux, parce qu'ils avaient en charge les troupeaux, ont conservé une existence nomade. Dérivée de l'agriculture mixte, l'activité pastorale s'est apparemment développée en Asie, il y a 3 000 ou 3 500 ans, lorsque les chevaux et les chameaux furent domestiqués. Les pasteurs nomades sont des gardiens très expérimentés, qui conduisent leurs troupeaux de pâturage en pâturage, d'un point d'eau à un autre. Certains n'exploitent qu'un seul type d'animal, comme le dromadaire dans le nord de l'Arabie ou le renne en Sibérie ; mais en Asie centrale, les troupeaux rassemblent diverses espèces — le cheval, la chèvre et le mouton, par exemple — adaptées aux conditions climatiques locales et au type de pacage.

Depuis ses débuts, il y a quelque 7 000 ans, l'agriculture a employé très majoritairement la population humaine. Elle a entraîné, en profondeur et à long terme, de nombreux changements. Ainsi que les chasseurs-cueilleurs l'avaient pressenti, elle a des inconvénients. Si elle permet de faire vivre des populations plus nombreuses et plus denses, la concentration des gens et des cultures favorise aussi la multiplication des prédateurs, des parasites et des maladies.

Pourtant, grâce à elle, la Terre a pu accueillir de plus en plus d'habitants. Très souvent, les nouveaux environnements ainsi créés se sont révélés à la fois esthétiquement beaux, écologiquement sains et suffisamment forts économiquement pour soutenir le développement de brillantes civilisations.

Aussi, bien que la première « révolution agricole » d'il y a 10 000 ans n'ait pas été sans poser de problèmes, l'aptitude d'*Homo sapiens sapiens* à modifier et à contrôler son environnement naturel par le biais de l'agriculture et de la sédentarisation l'a précisément conduit à progresser encore. N'étant plus soumis à la recherche constante de nourriture, les hommes ont pu abandonner une existence totalement nomade pour s'établir dans des villages permanents. Les villes, les États et les empires n'auraient pu exister sans cette maîtrise de la production alimentaire.

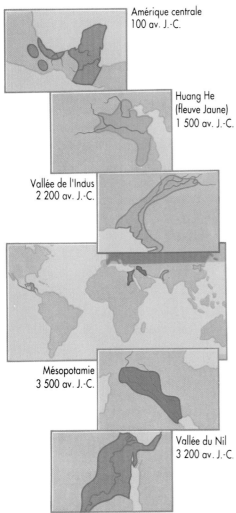

Amérique centrale
100 av. J.-C.

Huang He
(fleuve Jaune)
1 500 av. J.-C.

Vallée de l'Indus
2 200 av. J.-C.

Mésopotamie
3 500 av. J.-C.

Vallée du Nil
3 200 av. J.-C.

Les premières grandes villes sont apparues le long de vallées fluviales, là où la fertilité naturelle des sols assurait des récoltes abondantes. Délivrées en partie de l'unique souci de la subsistance, les communautés humaines pouvaient alors se consacrer à d'autres activités. En Mésopotamie, aux alentours de l'an 3000 av. J.-C., les Sumériens mirent au point une forme d'écriture. Cette révolution dans la transmission et la conservation des connaissances caractérise la plupart des premières grandes civilisations.

Les villes de la vallée de l'Indus regroupaient de nombreux artisans. Parmi les vestiges retrouvés, certains proviennent d'assez loin et prouvent que ces cités commerçaient avec la Mésopotamie.

En Chine, grâce aux revenus tirés de son vaste territoire, la dynastie Shang, fondée en 1766 av. J.-C., entretenait une cour somptueuse. La résistance du bronze utilisé pour la fabrication des objets de cérémonie a permis de conserver de nombreux témoignages de la vie de cette époque.

En Amérique centrale, la civilisation maya apparut beaucoup plus tard, riche déjà, à l'évidence, d'une organisation religieuse complexe et d'une extrême recherche dans la décoration et la joaillerie — luxes inaccessibles à des sociétés moins évoluées.

L'ESSOR DE L'EUROPE

AU XIIIe SIÈCLE, QUAND LE GRAND VOYAGEUR vénitien Marco Polo revint de son périple qui l'avait conduit jusqu'en Chine à travers l'Asie, il évoqua surtout les fabuleuses richesses accumulées par les empereurs, les émirs et les sultans qu'il avait rencontrés. Aucun monarque d'Europe ne disposait alors de la puissance, de la splendeur ou des inventions techniques des grands souverains arabes et chinois.

La poudre à canon, l'aiguille aimantée de la boussole, l'imprimerie, le papier — inventions qui, chacune à sa manière, allaient transformer l'univers européen — viennent de Chine. Le harnais de cheval et certains mécanismes du moulin à eau... également.

L'érudition du monde musulman était tout aussi impressionnante. Les mathématiques, l'astronomie, la médecine, l'art de la navigation, l'étude des œuvres de l'Antiquité, etc. faisaient naître des encyclopédies savantes. Dans tous les domaines ou presque, l'Europe faisait, à cette époque, figure de parent attardé.

Pourtant, deux cents ans plus tard, au XVe siècle, c'est bien elle, et non les empires orientaux, qui s'affirma comme la puissance mondiale dominante, et qui le demeura pendant plusieurs siècles. Elle unifia le globe, en établissant des échanges réguliers entre ses différentes parties. D'où vint un tel changement?

Sur les plans géologique et écologique, l'Europe présente une grande diversité. Ses nombreuses régions, caractérisées par des sols fertiles, se répartissent équitablement à travers tout le continent — ce qui explique pourquoi, malgré sa superficie réduite, elle a vu se constituer autant de peuples, de langues et d'États, parfois minuscules. Un climat généralement tempéré offre à l'agriculture de bonnes conditions : la sécheresse, les inondations ou les hivers dévastateurs n'y sont pas des risques permanents. En un temps où les transports terrestres étaient lents, pénibles et coûteux, un dense réseau naturel de voies navigables ainsi qu'une façade maritime très longue y favorisèrent à la fois le commerce local et les échanges sur de grandes distances.

D'autre part, malgré son retard technique sur la Chine et les pays de l'Islam, l'Europe médiévale ne refusait pas le progrès. Dans plusieurs régions clés, des changements s'opéraient déjà. L'agriculture notamment, dès les VIe et VIIe siècles, connut d'importantes innovations.

Le moulin à eau, la lourde charrue en fer, une ingénieuse rotation des cultures préservant la fertilité des sols, tout indique que, vers l'an mille, des techniques agricoles, hautement productives, se propageaient. Bénéficiant d'excédents

Les grands découvreurs européens, qui croyaient faire connaître au reste du monde « la » civilisation, constatèrent que, des siècles auparavant, de grandes cités et de brillantes cultures avaient existé en Chine, dans la vallée de l'Indus, en Mésopotamie et dans le Nouveau Monde.

L'empire inca, autrefois très puissant, souffrait de la guerre civile lors de l'arrivée des Espagnols ; ceux-ci le colonisèrent d'autant plus facilement. Les conquérants pillèrent méthodiquement chaque ville, chaque village. Pourtant, les Européens ne découvrirent la grande cité inca de Machu Picchu qu'au début du XXᵉ s.

Haut perchée dans la cordillère des Andes, au sommet d'une montagne aux pentes très escarpées, Machu Picchu devait être une capitale imprenable. Les versants cultivés, en terrasses, capables de nourrir plusieurs centaines d'habitants, étaient aménagés afin d'empêcher l'érosion du sol. Grâce aux techniques de construction utilisées, les murs de pierre des édifices sont restés intacts cinq siècles après l'abandon probable de la cité, dont les origines et le destin demeurent mystérieux.

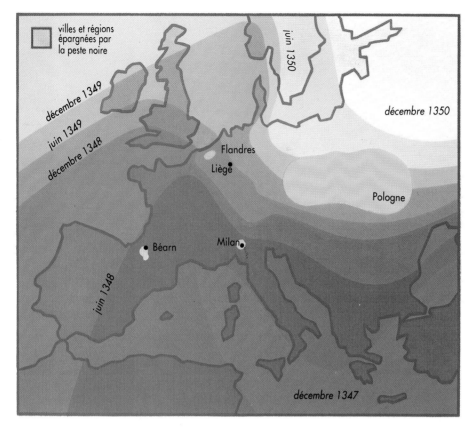

villes et régions
épargnées par
la peste noire

juin 1350

décembre 1349

décembre 1350

juin 1349

décembre 1348

Flandres

Liège

Pologne

Béarn

Milan

juin 1348

décembre 1347

Le fléau connu sous le nom de peste noire atteignit l'Europe en 1347, et submergea le continent par vagues successives. Cette carte présente l'extension approximative de l'épidémie au cours des trois années qui suivirent.

Aucune pandémie ni aucune guerre n'avaient jamais fait autant de victimes. Le mal se répandit très rapidement. Des villes et des villages entiers furent vidés de leurs habitants. Les communautés vivant dans la promiscuité, tels les monastères, furent particulièrement touchées. Les ravages, cependant, ne furent pas partout aussi terribles : pour des raisons inexpliquées, la ville de Milan, par exemple, et une vaste partie de l'Europe orientale furent largement épargnées.

alimentaires de plus en plus importants et réguliers, la population s'accrut, l'économie se développa, les villes et les cités se multiplièrent.

Au contraire de la Chine qui, dès 618, sous la dynastie Tang, formait un seul empire sous un souverain unique et une administration centralisée, faisant respecter partout les mêmes lois, l'Europe demeurait une mosaïque d'États relativement indépendants. C'est d'ailleurs en grande partie la concurrence entre ses différents États qui explique pourquoi l'Europe prit globalement la tête des innovations militaires, économiques, politiques et technologiques.

Mais l'histoire n'est pas faite que de conflits. Au-delà d'une rivalité acharnée, la plupart des pays d'Europe se trouvaient tout de même réunis par un héritage culturel commun : le christianisme, lui-même porteur des legs de l'ancien Empire romain, qui avait étendu sa culture et ses lois sur la plus grande partie du continent.

En temps de paix, le latin, que l'on parlait à travers toute la chrétienté, dominait les très nombreuses langues européennes et assurait la diffusion des connaissances au-delà des frontières politiques et linguistiques. Grâce aux ordres monastiques installés sur tout le continent et aux prêtres itinérants, la culture religieuse, mais aussi classique, ainsi que les innovations techniques se répandirent largement.

En temps de guerre, le christianisme, en rassemblant les énergies, a également favorisé cet essor. Entre les XIᵉ et XIIIᵉ siècles, de nombreux pays européens s'unirent pour lancer plusieurs croisades contre le pouvoir islamique au Moyen-Orient. En arrachant, quoique brièvement, aux musulmans le contrôle de la Méditerranée, les croisades contribuèrent à l'apparition de prospères cités-États, telles que Venise et Gênes.

Une culture commune, une structure politique et économique fragmentée, un environnement géographique plutôt accueillant, favorisant le développement de l'agriculture et du

Les premières constructions de la Grande Muraille de Chine remontent au Ve s. av. J.-C. Mais sous son aspect actuel, elle date pour l'essentiel du début de la dynastie Ming, à la fin du XIVe et au début du XVe s. À cette époque, les Chinois avaient repoussé les envahisseurs mongols, et ils fortifièrent le mur pour se protéger d'un nouvel assaut.

Les Chinois étaient passés maîtres dans l'art de la construction navale et des techniques de navigation. Pourtant, ils ne rivalisèrent pas avec les Européens sur les océans. Peut-être parce qu'ils possédaient déjà des territoires immenses, et pouvaient en conquérir sur terre d'autres encore. Peut-être aussi parce que les conflits fréquents avec leurs voisins ont épuisé des ressources qui auraient pu être employées autrement.

Ces Mongols étaient des guerriers dont l'empire, à son apogée, à l'époque du règne du fameux Gengis Khan (1206-1227), s'étendait de la Chine jusqu'à la Pologne et la Hongrie. Ce serait une de leurs armées, dit-on, qui aurait introduit la peste noire en Europe, en catapultant des cadavres de pestiférés par-dessus les murs d'une ville de Crimée qu'ils assiégeaient.

commerce : tous ces éléments contribuèrent à l'épanouissement de la société européenne du Moyen Âge. Même les terribles épidémies qui frappèrent tout le continent ne furent que des régressions temporaires. En 1347, la peste noire fit son apparition en Crimée, dans une armée mongole. Le rat noir — animal qui infestait les navires parce qu'il sait grimper sur les amarres — transporta de port en port les puces contaminées et répandit ainsi le fléau à travers toute l'Europe.

Durant les cinq années qui suivirent, la population de l'Europe fut, pour un tiers, ou peut-être même la moitié, décimée par l'épidémie. Quand le pape Clément VI fit recenser les morts, le chiffre terrifiant de 42 836 486 fut annoncé. Cette donnée, établie par des prêtres aux quatre coins de la chrétienté, est probablement inexacte, mais elle témoigne du degré d'unité déjà atteint par l'Europe à cette époque.

Pourtant, en dépit de ces pertes humaines,

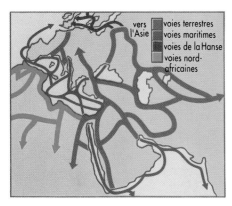

Quand Marco Polo entreprit son grand voyage, les routes du commerce entre la Chine et l'Occident — notamment la route de la soie — étaient déjà bien établies.

Du XIIIe au XVe s., le commerce du nord de l'Europe fut dominé par les marchands des villes de la Hanse. Les routes qui traversent le Sahara furent exploitées à la fin du Moyen Âge par des Européens à la recherche d'or.

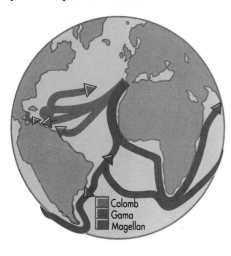

Entre 1492 et 1522, les découvreurs européens transformèrent totalement la connaissance du monde. Christophe Colomb se lança à l'ouest à la recherche d'une nouvelle route maritime vers l'Orient... et débarqua en Amérique. En se dirigeant vers l'est, et en doublant le cap de Bonne-Espérance, Vasco de Gama toucha les Indes en 1498. Et un navire de l'expédition de Magellan acheva en 1522 la première circumnavigation du globe. Non seulement cette expédition prouvait définitivement que la Terre est ronde, mais elle donnait aussi une idée plus précise de sa taille.

l'Europe fit preuve d'un redressement remarquable. Elle connut de nouveau une forte croissance démographique, pansa ses plaies et retrouva son dynamisme. Moins d'un siècle plus tard, malgré la peste noire, elle sera en mesure de dominer le monde et d'en conduire l'histoire.

L'EUROPE À LA CONQUÊTE DES MERS

AU XVe SIÈCLE, LES CHINOIS, LES ARABES et les Européens possédaient tous les flottes et les techniques nécessaires à une expansion outremer. Les Chinois avaient une connaissance approfondie des étoiles et ils utilisaient depuis le XIe siècle l'aiguille aimantée — sorte de boussole rudimentaire. Dès le XIVe siècle, leurs gigantesques jonques à voiles carrées explorèrent l'océan Indien ; elles atteignirent Djedda, sur la mer Rouge, en 1432. Mais les Chinois s'arrêtèrent là, firent demi-tour ; leurs explorations maritimes prirent fin, sans raisons claires. De toute évidence, la Chine n'avait guère besoin du reste du monde.

Pour agrandir son empire, il lui suffisait de s'enfoncer dans les immenses terres d'Asie, même si les Mongols, au nord, ou l'islam, à l'ouest, constituaient une menace permanente.

Les Arabes étaient eux aussi d'habiles marins. Leurs commerçants naviguaient régulièrement hors de la mer Rouge et du golfe Persique. Mais leurs bateaux, certes efficaces dans le cadre de ces voyages, présentaient cependant quelques faiblesses. Assez peu maniables, ils se contentaient en général de se laisser simplement pousser par le vent. Les navigateurs musulmans savaient parfaitement tirer parti des vents de mousson qui soufflent sur l'océan Indien. Ceux-ci s'inversant régulièrement — le mot mousson vient d'ailleurs de l'arabe et signifie vent saisonnier —, les navires marchands se déplaçaient en été dans le sens des aiguilles d'une montre et, le reste de l'année, en sens inverse.

C'est ainsi que les Arabes établirent avec l'Inde, l'Asie du Sud-Est, la Chine et même les îles à épices d'Indonésie des échanges solides. Ils installèrent également des comptoirs commerciaux le long de la côte orientale de l'Afrique, sur le continent, par exemple à Mombasa, mais aussi sur des îles comme Pemba et Zanzibar. C'est pour cette raison que, de nos jours, l'islam demeure largement répandu dans cette région, où l'on retrouve nombre de noms arabes, tel Dar es-Salaam (la «porte de la Paix»), en Tanzanie.

Et les Européens ? Pourquoi ont-ils conquis l'Atlantique et le Pacifique, et relié le Nouveau Monde à l'Ancien ? Les nécessités géographiques

apportent un premier élément de réponse. D'une part, le sud de l'Espagne resta sous contrôle musulman jusqu'en 1492. D'autre part, Constantinople (aujourd'hui Istanbul) avait été prise par les Turcs en 1453. La Méditerranée apparaissait ainsi comme un véritable «lac islamique» et les liaisons commerciales terrestres en direction de l'Orient s'interrompirent. Des cités-États telles que Venise et Gênes, dont les échanges dépendaient précisément de ces routes, subirent une crise économique. Les pays qui s'ouvraient sur l'Atlantique commencèrent, eux, à prospérer.

Or, sur les côtes atlantiques, les marins doivent affronter des conditions difficiles liées aux vents, aux marées et aux courants. Le Portugal d'abord, puis l'Espagne mirent au point des vaisseaux qui devinrent les meilleurs du monde. Mais surtout, les marins apprirent à exploiter au mieux les vents. Les antiques navires des Grecs, des Phéniciens ou des Romains, essentiellement propulsés grâce à des rameurs, étaient lents mais bien adaptés à cette mer fermée, sans marée, qu'est la Méditerranée. À l'inverse, les Portugais, peuple atlantique par excellence, mirent au point des bateaux de petite taille, mais d'une maniabilité étonnante, les caravelles. Avec leur faible tirant d'eau, elles pouvaient aussi bien affronter la haute mer que remonter les fleuves.

C'est à bord de navires de ce type que les Portugais embarquèrent vers 1400. S'ils naviguaient dans l'Atlantique Nord, pour pêcher, et s'ils dérivaient parfois vers l'ouest, en direction du Brésil, ils avaient néanmoins la volonté de mettre cap au sud. Ils atteignirent Madère en 1419, les Açores en 1439, et en 1488 ils contournèrent le cap de Bonne-Espérance. Ils établirent des comptoirs commerciaux sur tout le pourtour de l'océan Indien, jusqu'à Malacca (1511). Peu après, un bateau de l'expédition de Magellan parvint à accomplir le premier tour du monde (1519-1522). Un comptoir fut établi au Japon en 1542.

Les voyages de découvertes ont sans doute ouvert des routes de commerce. Cependant, pour en prendre le contrôle, les Européens durent surmonter de nombreuses difficultés. En premier lieu, il leur fallut évincer les marchands déjà en place, notamment les Arabes qui occupaient tous les comptoirs de l'océan Indien. En fait, les Européens possédaient un avantage de taille : ils disposaient des armes les plus efficaces du monde.

En Chine, où elle fut inventée, la poudre noire n'alimentait pas des canons, mais surtout des fusées de feu d'artifice. Quand ils la découvrirent grâce à Marco Polo, les Européens essayèrent aussitôt de s'en servir pour lancer des projectiles. Une technique particulière fut à l'origine de l'invention des premiers canons. Toutes les églises et les cathédrales de la chrétienté possédaient des cloches alors que, dans les pays de l'Islam, les muezzins appelaient les fidèles à la prière du haut des minarets. Depuis des siècles,

donc, les Européens coulaient des cloches en bronze massif, une technique qui pouvait facilement s'adapter à d'autres usages. Les premières bouches à feu et les cloches n'ont-elles pas d'ailleurs plus qu'un air de ressemblance ?

Le canon de bronze fut ainsi connu à Florence dès 1326, et il devint bientôt d'un usage courant sur tout le continent. Au début, les fabricants d'armes avaient construit de grosses bombardes destinées à abattre des murailles en lançant d'énormes boulets de pierre de 50 cm de diamètre et pesant plus de 1,6 t. Ils mirent ensuite au point des petits canons et des armes à feu portables, faciles à utiliser sur les bateaux.

Malgré leurs compétences, ni les Arabes ni les Chinois ne purent rivaliser sur mer avec les Européens. En se limitant aux immenses territoires qu'ils contrôlaient déjà, les Chinois s'étaient en fait, d'eux-mêmes, retirés de la course. Quant aux Arabes, trop divisés sur le plan politique, ils ne pouvaient pas, avec leurs navires à voile latine, concurrencer les bateaux européens au gréement plus efficace, aux francs-bords élevés et armés de canons. En outre, tout le Moyen-Orient souffrant d'une grave pénurie de bois d'œuvre, le monde

musulman aurait eu de sérieuses difficultés à moderniser sa flotte.

Pendant ce temps, en 1492, Christophe Colomb, navigateur génois au service du roi et de la reine d'Espagne, découvrait — par hasard, dit-on — le Nouveau Monde, alors qu'il cherchait officiellement la route des Indes par l'ouest.

LE MONDE EN 1492

LES DÉBUTS DE L'EXPANSION EUROPÉENNE au-delà des mers sont souvent considérés comme une période clé de l'histoire. L'année 1415 pourrait en marquer le point de départ. Les navigateurs portugais établirent alors un avant-poste fortifié à Ceuta, en Afrique du Nord, puis ils entreprirent des voyages systématiques qui les conduiront, en moins d'un siècle, à réaliser la circumnavigation complète du globe.

En 1492, à l'époque où Colomb quitta l'Espagne, la population mondiale comptait environ 350 millions d'habitants — un quinzième

Notre-Dame de Chartres, la seconde cathédrale et la sixième église édifiées à cet endroit, est l'un des plus beaux exemples de la fièvre architecturale qui s'empara de l'Europe chrétienne à partir du XIIe s., à l'époque des croisades. Son architecture gothique et ses vitraux magnifiques témoignent de l'opulence et de la foi de l'Europe du haut Moyen Âge.

Le déclin de l'Empire musulman, symbolisé par la prise de Jérusalem par les croisés en 1099, renforça la position de l'Europe face au reste du monde, une Europe que le christianisme rassemblait dans la lutte contre les « infidèles ». Mais les croisades déclenchèrent aussi une poussée de fanatisme. Les juifs, marchands et négociants, qui s'étaient établis dans toute l'Europe se trouvèrent alors rejetés — voire exilés — des pays chrétiens où ils vivaient. L'Église catholique édicta des lois restreignant leurs droits et leur imposant de porter des marques distinctives cousues sur leurs vêtements. Ce fut le début d'une discrimination durable.

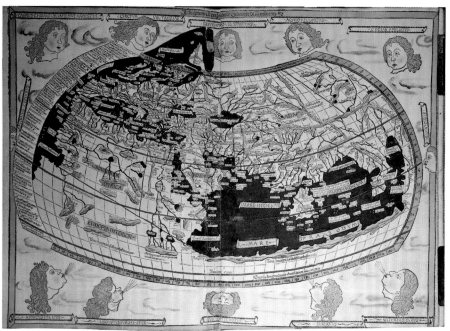

seulement du chiffre actuel — mais, dans de nombreuses régions, elle augmentait rapidement. Peu d'hommes vivaient encore de chasse et de cueillette, mais ils étaient répartis sur de vastes espaces. Comme aujourd'hui, la plupart de ces peuples occupaient des régions reculées, peu propices à l'agriculture et à l'élevage, soit parce que le climat y était trop froid ou trop aride, soit parce que le sol était marécageux ou inexploitable avec des outils rudimentaires. En Amérique du Nord et du Sud, les chasseurs-cueilleurs disposaient d'immenses zones de forêts et de semi-prairies; ils occupaient aussi la Sibérie orientale, le désert du Kalahari en Afrique du Sud, et toute l'Australie. Les pêcheurs-chasseurs, eux, se répartissaient autour de la ceinture circumpolaire arctique et le long des côtes du Pacifique Nord.

Des bergers nomades contrôlaient des terres arides s'étendant de l'Afrique de l'Est et du Sud (Bantous, Massaïs) à l'Afrique du Nord (Berbères), en passant par le Moyen-Orient (Bédouins), jusqu'en Asie centrale (Kazakhs, Kirghiz et Mongols), mais aussi de vastes étendues de toundra gelée dans le nord de l'Europe et de l'Asie (Lapons et Tchouktches).

En 1492, si les paysans étaient très majoritaires sur la Terre, ils constituaient cependant des groupes sociaux très divers, aux techniques agricoles elles aussi très différentes. Des groupes tribaux, très étroits pour la plupart et pratiquant une agriculture itinérante, vivaient dans tout le bassin de l'Amazone, en Amérique du Nord, dans l'Afrique subsaharienne, dans les îles du Pacifique et dans les montagnes d'Asie du Sud-Est.

Des sociétés plus complexes, plus hiérarchisées, au pouvoir fortement centralisé, avec leurs prêtres, leurs fonctionnaires, leurs artisans spécia-

En Europe, au XVe s., la connaissance géographique du monde reposait encore en grande partie sur les travaux de Ptolémée, le grand astronome et mathématicien de l'Antiquité grecque. Géographie, écrit au IIe s. après J.-C., fut traduit et publié au XVe s. à la fois en latin et en italien. Sa carte du monde (ci-dessus) fut redessinée. Bien que remarquable à maints égards, elle sous-estimait sérieusement les proportions de la Terre. Pour Ptolémée, l'Europe et l'Asie occupaient plus de la moitié de la circonférence du globe, alors qu'elles n'en couvrent en réalité qu'un peu plus d'un tiers. Cette erreur, notamment, conduisit Colomb à déclarer qu'il avait atteint l'Asie.

L'imprimerie, apparue en Europe vers 1450, marqua une véritable révolution en ce sens qu'elle bouleversa la transmission des connaissances. L'alphabétisation et la littérature se développèrent, les cartes imprimées se répandirent, ainsi que les données géographiques.

Des bibliothèques firent leur apparition un peu partout en Europe : pour la première fois, le savoir n'était plus réservé aux gens très riches, aux universitaires et aux clercs. L'Escurial (à gauche), à la fois monastère et palais, fut construit aux environs de Madrid, par Philippe II, dans les années 1560. La bibliothèque qu'il y fonda contient des milliers de livres et de manuscrits enluminés.

Au XVIIᵉ s., Amsterdam s'imposa comme le centre d'un empire commercial international. Cette carte (à droite) montre un nombre impressionnant de bateaux ancrés dans le port. La ville était alors la capitale d'un système bancaire mondial : elle prêtait aux puissances étrangères et exerçait une influence politique et intellectuelle considérable.

Toutefois, n'est-ce pas parce qu'elle se trouvait en pleine prospérité financière au moment de la révolution industrielle qu'Amsterdam ne devint jamais un grand centre manufacturier ?

Aujourd'hui, sa population compte seulement près de 750 000 habitants et ses activités commerciales et bancaires, quoique relayées par le tourisme et le travail de la taille des diamants, ne rayonnent plus autant qu'autrefois. Les canaux, les ponts et les quais construits au XVIIᵉ s. lui conservent néanmoins une fière allure.

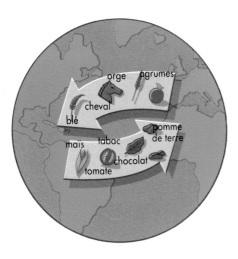

Après Colomb, les hommes, les animaux et les plantes quittèrent leur continent d'origine. Ce grand brassage commercial dure depuis 500 ans. À cause de lui, le café tient une place privilégiée dans la vie des Américains, et la tomate et la pomme de terre sont devenues des denrées de base en Europe. Cependant, les échanges n'ont pas tous été positifs. Des maladies importées d'Europe ont décimé la population indienne d'Amérique. De même, la destruction de leur milieu naturel, associée à la pratique d'une chasse intensive, parfois pour le seul goût du sport, a entraîné l'extinction presque totale des bisons d'Amérique du Nord.

Outre certains maux à haut risque apparus à cette époque, notamment la fièvre jaune et la malaria, les affections infantiles courantes, comme la rougeole et les oreillons ou encore la grippe, firent des dégâts considérables. Au début de la période coloniale, des épidémies de petite vérole, de peste ou de typhus frappèrent les communautés indiennes tous les cinq ou dix ans, emportant à chaque fois la moitié au moins de la population. En revanche, rares sont les maladies qui firent le voyage inverse, à l'exception peut-être de la syphilis, qui semble apparaître brusquement en Europe dans les années 1490, avec, dit-on, le retour des bateaux de Colomb.

Le déclin des populations locales eut des effets profonds sur la géographie sociale du Nouveau Monde. La raréfaction des indigènes créa l'illusion de terres inoccupées, ouvertes à la colonisation. Elle entraîna également une grave pénurie de main-d'œuvre. Cette situation déclencha une première vague d'immigration forcée et massive d'esclaves d'Afrique de l'Ouest : 15 millions d'entre eux environ furent importés par bateau afin de travailler, pour la plupart, dans les plantations tropicales. Infiniment peu en revinrent...

Le recul démographique indigène et les migrations transatlantiques — et plus tard, transpacifiques — modifièrent profondément les caractéristiques ethniques du continent américain. En maints endroits du Nouveau Monde, comme aux Antilles et sur les côtes du Brésil, les peuples autochtones disparurent, laissant la place à une population en majorité arrachée à l'Afrique. De nouveaux types physiques apparurent également, en partie parce que les hommes, blancs ou noirs, qui immigraient, de gré ou de force, étaient beaucoup plus nombreux que les femmes. Les « sang-mêlé » — métis, mulâtres, etc. — devinrent la règle plus que l'exception. Les unions mixtes eurent, entre autres effets heureux, celui de mieux immuniser les populations indigènes contre les maladies venues de l'Ancien Monde.

L'ouverture de nouvelles routes commerciales et migratoires permit aussi l'introduction de plantes et d'animaux exotiques. De nombreux colons européens voulaient apporter avec eux les cultures et les élevages auxquels ils étaient habitués. D'autres préférèrent se tourner vers l'exploitation de produits d'outre-mer afin de les exporter vers la métropole.

Les principales zones de production actuelles de ces produits sont souvent très éloignées de leur lieu d'origine. Le café, par exemple, fut d'abord cultivé au Yémen, en Arabie, alors que le Brésil, la Colombie, l'Indonésie, le Mexique et la Côte-d'Ivoire en sont maintenant les plus importants fournisseurs. Parfois, certaines plantes s'acclimatèrent si bien à de nouveaux milieux qu'elles semblent y avoir toujours vécu. Les pommes de terre comme les tomates furent domestiquées dans les Andes.

Les Européens firent connaître au Nouveau Monde le blé, l'orge, le sucre et les agrumes; ils en rapportèrent la pomme de terre, la tomate, le maïs, le cacao et le tabac. Au XIXᵉ et au début du XXᵉ siècle, l'alimentation des Africains fut peu à peu modifiée par l'introduction du maïs et du manioc, alors que dans certaines parties de l'Asie la patate douce et l'arachide venaient compléter un régime à base de riz et de blé.

Les jardins botaniques jouèrent un rôle clé dans les échanges intercontinentaux de végétaux. Les premiers d'entre eux furent créés par des apothicaires, qui y faisaient essentiellement pousser des plantes médicinales locales. Ils connurent un nouvel essor aux XVIIIᵉ et XIXᵉ siècles, quand les expéditions scientifiques rapportèrent des espèces inconnues de contrées lointaines. Londres, Amsterdam, Paris, Madrid : toutes ces villes possédaient des jardins botaniques où l'on expérimentait des plantes et des cultures, avant de les expédier par bateau vers les nouvelles colonies. Là, des jardins furent également créés dans le dessein de rassembler des espèces indigènes et de les exploiter le plus intensément possible.

Si les échanges de plantes furent assez équilibrés, ce ne fut pas le cas pour le bétail. Le Nouveau Monde connaissait peu d'animaux domestiques : le dindon, le canard de Barbarie, le cobaye (dit cochon d'Inde), le lama et l'alpaga. Les Européens, eux, importèrent des chevaux, des bovins, des moutons, des porcs, des chèvres et des poulets.

On imagine difficilement l'Indien d'Amérique du Nord sans son cheval, et pourtant, il ne découvrit cette monture qu'au XVIᵉ siècle. Grâce au cheval, et à d'autres animaux jusqu'alors inconnus, l'alimentation, l'habillement, etc., s'améliorèrent considérablement. En contrepartie, que de dégâts écologiques et sociaux dans les sociétés indiennes d'Amérique du Nord et leurs milieux de vie !

L'EXPANSION COLONIALE ET SES CONSÉQUENCES

JUSQU'AU XVIIIᵉ SIÈCLE, L'INSTALLATION DES Européens dans l'Ancien Monde se limita essentiellement à de nombreux petits comptoirs commerciaux fortifiés et à des postes de ravitaillement des navires, isolés sur des milliers de kilomètres de côtes. En mer, les grands voyages présentaient des dangers et, sur terre, rares étaient ceux qui osaient s'aventurer à l'intérieur du continent. La peur d'être attaqué sans pouvoir se réfugier sur les bateaux équipés de canons ou la

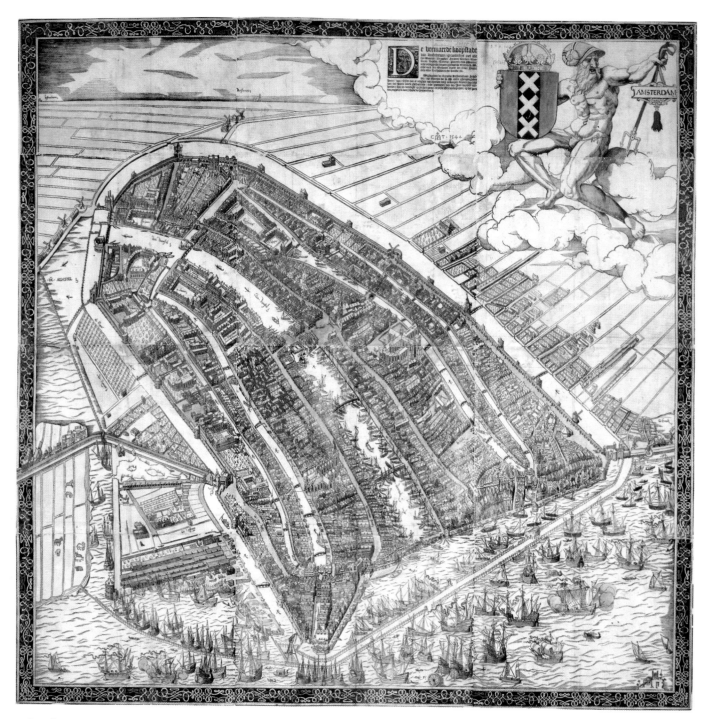

crainte de contracter des maladies tropicales retenaient les colons près des côtes, dans de petites cités avec des boutiques, des auberges et des pensions ; autour, des jardins assuraient leur alimentation et celle des marins de passage.

Pendant un peu plus d'un siècle, les navigateurs portugais tinrent un véritable monopole de toutes les implantations coloniales des côtes d'Afrique et de l'océan Indien ; certaines d'entre elles avaient été fondées par les négociateurs arabes. Dans les années 1540, le Portugal avait réussi à établir un véritable chapelet de ports, depuis le cap de Bonne-Espérance jusqu'à Ormuz,

dans le golfe Persique, Goa, sur la côte ouest de l'Inde, Macao, en Chine, et Nagasaki, au Japon.

Après 1700, les Hollandais, les Anglais, les Français, les Danois et d'autres Européens fondèrent leurs propres ports, ou s'y succédèrent. Les Européens tissèrent ainsi un réseau de routes entre l'Afrique, l'Asie et l'Europe et, pour le trafic des esclaves, l'Amérique.

À ses débuts, au moins, le commerce au long cours reposait sur la demande européenne de produits de luxe — l'or, la soie et les épices — venant d'Asie. Les marchands européens, devenus assez puissants pour supplanter les négociants

*Au cours du dernier millénaire, la république
du Mali — l'ancien Soudan français —, en Afrique
de l'Ouest, fut à plusieurs reprises un centre du
commerce de l'or, des esclaves, de l'ivoire, du musc
de civette (servant aux parfums) et de la gomme
arabique. Après avoir été englobée, pendant des
siècles, dans des empires africains successifs, la région
fut envahie par les Marocains en 1591. Une période
de chaos s'ensuivit ; les routes du commerce et les
centres du savoir furent détruits. La colonisation
française, à partir du XIXᵉ s., ramena une certaine
paix, et le français reste encore la langue officielle.
La composition de la population du Mali reflète ces
différentes vagues de colonisation : Berbères et Maures
de l'époque marocaine, et nombreux groupes africains
descendant des anciens empires ghanéen, malien
et songhaï.*

*La grande mosquée de San (ci-dessus) témoigne
de l'apogée de la culture islamique.*

musulmans dans l'océan Indien, finirent par
contrôler la commercialisation de ces biens et
même d'autres, comme les étoffes de coton et
la porcelaine.

Aux Antilles et en Amérique, l'histoire prit un
tour différent. Aux XVᵉ et XVIᵉ siècles, l'Espagne
et le Portugal dominaient seuls ces colonies ; ils
s'y installèrent d'autant plus massivement que les
maladies importées d'Europe avaient dépeuplé le
Nouveau Monde.

On dit souvent que les Espagnols et les Portugais sont partis vers l'Amérique pour chercher
«Dieu, l'or et la gloire». De fait, les églises
et les missions se multiplièrent à travers le continent. La conversion au catholicisme des Indiens
d'Amérique et leur initiation à un mode de vie
dit «civilisé» furent prises très au sérieux par
les monarques ibères, sinon par tous leurs sujets.

Quant à l'or et à l'argent, richesses améri-

caines les plus prisées, une grande partie des
lingots et des pièces expédiés vers l'Europe repar-
taient immédiatement vers l'Extrême-Orient, via
les Philippines, afin de financer les achats ibé-
riques de marchandises provenant de Chine et du
Japon. L'or filait donc aussitôt gagné. Par ailleurs,
s'il est vrai que les conquistadores trouvèrent une
quantité considérable de métaux précieux purs,
sous forme de bijoux ou d'autres objets, les
légendes d'un «eldorado» — une ville d'or —, en
revanche, se révélèrent sans fondement.

La gloire, enfin, fut elle aussi gaspillée. Après
avoir dérobé tous les trésors des empires préco-
lombiens, les Espagnols durent eux-mêmes entreprendre de travailler, notamment pour organiser
l'extraction des minerais d'or et d'argent. De
vastes colonies permanentes s'installèrent autour
de ces mines, et certaines ont duré plus longtemps
que les ressources, qu'elles épuisèrent rapidement.

Suédois commencèrent à s'établir dès 1643, et qui fut jusqu'au XIXᵉ siècle la plus grande ville d'Amérique du Nord, ne comptait, en 1700, guère plus de 10 000 habitants.

Cependant, lorsque la demande européenne pour certaines denrées se révéla supérieure à l'offre ou lorsque des zones déjà productives se trouvèrent menacées soit par la résistance locale, soit par des puissances concurrentes, la colonisation s'accéléra. L'armée et l'administration imposèrent un vrai régime colonial, et développèrent les plantations.

En Asie, les Britanniques possédaient déjà des comptoirs à Bombay, à Madras et au Bengale. Cependant, ils ne tentèrent pas de coloniser l'Inde avant le XVIIIᵉ siècle, quand les États du sous-continent se disloquèrent et que d'autres pays européens menacèrent les intérêts anglais.

À L'AUBE DE L'ÉPOQUE MODERNE

ALORS QUE L'EXPANSION EUROPÉENNE OUTRE-MER unifiait le monde en un ensemble complexe de relations commerciales et politiques, les nations affirmèrent leurs différences.

De grands États-nations unifiés, fondés sur une langue et une histoire communes, remplacèrent peu à peu les cités-États et les petites principautés d'autrefois. Les États riverains de l'Atlantique, à l'ouest et au nord du continent, prirent de l'importance tandis que ceux du pourtour de la Méditerranée déclinaient.

Le commerce intercontinental vint grossir les ressources locales de l'agriculture et de l'industrie. Aux XVᵉ et XVIᵉ siècles, les métaux précieux et les épices étaient les principales sources de richesses. Au cours des deux cents ans qui suivirent, les exportations et les importations s'étendirent à de nombreux autres produits, tels que le café, le cuivre, le coton, les fourrures, le sucre, le thé, le tabac... et les esclaves.

Tous les pays ne tirèrent pas un égal profit de cette croissance économique continue. Les Espagnols et les Portugais, pionniers des grandes découvertes, gaspillèrent les richesses fabuleuses qu'ils en avaient tiré, sans développer chez eux ni l'agriculture ni, surtout, l'industrie.

Dans le même temps, le centre de la puissance et de la prospérité se déplaça vers le nord, vers la France, les Pays-Bas et la Grande-Bretagne. Vers le milieu du XVIIIᵉ siècle, grâce notamment à sa place prépondérante dans le commerce avec l'Amérique du Nord, cette dernière devancera ses concurrents et se donnera la capacité de dominer le commerce mondial.

Hollandais
Français
Anglais

S'ils ont été les grands conquérants de l'Amérique du Sud, les Espagnols n'ont jamais vraiment exploré l'Asie. De même, les Portugais n'ont pas réussi à exploiter le potentiel économique de leurs colonies asiatiques sur ce continent.

Les Anglais, les Français et les Hollandais disposaient donc de grands espaces dans la région pour y établir leurs comptoirs. Au début du XVIIᵉ s., les Hollandais et les Anglais avaient créé leur Compagnie des Indes orientales et, moins d'un siècle plus tard, une autre compagnie assurait le commerce entre la France et la Chine.

Politiquement et financièrement, le XVIIᵉ s. fut une période difficile pour l'Espagne. Le contrôle de ses richesses d'outre-mer souffrait des actions des pirates, qui opéraient souvent avec la complicité des gouverneurs locaux, français ou anglais. L'Espagne perdit pourtant peu de colonies importantes ; mais les Hollandais, les Français et les Anglais parvinrent tous à occuper, dans les Caraïbes, de petits territoires d'une grande importance stratégique.

Un conflit en Europe avait toujours des répercussions outre-mer. Après la guerre de Succession d'Espagne, au tout début du XVIIIᵉ s., la Grande-Bretagne gagna des terres jusque-là espagnoles.

De même, si les guerres se terminaient toujours par un traité destiné à régler les différends, rien n'arrêta les conflits concernant les droits commerciaux et territoriaux.

Il faut cependant noter que la stabilité politique intérieure constitua pour les Britanniques, les Français et les Néerlandais les solides fondations nécessaires au développement de leurs empires coloniaux.

Les Européens étant de plus en plus nombreux, les marchands cessèrent peu à peu de s'emparer de simples butins pour s'intéresser à des sources de profits moins immédiats mais plus durables. Ainsi se constituèrent de vastes domaines tournés vers des cultures destinées à l'Europe : canne à sucre, cacao, indigo... Des centaines de milliers d'Africains réduits en esclavage furent amenés de force afin de travailler sur ces plantations.

En Amérique du Nord, cependant, l'implantation se fit beaucoup moins facilement. Durant la seconde moitié du XVIᵉ siècle, les Français, en Floride, et les Britanniques, dans l'actuelle Caroline du Nord, tentèrent de s'implanter sur le continent, mais en vain.

Il fallut attendre le siècle suivant pour assister à de nouvelles tentatives, qui ne réussirent que très lentement. Philadelphie, par exemple, où les

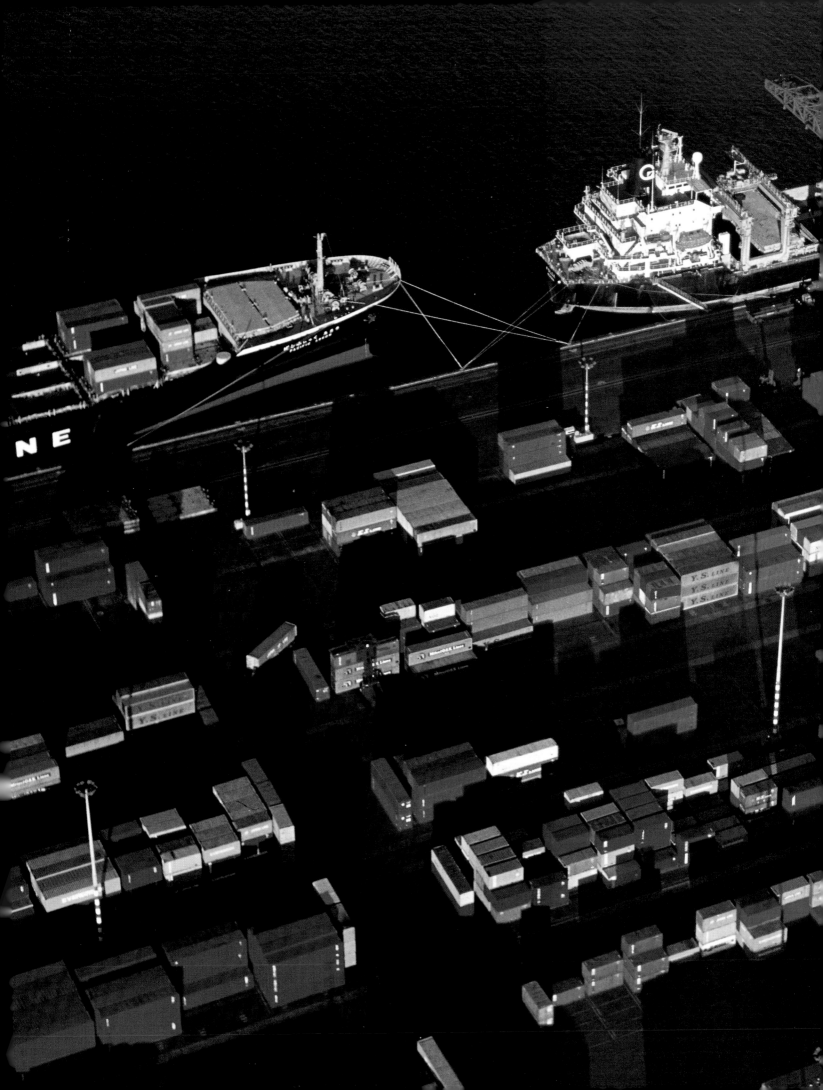

L'Entreprise Monde

La Naissance d'un Système mondial

La révolution industrielle bouleversa l'économie et la société sur une échelle sans précédent. La Grande-Bretagne prit la tête du mouvement d'industrialisation. Au cours du siècle dernier, d'autres nations industrielles apparurent, formant avec elle un ensemble économique en perpétuel changement. Au début du XXᵉ siècle, les États-Unis devinrent un géant économique. Après la Seconde Guerre mondiale, le Japon prit rang à son tour parmi les grandes puissances. Il se voit maintenant défié par la jeune génération des «nouveaux pays industriels».

Le Monde au Travail

À mesure que l'industrie, l'agriculture, les transports et les communications se développaient, se mettait en place un système mondial de production et d'échange. Aujourd'hui, des sommes d'argent considérables font le tour du monde en quelques secondes, tandis que des produits comme le blé ou les automobiles font l'objet d'un commerce planétaire. Le tiers monde offre une main-d'œuvre bon marché et — semble-t-il — des ressources inépuisables.

Les Crises et leurs Conséquences

L'exploitation par le monde développé des pays moins prospères a des répercussions sur toute la planète. D'immenses étendues de forêts ont été détruites; le tourisme, s'il enrichit certaines nations pauvres, peut entraîner des dommages irréversibles sur leur environnement et leur culture; et le fonctionnement du marché mondial est tel qu'il s'avère plus rentable pour les Sud-Américains de cultiver de la cocaïne que du café!

LA NAISSANCE D'UN SYSTÈME MONDIAL

LA NAISSANCE D'UN ORDRE ÉCONOMIQUE mondial est un phénomène récent. Certes, dès le XVᵉ siècle, le développement de l'imprimerie et de la navigation permit l'accroissement des échanges d'idées, de marchandises et d'hommes. Mais c'est au XVIIIᵉ siècle, celui de l'industrialisation, que naquit véritablement l'entreprise Monde.

La révolution industrielle bouleversa l'ancien système économique en transformant le monde en un ensemble d'économies interdépendantes reliées par un immense réseau d'échanges. La machine à vapeur, mise au point par James Watt (1769), et la machine à égrener le coton, inventée par Eli Whitney (1793), furent parmi les principaux moteurs de cette mutation. Toutes deux donnèrent à l'industrie textile britannique une place de premier plan. Dans les colonies de l'empire, la machine de Whitney, qui permet de séparer mécaniquement les fibres de coton de leurs graines, modifia considérablement la productivité de la main-d'œuvre. Importé d'Inde et du sud de l'Amérique, le coton fit la fortune des usines textiles de Manchester pendant plusieurs décennies.

De fait, l'invention de nouvelles machines révolutionna partout les méthodes de travail. La Grande-Bretagne, la France, l'Allemagne et la Belgique, qui disposent d'une combinaison favorable de ressources naturelles et humaines, constituèrent le premier ensemble industriel du monde.

La puissance de l'économie allemande dépassa celle de la Grande-Bretagne dès que la demande de machines et d'outils excéda celle de toute autre marchandise. L'acier fut alors roi. Sa production ne cessa de croître pour répondre aux exigences des usines et à l'extension du réseau de chemin de fer. Les machines, plus résistantes, s'adaptaient plus facilement que

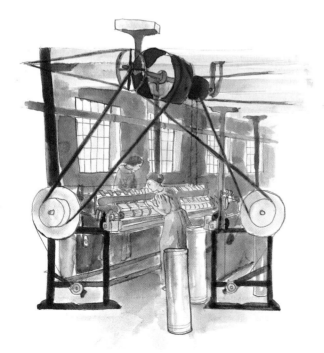

les hommes à la demande. Des fortunes se bâtirent sur la fabrication des armes.

L'industrie allemande se développa facilement dans la vallée de la Ruhr : la région offrait d'importants gisements de charbon et de minerai de fer, ainsi que des voies d'eau navigables permettant le transport en masse des biens manufacturés. Par ailleurs, la croissance démographique de l'Allemagne augmentait à la fois le nombre des actifs et celui des consommateurs. Enfin, beaucoup de paysans abandonnaient les campagnes pour se faire embaucher dans les centres industriels en plein développement.

Aux États-Unis, il en alla autrement. L'industrie triompha malgré l'étendue du territoire, l'absence de main-d'œuvre locale et le manque d'ouvriers qualifiés parmi les immigrants. Tandis que les propriétaires du Sud s'enrichissaient en exploitant leurs plantations, les colons devaient aller plus loin vers l'ouest pour conquérir des terres. Les premières usines du Nord-Est fournirent les uns et les autres en outils agricoles et en marchandises courantes à bas prix. Elles employaient en grande majorité des immigrants venus d'Europe. Or ces nouveaux Américains n'avaient qu'un désir : quitter les villes et les manufactures de la côte est pour courir leur chance à la conquête de l'Ouest. Afin de les employer au mieux, sans sacrifier la productivité, les patrons d'industrie n'avaient qu'une solution : simplifier au maximum le travail à fournir, et donc standardiser les méthodes de production.

Le développement du chemin de fer, dans la seconde moitié du XIXᵉ siècle, va permettre d'accélérer la conquête du territoire. Dans le même temps, les anciennes puissances coloniales cèdent leurs possessions au gouvernement central, et les États-Unis s'étendent de plus en plus vers la côte pacifique. En 1869, la voie ferrée transcontinentale est achevée : le pays peut maintenant être mis en valeur comme une entreprise unique et d'un seul tenant.

Très vite, le marché intérieur ne suffit plus à absorber la production. Les Américains commencent alors à exporter à grande échelle des céréales, de la viande de bœuf, des textiles, du minerai de fer, de l'acier et des biens manufacturés. Ici comme en Europe, les industriels tiennent les rênes du pouvoir économique ; par le nombre d'ouvriers qu'ils emploient et les salaires qu'ils leur versent, ils déterminent la densité de la population urbaine et son niveau de vie.

Dès 1900, les sociétés financières et industrielles américaines sont intimement intégrées au réseau mondial des échanges. Elles sont fortement ébranlées par la grande crise de l'entre-deux-guerres, mais le second conflit mondial leur permet de prendre un nouveau départ. Les États-Unis deviennent pour trente ans la première et plus active puissance économique de la planète. Toutefois, l'augmentation du coût de la main-d'œuvre, l'épuisement de certaines ressources naturelles et la concurrence croissante des pays étrangers finissent par provoquer des difficultés. En 1971, alors que l'industrie se développe partout ailleurs, la production est, pour la première fois depuis quatre-vingts ans, inférieure à la consommation : la balance commerciale est déficitaire.

Depuis, la population active quitte les cités industrielles en crise de la côte est pour aller s'employer dans les entreprises de services. Peu à peu, le centre dynamique du pays se déplace de la ceinture industrielle du Nord-Est, où travaillent désormais des immigrés mexicains très peu payés, vers les « États du soleil », au sud et à l'ouest.

Qui aurait imaginé qu'un archipel situé de l'autre côté du Pacifique serait un jour le rival des États-Unis ? Peu étendu

et géographiquement isolé, le Japon était en effet trop montagneux pour devenir une puissance agricole. Il se trouvait par ailleurs à la merci des inondations, des ouragans et des éruptions volcaniques. Pourtant, il est aujourd'hui parmi les meilleurs producteurs de technologies de pointe et il domine une part importante des marchés mondiaux.

Jusqu'au milieu du XIXe siècle, les Japonais ont vécu en complète autarcie. En 1854, ils rejettent enfin le féodalisme et ouvrent leurs frontières. Ils se lancent alors dans la modernisation avec la même détermination que celle qu'ils avaient auparavant déployée pour se protéger de l'extérieur. L'agriculture commerciale et l'industrialisation se développent. Lorsque éclate la Seconde Guerre mondiale, le pays a rattrapé son retard sur l'Occident.

Après le conflit, les Japonais reprennent l'offensive en s'appuyant sur deux atouts : la méthode et l'épargne. Leur essor industriel repose sur un système de production flexible. L'innovation technologique prospère tandis que la généralisation de la sous-traitance permet aux firmes géantes de tout produire, des bateaux aux automobiles en passant par les sèche-cheveux et les ordinateurs de poche. Dans ce processus, la disponibilité des capitaux a représenté un incontestable atout. Le budget de défense du Japon a en effet été limité après la Seconde Guerre mondiale à 1 % de son PNB. Ses habitants ont investi massivement dans l'industrie, à la différence des autres nations qui consacraient de lourds budgets à la course aux armements.

Très vite, l'intégration verticale s'est imposée comme le meilleur système de contrôle des coûts de production et d'exportation. Pour mieux maîtriser les marchés d'avenir comme l'informatique ou l'audiovisuel, les grandes firmes

nipponnes ont donc choisi de concevoir les produits, de construire et de diriger les usines qui les fabriquent et de contrôler les circuits de distribution.

Par ailleurs, les Japonais se sont implantés aux États-Unis par l'intermédiaire de sociétés mixtes, de filiales et d'entreprises américaines achetées au prix fort. Après s'être tournés vers l'Europe de l'Ouest, ils s'intéressent aujourd'hui à l'Europe de l'Est. Ils espèrent en effet participer à l'économie européenne avant que les nouveaux tarifs douaniers de la CEE ne limitent sévèrement les exportations nipponnes.

MAIS LE JAPON N'EST PAS LONGTEMPS resté le seul en Asie à réaliser des échanges à l'échelle internationale. Un groupe de nouveaux pays industrialisés (NPI) le suit de près. Les quatre « tigres » ou « dragons » asiatiques — Corée du Sud, Taiwan, Singapour et Hongkong — sont les plus puissants, mais il faut aussi compter avec les petits « tigres » — Malaisie, Thaïlande, Indonésie et Philippines. Dans ces régions, la main-d'œuvre est bon marché et la productivité élevée.

La Corée du Sud a commencé à s'industrialiser alors qu'elle était encore colonie japonaise. Depuis 1964, elle s'est imposée avec succès sur les marchés du textile et de l'équipement industriel. Puis, grâce à des méthodes de production moins coûteuses et plus rapides que celles des Japonais, elle s'est attaquée au marché de l'informatique. Elle a aujourd'hui ravi aux Nippons une part du marché américain de la calculatrice de poche et du magnétoscope.

Ainsi, alors que l'Occident se sent menacé de récession économique et que le tiers monde connaît une baisse sensible de son niveau de vie, les « tigres » du Pacifique s'emparent des marchés porteurs de l'économie mondiale et entraînent dans leur sillage de nouveaux élèves.

LIÉ PAR UN SEUL FIL
Quand Manchester habillait le monde

PENDANT LES CENT PREMIÈRES ANNÉES DE LA révolution industrielle, de la fin du XVIIIᵉ à la fin du XIXᵉ siècle, le coton fit la fortune de Manchester, qui devint le centre mondial du textile et le symbole de la capacité de l'industrie à organiser le monde.

Importé d'Inde, d'Égypte et d'Amérique, le coton brut était filé, tissé, blanchi et imprimé dans des manufactures équipées de machines sophistiquées. Les tissus ainsi produits étaient ensuite massivement exportés sur toute la planète.

La consommation de coton brut s'accrut à un rythme soutenu. De 8 000 t en 1760, elle atteignait 25 000 t en 1800 et 350 000 t en 1850. Les premières filatures apparurent en 1780 et se multiplièrent rapidement : on en comptait déjà plus de cinquante en 1800.

Jusqu'en 1750, la plupart des tissus britanniques se composaient de laine. Mais l'essor démographique contraignit les paysans à réduire la surface des pâturages réservés aux moutons pour développer l'agriculture. Dès lors, le prix de la laine augmenta. Les industriels durent recourir au coton, dont le prix était très inférieur, pour répondre à la demande grandissante.

Le coton brut fut d'abord importé des Indes orientales. Mais les quantités étaient insuffisantes et l'approvisionnement irrégulier. Aux Caraïbes et dans le sud des États-Unis, les colons britanniques employaient des esclaves dans leurs plantations de cotonniers depuis le début du XVIIIᵉ siècle. Pourtant, malgré les efforts déployés, les rendements demeuraient particulièrement faibles : il fallait une journée à un homme pour récolter et égrener 0,5 kg de coton.

En 1793, Eli Whitney met au point une machine qui sépare mécaniquement la fibre de coton de sa graine. En quelques années, cette invention permet de décupler la production américaine. Les plantations esclavagistes, concentrées à l'origine sur la côte est, se multiplient au-delà du Mississippi. Les récoltes passent de 3 000 balles de coton en 1790 à 4,5 millions de balles en 1860, soit plus de 1 million de tonnes, dont la quasi-totalité part vers la ville industrielle de Manchester, en Grande-Bretagne.

Très vite, Manchester devient dépendant de l'approvisionnement américain. En 1861, la guerre de Sécession américaine interrompt les exportations. En Grande-Bretagne, les usines ferment ; des milliers d'ouvriers perdent leur emploi. Confrontés à un effondrement général du commerce, les industriels sont contraints de se tourner vers d'autres pays producteurs.

L'Inde est à cette époque une colonie intégrée au vaste système commercial de l'empire. Son coton est de qualité moindre que celui, à fibres plus longues, de l'Égypte et des États-Unis, mais elle devient néanmoins le principal fournisseur des industries textiles britanniques.

La politique de la Grande-Bretagne dans ce pays illustre son action pour contrôler la production mondiale de coton. L'Inde disposait d'une industrie textile florissante. Pendant des siècles, ses indiennes et ses calicots (du nom de la ville de Calicut) s'étaient vendus dans toute l'Europe. Mais vers 1700, les Britanniques limitent ces exportations afin de favoriser leur propre commerce de tissus en laine, en lin ou en soie, puis en coton. Bien que de moindre qualité, les cotonnades anglaises sont ensuite imposées jusqu'en Inde. En effet, la Grande-Bretagne inonde le pays de vêtements bon marché. Privée de demande extérieure et concurrencée sur son marché intérieur, l'industrie textile indienne ne tarde pas à s'effondrer. La colonie britannique dispose alors de plus en plus de coton brut indien à exporter... vers Manchester.

Situé à 50 km de la côte, Manchester est ravitaillé par le port de Liverpool, qui exporte aussi ses tissus. De 1790 à 1850, un important réseau de canaux puis de voies de chemin de fer est mis en place pour transporter le coton entre les deux villes.

Celui-ci est d'abord importé des États-Unis, premier producteur mondial de coton brut. Mais en 1861, la guerre de Sécession interrompt les exportations et contraint la Grande-Bretagne à s'approvisionner ailleurs.

L'ouverture du canal de Suez, en 1869, permet de réduire de moitié le temps de transport entre la Grande-Bretagne et l'Inde. La « perle de l'empire » devient alors le premier fournisseur des industries textiles britanniques.

Toutefois, soucieux de ne plus dépendre d'un seul producteur, les industriels de Manchester importent aussi du coton d'Égypte et d'Ouganda, deux protectorats britanniques.

Au milieu du XIXᵉ siècle, les textiles britanniques sont exportés vers l'Europe, les États-Unis et l'Amérique latine, notamment vers le Brésil et l'Argentine, mais aussi vers les colonies africaines de l'empire et vers l'Inde elle-même.

Sud des États-Unis

Lancashire

Inde

Égypte

Ouganda

● filatures
○ régions d'approvisionnement en coton

Vers 1800, dans les manufactures de Manchester, la vapeur commence à supplanter l'énergie musculaire ou hydraulique.

Les machines à vapeur sont installées au cœur des usines, et des courroies transmettent l'énergie qu'elles produisent jusqu'aux métiers à filer et à tisser des ateliers.

L'utilisation de cette nouvelle forme d'énergie bouleverse les conditions de production. Pour faire fonctionner les machines, des milliers d'ouvriers, dont une majorité de femmes et d'enfants, sont recrutés et viennent s'installer à Manchester. La cité, qui comptait 23 000 habitants en 1773, en concentre 250 000 déjà en 1851.

Pour la plupart, ils vivent dans des taudis insalubres et surpeuplés à proximité immédiate des usines. Leurs conditions de travail sont particulièrement éprouvantes : journées très longues et mal payées, atmosphère chaude, humide et poussiéreuse, nombreux accidents...

Certains contemporains s'en émeuvent et concluent que le capitalisme industriel engendre la misère et l'asservissement des ouvriers. En revanche, d'autres estiment que l'industrialisation est un progrès car elle régule la production, accroît globalement les richesses et profite donc aussi aux travailleurs.

UN GÉANT S'ÉVEILLE
De l'est à l'ouest

D EPUIS LA PROCLAMATION DE L'INDÉPENDANCE de 1776, les États-Unis n'ont cessé d'accroître leur puissance économique, laquelle leur conféra une suprématie militaire, un pouvoir politique et une influence culturelle sans précédent. Avec à peine 5 % de la population mondiale, ils produisent un cinquième des automobiles, consomment un quart du charbon et de l'énergie et près d'un tiers du pétrole brut de la planète. Sans leurs exportations, de nombreux États, dont plusieurs pays de l'Est, seraient à court de céréales. La moitié des plus grandes sociétés mondiales sont aujourd'hui américaines.

Comment ce géant s'est-il imposé sur la scène internationale ?

Le décollage a été difficile. Explorée par les navigateurs européens au début du XVIe siècle, l'Amérique du Nord demeura longtemps un territoire inhospitalier. Jusqu'en 1607, toutes les tentatives d'implantation sur la côte est échouèrent.

En 1776, les colons n'occupent encore qu'un étroit territoire le long de la côte atlantique. La population se compose d'à peine trois millions d'habitants, originaires d'Europe et d'Afrique.

Le potentiel industriel est faible : la puissance du pays repose exclusivement sur ses chantiers navals, qui disposent d'une quantité presque illimitée de bois (l'Europe, elle, a alors pratiquement épuisé ses forêts).

La plupart des biens manufacturés sont en revanche importés et échangés contre des produits cultivés dans le Sud, notamment du coton, du riz, de l'indigo, du tabac et du sucre.

Tandis que l'agriculture fondée sur l'esclavage prospère dans le Sud, le Nord lance un vaste programme d'industrialisation, creusant ainsi le fossé entre les deux régions. Le premier complexe industriel manufacturier est édifié à Paterson, dans le New Jersey, en 1792. Utilisant encore la seule énergie hydraulique, les usines produisent principalement des textiles, puis des locomotives et des fusils (Colt s'installe en 1836). À l'origine du développement industriel des États-Unis, la région du Nord-Est conservera sa suprématie dans l'économie du pays jusqu'au XXe siècle.

Peu à peu, la production se diversifie. Grâce à une mécanisation poussée et à la standardisation des méthodes de travail, les Américains fabriquent massivement une gamme étendue de produits : clous en acier, fers de hache, socs de charrue, fils de fer barbelés, éoliennes, machines à coudre, moissonneuses et batteuses... qui tous favorisent l'ouverture de l'intérieur du pays. Toutefois, ils doivent être utiles et bon marché : les pionniers ne sont pas riches.

En outre, la main-d'œuvre qualifiée est rare. Si des millions d'immigrants arrivent dans les cités industrielles de la côte est, ce sont dans leur majorité des ruraux. Attirés par l'Ouest, ces nouveaux venus sont également peu disposés à suivre un apprentissage prolongé. Il faut donc simplifier les

méthodes de travail dans les nouvelles usines, et les États-Unis montrent la voie en matière de production de masse. Ils occuperont cette place de précurseur jusqu'à ce que le Japon les supplante dans ce domaine dans les années 1960.

À partir de 1800, les pionniers gagnent l'Ouest et entrent en conflit avec les indigènes et les colons espagnols. L'expansion est rapide. Les vapeurs à fond plat descendent les fleuves peu profonds de l'intérieur comme le Mississippi, l'Illinois et l'Ohio, et favorisent le commerce entre le Nord et le Sud.

Puis la mise au point de la locomotive à vapeur et le développement des chemins de fer ouvrent des régions jusqu'alors difficiles d'accès. La croissance rapide du réseau accélère la conquête du territoire et permet de relier les cités commerçantes et industrielles de la côte atlantique et les riches domaines agricoles des Grandes Plaines. Le blé et le bétail prennent le chemin de l'Est ; les produits manufacturés, celui de l'Ouest. Chicago devient le principal carrefour américain et une puissante ville industrielle dont l'essor repose sur les parcs à bestiaux, les abattoirs et les usines de conserves de viande.

1848 : de l'or est découvert en Californie. L'avancée des pionniers se transforme alors en « ruée vers l'Ouest ». Enfin, en 1869, à Promontory Point dans l'Utah, est réalisée la jonction entre la voie ferrée de San Francisco et celle qui vient de l'Atlantique. C'est un événement dans l'histoire des États-Unis et du monde.

Charlie Chaplin dans *l'Émigrant* (1917). Du XIXe au début du XXe siècle, des millions d'Européens, séduits par le rêve américain, arrivent aux États-Unis. Ils s'installent sur la côte est ou partent à la conquête de l'Ouest. Chaplin lui-même est un immigrant : il quitte l'Angleterre en 1910 et débute à Hollywood en 1913.

1846 Région de l'Oregon
La Russie et l'Espagne se sont longtemps disputé cette région située au sud du 49e parallèle (aujourd'hui, les États de l'Oregon, de Washington et de l'Idaho). Acquise par les Britanniques, elle est cédée aux États-Unis en échange de l'île de Vancouver.

1848 Cession mexicaine
En 1846, une armée américaine envahit le nord du Mexique et s'empare de Monterey et de Mexico. Le Mexique est contraint d'accepter le Rio Grande comme frontière et de céder le Nouveau-Mexique et la Californie, soit 1,4 million de km², contre 15 millions de dollars.

1853 Gadsden Cette région de 77 700 km² (aujourd'hui divisée entre l'Arizona et le Nouveau-Mexique) est achetée au Mexique afin de permettre le passage du chemin de fer qui reliera la Californie au golfe du Mexique.

L'expansion vers l'ouest

De 1776 au milieu du XIXe s., les Américains étendent progressivement leur territoire de la côte atlantique à la côte pacifique.

Au fur et à mesure de leur avance, ils parquent les indigènes dans des réserves improductives et dispersées. Dans le même temps, les anciennes puissances coloniales abandonnent ou vendent leurs possessions au nouveau pouvoir. La Grande-Bretagne, qui a déjà perdu ses colonies de l'Est, se retire d'une partie du Canada et de la côte pacifique. La France vend un immense territoire au centre du continent, tandis que l'Espagne abandonne la Floride et que le nouvel État du Mexique est contraint de se replier au-delà du Rio Grande, cédant ainsi près de la moitié de sa superficie.

La bourse des valeurs japonaises a été radicalement transformée après la Seconde Guerre mondiale afin de redistribuer les fortunes détenues par les sociétés familiales, les *zaibatsu*. Aujourd'hui, l'indice Nikkei, la moyenne des cours des principales valeurs boursières, est l'un des baromètres permanents de la santé économique du pays. En 1989, année troublée pour les places boursières occidentales, il a atteint son niveau record, à peine affecté par le mini-krach boursier qui secoua New York et Londres en octobre. De même, il avait retrouvé son niveau habituel après la débâcle mondiale du «lundi noir», le 19 octobre 1987.

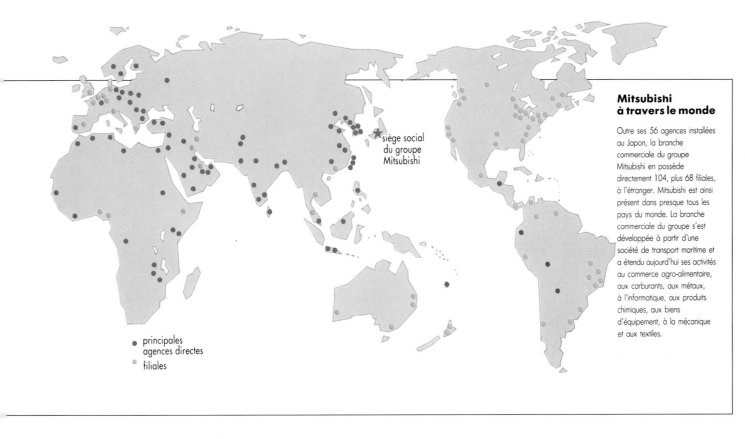

★ siège social du groupe Mitsubishi

● principales agences directes
● filiales

Mitsubishi à travers le monde

Outre ses 56 agences installées au Japon, la branche commerciale du groupe Mitsubishi en possède directement 104, plus 68 filiales, à l'étranger. Mitsubishi est ainsi présent dans presque tous les pays du monde. La branche commerciale du groupe s'est développée à partir d'une société de transport maritime et a étendu aujourd'hui ses activités au commerce agro-alimentaire, aux carburants, aux métaux, à l'informatique, aux produits chimiques, aux biens d'équipement, à la mécanique et aux textiles.

UN NOUVEAU PÔLE ÉCONOMIQUE
L'industrialisation des « tigres » asiatiques

Dans les années 1970, alors que la plupart des pays industrialisés souffraient d'une récession générale et que le niveau de vie des pays du tiers monde s'abaissait de façon alarmante, l'économie de quatre pays asiatiques faisait un formidable bond en avant.

Les « tigres », ou « dragons », — Corée du Sud, Taiwan, Hongkong et Singapour —, profitant de leurs faibles coûts de main-d'œuvre, de la stabilité de leurs régimes politiques et des importants investissements étrangers, s'industrialisaient rapidement et se hissaient au rang de grands exportateurs. Avec des coûts salariaux encore inférieurs, les petits « tigres » — Malaisie, Thaïlande, Indonésie et Philippines — talonnent aujourd'hui de près leurs grands frères.

Hors de la zone pacifique, les nouveaux pays industrialisés (NPI) contribuent, eux aussi, par leur dynamisme, à redessiner la carte économique du monde. Leurs taux de croissance sont particulièrement élevés. Leur forte poussée démographique et l'exode rural permettent de répondre à la demande croissante de main-d'œuvre dans les usines. Leur production industrielle, essentiellement orientée vers l'exportation, et leurs revenus connaissent depuis quelques années un très fort développement.

De fait, l'écart entre les NPI et les anciens pays industrialisés tend aujourd'hui à se réduire. En Amérique latine, le Brésil et le Mexique ont montré l'exemple, tandis qu'en Europe du Sud, l'Espagne et le Portugal rattrapent rapidement leur retard.

Cependant, c'est en Asie du Sud et du Sud-Est que l'essor industriel apparaît le plus spectaculaire. Dans ces régions, les taux de croissance peuvent dépasser 10 % par an. Sur les trois dernières décennies, ils ont toujours été de deux à trois fois supérieurs à ceux des États-Unis ou de l'Europe.

Parmi les quatre grands « tigres », c'est la Corée du Sud qui fait preuve du plus grand dynamisme. En 1950, il s'agissait d'une nation pauvre, sous-développée, dont l'économie reposait sur la monoculture du riz. En 1965 encore, 70 % de ses habitants étaient des agriculteurs. Aujourd'hui, le rapport s'est inversé : le pays est désormais une puissance industrielle et près de 70 % des Coréens vivent en zone urbaine.

Son désir d'isolement avait valu à la Corée le surnom de « royaume des ermites ». À la fin du siècle dernier, elle fut ouverte de force aux échanges avec le Japon, les États-Unis et l'Europe. De 1910 à 1945, devenue colonie nipponne, elle fournit aux Japonais des produits alimentaires, des minerais et une main-d'œuvre bon marché.

Ainsi, pendant le second conflit mondial, près de deux millions de Coréens furent contraints de participer à l'effort de guerre japonais dans des conditions de travail proches de l'esclavage ; ce souvenir entache encore sérieusement les relations avec le Japon.

Après la défaite nipponne, le pays est coupé en deux au niveau du 38ᵉ parallèle : le Nord se retrouve sous le contrôle des Soviétiques et le Sud sous celui des Américains.

En 1953, après plusieurs années de guerre civile et d'interventions étrangères, l'existence des deux Corées est officiellement reconnue. Soucieux de s'opposer au communisme, les États-Unis soutiennent la Corée du Sud sur laquelle ils exercent leur influence. En l'espace de dix ans, l'économie de ce pays se transforme totalement.

En instaurant des barrières douanières, le gouvernement a, dans un premier temps, favorisé le développement de l'industrie nationale. Puis, dès 1964, il encourage la fabrication de biens destinés aux marchés extérieurs. Le secteur textile prend alors son essor, suivi, dans les années 1970, par l'industrie lourde (sidérurgie, construction navale, bâtiment et machines).

Depuis quelques années, le secteur de l'automobile, contrôlé par Hyundai, progresse rapidement. La production, inexistante avant 1980, augmente chaque année d'un million de véhicules, dont la moitié est exportée.

Après avoir conquis sur les Japonais le marché américain des calculatrices de poche, des téléviseurs et des magnétoscopes, les Coréens s'attaquent désormais aux domaines de l'informatique et des télécommunications.

L'entreprise d'informatique Daewoo ne cesse de se renforcer tandis que la société d'électronique Samsung est devenue l'un des vingt plus grands groupes mondiaux. Celle-ci se développe aujourd'hui à l'étranger, non seulement dans des régions à faibles coûts de main-d'œuvre, mais aussi au Canada, aux États-Unis et en Europe du Sud, ses grands clients.

Les docks de Hyundai sont les plus grands du monde. Ils symbolisent la nouvelle puissance de la Corée du Sud, dont l'économie reposait autrefois sur la seule riziculture.

L'ancienne colonie japonaise est aujourd'hui productrice et exportatrice de biens manufacturés variés, des manteaux de fourrure aux supertankers. L'acier qui sort de ses usines est l'un des moins chers du monde, et seul le Japon produit et vend davantage de navires que ce pays.

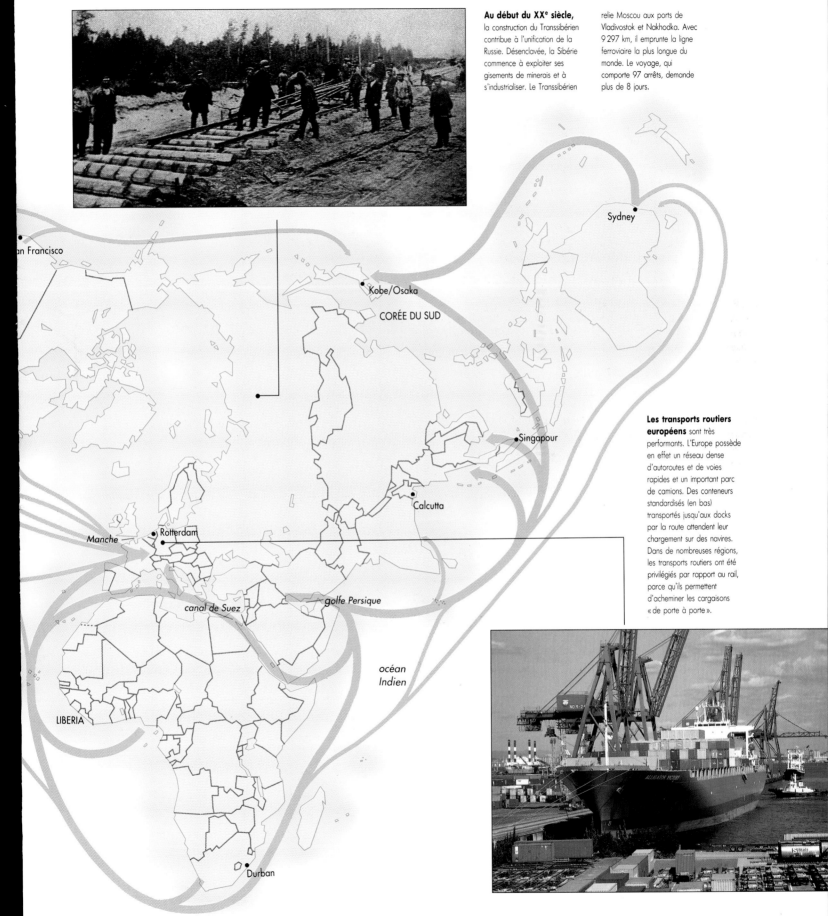

Au début du XXᵉ siècle, la construction du Transsibérien contribue à l'unification de la Russie. Désenclavée, la Sibérie commence à exploiter ses gisements de minerais et à s'industrialiser. Le Transsibérien relie Moscou aux ports de Vladivostok et Nakhodka. Avec 9 297 km, il emprunte la ligne ferroviaire la plus longue du monde. Le voyage, qui comporte 97 arrêts, demande plus de 8 jours.

Sydney

San Francisco

Kobe/Osaka

CORÉE DU SUD

Singapour

Les transports routiers européens sont très performants. L'Europe possède en effet un réseau dense d'autoroutes et de voies rapides et un important parc de camions. Des conteneurs standardisés (en bas) transportés jusqu'aux docks par la route attendent leur chargement sur des navires. Dans de nombreuses régions, les transports routiers ont été privilégiés par rapport au rail, parce qu'ils permettent d'acheminer les cargaisons « de porte à porte ».

Calcutta

Manche — Rotterdam

canal de Suez

golfe Persique

océan Indien

LIBERIA

Durban

LA TRAITE DES HOMMES
L'accroissement des flux migratoires

CHAQUE ANNÉE, DES MILLIONS DE PERSONNES, à la recherche d'un emploi, partent vers les pays industrialisés. Ces flux migratoires s'écoulent globalement des nations «pauvres» vers les nations «riches».

Certains de ces émigrants ne le seront que temporairement : ils ont en effet obtenu un permis de travail pour une durée limitée ou ont choisi de ne pas s'exiler définitivement. D'autres, en revanche, n'envisagent pas de quitter leur pays d'accueil avant la fin de leur vie active. Toutefois, pour la majorité d'entre eux, les allers et retours sont fréquents : ils passent en effet leurs vacances «au pays» et y reviennent pour se marier, mais jamais ils n'y retourneront définitivement.

Ces déplacements contribuent à rendre interdépendants les pays du foyer économique mondial et ceux de la périphérie sous-développée. Les immigrés viennent occuper dans ce foyer des emplois généralement peu qualifiés et mal rémunérés, mais indispensables, ce qui représente un atout économique important pour les nations «riches» qui les emploient. En retour, les émigrés renvoient de l'argent dans leur patrie, le plus souvent pour aider leur famille, et ceci permet en partie aux pays de la périphérie sous-développée du foyer économique mondial de rééquilibrer leurs finances.

Ces migrations ont cependant des effets négatifs. Privées de jeunes adultes, donc de leur population la plus dynamique, l'agriculture et l'industrie de ces États ne parviennent pas à se moderniser. Les champs ne sont plus cultivés, les habitations tombent en ruine, les villages se dépeuplent. Ce qui pousse encore davantage les jeunes à partir...

Dans les pays d'accueil, le problème de l'intégration des populations étrangères et de leurs enfants s'avère difficile à résoudre, surtout en temps de crise économique.

Jusqu'en 1970, les travailleurs immigrés venaient généralement de loin et s'installaient de façon permanente sur leur terre d'accueil. Depuis, l'immigration de proximité s'est considérablement accrue. Des pays sous-développés deviennent ainsi les réservoirs d'une main-d'œuvre qui répond à la demande immédiate en cas d'expansion économique et retourne plus faci-

Les migrations de main-d'œuvre

De 1945 au milieu des années 1970, l'Europe de l'Ouest a fait appel à une importante main-d'œuvre émigrée. Ces migrations ont notamment permis aux ex-puissances coloniales de conserver d'étroites relations avec leurs anciens territoires.

Actuellement, près de 7,5 millions de musulmans vivent en Europe (voir carte à gauche). L'Allemagne, qui emploie 2 millions d'étrangers, fait essentiellement appel à des Turcs, tandis que la France recrute des travailleurs en Afrique du Nord et de l'Ouest. Un ouvrier africain des usines Renault (en haut) accomplit la prière musulmane rituelle, tourné vers La Mecque.

En Grande-Bretagne, les immigrés viennent surtout d'Inde, du Pakistan et des Caraïbes, après des parcours souvent complexes. Des milliers de musulmans indiens se sont par exemple installés en Afrique de l'Est au moment de l'indépendance de l'Inde en 1947. Puis, en 1972, le dictateur Idi Amin Dada a expulsé tous les Ougandais possédant un passeport britannique. Nombre d'entre eux se sont alors réfugiés au Royaume-Uni, tandis qu'une minorité gagnait le Canada.

Nombre et origine des travailleurs immigrés

Suède 75 000
Danemark 85 000
Pays-Bas 380 000
Royaume-Uni 1,3 million originaire d'Inde du Pakistan et du Bangladesh
Allemagne 2 millions
Belgique 285 000
France 1,8 million
Autriche 60 000
Suisse 80 000
Italie 830 000
Espagne 450 000
Portugal 60 000
Grèce 60 000

lement chez elle en période de nette récession.

L'Europe du Nord fait ainsi principalement appel à des travailleurs originaires d'Europe du Sud et d'Afrique du Nord. Les États-Unis, eux, ont recours à des émigrants du Mexique, d'Amérique centrale et des Caraïbes. Quant à l'Afrique du Sud, elle recrute dans les États qui lui sont frontaliers comme le Lesotho, le Mozambique, le Botswana ou la Namibie.

La plupart des immigrés sont à l'origine des manœuvres agricoles, sans spécialisation. Toutefois, d'autres sont extrêmement qualifiés : médecins, scientifiques et ingénieurs. Généralement, ils ont fait leurs études dans les nations «riches». Cette «fuite des cerveaux» a d'abord contribué à priver les pays faiblement développés de cadres de bon niveau.

Mais ce phénomène s'est aujourd'hui élargi : on assiste en effet à une fuite des experts des pays industrialisés relativement les moins dynamiques vers les États développés les plus puissants, notamment vers les États qui offrent de hauts salaires et de meilleures conditions de recherche aux scientifiques.

→ principaux flux migratoires

principaux foyers d'accueil

Les grands flux migratoires

Après 1945, la plus grande migration de population jamais enregistrée s'est accomplie des pays «pauvres» vers les pays «riches».

Le flux principal s'est écoulé d'Amérique latine vers les États-Unis. De 1945 à 1975, 37 millions de personnes, originaires du Mexique pour la plupart, s'installent en Amérique du Nord. Ces immigrés occupent souvent des emplois temporaires et peu qualifiés, faiblement rémunérés. Malgré des conditions de travail difficiles, ils ont davantage de chances de trouver une existence acceptable dans leur pays d'accueil que chez eux. Le courant migratoire se poursuit donc, même illégalement.

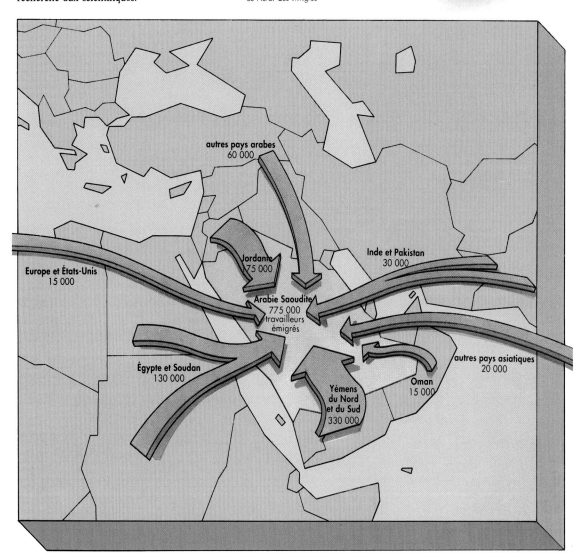

Depuis les années 1970,

des États exportateurs de pétrole, notamment l'Arabie Saoudite ou la Libye, ont accueilli des millions d'immigrés.

Pour faire face à la rapide croissance engendrée par l'exportation pétrolière, nombre de pays à faible population ont, en effet, eu recours à des travailleurs de pays surpeuplés comme le Pakistan, l'Inde et Sri Lanka, ainsi qu'aux réfugiés fuyant la guerre du Yémen. En 1980, près de 3 millions d'immigrés sont installés au Moyen-Orient (voir carte à gauche) dont près de 1 million en Arabie Saoudite.

Aujourd'hui, l'ère du boom pétrolier est terminée et le développement économique du Moyen-Orient s'est ralenti : la demande de main-d'œuvre diminue notablement.

LE MARCHÉ DE L'ÉNERGIE
Consommation et production de carburants

Les Américains reçoivent des tonnes de prospectus! Ils en jettent une grande partie sans même les ouvrir. Or tous ces papiers inutilisés représenteraient suffisamment d'énergie pour satisfaire les besoins de 10 millions de personnes dans le tiers monde, soit la population du Cambodge, du Guatemala ou du Cameroun.

Naturellement, la combustion du papier ne fournit pas une énergie particulièrement rentable! Les carburants fossiles tels que le charbon, le gaz naturel et surtout le pétrole sont beaucoup plus efficaces. Dans les années 1960, l'or noir est ainsi devenu la principale source d'énergie. Avant la crise de 1973, il représentait 41 % de la production mondiale d'énergie. Depuis la hausse du prix du baril, la consommation a légèrement diminué. Elle reste cependant énorme, même si l'on tend aujourd'hui à recourir à d'autres ressources pour produire de l'électricité.

En 1990, le pétrole fournissait encore 36 % de l'énergie primaire. Venaient ensuite le charbon (25 %) et le gaz (17 %), puis l'hydro-électricité (5 %) et l'énergie nucléaire (4 %); les autres sources représentaient 13 %. Les experts estiment que, au rythme actuel d'extraction du pétrole (plus de 3 milliards de tonnes chaque année), les réserves mondiales actuellement connues seront épuisées vers 2050.

Pour produire autrement leur électricité, certains pays ont choisi d'autres voies. La France, la Belgique et la Corée du Sud fabriquent l'essentiel de la leur dans des centrales nucléaires, tandis que le Danemark investit massivement dans l'installation d'éoliennes. Le Canada, la Norvège, l'Inde et de nombreux pays d'Amérique du Sud et d'Afrique dépendent principalement de l'énergie hydro-électrique. Le plus difficile reste cependant de trouver un substitut à l'essence. Dans ce domaine, certaines expériences ont pourtant été entreprises. Ainsi, les Californiens et les Suisses, très riches et sensibles à la qualité de l'environnement, utilisent de plus en plus les voitures électriques. Les Brésiliens, eux, obtiennent du carburant peu coûteux et peu polluant en mélangeant du pétrole avec de l'alcool tiré de la canne à sucre et des céréales.

Le Canada est incontestablement le plus grand dévoreur d'énergie; la consommation moyenne par habitant et par an équivaut à 9 t de charbon ou à 45 barils de pétrole. De quoi faire trois fois le tour du monde en voiture! Les États-Unis le talonnent avec 42 barils. Puis viennent l'Europe de l'Ouest et le Japon, avec de 15 à 30 barils (entre 2 400 et 4 800 litres).

En revanche, un habitant du Nicaragua, du Zaïre ou de l'Inde utilise moins de 1 baril par an, soit moins de 159 litres. À la différence des nations industrialisées, les pays du tiers monde ont encore recours à des sources d'énergie «pauvres» comme le bois, les déchets agricoles et les déjections animales.

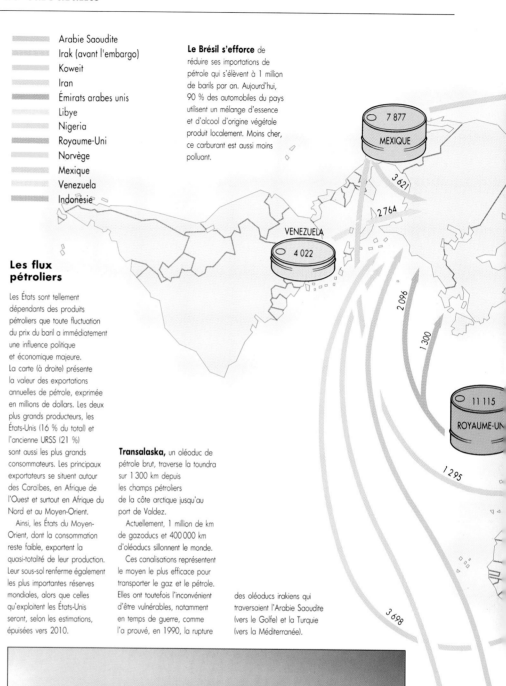

Arabie Saoudite
Irak (avant l'embargo)
Koweit
Iran
Émirats arabes unis
Libye
Nigeria
Royaume-Uni
Norvège
Mexique
Venezuela
Indonésie

Le Brésil s'efforce de réduire ses importations de pétrole qui s'élèvent à 1 million de barils par an. Aujourd'hui, 90 % des automobiles du pays utilisent un mélange d'essence et d'alcool d'origine végétale produit localement. Moins cher, ce carburant est aussi moins polluant.

Les flux pétroliers

Les États sont tellement dépendants des produits pétroliers que toute fluctuation du prix du baril a immédiatement une influence politique et économique majeure. La carte (à droite) présente la valeur des exportations annuelles de pétrole, exprimée en millions de dollars. Les deux plus grands producteurs, les États-Unis (16 % du total) et l'ancienne URSS (21 %) sont aussi les plus grands consommateurs. Les principaux exportateurs se situent autour des Caraïbes, en Afrique de l'Ouest et surtout en Afrique du Nord et au Moyen-Orient.

Ainsi, les États du Moyen-Orient, dont la consommation reste faible, exportent la quasi-totalité de leur production. Leur sous-sol renferme également les plus importantes réserves mondiales, alors que celles qu'exploitent les États-Unis seront, selon les estimations, épuisées vers 2010.

Transalaska, un oléoduc de pétrole brut, traverse la toundra sur 1 300 km depuis les champs pétroliers de la côte arctique jusqu'au port de Valdez.

Actuellement, 1 million de km de gazoducs et 400 000 km d'oléoducs sillonnent le monde.

Ces canalisations représentent le moyen le plus efficace pour transporter le gaz et le pétrole. Elles ont toutefois l'inconvénient d'être vulnérables, notamment en temps de guerre, comme l'a prouvé, en 1990, la rupture des oléoducs irakiens qui traversaient l'Arabie Saoudite (vers le Golfe) et la Turquie (vers la Méditerranée).

7 877
MEXIQUE

3 621

2 764

VENEZUELA
4 022

2 096

1 300

11 115
ROYAUME-UNI

1 295

3 698

La crise pétrolière de 1973 porte un nouveau coup à la suprématie des États-Unis. Avec l'augmentation du prix du pétrole, les grosses cylindrées américaines deviennent moins compétitives que les petites voitures fabriquées en Europe et au Japon. Par ailleurs, les industriels ont de plus en plus de mal à rivaliser avec les méthodes de production automatisée et diversifiée mises en place par les Japonais.

Aujourd'hui, la construction automobile américaine connaît une crise grave. Si General Motors et Ford restent en tête du marché mondial, ils souffrent de la très forte concurrence de leurs rivaux japonais comme Nissan, Honda ou Toyota, qui se sont implantés aux États-Unis et en Europe. Derrière viennent les producteurs européens, tels Volkswagen et Renault, qui ont délocalisé une partie de leur production en Argentine et au Mexique. Sans oublier les nouveaux concurrents apparus en Asie, comme la firme coréenne Hyundai.

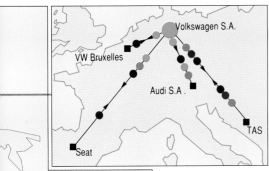

L'« Eurovoiture »

En 1976, Ford lance le modèle Fiesta, fabriqué par douze pays différents. Les carburateurs proviennent d'Irlande du Nord, le système de transmission de France ; les véhicules sont assemblés en Allemagne, en Espagne et en Grande-Bretagne. Un réseau informatique permet d'ajuster la production à la demande sans constituer de stocks.

Puis, tandis que Ford lance la Ford Escort, fabriquée dans plus de quinze pays différents, General Motors adopte, lui aussi, ce système de production pour plusieurs modèles, dont l'Astra, assemblée en Grande-Bretagne avec un moteur fabriqué au Brésil et des composants provenant du monde entier.

Dans le même temps, General Motors et Ford se sont tous deux implantés au Mexique, en Corée du Sud et à Taiwan.

LA PRODUCTION À TRAVERS LE MONDE

Douze usines, des milliers d'ouvriers : Toyota, à 250 km de Tōkyō, est l'un des plus vastes complexes mondiaux de l'industrie automobile. Très moderne, l'entreprise a notamment développé le « juste à temps » : les pièces détachées arrivent dans les usines au moment précis où elles sont nécessaires ce qui diminue d'autant les frais de stockage et de manipulation.

Flint, dans le Michigan (États-Unis), était depuis toujours la « ville Buick ». Lorsque, en 1980, General Motors délocalise sa production au Mexique et ferme ses ateliers, la cité s'effondre. La moitié des habitants perdent leur emploi et le taux de criminalité devient le plus élevé du pays. Cependant, la firme installe bientôt une nouvelle usine, cependant deux fois moins grande que la précé-

dente, où les temps de production sont considérablement réduits. Les fournisseurs, reliés au site par un réseau informatique de gestion, sont implantés dans un rayon de moins de 160 km, ce qui garantit la rapidité des livraisons.

Par comparaison, les usines Lada de Togliatti, en Russie, semblent particulièrement démodées. Conçues sur le modèle des usines Fiat dans les années 1960, elles ont en effet récupéré les chaînes de montage des anciennes usines de Turin, lorsque celles-ci sont devenues obsolètes pour le marché européen.

En revanche, les usines de Hyundai en Corée du Sud (en bas, un parc de stockage) emploient 40 000 ouvriers et sont à la pointe des innovations technologiques.

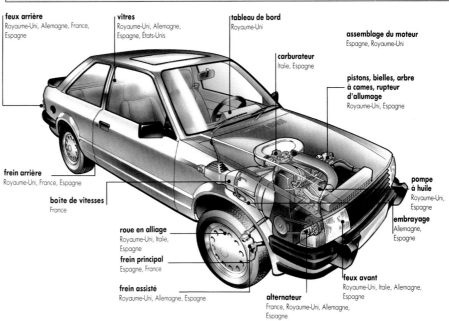

feux arrière
Royaume-Uni, Allemagne, France, Espagne

vitres
Royaume-Uni, Allemagne, Espagne, États-Unis

tableau de bord
Royaume-Uni

assemblage du moteur
Espagne, Royaume-Uni

carburateur
Italie, Espagne

pistons, bielles, arbre à cames, rupteur d'allumage
Royaume-Uni, Espagne

frein arrière
Royaume-Uni, France, Espagne

boîte de vitesses
France

roue en alliage
Royaume-Uni, Italie, Espagne

frein principal
Espagne, France

frein assisté
Royaume-Uni, Allemagne, Espagne

alternateur
France, Royaume-Uni, Allemagne, Espagne

feux avant
Royaume-Uni, Italie, Allemagne, Espagne

pompe à huile
Royaume-Uni, Espagne

embrayage
Allemagne, Espagne

LES ZONES FRANCHES INDUSTRIELLES
Une main-d'œuvre bon marché dans le tiers monde

U N PAYS À L'INTÉRIEUR D'UN AUTRE PAYS, une enclave : voilà ce qu'est une zone franche industrielle (ZFI). On y fabrique des produits destinés à l'exportation, qui bénéficient de régimes fiscaux très favorables. Ces zones franches ont été créées par des États du tiers monde afin d'attirer les firmes multinationales. Ces entreprises y délocalisent leur production en important les matières premières.

Les produits fabriqués, essentiellement des appareils électroniques, des vêtements et des automobiles, sont ensuite massivement exportés, avec d'importants avantages douaniers.

Quel est donc l'attrait de telles zones ? La possibilité de produire au meilleur coût possible. Outre une fiscalité particulièrement légère, les gouvernements d'accueil offrent en effet des infrastructures — terrain, construction bon marché, énergie, eau et transports — très avantageuses. De plus, les lois sur la protection des travailleurs et de l'environnement y sont moins contraignantes qu'ailleurs. Les salaires sont bas et les droits des ouvriers quasiment inexistants. Dès lors, on comprend pourquoi nombre d'industriels s'y installent !

L'histoire des zones franches commença en 1956, lorsque le gouvernement irlandais déclara l'aéroport de Shannon zone de libre-échange. Cette idée fut peu à peu reprise et adaptée par nombre de pays en voie de développement. Aujourd'hui, beaucoup de zones franches sont de gigantesques centres industriels très modernes. On en compte près de 260, réparties dans plus de 50 pays et employant 1,3 million de personnes. Les principales se trouvent en Asie, à Hongkong, en Corée du Sud, à Singapour, à Taiwan, aux Philippines, ainsi qu'au Mexique.

Si les zones franches ont permis à certains pays du tiers monde de s'industrialiser, les effets économiques et sociaux de ce développement sont loin d'être toujours bénéfiques.

En effet, ces enclaves demeurent généralement isolées, nettement coupées du reste du pays d'accueil. Elles sont d'ailleurs souvent surveillées par des forces armées. Les conditions de travail y sont particulièrement éprouvantes et les emplois très instables.

Fait plus marquant encore, la prospérité de ces zones n'a pas d'effet d'entraînement sur l'économie du pays hôte. Au contraire même, les emplois tendent à y être de moins en moins qualifiés : il n'y a pas de véritable transfert de savoir-faire, mais seulement une sous-traitance de la production dans des « ateliers-tournevis » où l'essentiel du travail, très répétitif, consiste à visser ensemble des pièces détachées.

Et comme la demande vient de l'extérieur, le pays se trouve de plus en plus dépendant du marché international. Une récession aux États-Unis, par exemple, peut avoir très vite des conséquences désastreuses sur l'industrie mexicaine.

Les nouveaux pays industrialisés (NPI) ont engagé d'ambitieux programmes d'industrialisation. Les zones franches industrielles (ZFI) se sont multipliées dans le monde entier (voir carte à droite), et notamment à proximité des centres de technologies de pointe. Porto Rico n'est pas officiellement une ZFI, mais les accords conclus avec les États-Unis en font une zone industrielle destinée aux seules exportations américaines.

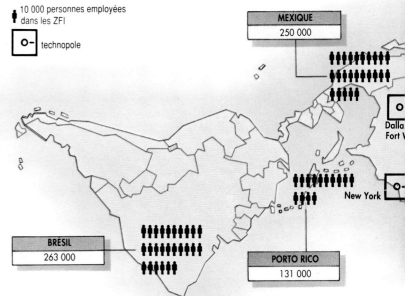

10 000 personnes employées dans les ZFI

○— technopole

MEXIQUE
250 000

Dalla[s]
Fort W[orth]

New York

BRÉSIL
263 000

PORTO RICO
131 000

75 % des personnes employées dans les ZFI sont des femmes jeunes, entre 15 et 25 ans. Elles ont en effet la réputation d'être plus habiles que les hommes pour le délicat montage des petits composants. Mais surtout, elles sont moins politisées et acceptent plus docilement des conditions de travail éprouvantes. Enfin, pour un même emploi, elles sont souvent beaucoup moins payées que les hommes.

Au Mexique, un grand nombre de multinationales américaines se sont installées dans des ZFI.

Situés à la frontière des États-Unis, ces centres de fabrication et de montage sont connus sous le nom de *maquiladoras*. On en compte un millier, qui emploient plus de 250 000 personnes. Les coûts salariaux y sont très bas, de cinq à huit fois inférieurs à ceux des États-Unis, et les impôts très légers.

Les pièces détachées complexes sont fabriquées par les industries de pointe américaines puis assemblées au Mexique. Réexportés de l'autre côté de la frontière, les produits finis sont finalement commercialisés aux États-Unis, puis de là dans le monde entier, comme s'ils étaient « made in USA. »

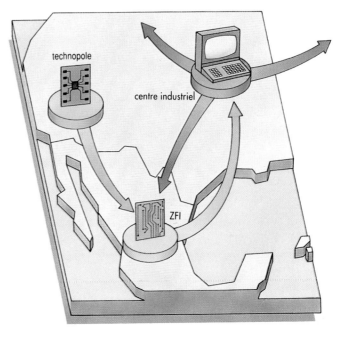

technopole

centre industriel

ZFI

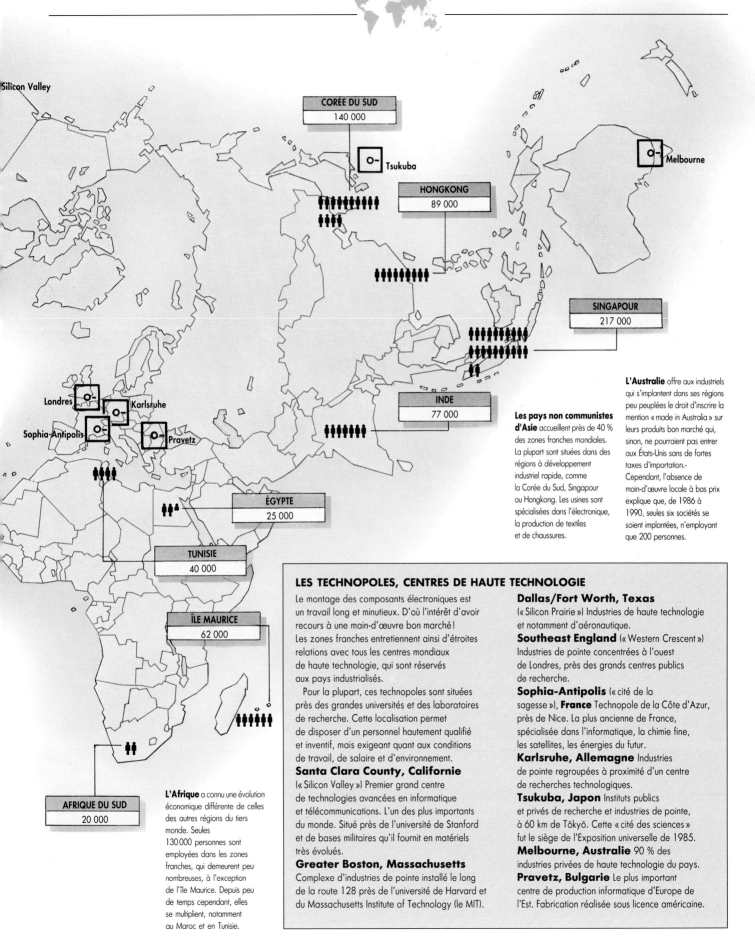

Silicon Valley

CORÉE DU SUD
140 000

O— Tsukuba

O— Melbourne

HONGKONG
89 000

SINGAPOUR
217 000

Londres O— O— Karlsruhe

Sophia-Antipolis O— O— Pravetz

INDE
77 000

ÉGYPTE
25 000

TUNISIE
40 000

ÎLE MAURICE
62 000

AFRIQUE DU SUD
20 000

Les pays non communistes d'Asie accueillent près de 40 % des zones franches mondiales. La plupart sont situées dans des régions à développement industriel rapide, comme la Corée du Sud, Singapour ou Hongkong. Les usines sont spécialisées dans l'électronique, la production de textiles et de chaussures.

L'Australie offre aux industriels qui s'implantent dans ses régions peu peuplées le droit d'inscrire la mention « made in Australia » sur leurs produits bon marché qui, sinon, ne pourraient pas entrer aux États-Unis sans de fortes taxes d'importation.- Cependant, l'absence de main-d'œuvre locale à bas prix explique que, de 1986 à 1990, seules six sociétés se soient implantées, n'employant que 200 personnes.

L'Afrique a connu une évolution économique différente de celles des autres régions du tiers monde. Seules 130 000 personnes sont employées dans les zones franches, qui demeurent peu nombreuses, à l'exception de l'île Maurice. Depuis peu de temps cependant, elles se multiplient, notamment au Maroc et en Tunisie.

LES TECHNOPOLES, CENTRES DE HAUTE TECHNOLOGIE

Le montage des composants électroniques est un travail long et minutieux. D'où l'intérêt d'avoir recours à une main-d'œuvre bon marché ! Les zones franches entretiennent ainsi d'étroites relations avec tous les centres mondiaux de haute technologie, qui sont réservés aux pays industrialisés.

Pour la plupart, ces technopoles sont situées près des grandes universités et des laboratoires de recherche. Cette localisation permet de disposer d'un personnel hautement qualifié et inventif, mais exigeant quant aux conditions de travail, de salaire et d'environnement.

Santa Clara County, Californie
(« Silicon Valley ») Premier grand centre de technologies avancées en informatique et télécommunications. L'un des plus importants du monde. Situé près de l'université de Stanford et de bases militaires qu'il fournit en matériels très évolués.

Greater Boston, Massachusetts
Complexe d'industries de pointe installé le long de la route 128 près de l'université de Harvard et du Massachusetts Institute of Technology (le MIT).

Dallas/Fort Worth, Texas
(« Silicon Prairie ») Industries de haute technologie et notamment d'aéronautique.

Southeast England (« Western Crescent ») Industries de pointe concentrées à l'ouest de Londres, près des grands centres publics de recherche.

Sophia-Antipolis (« cité de la sagesse »), **France** Technopole de la Côte d'Azur, près de Nice. La plus ancienne de France, spécialisée dans l'informatique, la chimie fine, les satellites, les énergies du futur.

Karlsruhe, Allemagne Industries de pointe regroupées à proximité d'un centre de recherches technologiques.

Tsukuba, Japon Instituts publics et privés de recherche et industries de pointe, à 60 km de Tōkyō. Cette « cité des sciences » fut le siège de l'Exposition universelle de 1985.

Melbourne, Australie 90 % des industries privées de haute technologie du pays.

Pravetz, Bulgarie Le plus important centre de production informatique d'Europe de l'Est. Fabrication réalisée sous licence américaine.

LES GRENIERS DU MONDE
Le commerce mondial des aliments de base

LES CÉRÉALES JOUENT UN RÔLE ESSENTIEL dans la vie de l'humanité et représentent une part considérable des échanges mondiaux. Le blé, le maïs et le riz ne sont-ils pas les aliments de base de plus d'un habitant de la Terre sur deux? Le premier, principale céréale exportée, occupe d'ailleurs la deuxième place dans les échanges mondiaux, juste derrière le pétrole.

Les céréales commercialisées dans le monde se répartissent en deux groupes : d'une part, celles qui sont essentiellement destinées à la consommation humaine, tels le blé et le riz ; d'autre part, celles, dites «pauvres» ou «secondaires», qui servent à nourrir le bétail, comme l'orge, l'avoine, le maïs, le millet ou le sorgho. Tandis que les pays pauvres importent surtout du blé et du riz, céréales «riches» ou «nobles», pour approvisionner leurs populations, les pays riches achètent des céréales «pauvres» pour nourrir leurs animaux.

Cinq grands producteurs dominent les exportations mondiales. Les États-Unis, le Canada, l'Argentine, la Communauté européenne (notamment la France) et l'Ausralie fournissent 90 % du tonnage mondial de blé et de céréales secondaires. De très grandes sociétés multinationales dominent l'organisation du commerce mondial des céréales : Cargill, Continental Grain et Bunge sont américaines, Louis Dreyfus, française,

André, suisse, Ferruzzi, italienne. Ces six sociétés contrôlent ainsi 85 % des céréales américaines, 80 % du blé argentin, 90 % du sorgho australien et 90 % du blé et du maïs de l'ensemble de la CEE. Aujourd'hui, ces géants internationaux ont des intérêts dans l'agriculture mais aussi dans les banques, les chemins de fer, les compagnies maritimes et les assurances.

Malgré la concurrence européenne, les États-Unis demeurent le premier exportateur mondial. Ne les surnomme-t-on pas, à juste titre, le «grenier» du monde? Assurant presque un tiers des exportations de blé et près de la moitié des exportations de céréales pauvres, ils sont aussi les premiers exportateurs de riz à long grain. Leurs principaux acheteurs sont les pays de l'ancienne URSS. Autrefois exportatrice, cette vaste région est maintenant, chaque année ou presque, la première importatrice de céréales du monde.

Juste derrière elle viennent les pays d'Asie. La Chine importe toujours des céréales pour compléter la nourriture de ses très nombreux habitants, le Japon pour engraisser son bétail. La Corée du Sud, les Philippines et l'Indonésie, qui connaissent depuis quelques années une très forte croissance démographique, s'inscriront bientôt parmi les premiers demandeurs. En revanche, les pays d'Afrique n'ont toujours pas les moyens

d'importer massivement de quoi assurer la subsistance de leurs populations.

Depuis 1960, l'augmentation de la production agricole planétaire a été plus rapide que celle de la démographie : on considère qu'elle a été multipliée par trois. Grâce aux nouvelles espèces hybrides, aux engrais chimiques, aux pesticides et aux machines toujours plus perfectionnées, on produit aujourd'hui suffisamment de céréales pour nourrir le monde entier. Toutefois, l'Éthiopie et le Tchad continuent de connaître la disette, voire la famine, faute de pouvoir en acheter.

Au milieu des années 1980, les productions américaines devinrent excédentaires. Le prix des céréales tomba bientôt très bas à cause de l'abondance des récoltes, et de nombreux agriculteurs endettés firent faillite, laissant ainsi des terres à l'abandon.

À la fin de la décennie pourtant, le mouvement s'est inversé. Les sécheresses ont entraîné de maigres récoltes. Les réserves mondiales ont baissé, se réduisant au niveau critique de soixante jours d'avance sur la consommation. Depuis, l'accroissement de la population progresse plus vite que la production de céréales. La disponibilité par an et par personne baisse; une série de mauvaises années pourrait plonger la planète dans une crise alimentaire générale.

L'évolution de l'agriculture

Au cours des siècles, le progrès des techniques agricoles a permis l'augmentation des rendements. L'exploitation des terres cultivables a beaucoup évolué.

3000 avant J.-C. Le sud de l'Angleterre est couvert de forêts. Les peuples du néolithique ont défriché et exploitent des champs circulaires d'environ 0,5 ha. Les rendements tournent autour de 250 kg/ha.

1300 après J.-C. Le paysage agricole s'est transformé : il s'est étendu et ouvert. Les champs sont exploités en longues lanières d'environ 200 m de long sur 20 m de large. Chacun est labouré en une longue journée par un attelage de deux à huit bœufs conduit par deux hommes. Les rendements demeurent faibles.

1900 La plupart des forêts et des terres communales ont disparu. Les anciennes parcelles sont rassemblées en vastes champs entourés de haies. Ils s'étendent sur des surfaces qui varient de 0,5 à 16 ha. Les chevaux ont remplacé les bœufs. Deux bêtes conduites par un homme suffisent à labourer 0,5 ha en une courte journée. Les rendements sont d'environ 1 870 kg/ha.

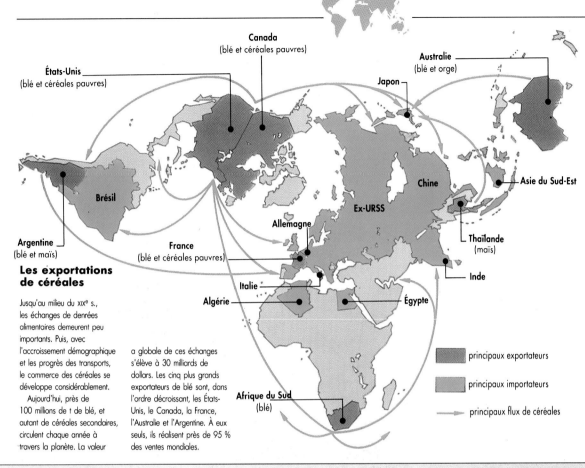

Canada
(blé et céréales pauvres)

États-Unis
(blé et céréales pauvres)

Australie
(blé et orge)

Japon

Chine

Asie du Sud-Est

Ex-URSS

Brésil

Allemagne

Thaïlande
(maïs)

Argentine
(blé et maïs)

France
(blé et céréales pauvres)

Inde

Italie

Algérie

Égypte

Afrique du Sud
(blé)

■ principaux exportateurs

■ principaux importateurs

→ principaux flux de céréales

Les exportations de céréales

Jusqu'au milieu du XIXe s., les échanges de denrées alimentaires demeurent peu importants. Puis, avec l'accroissement démographique et les progrès des transports, le commerce des céréales se développe considérablement.

Aujourd'hui, près de 100 millions de t de blé, et autant de céréales secondaires, circulent chaque année à travers la planète. La valeur a globale de ces échanges s'élève à 30 milliards de dollars. Les cinq plus grands exportateurs de blé sont, dans l'ordre décroissant, les États-Unis, le Canada, la France, l'Australie et l'Argentine. À eux seuls, ils réalisent près de 95 % des ventes mondiales.

Les importations de céréales

Les échanges de céréales sont très fluctuants. Après la sécheresse de 1988, le Mexique a considérablement augmenté ses importations de blé. Au même moment, le Brésil a réduit ses achats, grâce à de bonnes récoltes.

Lors des mauvaises années, l'Afrique septentrionale, et plus particulièrement l'Égypte et l'Algérie, attire 10 % des importations mondiales. Mais lorsque les récoltes sont satisfaisantes, cette part tombe à 1 %, soit une baisse de 300 millions de dollars.

Les deux plus grands importateurs sont aujourd'hui l'ex-URSS et la Chine, qui produisent pourtant beaucoup plus de céréales que les États-Unis. Les trois autres grands importateurs sont l'Égypte, le Japon et la Corée du Sud. À eux cinq, ils achètent un peu plus de la moitié du blé exporté dans le monde. La viande comptant de plus en plus dans l'alimentation, les céréales sont désormais importées autant pour nourrir la population que le bétail !

1950 Le paysage rural s'est peu modifié depuis 1900 mais les techniques agricoles ont, quant à elles, beaucoup évolué.

Les tracteurs ont remplacé les chevaux ; la surface labourable en un jour considérablement augmenté. Un petit tracteur avec un double soc retourne 0,5 ha de terre en 3 à 4 h. Le rendement moyen s'est élevé à 2 500 kg/ha.

1980 L'agriculture est devenue « industrielle ». Les exploitations agricoles s'étendent sur plusieurs centaines d'hectares ; les haies ont été supprimées. Un tracteur équipé d'une charrue à 8 ou 12 socs laboure 0,5 ha en moins de 40 min. Il suffit d'une seule personne pour labourer, ensemencer et moissonner les terres d'une exploitation.

L'utilisation d'engrais chimiques et de plantes hybrides a permis de doubler les rendements depuis 1950.

2000 Les rendements sont encore plus impressionnants et le prix des céréales a diminué. Les terres agricoles du sud de l'Angleterre sont peu à peu laissées à l'abandon. On y installe, par exemple, des terrains de golf, des centres commerciaux périphériques et des villes nouvelles. Des millions de citadins s'imaginent retrouver leurs « racines » dans ces « campagnes » qui n'en sont plus.

DES TERRES AGRICOLES GAGNÉES SUR LA MER
Le modèle néerlandais

« Dieu a créé le monde, mais ce sont les Néerlandais qui ont créé les Pays-Bas ! » Sans leurs efforts, une partie importante de leur pays n'existerait pas. En effet, un bon quart du territoire de cet État, dont le nom de Nederland signifie « basses terres », se trouve à une altitude inférieure au niveau de la mer. Une lutte constante a permis la conquête de terres — les polders — asséchées grâce à des digues et à des pompes. Aujourd'hui, une personne sur quatre vit sur un terrain situé au-dessous du niveau marin.

Il y a deux mille ans, les ancêtres des Néer-landais vivaient regroupés sur des buttes, ou *terpen*, qui devenaient des îles à marée haute. Puis commença la lente conquête des terres. Au Moyen Âge, les populations édifient des digues pour se protéger des hautes eaux. Les moulins à vent, une invention rapportée d'Orient par les croisés, permettent de pomper l'eau et de drainer peu à peu les marécages.

Pourtant, une ou deux fois par siècle, lorsqu'une tempête dans le Nord-Est coïncide avec les grandes marées, les digues cèdent et la mer envahit les basses terres.

En 1950, le pays semble enfin à l'abri derrière des digues de béton et d'acier. La plupart des terres ont été asséchées grâce à des pompes à vapeur et à essence. Pourtant, malgré ces efforts, les Pays-Bas sont toujours vulnérables. En 1953, une inondation ruine des milliers d'hectares, faisant 500 000 sans-abri et 1 800 morts.

Pourquoi les Néerlandais ont-ils tant lutté contre la nature ? D'abord pour s'en protéger, mais aussi pour se nourrir et se loger. Les Pays-Bas sont en effet l'une des régions le plus densément peuplées d'Europe.

La conquête de terres sur la mer se poursuit aujourd'hui encore, lentement, au rythme de 30 km² par an. Une fois endigués et drainés, les champs conquis sur la mer sont plantés d'espèces qui peuvent survivre sur un sol encore détrempé et salé. En poussant, ces plantes pompent l'humidité du sol et contribuent à sa régénération. En quelques années, le terrain est suffisamment asséché pour être travaillé.

Dès les XVIᵉ et XVIIᵉ siècles, les Pays-Bas fondent leur puissance économique sur le développement d'une agriculture intensive.

Alors qu'en France et en Grande-Bretagne, on cultive prudemment la pomme de terre, les Néerlandais sont déjà convaincus de l'avenir de ce tubercule dont la récolte permet d'obtenir, pour une même surface, de quoi nourrir deux fois plus de personnes que le blé.

S'élevant au rang de grande puissance commerciale, les Pays-Bas exportent bientôt dans le monde entier des plantes médicinales, ornementales et comestibles.

Ainsi, c'est grâce à un jeune plant d'arabica cultivé à Amsterdam en 1706 que le café sera bientôt implanté massivement en Amérique du Sud. Les Néerlandais introduisent aussi en Europe les tulipes, originaires de Turquie. Dès 1630, des terres immenses sont consa-

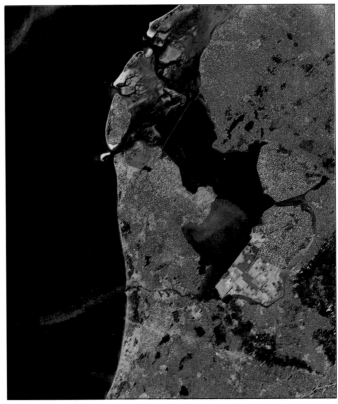

Vus du ciel, les Pays-Bas ressemblent à une mosaïque de terre et d'eau. Sur cette photographie satellite, les polders apparaissent en couleur verte.

La plupart des terres ont été conquises sur l'ancien Zuiderzee, la « mer du Sud » enfermée au cœur du pays. Les travaux ont commencé en 1919. La Afsluitdijk (« grande digue de fermeture ») fut achevée en 1932. De vastes polders ont alors été peu à peu aménagés ; d'autres sont en projet. Le reste du golfe constitue aujourd'hui un lac d'eau douce, l'Ijsselmeer.

Les Néerlandais envisagent maintenant de colmater une partie de la Waddenzee en reliant par des digues les îles de la Frise occidentale afin de former une barrière continue.

De nouvelles méthodes d'endiguement ont été mises au point. Plutôt que le béton, elles utilisent du sable et des plantes à longues racines pour le stabiliser.

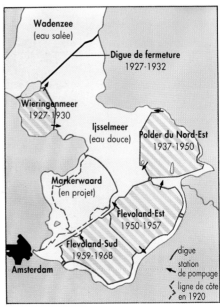

Wadenzee (eau salée)

Digue de fermeture 1927-1932

Wieringermeer 1927-1930

Ijsselmeer (eau douce)

Polder du Nord-Est 1937-1950

Markerwaard (en projet)

Flevoland-Est 1950-1957

Flevoland-Sud 1959-1968

Amsterdam

digue
station de pompage
ligne de côte en 1920

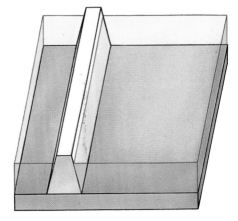

Créer un polder

1ʳᵉ année

Une digue isole la région à conquérir. Des pompes sont installées, puis des canaux sont creusés pour rejeter l'eau à la mer. Pour que l'eau franchisse la digue, il faut l'aspirer ou la faire passer par-dessous, grâce à des vannes que l'on ouvre à marée basse.

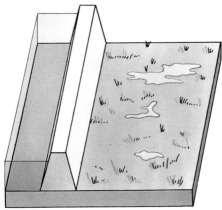

2ᵉ et 3ᵉ années

Le niveau de l'eau continue de baisser, mais il reste des marécages. Encore trop salée pour être cultivée, la terre est peu à peu lavée par les pluies.

Apportées par le vent, des graines de plantes adaptées aux terrains humides sont déposées sur le sol et commencent à pousser.

crées à leur culture ainsi qu'à celle des jonquilles, tant pour leurs bulbes — alors consommés comme des oignons — que pour leurs fleurs décoratives.

Depuis, l'horticulture s'est développée et diversifiée. Les Néerlandais dominent notamment les échanges internationaux d'espèces exotiques. Ils sont aussi très réputés pour leurs méthodes d'élevage. La Holstein, une vache blanche et noire, est

ainsi devenue le bovin laitier le plus massivement élevé dans le monde.

Aujourd'hui, alors que les activités industrielles et commerciales permettent aux Pays-Bas d'acheter des denrées alimentaires à l'étranger, le pays est, de tous ceux d'Europe de l'Ouest, celui qui consacre la plus grande proportion de son territoire à la production de nourriture.

Aux Pays-Bas, près de 25 % des polders ont été réservés à l'urbanisation ou à des espaces verts. Les maisons étaient jadis alignées le long des routes et des canaux. Aujourd'hui, ces villages-rues tendent à disparaître. Les

Néerlandais préfèrent en effet bâtir des villages en étoile, aux croisements de grandes voies de circulation routière ou fluviale : c'est plus économique pour l'installation des réseaux d'électricité, de téléphone ou d'eau potable.

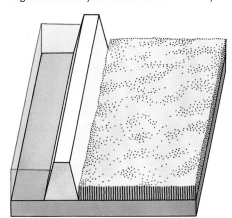

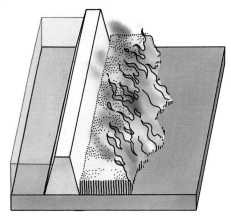

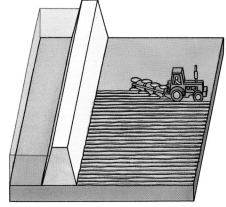

4e, 5e et 6e années

Une couverture serrée de roseaux et de joncs s'étend sur toute la surface. On ensemence par avion le sol avec des

plantes à racines profondes. Elles absorbent et évaporent l'eau du sol, accélérant ainsi son assèchement. Année après année, la boue devient alors plus stable.

7e année

Après trois ans, les roseaux sont brûlés. Le sol est désormais assez ferme pour que l'on puisse y marcher.

Cependant, pour l'enrichir, il faut le labourer afin de mélanger les cendres avec la terre. Le drainage se poursuit grâce à des canalisations en plastique

et à des fossés d'évacuation. Le polder est maintenant cultivable. On plante généralement pour la première récolte du colza, puis du blé, des betteraves, des pommes

de terre ou des légumes. Parfois, on y fait paître des troupeaux. Au bout de 15 ans, on ne voit plus que la terre se trouvait autrefois à 4 m en dessous du niveau de la mer.

LA RÉVOLUTION VERTE
Une solution pour nourrir six milliards d'hommes ?

DEPUIS LES ANNÉES 1950, LE SPECTRE DE LA faim inquiète le monde entier. En effet, les pays du tiers monde connaissent une véritable explosion démographique alors qu'une part de plus en plus importante de leur production alimentaire est exportée en échange de produits industriels. Il en résulte des famines, notamment en Inde, en Chine et en Éthiopie. La communauté internationale réagit unanimement : il faut produire davantage et plus vite. La révolution verte est en marche.

Dans les années 1960, les premières recherches portent sur de nouvelles espèces végétales à haut rendement. Elles ont pour but d'augmenter rapidement la production afin de constituer des réserves de secours et d'exporter plus. Les efforts portent donc sur des céréales faciles à stocker : blé, maïs et riz.

Les travaux aboutissent d'abord à la sélection de variétés de riz nain, qui fournissent beaucoup de grain parce que leur tige courte croît plus vite et donne plus longtemps. Par ailleurs, les agronomes introduisent des variétés de blé et de riz à croissance rapide permettant plusieurs récoltes par an : les rendements sont nettement plus importants qu'auparavant.

Les nouvelles espèces sont d'abord implantées en Asie, et l'expérience connaît bientôt un réel succès. De 1965 à 1985, la production augmente de 66 %, ce qui permet d'assurer les besoins alimentaires de presque tous les pays asiatiques. Toutefois, en Amérique latine, les résultats sont moins spectaculaires, à l'exception de quelques régions, comme le Mexique. Quant à l'Afrique, elle demeure à l'écart de cette révolution agricole. En effet, la pauvreté des sols et la sécheresse excluent largement la culture intensive du blé et du riz et limitent le succès des nouvelles variétés de sorgho et de manioc.

En fait, malgré les succès asiatiques, la révolution verte n'a pas totalement répondu aux espoirs qu'elle avait suscités. En se focalisant sur trois céréales, la recherche a négligé des plantes tout à fait essentielles pour le tiers monde, comme le millet, le sorgho, les légumes ou les tubercules, les fruits, etc.

Par ailleurs, le goût des nouvelles plantes hybrides n'a pas fait l'objet d'assez d'attention : beaucoup de ces végétaux étant de saveur tout à fait différente et moins agréables à manger que ceux qu'ils devraient remplacer, ils sont difficilement adoptés par les populations locales.

De plus, l'augmentation des rendements exige l'emploi intensif d'engrais chimiques. Souvent utilisés sans précautions, ceux-ci polluent l'environnement et nuisent à la santé des agriculteurs. Pour la plupart dérivés du pétrole, ils sont par ailleurs devenus beaucoup trop chers après la crise de 1973.

Enfin, les nouvelles espèces se sont révélées moins résistantes aux maladies et aux parasites

Depuis les années 1940, dans de nombreux pays du tiers monde, les rendements céréaliers ont augmenté plus vite que la population. De 1944 à 1967, le Mexique a doublé sa production de maïs et triplé celle du blé, tandis que, de 1950 à 1970, l'Inde multipliait par deux sa production totale de céréales.

De nouvelles variétés végétales sont à l'origine de ces évolutions. Mises au point dans des laboratoires comme le Centre international de recherche sur le maïs et le blé, au Mexique, ou l'Institut international de recherche sur le riz, aux Philippines, elles ont considérablement accru les rendements agricoles.

Les résultats du « riz miracle » furent tels que lorsqu'on a commencé à le cultiver, dans les années 1960, le problème de la faim dans le monde sembla définitivement résolu.

Les variétés de plantes à haut rendement ont besoin de soins particuliers, et notamment d'éléments nutritifs en quantités supérieures à celles que renferment généralement les sols. Leur introduction s'est ainsi accompagnée d'une utilisation accrue d'engrais chimiques destinés à compenser l'appauvrissement des sols.

Ce graphique compare l'évolution mondiale de la superficie des terres cultivées, de la consommation d'engrais et des rendements.

pays où les rendements ont doublé grâce aux nouvelles variétés de céréales

pays où les rendements ont augmenté de 50% grâce aux nouvelles variétés de céréales

centre de recherche spécialisée

maïs et blé (Mexique)

MEXIQUE

COLOMBIE

COSTA RICA

pomme de terre (Pérou)

agriculture tropicale (Colombie)

URUGUAY

programme alimentaire (États-Unis)

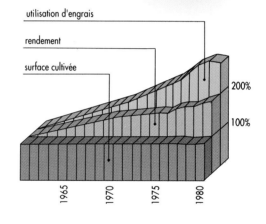

utilisation d'engrais

rendement

surface cultivée

200%

100%

1965   1970   1975   1980

que les variétés locales. Les épidémies se propagent rapidement ; il a fallu chaque fois introduire de nouvelles plantes hybrides.

Implanté avec succès aux Philippines en 1966, le « riz miracle » IR8 a été dévasté par un virus et une bactérie. Il est remplacé, en 1971, par une variété plus résistante, le IR20. En 1973, une nouvelle épiphytie oblige à lui substituer le IR26, lui-même remplacé, en 1976, par le IR36. Aujourd'hui, cette variété est à son tour menacée.

On a reproché à la révolution verte d'accroître les inégalités sociales et de contribuer notamment à l'exode rural. Les nouvelles cultures exigent, en effet, des soins accrus, l'utilisation d'engrais et de pesticides coûteux, ainsi qu'une irrigation régulière. Or les petits agriculteurs manquent généralement de connaissances, d'outils et d'argent, donc profitent moins de la révolution agricole que les grands exploitants.

La nécessité de maîtriser la distribution de l'eau a également accru les inégalités entre les pays du

tiers monde. Ainsi, la révolution verte a été largement développée, grâce à l'irrigation, aux Philippines, en Indonésie, en Malaisie et en Inde tandis que la Thaïlande, la Birmanie et le Bangladesh, moins bien équipés, sont restés à l'écart. Par ailleurs, le coût de la modernisation a orienté les productions nationales vers des denrées destinées à l'exportation. Aussi le marché intérieur a-t-il finalement peu bénéficié de l'augmentation des rendements.

Actuellement, les défauts des variétés à haut rendement sont mieux connus. Les agronomes ont sélectionné des espèces qui résistent mieux à la sécheresse et aux maladies. Les nouveaux programmes de recherche s'efforcent d'assurer davantage le progrès social : les rendements croissent moins vite que par le passé, mais la modernisation est plus efficace et durable. Globalement, malgré ses imperfections, la révolution verte a fait reculer le spectre de la famine, au moins pour un temps.

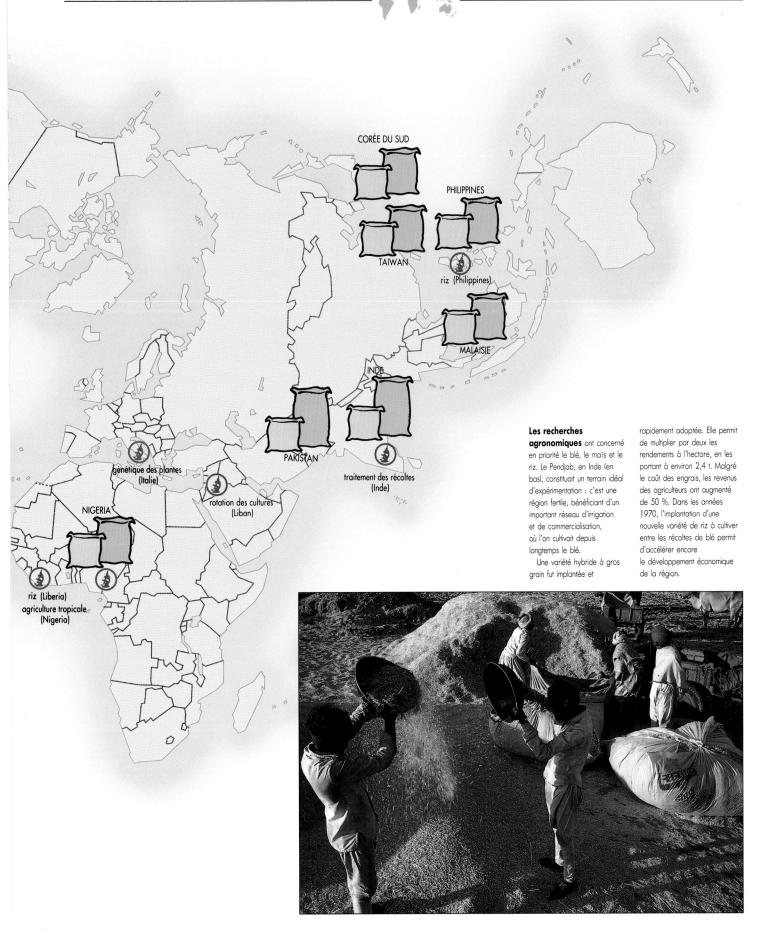

CORÉE DU SUD

PHILIPPINES

TAIWAN

riz (Philippines)

MALAISIE

INDE

PAKISTAN

traitement des récoltes
(Inde)

génétique des plantes
(Italie)

rotation des cultures
(Liban)

NIGERIA

riz (Liberia)
agriculture tropicale
(Nigeria)

**Les recherches
agronomiques** ont concerné
en priorité le blé, le maïs et le
riz. Le Pendjab, en Inde (en
bas), constituait un terrain idéal
d'expérimentation : c'est une
région fertile, bénéficiant d'un
important réseau d'irrigation
et de commercialisation,
où l'on cultivait depuis
longtemps le blé.
Une variété hybride à gros
grain fut implantée et

rapidement adoptée. Elle permit
de multiplier par deux les
rendements à l'hectare, en les
portant à environ 2,4 t. Malgré
le coût des engrais, les revenus
des agriculteurs ont augmenté
de 50 %. Dans les années
1970, l'implantation d'une
nouvelle variété de riz à cultiver
entre les récoltes de blé permit
d'accélérer encore
le développement économique
de la région.

L'OR VÉGÉTAL
L'énorme marché des produits exotiques

I L Y A CINQUANTE ANS, LA BANANE ÉTAIT pratiquement le seul fruit exotique consommé frais dans les pays tempérés. Les régimes cueillis verts aux Caraïbes ou en Afrique occidentale mûrissaient lentement dans les cales des navires qui les acheminaient vers l'Europe. Les autres fruits ne pouvaient supporter un tel voyage.

Cette époque est révolue. Aujourd'hui, les supermarchés européens regorgent de mangues, de fruits de la passion et de goyaves. Grâce aux nouvelles méthodes de conditionnement et à la révolution des transports, il est désormais possible d'acheter des fruits et des légumes toute l'année et partout dans le monde. Outre les produits tropicaux, on trouve aussi, de janvier à décembre, des denrées autrefois saisonnières, comme les cerises, les asperges ou les fraises.

La plupart des produits exotiques consommés en Occident sont importés d'Asie du Sud-Est, et notamment de Thaïlande, de Corée du Sud, des Philippines, d'Indonésie et de Taiwan, pays qui ont réussi à la fois à nourrir une population de plus en plus nombreuse et à devenir de gros exportateurs de produits alimentaires.

Dans les années 1970, la Thaïlande exportait principalement du riz, du caoutchouc et de l'étain. Diversifiant sa production, elle s'est hissée rapidement au rang de premier exportateur mondial de boîtes de thon et d'ananas, assurant notamment 50 % des importations américaines.

LE KIWI CONQUIERT LE MONDE

En Nouvelle-Zélande, la production et l'exportation de kiwis ont fait plus de millionnaires que toutes les autres activités économiques. Ce fruit, autrefois plus petit, était connu sous le nom de « groseille de Chine ». Originaire en effet de ce pays, il fut implanté en Nouvelle-Zélande en 1904. La plante a longtemps été cultivée pour ses fleurs blanches, avant que la saveur de son fruit soit reconnue.

Des sélections d'espèces successives et des greffes ont rapidement accru la production. Puis, grâce à des campagnes publicitaires, le fruit a conquis le marché international sous le nom de kiwi.

Vers 1980, c'est l'un des premiers fruits exotiques frais qui vont apparaître en masse dans les supermarchés d'Europe de l'Ouest, d'Amérique du Nord et du Japon. Dès 1986, la Nouvelle-Zélande en exporte près de 1 milliard dans plus de 30 pays.

Le kiwi est en effet un fruit idéal pour l'exportation à destination de marchés situés de l'autre côté de la planète. Il pousse en trois mois et demeure consommable pendant six mois. Il peut sans problème être commercialisé frais, mais aussi en conserve, congelé, pressé, voire transformé en « vin de kiwi ».

Les producteurs néo-zélandais se sont massivement lancés dans la culture intensive du kiwi. Les profits furent élevés : une plantation de 40 ha pouvait rapporter près de 1 million de dollars par an.

Mais d'autres pays n'ont pas voulu rester à la traîne et suivi leur exemple.

La Nouvelle-Zélande a aujourd'hui perdu son monopole et ses parts de marché déclinent rapidement. Le Japon, la France, l'Italie, les États-Unis et le Royaume-Uni ne représentent pas une menace réelle pour ses exportations, car les récoltes y sont décalées dans le temps. En revanche, la concurrence des pays de l'hémisphère Sud est plus inquiétante. Notamment celle du Chili qui commercialise aujourd'hui ses kiwis sur le marché américain.

Et ce pays ne cesse de développer ses exportations de conserves et de surgelés. Aujourd'hui, grâce à la baisse du coût du fret aérien, les produits frais gagnent l'autre bout du monde en moins de vingt-quatre heures ! Les tomates, les champignons, le maïs nain — qui n'est pas mangé dans le pays — mais aussi des fruits de mer, tels que les crevettes grises, les crabes et les palourdes connaissent un immense succès. L'abondance et la diversité des produits permettent de réaliser des profits importants et contribuent au développement du commerce extérieur.

L'ananas est généralement exporté après mise en conserve. Dans les usines (à gauche), les ouvrières enlèvent la peau des fruits, ôtent le cœur fibreux et découpent la chair en rondelles ou en cubes.

La Thaïlande est aujourd'hui le premier exportateur mondial de conserves d'ananas. Les récoltes ont lieu d'avril à juin et en décembre-janvier, mais certaines variétés permettent aux entreprises de tourner toute l'année.

En 1987, les exportations thaïlandaises se sont élevées à 260 000 t, pour une valeur de 145 millions de dollars, soit plus de 34 % du commerce mondial de ce fruit.

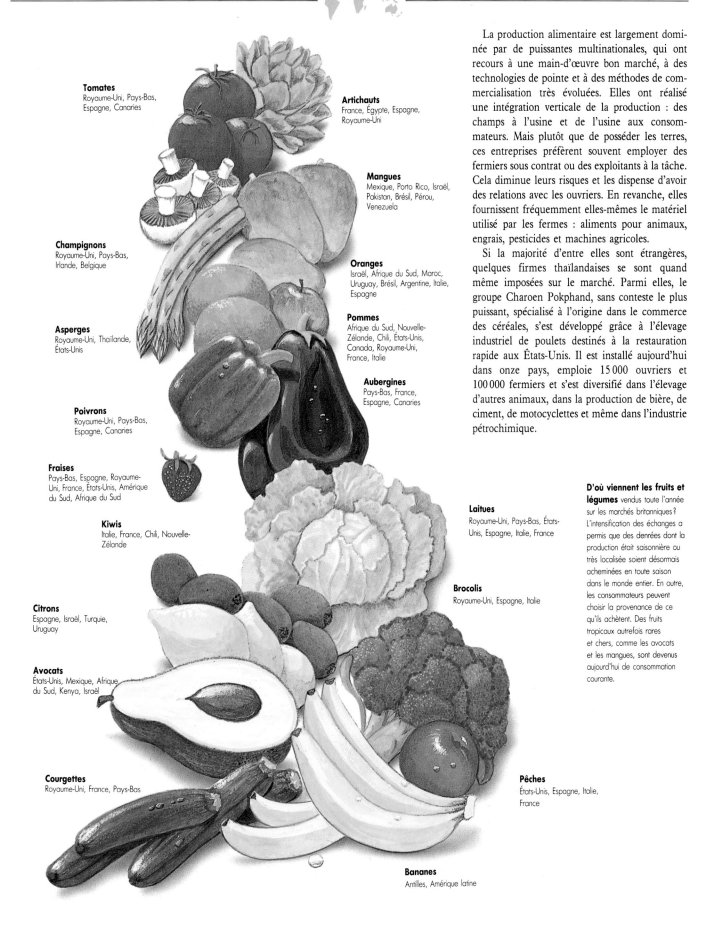

Tomates
Royaume-Uni, Pays-Bas, Espagne, Canaries

Artichauts
France, Égypte, Espagne, Royaume-Uni

Mangues
Mexique, Porto Rico, Israël, Pakistan, Brésil, Pérou, Venezuela

Champignons
Royaume-Uni, Pays-Bas, Irlande, Belgique

Oranges
Israël, Afrique du Sud, Maroc, Uruguay, Brésil, Argentine, Italie, Espagne

Asperges
Royaume-Uni, Thaïlande, États-Unis

Pommes
Afrique du Sud, Nouvelle-Zélande, Chili, États-Unis, Canada, Royaume-Uni, France, Italie

Aubergines
Pays-Bas, France, Espagne, Canaries

Poivrons
Royaume-Uni, Pays-Bas, Espagne, Canaries

Fraises
Pays-Bas, Espagne, Royaume-Uni, France, États-Unis, Amérique du Sud, Afrique du Sud

Laitues
Royaume-Uni, Pays-Bas, États-Unis, Espagne, Italie, France

Kiwis
Italie, France, Chili, Nouvelle-Zélande

Brocolis
Royaume-Uni, Espagne, Italie

Citrons
Espagne, Israël, Turquie, Uruguay

Avocats
États-Unis, Mexique, Afrique du Sud, Kenya, Israël

Courgettes
Royaume-Uni, France, Pays-Bas

Pêches
États-Unis, Espagne, Italie, France

Bananes
Antilles, Amérique latine

La production alimentaire est largement dominée par de puissantes multinationales, qui ont recours à une main-d'œuvre bon marché, à des technologies de pointe et à des méthodes de commercialisation très évoluées. Elles ont réalisé une intégration verticale de la production : des champs à l'usine et de l'usine aux consommateurs. Mais plutôt que de posséder les terres, ces entreprises préfèrent souvent employer des fermiers sous contrat ou des exploitants à la tâche. Cela diminue leurs risques et les dispense d'avoir des relations avec les ouvriers. En revanche, elles fournissent fréquemment elles-mêmes le matériel utilisé par les fermes : aliments pour animaux, engrais, pesticides et machines agricoles.

Si la majorité d'entre elles sont étrangères, quelques firmes thaïlandaises se sont quand même imposées sur le marché. Parmi elles, le groupe Charoen Pokphand, sans conteste le plus puissant, spécialisé à l'origine dans le commerce des céréales, s'est développé grâce à l'élevage industriel de poulets destinés à la restauration rapide aux États-Unis. Il est installé aujourd'hui dans onze pays, emploie 15 000 ouvriers et 100 000 fermiers et s'est diversifié dans l'élevage d'autres animaux, dans la production de bière, de ciment, de motocyclettes et même dans l'industrie pétrochimique.

D'où viennent les fruits et légumes vendus toute l'année sur les marchés britanniques ? L'intensification des échanges a permis que des denrées dont la production était saisonnière ou très localisée soient désormais acheminées en toute saison dans le monde entier. En outre, les consommateurs peuvent choisir la provenance de ce qu'ils achètent. Des fruits tropicaux autrefois rares et chers, comme les avocats et les mangues, sont devenus aujourd'hui de consommation courante.

LE RATISSAGE DES MERS
La pêche internationale

LES ANIMAUX MARINS REPRÉSENTENT AU moins 25 % des protéines animales consommées sur la planète. Dans les pays du tiers monde, un simple petit poisson ajouté à un bol de riz fait toute la différence entre la faim et la survie. En Occident, les produits de la pêche sont des denrées courantes que l'on consomme notamment pour garder la santé.

Mais les ressources des mers et des océans ne servent pas qu'à nourrir les hommes. Près d'un tiers des pêches est ainsi transformé en aliments pour animaux, en margarines, en huiles de cuisine ou en engrais pour l'agriculture. On estime aujourd'hui que l'industrie de la pêche fait vivre 12 millions de personnes dans le monde, dont 2 millions dans la seule île de Java.

Dans les années 1950 et 1960, certains experts affirmaient que la reproduction des animaux marins permettait de compenser les pêches, donc d'assurer les besoins mondiaux. Plusieurs d'entre eux évoquaient même une révolution bleue comparable à la révolution verte qui faisait alors croître la production mondiale de céréales.

De 1950 à 1970, le poids des pêches est ainsi passé de 21 à 61 millions de tonnes par an, une augmentation proportionnellement très supérieure à la croissance démographique. Mais depuis, malgré les efforts entrepris pour maintenir ce développement, ce chiffre s'est stabilisé, tandis que la demande mondiale, elle, s'accroît régulièrement. La production annuelle par personne, qui atteignait 17,7 kg en 1972, connaît depuis une diminution sensible.

Nous savons aujourd'hui que les ressources des mers et des océans sont aussi limitées que celles de l'agriculture. D'abord parce qu'elles ne sont pas également réparties sur toute la planète. La vie est en effet quasi absente d'une grande partie des océans, et près de 90 % des pêches mondiales sont réalisés dans des eaux peu profondes, riches en plancton, notamment dans les estuaires et à proximité des côtes.

En outre, la température joue un rôle déterminant, car les eaux chaudes sont moins riches en oxygène. Les mers les plus poissonneuses sont donc celles où les courants froids remontent vers la surface : c'est le cas, par exemple, des eaux côtières du Pérou ou de celles de l'Atlantique Nord, près du Groenland.

Enfin, le nombre de poissons diminue sous l'effet de l'intensification des pêches et de la pollution des océans. Les eaux les plus accessibles sont également celles qui sont les plus exploitées et les zones côtières sont aujourd'hui particulièrement menacées. Ainsi, dans la région polluée de la baie de Chesapeake, sur la côte est des États-Unis, la production d'huîtres a été réduite de moitié entre 1962 et 1984.

Pour pallier le dépeuplement des eaux côtières, certains pays ont, depuis une vingtaine d'années, développé les opérations lointaines. Ils ont constitué des flottes de navires qui restent en mer pendant plusieurs mois. Les plus performantes sont celles de l'ex-URSS, du Japon, de la Corée et des États-Unis (dont plusieurs navires battent le pavillon de complaisance de petits États comme les Bermudes ou le Liberia). Après avoir pollué et épuisé les ressources de leurs eaux territoriales, les navires-usines parcourent désormais en tous sens les mers et les océans, sans toujours respecter les 320 km de la zone économique exclusive des pays riverains. Diverses limitations ont été apportées au droit de pêche par des règlements internationaux, mais bien des pays les transgressent.

Même des régions particulièrement riches

Les flottes de pêche modernes utilisent des instruments perfectionnés, notamment des radars ou des sonars, pour localiser les bancs de poissons, qui sont ensuite capturés grâce à d'immenses filets ou à des lignes d'hameçons relevés mécaniquement. De tels moyens permettent d'augmenter le volume des prises, mais ils conduisent aussi à dépeupler les mers des poissons adultes. On en vient alors à pêcher les jeunes, puis bientôt les petits, pour finalement ruiner des espèces entières.

Des règlements internationaux ont donc été édictés pour limiter la surexploitation. Des quotas et des saisons de pêche ont été définis ; ils sont loin d'être partout respectés.

Jusqu'à la fin des années 1970, les pays pêchaient selon leurs besoins, et chacun pouvait exploiter les eaux territoriales des autres. Cette absence de législation fut à l'origine de plusieurs conflits, et les États commencèrent à définir unilatéralement les zones interdites aux bateaux étrangers. Enfin, en 1983, une loi internationale de la mer a porté à 320 km la limite des eaux territoriales exclusivement réservées à l'exploitation par le pays riverain. Cet accord a permis de limiter sensiblement les frictions entre pêcheurs et États.

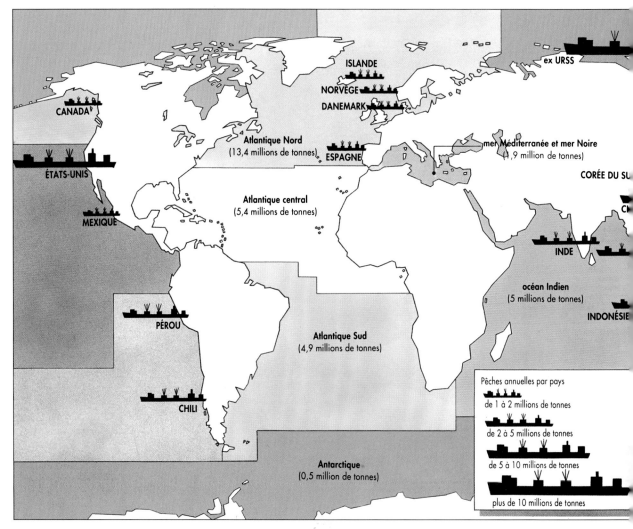

Atlantique Nord (13,4 millions de tonnes)

Atlantique central (5,4 millions de tonnes)

mer Méditerranée et mer Noire (1,9 million de tonnes)

océan Indien (5 millions de tonnes)

Atlantique Sud (4,9 millions de tonnes)

Antarctique (0,5 million de tonnes)

Pêches annuelles par pays
de 1 à 2 millions de tonnes
de 2 à 5 millions de tonnes
de 5 à 10 millions de tonnes
plus de 10 millions de tonnes

QUAND LE POISSON CRÉE UN DÉSERT

Il y a 30 ans, on a introduit la perche du Nil dans le lac Victoria, en Afrique équatoriale. Elle représente aujourd'hui 80 % du volume des pêches locales et elle est appréciée dans les villes d'Afrique de l'Est, comme Nairobi, et en Europe. De puissantes sociétés ont été créées pour pêcher, conditionner et exporter ce poisson qui peut peser 250 kg. Mais ce succès a une contrepartie ! La perche du Nil a en effet causé la disparition de 200 espèces de poissons sur les 300 qui vivaient autrefois dans le lac.

Par ailleurs, elle contribue à la désertification de la région. Car tandis que les espèces indigènes étaient séchées au soleil, la perche, elle, est fumée au feu de bois. Cela entraîne une déforestation, qui accroît l'évaporation, et donc l'aridité.

connaissent aujourd'hui un épuisement de leurs ressources. En 1972, le Pérou était le premier producteur mondial d'anchois : ce poisson a pratiquement disparu des eaux locales. Dans plusieurs zones de l'Atlantique Nord, des poissons autrefois largement répandus, comme l'églefin ou la morue, sont devenus plus rares, tandis que le hareng semble être menacé de disparition. La sardine et le thon sont en péril dans l'Atlantique Sud et le Pacifique. La morue, dont on attendait beaucoup, a disparu des eaux de l'Antarctique.

En définitive, les programmes de développement s'avèrent moins satisfaisants que prévu. De tels plans exigent en effet des investissements importants pour équiper et entretenir les flottes. Les coûts financiers sont d'autant plus élevés que les pêches sont lointaines et que la majorité de la production est destinée à l'exportation : bateaux très puissants, filets de plus en plus gigantesques, installations frigorifiques, etc. représentent en effet de lourdes charges. Tandis que l'endettement s'accroît, les grands producteurs tendent peu à peu à revenir ratisser les zones côtières. Ce qui contribue à priver de ressources les petits pêcheurs traditionnels.

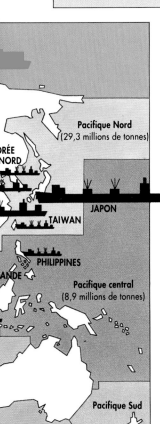

Pacifique Nord
(29,3 millions de tonnes)

ORÉE NORD

TAIWAN

JAPON

PHILIPPINES

ANDE

Pacifique central
(8,9 millions de tonnes)

Pacifique Sud
(11,2 millions de tonnes)

L'élevage des crevettes est une véritable industrie à Hongkong (à droite) et en Asie du Sud-Est. Ce crustacé est aujourd'hui devenu une denrée de consommation courante, destinée tant au marché intérieur qu'à l'exportation. Sur l'île Negros, aux Philippines, 40 % des terres autrefois réservées à la culture de la canne à sucre sont désormais consacrées à cet élevage, quatre fois plus rentable.

En Chine, les crevettes, essentiellement destinées à l'exportation, ont remplacé les carpes et autres poissons qui étaient élevés depuis quelque 4 000 ans dans l'eau des rizières et des canaux d'irrigation.

La production augmente partout dans le monde. Non sans risques... En 1989, celle du Bangladesh représentait 150 millions de dollars. Mais l'eau salée amenée à l'intérieur des terres a ruiné de nombreuses rizières.

On estime qu'au Honduras la surface des parcs à crevettes aura triplé d'ici à 1995, en s'étendant notamment sur les zones de mangrove, qui jouent un rôle écologique essentiel dans la reproduction et l'habitat de nombreuses espèces animales marines et dont le feuillage sert de fourrage aux troupeaux terrestres.

Un Monde en Crise

LA NAISSANCE D'UNE ÉCONOMIE À L'ÉCHELLE mondiale s'est accompagnée d'une augmentation des profits, d'un accroissement de la production et d'une révolution du commerce. Mais elle a aussi provoqué des crises à l'échelle de continents tout entiers.

La croissance industrielle a permis aux nations puissantes et politiquement stables de s'enrichir. En revanche, en tentant de conquérir une place sur le marché international, les pays du tiers monde se sont dramatiquement endettés. Puis les prix des matières premières ont chuté, tandis que ceux des biens manufacturés augmentaient considérablement. Aujourd'hui, le simple remboursement des intérêts est très supérieur

aux profits réalisés, et les États fortement débiteurs connaissent une inflation galopante, atteignant d'effrayants records. La spirale de la dette des pays pauvres est infernale : ils empruntent pour rembourser.

Pour tenter de résoudre ce problème, diverses mesures d'austérité ont été prises : des gouvernements ont notamment réduit le nombre des emplois ou diminué les salaires des fonctionnaires. Les petits métiers — colporteurs, laveurs de pare-brise, etc. — se sont alors multipliés dans les grandes villes du tiers monde, grossies par l'arrivée massive d'une foule de pauvres gens chassés des campagnes par la misère. Dans le même temps, la mendicité, la délinquance, la criminalité et la prostitution ont augmenté dans des proportions effrayantes.

Loin des zones urbaines, les problèmes sont encore plus graves. En Afrique, par exemple, la crise alimentaire est devenue chronique. Due d'abord à la sécheresse, à l'érosion des sols, à des réformes agraires inadaptées, à la déforestation, elle a été fortement aggravée par l'explosion démographique.

De plus, certains de ces pays connaissent des guerres civiles à répétition. Le Soudan, le Tchad, l'Angola ou le Mozambique ont investi dans l'armement plutôt que dans l'agriculture ; les destructions, l'exode autant que l'afflux de réfugiés ont encore diminué leurs ressources. Aujourd'hui, on espère que l'introduction progressive de nouvelles espèces végétales, le développement des cultures en terrasses et l'utilisation d'engrais pourront faire reculer le spectre de la faim.

Un autre fléau frappe de nombreux pays du tiers monde : le tourisme. Les Occidentaux partent désormais en vacances à Bali, au Népal ou aux Seychelles...

Dans un premier temps, les populations locales ont accueilli avec plaisir ce flot de visiteurs qui arrivaient avec des devises et dont la présence était synonyme de création d'emplois. Puis les effets négatifs du phénomène se sont fait sentir. Les prix de la construction et des denrées alimentaires ont grimpé ; les pays d'accueil se sont endettés pour accueillir les touristes et leur fournir tout ce qu'ils souhaitaient, et notamment de coûteux produits d'importation. Par ailleurs, l'artisanat et le folklore traditionnels ont été dénaturés au détriment de l'identité culturelle des peuples de ces régions trop visitées.

Aujourd'hui, le développement économique de ces États semble très fragile. Un changement de mode, une épidémie, une crise politique ou un désastre naturel ne risquent-ils pas de réduire très rapidement l'activité touristique à néant ?

La Colombie, elle, s'est engagée sur une autre voie. Elle s'est enrichie grâce au café puis à la cocaïne, des « stimulants » qui peuvent paraître plus lucratifs que les voyages...

Le commerce de la drogue est lié à la situation géographique de la Colombie, intermédiaire naturelle entre les pays producteurs de coca et les marchés consommateurs de cocaïne d'Europe et d'Amérique du Nord, et à des problèmes agricoles. Tandis que le prix du café s'effondrait, les Colombiens ont commencé à cultiver la coca et à investir dans le commerce illégal de la drogue. Aujourd'hui, une part importante de la cocaïne destinée au marché européen transite par l'Espagne, ancienne puissance coloniale, et les Pays-Bas, tandis que la Floride et la Californie sont les portes du marché américain. Le Japon, quant à lui, devient un client très apprécié des trafiquants. Deux cartels colombiens de hors-la-loi contrôlent le trafic global et réalisent un chiffre d'affaires estimé à quelque 2 milliards de dollars par an ! Seule une petite partie de ces sommes revient vers la Colombie ;

l'essentiel trouve refuge dans les banques étrangères, qui le « blanchissent » en l'investissant, par exemple, dans le tourisme ou l'immobilier.

Dans les régions tropicales, l'exploitation intensive des immenses forêts pluviales entraîne une grave déforestation et la disparition de nombreuses espèces animales et végétales. En Afrique, le bois est surexploité comme combustible, le gaz ou le pétrole étant beaucoup trop chers. Au Costa Rica, les forêts sont abattues pour que les troupeaux itinérants y pâturent quelque temps. Ces pâturages extensifs, à peine plus rentables que le bois, occupent aujourd'hui deux fois plus de terres qu'il y a trente ans.

Des milliers d'espèces végétales sont aujourd'hui en voie de disparition, tandis que les populations indigènes ont été contraintes de quitter leurs territoires et d'aller trouver ailleurs de nouveaux moyens de subsistance. Le climat lui-même a été affecté, car la déforestation entraîne une raréfaction des précipitations, qui à son tour l'accentue. L'opinion internationale commence enfin à s'alarmer et à imposer des mesures mondiales de protection de l'environnement.

L'INTRODUCTION D'UNE NOUVELLE ESPÈCE dans un écosystème est parfois la cause d'une véritable catastrophe écologique. La colonisation s'est notamment accompagnée de l'introduction d'espèces végétales et animales étrangères dans des milieux jusqu'alors isolés.

Certaines espèces ont été volontairement importées de leur région d'origine. Les lapins européens, par exemple, ont été introduits en Australie pour servir de gibier aux chasseurs. Très vite, ils se sont multipliés et ont dévasté des territoires entiers. D'autres espèces animales ont suivi les hommes malgré eux, colonisant elles aussi des milieux jusqu'alors inconnus. Ainsi, les rats ont gagné des terres nouvelles dans les cales des navires et sont à l'origine non seulement d'épidémies, mais aussi de la destruction massive de cultures et de la disparition de nombreux oiseaux et petits animaux.

Nous savons que nous ne pouvons pas vivre sans eau. Or, comme le pétrole, l'eau pure est une ressource qui s'épuise. La mer d'Aral, par exemple, se transforme peu à peu en désert. Considérée comme l'un des plus grands lacs intérieurs du monde, elle a servi de réservoir pour irriguer les immenses champs de coton voisins, principale ressource agricole de la région. Entourée par le désert et peu alimentée en eau,

cette mer s'assèche d'année en année. De même, la nappe d'eau souterraine d'Ogallala, qui approvisionne actuellement en eau près de 20 millions d'Américains, est surexploitée par 150 000 puits. Ce gisement est condamné : il s'épuise beaucoup plus vite qu'il ne se reconstitue.

Le réchauffement du climat lié à l'effet de serre contribue par ailleurs à amplifier l'évaporation. Des mers fermées, telle la Méditerranée, sont particulièrement exposées à la pollution tandis qu'en Inde, 4,5 milliards de litres de déchets d'origine humaine sont déversés quotidiennement dans les eaux du Gange. Des plans à court terme et un gaspillage inconscient de l'eau tuent lentement nos forêts, nos cultures, notre aptitude même à maintenir la vie sur cette fragile planète.

Cette crise va de pair avec la pollution industrielle. Le Rhin, que l'on appelle parfois « le plus grand égout d'Europe », roule par tonnes les résidus chimiques, sidérurgiques, agricoles et domestiques qui y sont déversés. Ces déchets se répandent ainsi dans la mer du Nord, où ils contribuent à détruire la faune et la flore marines après avoir empoisonné les canaux d'irrigation et l'eau potable. Les effets s'additionnent et deviennent de plus en plus nuisibles.

Aucune barrière ne peut empêcher les gaz d'échappement des véhicules de passer d'un pays à l'autre. Aucun écran ne peut isoler les substances radioactives. Rien ne peut justifier les marées noires qui ont tué des milliers d'animaux marins et d'oiseaux et pollué des kilomètres de côtes. Rien ne peut excuser les pluies acides qui rongent les forêts.

La croissance de la production a permis de nourrir et de vêtir l'humanité depuis la révolution industrielle. Mais les pollutions engendrées par les usines se sont tellement multipliées qu'elles ont entraîné une crise écologique générale. Cette crise ne connaît pas de frontières et nous devrons tous en payer le prix...

REMBOURSER AVEC INTÉRÊTS
Le fardeau de la dette

P ERSONNE NE CONNAÎT LE MONTANT EXACT de la dette des pays du tiers monde vis-à-vis des banques et des gouvernements occidentaux. Certains l'estiment à 1 000 milliards de dollars, d'autres à plus de 1 300 milliards de dollars. Toutefois, on sait que plusieurs pays ont un endettement correspondant au double de leur produit national brut (PNB). Certains d'entre eux ne pourront d'ailleurs jamais rembourser ce qu'ils ont emprunté.

Les pays du tiers monde ont désespérément besoin de capitaux. Ils versent cependant chaque année davantage d'intérêts qu'ils ne reçoivent de liquidités sous forme d'aides et de prêts, ce qui signifie que les pays pauvres financent actuellement les pays riches. Comment en est-on arrivé là ?

Dans les années 1970, les pays de l'OPEP se sont enrichis grâce à la hausse du prix du pétrole. Déposés dans les banques occidentales, les fonds ainsi rassemblés ont permis de financer des prêts aux pays de l'Est et du tiers monde. Mais dans les années 1980, à cause de la crise économique, les pays débiteurs n'ont pas gagné autant qu'ils l'espéraient. Ils ont donc dû recourir à de nouveaux emprunts pour rembourser leurs intérêts. La crise de l'endettement était née.

Quelques-uns des nouveaux pays industrialisés, dont la Corée du Sud et la Thaïlande, se sont pourtant massivement endettés sans se ruiner car ils ont profité de ce financement pour accroître rapidement leurs exportations. Ce n'est pas le cas de la plupart des pays du tiers monde et de l'Europe de l'Est. Très fortement débiteurs, le Mexique, le Brésil, l'Argentine, la Pologne et le Nigeria consacrent aujourd'hui plus de 60 % de leur PNB à rembourser leurs créanciers. Pour certains pays d'Amérique latine, notamment, les intérêts annuels représentent plus de la moitié de la valeur des exportations annuelles.

Aujourd'hui, lorsque de nouveaux emprunts sont consentis, le Fonds monétaire international (FMI) prévoit de sévères sanctions en cas de non-remboursement : coupes claires dans les salaires des fonctionnaires et dans les dépenses publiques, arrêt de l'aide alimentaire ou du financement de divers programmes de développement...

Mais comment expliquer la gravité de la crise de l'endettement ? Tout d'abord, les prêts et les intérêts étant calculés en dollars, la hausse de cette monnaie en 1980 s'est traduite par une augmentation considérable des intérêts dus par les nations endettées.

Ensuite, l'accroissement des prix des biens manufacturés produits en Occident s'est accompagné d'une baisse de ceux des matières premières. Les pays qui produisaient en masse du sucre (comme la Jamaïque), du café (comme la Colombie) ou du cuivre (comme la Zambie) pour payer leurs emprunts ont ainsi vu s'effondrer la valeur de leurs exportations car le marché mondial débordait de ces marchandises.

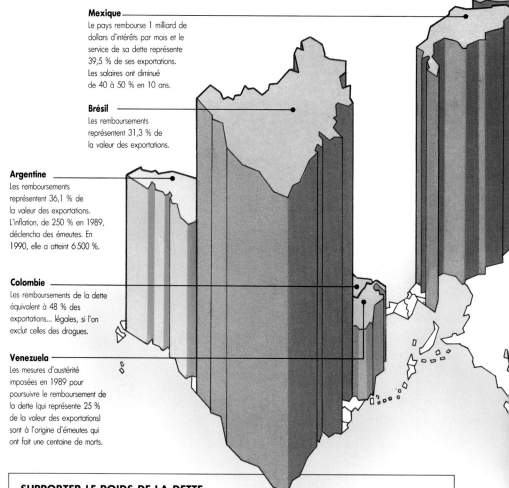

Mexique — Le pays rembourse 1 milliard de dollars d'intérêts par mois et le service de sa dette représente 39,5 % de ses exportations. Les salaires ont diminué de 40 à 50 % en 10 ans.

Brésil — Les remboursements représentent 31,3 % de la valeur des exportations.

Argentine — Les remboursements représentent 36,1 % de la valeur des exportations. L'inflation, de 250 % en 1989, déclencha des émeutes. En 1990, elle a atteint 6 500 %.

Colombie — Les remboursements de la dette équivalent à 48 % des exportations... légales, si l'on exclut celles des drogues.

Venezuela — Les mesures d'austérité imposées en 1989 pour poursuivre le remboursement de la dette (qui représente 25 % de la valeur des exportations) sont à l'origine d'émeutes qui ont fait une centaine de morts.

SUPPORTER LE POIDS DE LA DETTE

L'énorme dette extérieure du Brésil plane comme une menace sur tout le pays. De 1970 à 1980, il a en effet beaucoup emprunté aux banques occidentales pour s'équiper afin de se développer. Après un temps de croissance économique très forte, il apparut bientôt que le poids de cette dette était devenu trop important. En effet, les taux d'intérêt étaient passés de 4 à 8 % par an en 1985, et le Brésil ne pouvait plus en assumer la charge.

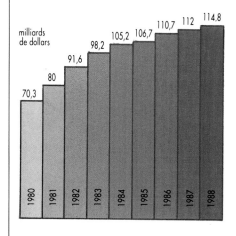

milliards de dollars

1980	1981	1982	1983	1984	1985	1986	1987	1988
70,3	80	91,6	98,2	105,2	106,7	110,7	112	114,8

De 1983 à 1989, le Fonds monétaire international contraignit le gouvernement à prendre des mesures d'austérité. La réduction des dépenses publiques et l'augmentation des exportations devaient notamment permettre d'équilibrer la balance des paiements et de juguler l'inflation.

Les mesures impliquaient des hausses dramatiques de certains prix — l'essence augmenta de 60 % et les communications téléphoniques de 188 % — mais aussi, en compensation, le gel des prix des produits de première nécessité. Dans le même temps, les salaires ont diminué. Descendu à 50 dollars par mois, le revenu minimal représentait un pouvoir d'achat deux fois moindre que celui de 1940.

Dans le même temps, de vastes terres furent consacrées à des cultures destinées à l'exportation et les ressources alimentaires du pays s'effondrèrent. En 1985, selon le gouvernement, deux Brésiliens sur trois souffraient de malnutrition.

Mais ces mesures drastiques ont été sans effet véritable sur la crise économique. L'inflation a atteint en 1990 1 657 %, la récession économique frappe, et la dette, qui représente un tiers du produit intérieur brut, s'alourdit chaque année, comme le montre le graphique (à gauche).

Depuis les années 1970, l'escalade des taux d'intérêt contraint plusieurs pays du tiers monde à cesser d'assumer leur dette. Les pays les plus endettés remboursent aujourd'hui plus d'argent qu'ils n'en reçoivent : 21,6 milliards de dollars en 1987, 84,9 milliards en 1991.

Alors qu'ils doivent quelque 269 milliards de dollars en 1991, les États-Unis sont les plus grands débiteurs à l'échelle du monde, mais cette situation est en partie compensée par la valeur énorme de leurs exportations.

En revanche, dans le tiers monde, le poids de la dette devient insoutenable. Dix-neuf nations au moins supportent des emprunts supérieurs à la valeur annuelle de toute la production nationale.

Paradoxalement, plusieurs pays, comme le Soudan et la Colombie, sont contraints d'exporter des denrées alimentaires alors que leur population souffre de malnutrition. Selon l'UNICEF, 500 000 enfants meurent chaque année, victimes du surendettement de leur pays. Les couleurs et les hauteurs du graphique (en bas à droite) correspondent à celles de la carte ; elles indiquent le niveau d'endettement en milliards de dollars.

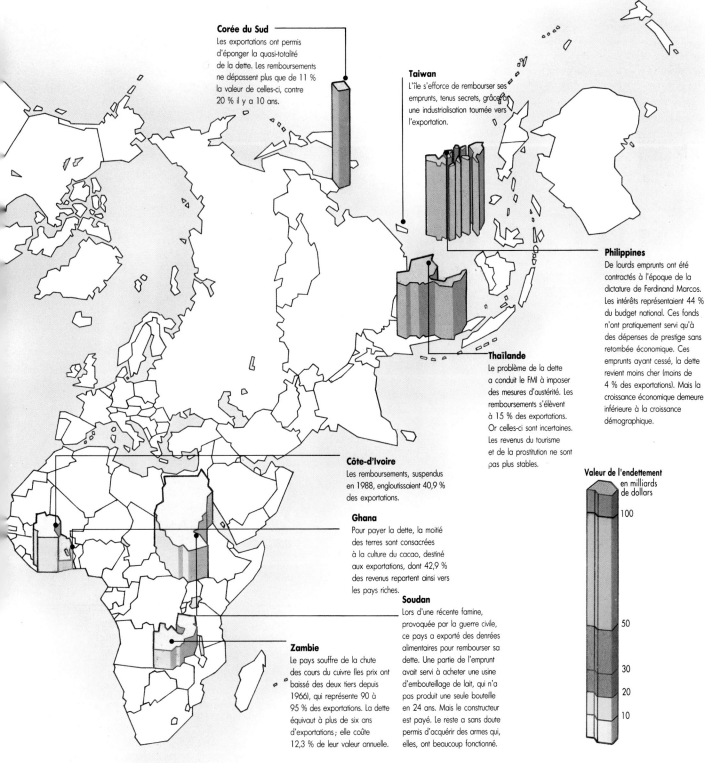

Corée du Sud
Les exportations ont permis d'éponger la quasi-totalité de la dette. Les remboursements ne dépassent plus que de 11 % la valeur de celles-ci, contre 20 % il y a 10 ans.

Taiwan
L'île s'efforce de rembourser ses emprunts, tenus secrets, grâce à une industrialisation tournée vers l'exportation.

Philippines
De lourds emprunts ont été contractés à l'époque de la dictature de Ferdinand Marcos. Les intérêts représentaient 44 % du budget national. Ces fonds n'ont pratiquement servi qu'à des dépenses de prestige sans retombée économique. Ces emprunts ayant cessé, la dette revient moins cher (moins de 4 % des exportations). Mais la croissance économique demeure inférieure à la croissance démographique.

Thaïlande
Le problème de la dette a conduit le FMI à imposer des mesures d'austérité. Les remboursements s'élèvent à 15 % des exportations. Or celles-ci sont incertaines. Les revenus du tourisme et de la prostitution ne sont pas plus stables.

Côte-d'Ivoire
Les remboursements, suspendus en 1988, engloutissaient 40,9 % des exportations.

Ghana
Pour payer la dette, la moitié des terres sont consacrées à la culture du cacao, destiné aux exportations, dont 42,9 % des revenus repartent ainsi vers les pays riches.

Soudan
Lors d'une récente famine, provoquée par la guerre civile, ce pays a exporté des denrées alimentaires pour rembourser sa dette. Une partie de l'emprunt avait servi à acheter une usine d'embouteillage de lait, qui n'a pas produit une seule bouteille en 24 ans. Mais le constructeur est payé. Le reste a sans doute permis d'acquérir des armes qui, elles, ont beaucoup fonctionné.

Zambie
Le pays souffre de la chute des cours du cuivre (les prix ont baissé des deux tiers depuis 1966), qui représente 90 à 95 % des exportations. La dette équivaut à plus de six ans d'exportations ; elle coûte 12,3 % de leur valeur annuelle.

Valeur de l'endettement en milliards de dollars

100

50

30

20

10

SURVIVRE EN VILLE
Une économie souterraine

DANS LES VILLES DU TIERS MONDE, LES populations font preuve d'un extraordinaire esprit d'initiative pour subsister. Ceux qui n'ont pas un travail régulier ou qui refusent simplement d'entrer dans le système imaginent mille façons de gagner de l'argent : laver les pare-brise des voitures, vendre des journaux aux automobilistes arrêtés aux feux rouges ou des boissons aux passants, cirer les chaussures ou même se mettre dans une file d'attente à la place de ceux qui préfèrent payer que de patienter...

Les vendeurs ambulants paraissent les plus nombreux, mais il ne faut pas oublier tous ceux qui travaillent au noir, comme employés de maison, menuisiers, mécaniciens, charpentiers itinérants. D'autres s'adonnent à la mendicité, au vol et à la prostitution, particulièrement dans les villes qui attirent des touristes étrangers.

Ces petits métiers dits «parasitaires» peuvent sembler marginaux au regard de l'économie générale de la planète. Pourtant, près d'un milliard de personnes dans le monde n'ont pas d'autres ressources. Dans de nombreuses agglomérations du tiers monde, plus de la moitié de la population vit de cette économie «souterraine» ou «informelle».

Elle n'est d'ailleurs pas sans lien avec l'économie officielle, qui trouve en elle des clients et des revendeurs. Une couturière au noir n'a-t-elle pas besoin d'une machine à coudre? Un mécanicien non déclaré d'outils? Un vendeur de plats chauds dans la rue d'ingrédients, de combustible et d'un réchaud?

Certaines législations locales ou nationales imposent aux marchands ambulants de posséder des licences de vente, généralement coûteuses et difficiles à obtenir. De plus, le monopole de diverses activités est parfois jalousement défendu par ceux qui les pratiquent. Des zones urbaines entières peuvent être la «chasse gardée» de quelques vendeurs ou cireurs de chaussures. Dans ce domaine, pour travailler, il faut avoir des relations et des contacts! Même le tri des ordures dans les décharges ne se fait pas tout à fait librement. Cette activité s'est développée dans tous les grands centres urbains des pays pauvres. Une fois ramassés, les déchets sont triés, préparés et vendus aux industriels qui les recyclent.

La multiplication des petits métiers des rues contribue à donner une image peu flatteuse des villes du tiers monde. Dans les régions touristiques, ou à l'occasion de grands événements internationaux, tels les jeux Olympiques par exemple, les autorités prennent parfois, dans un

À Manille, aux Philippines, comme dans toutes les grandes villes du tiers monde, la récupération des ordures (à droite) fait partie des petits métiers très répandus. La plupart des rebuts sont en effet réutilisables, notamment le verre des bouteilles, les chiffons, l'aluminium des boîtes de conserve, le papier et le plastique. Une fois triés, ils sont vendus à des usines qui les recyclent. Grâce à ces déchets, les industriels bénéficient de produits finis bon marché qu'ils n'ont pas besoin de fabriquer à partir de matières premières, et ils limitent leurs frais de personnel.

Certains vendeurs ambulants gagnent leur vie en proposant des oiseaux chanteurs, des chats ou des chiens errants qu'ils capturent dans les rues. D'autres, en revanche, trouvent les moyens d'investir dans l'achat d'un matériel de base : cet Indien (à gauche) vend des prothèses dentaires dans une rue de Jaipur. Derrière lui, une affiche promet de meilleures dents à tous ses clients.

sursaut de « fierté nationale », des mesures sévères pour enrayer l'économie souterraine. Les mendiants, les prostituées, les vendeurs ambulants sans autorisation sont harcelés par la police, emprisonnés ou « déplacés » vers les campagnes.

En 1989, sous couvert d'« humanité » et au nom du « prestige », le gouvernement indonésien interdit ainsi les *becak* (cyclo-pousse), qui faisaient vivre près de 100 000 citadins. S'ils n'avaient pas les moyens d'acheter un véhicule motorisé et continuaient cependant à exercer leur activité, les conducteurs de *becak* étaient arrêtés et leur bicyclette jetée à la mer.

Aujourd'hui, on commence à comprendre que l'économie souterraine n'est pas improductive. N'est-elle pas à l'origine de biens et de services bon marché ? En réduisant le coût de la vie, elle permet notamment aux salariés à faible pou-

voir d'achat de survivre. Les cyclo-pousse, par exemple, sont très peu chers, non polluants, et ils compensent les insuffisances des transports en commun. Les marchands ambulants, les cuisiniers en plein air, les menuisiers, les plombiers et les mécaniciens offrent, à bas prix, des services indispensables.

Certains gouvernements reconnaissent aujourd'hui les aspects positifs de l'économie informelle, l'esprit novateur de ses acteurs. Certains pays accordent même des crédits avantageux à ces nouveaux « entrepreneurs », dont les emprunts dépassent rarement 100 dollars. La volonté de connaître une vie meilleure, pour eux et leurs enfants, représente une motivation aussi forte pour les « pauvres » des villes que pour n'importe quel patron occidental. Ils connaissent le prix de l'échec.

LES SERVICES INFORMELS

Sans qualification professionnelle et sans capitaux, on peut toutefois faire preuve d'énergie et d'ingéniosité. Cette liste recense quelques-uns des petits métiers couramment répandus dans les villes du tiers monde.

Vendeur de souvenirs	Vendeur de boissons
Vendeur de tickets	et de nourriture
de bus	Vendeur de billets
Vendeur de cigarettes	de loterie
à l'unité	Cireur de chaussures
Laveur de pare-brise	Amuseur des rues
Conducteur	Guide touristique
de cyclo-pousse	Employé de maison
Écrivain public	Couturier
Coiffeur	Arracheur de dents
Menuisier	Ramasseur et trieur
et plombier	d'ordures
Mendiant	Diseur de bonne
Porteur de paquets	aventure
Lecteur public	Prostituée

L'AFRIQUE PEUT-ELLE SE NOURRIR?
Le poids du climat et de la démographie

L'ÉTHIOPIE EST D'UNE BEAUTÉ À COUPER LE souffle, et ses paysages sont variés. Aussi vaste que la France et l'Espagne réunies, elle est peuplée de 53 millions d'habitants appartenant à plus de cinquante ethnies différentes. Son nom devrait évoquer la diversité des coutumes, des modes de vie, des costumes... Il est, hélas! devenu synonyme de famine.

Les Éthiopiens ont en effet subi des famines dramatiques et, chaque année, la disette les menace de nouveau. Ces drames sont souvent dus à la sécheresse, mais ils reflètent surtout un problème plus grave : celui de l'incapacité d'une nation à nourrir sa population.

L'ensemble du continent africain connaît des difficultés semblables. Les origines du mal sont multiples : variations climatiques, croissance démographique, déforestation et érosion des sols, sous-développement agricole, faiblesse des exportations, guerres... Tous ces maux sont en eux-mêmes des facteurs de malnutrition. Mais leur combinaison a des effets désastreux.

On pense souvent que la sécheresse est la cause de la pénurie alimentaire. Mais, même sans elle, les Africains seraient menacés de famine. Car l'explosion démographique exerce une pression sans cesse accrue sur les ressources de la terre. La population croît plus vite en Afrique que sur les autres continents. Cette évolution, qui se traduit par une surexploitation des régions agricoles, pèse lourd sur un environnement fragile. Peu à peu, les rendements, déjà très faibles, déclinent et les sols deviennent stériles.

Dans de nombreuses régions d'Afrique, il faut irriguer pendant les périodes sèches. Mais la plupart des projets hydrauliques sont inadaptés aux réalités locales et ne sont pas correctement mis en œuvre. De plus, ils contribuent à la dette extérieure.

L'endettement conduit les responsables du développement agricole à choisir d'augmenter les productions destinées à l'exportation plutôt que celles réservées à l'alimentation locale. Aussi ces plans profitent-ils peu aux petits agriculteurs.

En outre, les cours mondiaux des produits agricoles d'exportation ne cessent de baisser. Si les termes des échanges internationaux étaient plus justes, l'Éthiopie pourrait importer assez de nourriture pour réduire son déficit alimentaire. Mais le prix du café — qui constitue sa principale vente à l'étranger — a aujourd'hui atteint son niveau le plus bas depuis 1920. Pourtant, les politiques d'aide à l'exportation sont maintenues, car il faut financer les programmes de développement, rembourser les dettes et acheter des... armes.

Car la guerre joue un rôle essentiel dans l'histoire de la faim en Afrique. En Éthiopie, la guerre civile et les conflits frontaliers ont affaibli le pays, anéanti des vies et des ressources, interrompu la production et le transport des denrées alimentaires. En 1986, à la fin de la dernière grande période de sécheresse, dix des treize pays les plus touchés par la famine avaient été engagés dans un conflit, avaient connu des troubles politiques ou avaient subi des exodes massifs ou des flots de réfugiés.

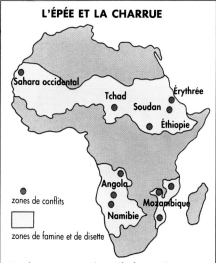

L'ÉPÉE ET LA CHARRUE

Sahara occidental
Tchad
Érythrée
Soudan
Éthiopie
Angola
Mozambique
Namibie

zones de conflits

zones de famine et de disette

En Afrique, guerre civile signifie famine. Certains gouvernements — en Éthiopie, au Tchad, au Soudan, en Angola ou au Mozambique —, pour s'armer, négligent les problèmes agricoles et écologiques, aggravant encore les effets désastreux des conflits intérieurs.

L'arrivée des réfugiés amplifie les pénuries d'eau et d'aliments. Ainsi, le Soudan, déjà déchiré par la guerre, a dû faire face à l'afflux d'un million de réfugiés tchadiens et éthiopiens, tandis que l'Éthiopie accueillait les populations qui fuyaient les troubles de Djibouti et de Somalie.

Au Sahara occidental, une guerre oppose Marocains et Sahraouis depuis 1976. Près de 125 000 de ces derniers, peut-être plus d'un tiers de la population, se sont réfugiés en Algérie.

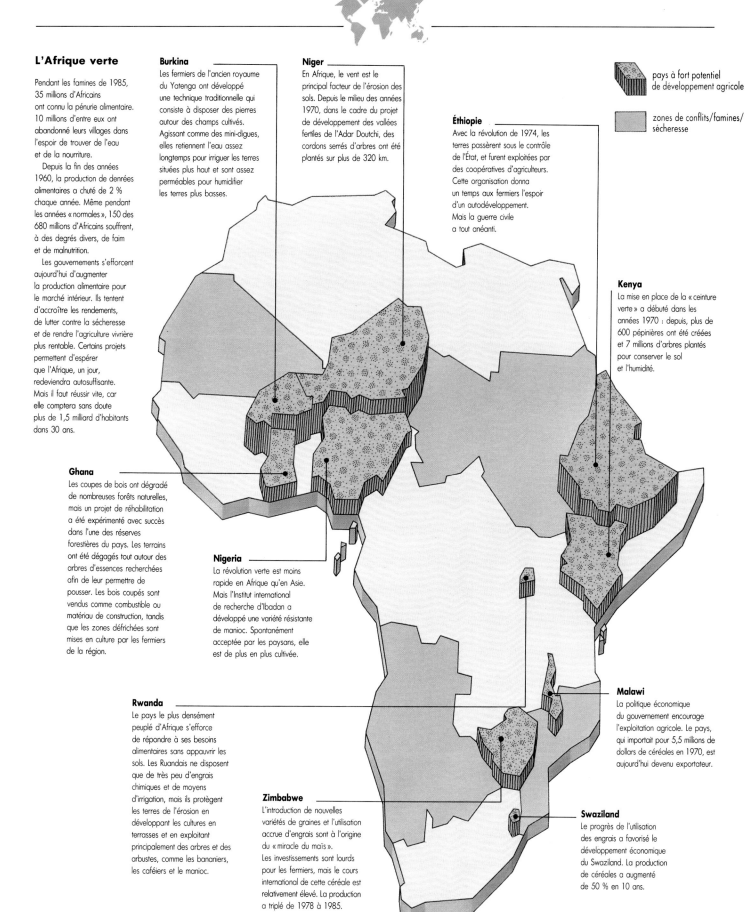

L'Afrique verte

Pendant les famines de 1985, 35 millions d'Africains ont connu la pénurie alimentaire. 10 millions d'entre eux ont abandonné leurs villages dans l'espoir de trouver de l'eau et de la nourriture.

Depuis la fin des années 1960, la production de denrées alimentaires a chuté de 2 % chaque année. Même pendant les années « normales », 150 des 680 millions d'Africains souffrent, à des degrés divers, de faim et de malnutrition.

Les gouvernements s'efforcent aujourd'hui d'augmenter la production alimentaire pour le marché intérieur. Ils tentent d'accroître les rendements, de lutter contre la sécheresse et de rendre l'agriculture vivrière plus rentable. Certains projets permettent d'espérer que l'Afrique, un jour, redeviendra autosuffisante. Mais il faut réussir vite, car elle comptera sans doute plus de 1,5 milliard d'habitants dans 30 ans.

Burkina
Les fermiers de l'ancien royaume du Yatenga ont développé une technique traditionnelle qui consiste à disposer des pierres autour des champs cultivés. Agissant comme des mini-digues, elles retiennent l'eau assez longtemps pour irriguer les terres situées plus haut et sont assez perméables pour humidifier les terres plus basses.

Niger
En Afrique, le vent est le principal facteur de l'érosion des sols. Depuis le milieu des années 1970, dans le cadre du projet de développement des vallées fertiles de l'Adar Doutchi, des cordons serrés d'arbres ont été plantés sur plus de 320 km.

Éthiopie
Avec la révolution de 1974, les terres passèrent sous le contrôle de l'État, et furent exploitées par des coopératives d'agriculteurs. Cette organisation donna un temps aux fermiers l'espoir d'un autodéveloppement. Mais la guerre civile a tout anéanti.

Kenya
La mise en place de la « ceinture verte » a débuté dans les années 1970 : depuis, plus de 600 pépinières ont été créées et 7 millions d'arbres plantés pour conserver le sol et l'humidité.

Ghana
Les coupes de bois ont dégradé de nombreuses forêts naturelles, mais un projet de réhabilitation a été expérimenté avec succès dans l'une des réserves forestières du pays. Les terrains ont été dégagés tout autour des arbres d'essences recherchées afin de leur permettre de pousser. Les bois coupés sont vendus comme combustible ou matériau de construction, tandis que les zones défrichées sont mises en culture par les fermiers de la région.

Nigeria
La révolution verte est moins rapide en Afrique qu'en Asie. Mais l'Institut international de recherche d'Ibadan a développé une variété résistante de manioc. Spontanément acceptée par les paysans, elle est de plus en plus cultivée.

Rwanda
Le pays le plus densément peuplé d'Afrique s'efforce de répondre à ses besoins alimentaires sans appauvrir les sols. Les Ruandais ne disposent que de très peu d'engrais chimiques et de moyens d'irrigation, mais ils protègent les terres de l'érosion en développant les cultures en terrasses et en exploitant principalement des arbres et des arbustes, comme les bananiers, les caféiers et le manioc.

Zimbabwe
L'introduction de nouvelles variétés de graines et l'utilisation accrue d'engrais sont à l'origine du « miracle du maïs ». Les investissements sont lourds pour les fermiers, mais le cours international de cette céréale est relativement élevé. La production a triplé de 1978 à 1985.

Malawi
La politique économique du gouvernement encourage l'exploitation agricole. Le pays, qui importait pour 5,5 millions de dollars de céréales en 1970, est aujourd'hui devenu exportateur.

Swaziland
Le progrès de l'utilisation des engrais a favorisé le développement économique du Swaziland. La production de céréales a augmenté de 50 % en 10 ans.

pays à fort potentiel de développement agricole

zones de conflits/famines/sécheresse

L'ATTRAIT DE LA PÉRIPHÉRIE
Le tourisme dans le tiers monde

Certaines régions du tiers monde sont devenues des destinations très prisées par les touristes occidentaux amateurs d'exotisme. Elles reçoivent aujourd'hui un huitième des vacanciers du monde. Dans un premier temps, les gouvernements ont encouragé la venue de ces visiteurs qui arrivaient avec des devises, stimulant l'économie locale et permettant de créer des emplois.

Mais depuis peu, ces pays découvrent l'envers de la médaille et commencent à mesurer l'impact négatif du tourisme, notamment sur les coutumes locales, l'environnement et l'économie.

Certes, le tourisme est synonyme de travail — généralement saisonnier — dans les hôtels, les magasins, les banques, les restaurants et les bars. Chauffeurs de taxi ou fabricants de souvenirs en profitent aussi. Cependant, ces activités, souvent mieux rémunérées que les emplois habituels, contribuent à priver de main-d'œuvre d'autres secteurs, non moins vitaux. Le développement touristique peut ainsi contribuer à affaiblir la production et les exportations agricoles, tandis que les importations de nourriture, elles, ne cessent d'augmenter.

Les pays d'accueil doivent aussi supporter des coûts d'équipement élevés. Afin d'attirer les visiteurs, il faut en effet améliorer les circuits de distribution d'eau et d'électricité, le réseau routier, bâtir des hôtels, construire des aéroports près des lieux de séjour. Et à de rares exceptions près, seuls les étrangers en vacances utilisent vraiment ces équipements permanents.

Par ailleurs, cette activité apparaît particulièrement fragile. Le touriste est volage : une destination très recherchée une année peut être démodée l'année suivante. Des troubles politiques, une catastrophe naturelle ou une épidémie risquent ainsi de ruiner une région en quelques semaines. Le nombre de visiteurs des îles Fidji, par exemple, a diminué de 70 % après le coup d'État militaire de 1987. Et la vigoureuse campagne internationale destinée à rassurer les visiteurs étrangers n'a eu aucun effet.

Le tourisme constitue désormais une industrie mondiale. Les catalogues des organisateurs de voyages offrent un grand nombre de destinations et des prestations standardisées.

Lorsqu'un événement met en danger la sécurité des voyageurs, les agences n'ont aucune difficulté à changer les réservations. Car les pays qui offrent du soleil et des plages ne manquent pas. Le client est sûr d'être satisfait. En revanche, quel désastre pour ceux qui, du jour au lendemain, se trouvent délaissés !

Quant aux conséquences du tourisme sur les traditions et l'environnement, elles apparaissent contradictoires. Il a ainsi permis de préserver des cultures, des folklores et des activités artisanales qui, sans lui, auraient probablement disparu. Il a également favorisé la sauvegarde de monuments et de sites ainsi que la création de réserves naturelles. Mais il a aussi beaucoup détruit. Certaines traditions indigènes ont été dénaturées, corrompues. Diverses constructions enlaidissent les sites de vacances, tandis que la pollution gagne les plages et menace les espèces animales et végétales. Paradoxalement, les attraits majeurs d'un pays, ceux qui font venir les touristes, sont ceux qui sont les plus menacés par leur présence.

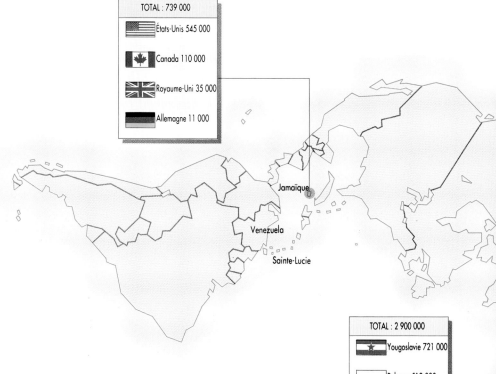

LES EFFETS NÉGATIFS DU TOURISME

Sainte-Lucie L'industrie exportatrice de la banane a été privée de main-d'œuvre : la balance commerciale est devenue déficitaire.

Fidji Le coup d'État militaire de 1987 a fait chuter de 70 % le nombre de visiteurs.

Seychelles Le tourisme a apporté des devises, mais il a fait monter en flèche le prix des terres et perturbé l'industrie de la pêche et l'agriculture.

Inde Les hôtels se sont multipliés autour de Goa, grâce à des fonds publics dont ont été privés les habitants. Certaines conduites d'eau destinées aux complexes touristiques traversent les villages... sans les desservir.

Thaïlande Le développement du tourisme repose sur la prostitution, qui touche un demi-million de femmes et autant d'enfants.

Népal Les très nombreux randonneurs consomment du bois, seul combustible disponible, ce qui accélère la déforestation.

Turquie Le tourisme menace les tortues de mer, en les empêchant de pondre sur les plages.

Venezuela Les plages ont été nettoyées de leurs algues à l'aide d'un produit chimique (la dioxine) ; des millions de poissons en sont morts.

Les flux touristiques

Plus de 400 millions de personnes passent, chaque année, leurs vacances dans un pays étranger. Ces voyages génèrent de tels profits que le tourisme est devenu l'une des grandes ressources économiques mondiales.

70 % des touristes sont originaires de vingt pays seulement. La plupart d'entre eux voyagent en Europe et en Amérique du Nord. Mais depuis quelques années, grâce au développement des vols charters, les destinations lointaines sont de plus en plus appréciées.

Si les voyages se multiplient, le nombre de destinations a, lui aussi, augmenté. Les lieux de séjour exotiques traditionnels comme les îles tropicales du Pacifique et des Caraïbes sont aujourd'hui concurrencés par d'autres comme Bali, les Seychelles et les Maldives.

Cette carte indique le nombre et l'origine des visiteurs de huit grands pays touristiques parmi les plus fréquentés dans le monde.

Cette maison de vacances située dans le Harz, en Allemagne, se trouvait, en 1970, au cœur de la forêt de résineux. Les pluies acides, les maladies et les parasites ont décimé tous les arbres.

Les plantes ne sont pas seules à avoir souffert. Dans les lacs, la vie a été anéantie ; le métal, le ciment, la pierre sont rapidement attaqués.

La pluie et la neige se chargent d'acides dans les régions industrielles d'Europe densément peuplées, de la Grande-Bretagne à l'Allemagne et à la Pologne. Les émissions de soufre et d'oxyde d'azote rejetées par les industries, les centrales électriques et les véhicules, emportées par les vents dominants, convergent vers la Scandinavie.

Cette pollution a entraîné la mort des poissons dans 4 000 lacs suédois.

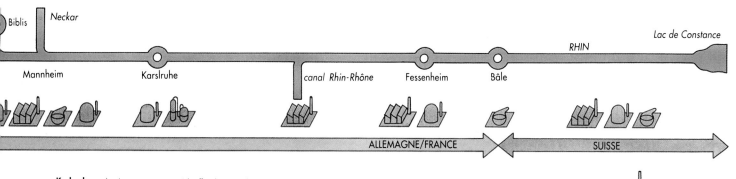

Karlsruhe est le siège de raffineries de pétrole et d'installations de recherche nucléaire. Des oléoducs relient la ville à Marseille et à Trieste, sur la Méditerranée.
Fessenheim, village situé sur l'un des débouchés du grand canal d'Alsace, accueille une centrale nucléaire qui contribue à appauvrir le Rhin en oxygène en réchauffant les eaux du fleuve. Depuis les années 1970, un niveau critique a été atteint pour la vie animale et végétale. Par ailleurs, le Rhin supérieur reçoit les saumures des mines de potasse d'Alsace, lesquelles participent pour moitié au rejet quotidien de 57 000 t de sels dans l'ensemble du fleuve.

Enfin, bien que des actions vigoureuses aient été entreprises, la « barrière chimique » du Rhin moyen empêche toujours les saumons de remonter le fleuve jusqu'aux régions où ils se reproduisent.

Bâle abrite les sièges d'un grand nombre d'industries chimiques et pharmaceutiques multinationales. En 1986, 30 t environ de mercure et d'autres substances chimiques furent déversées dans le Rhin lors de l'incendie de l'usine géante de la société chimique Sandoz. Des millions de poissons périrent sur 250 km à l'aval. Une dizaine d'années au moins seront nécessaires pour effacer les effets de cette catastrophe écologique.

- centrale électrique (classique)
- industrie chimique
- raffinerie de pétrole
- autres industries
- centrale nucléaire

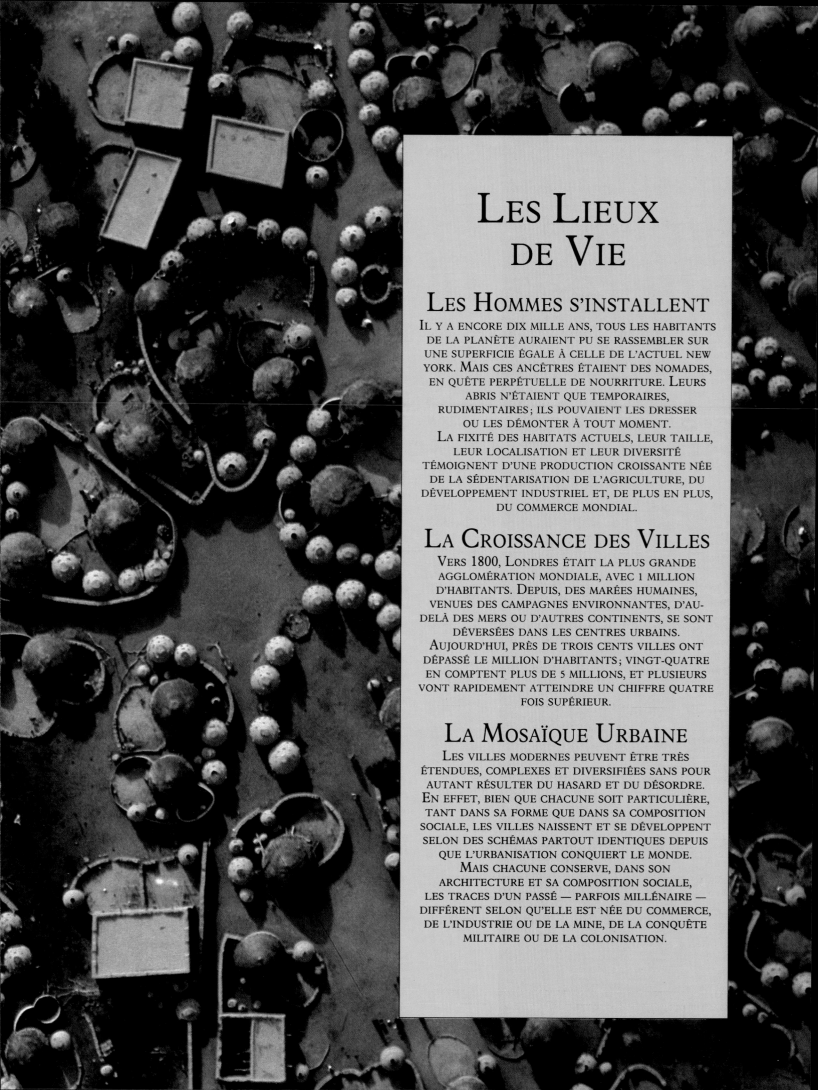

LES LIEUX DE VIE

LES HOMMES S'INSTALLENT

IL Y A ENCORE DIX MILLE ANS, TOUS LES HABITANTS DE LA PLANÈTE AURAIENT PU SE RASSEMBLER SUR UNE SUPERFICIE ÉGALE À CELLE DE L'ACTUEL NEW YORK. MAIS CES ANCÊTRES ÉTAIENT DES NOMADES, EN QUÊTE PERPÉTUELLE DE NOURRITURE. LEURS ABRIS N'ÉTAIENT QUE TEMPORAIRES, RUDIMENTAIRES ; ILS POUVAIENT LES DRESSER OU LES DÉMONTER À TOUT MOMENT.
LA FIXITÉ DES HABITATS ACTUELS, LEUR TAILLE, LEUR LOCALISATION ET LEUR DIVERSITÉ TÉMOIGNENT D'UNE PRODUCTION CROISSANTE NÉE DE LA SÉDENTARISATION DE L'AGRICULTURE, DU DÉVELOPPEMENT INDUSTRIEL ET, DE PLUS EN PLUS, DU COMMERCE MONDIAL.

LA CROISSANCE DES VILLES

VERS 1800, LONDRES ÉTAIT LA PLUS GRANDE AGGLOMÉRATION MONDIALE, AVEC 1 MILLION D'HABITANTS. DEPUIS, DES MARÉES HUMAINES, VENUES DES CAMPAGNES ENVIRONNANTES, D'AU-DELÀ DES MERS OU D'AUTRES CONTINENTS, SE SONT DÉVERSÉES DANS LES CENTRES URBAINS. AUJOURD'HUI, PRÈS DE TROIS CENTS VILLES ONT DÉPASSÉ LE MILLION D'HABITANTS ; VINGT-QUATRE EN COMPTENT PLUS DE 5 MILLIONS, ET PLUSIEURS VONT RAPIDEMENT ATTEINDRE UN CHIFFRE QUATRE FOIS SUPÉRIEUR.

LA MOSAÏQUE URBAINE

LES VILLES MODERNES PEUVENT ÊTRE TRÈS ÉTENDUES, COMPLEXES ET DIVERSIFIÉES SANS POUR AUTANT RÉSULTER DU HASARD ET DU DÉSORDRE. EN EFFET, BIEN QUE CHACUNE SOIT PARTICULIÈRE, TANT DANS SA FORME QUE DANS SA COMPOSITION SOCIALE, LES VILLES NAISSENT ET SE DÉVELOPPENT SELON DES SCHÉMAS PARTOUT IDENTIQUES DEPUIS QUE L'URBANISATION CONQUIERT LE MONDE.
MAIS CHACUNE CONSERVE, DANS SON ARCHITECTURE ET SA COMPOSITION SOCIALE, LES TRACES D'UN PASSÉ — PARFOIS MILLÉNAIRE — DIFFÉRENT SELON QU'ELLE EST NÉE DU COMMERCE, DE L'INDUSTRIE OU DE LA MINE, DE LA CONQUÊTE MILITAIRE OU DE LA COLONISATION.

LES HOMMES S'INSTALLENT

POURQUOI LES HOMMES SE RASSEMBLENT-ILS ? Pourquoi vivent-ils en groupes plus ou moins importants et plus ou moins stables ? La réponse n'est pas simple. Il faudrait peut-être la chercher il y a des millions d'années lorsque nos ancêtres se sont regroupés pour assurer leur survie dans l'étrange monde encore vierge où ils commençaient d'apprendre à vivre.

Sans aucun doute, l'homme aime vivre en société. C'est, en quelque sorte, un animal social. La collectivité et ses avantages lui sont nécessaires. S'il existe encore des ermites retranchés au fond des forêts ou des solitaires retirés dans un refuge de montagne, ils demeurent rares. La plupart des humains recherchent la vie en groupe, pour diverses raisons : la chaleur affective, la répartition des tâches, les échanges de biens et de services, la sécurité face aux attaques extérieures, les pratiques sportives, culturelles, religieuses et politiques.

Mais si les hommes ont besoin les uns des autres, ils aspirent également à l'intimité. Un souci qui varie considérablement selon les sociétés. Chaque moment de la vie privée d'un individu dans une maison collective d'une tribu de Dayaks, à Bornéo, sera partagé par deux cents autres personnes. Néanmoins, chacun conserve son espace et ses biens, même s'ils sont réduits à l'essentiel. De telles populations sont stupéfaites d'apprendre qu'il existe des endroits dans le monde où des millions de personnes cohabitent. « Où allez-vous lorsque vous voulez vous isoler avec les esprits de vos ancêtres ? » demande un homme âgé à l'anthropologue occidental, et citadin, venu étudier sa tribu.

Pour beaucoup d'entre nous, la ville représente un lieu de liberté, où l'on ne subit plus les contraintes des vieilles coutumes, le poids permanent de la famille. Elle permet aussi bien les entreprises personnelles que les associations diverses fondées sur des intérêts communs ou des convictions partagées. Malgré ses millions d'habitants, elle peut être aussi un espace d'anonymat et de secret, « une foule de solitaires ».

Les hommes créent et entretiennent leur lieu de vie de différentes façons : de la maison individuelle à l'immeuble des grandes agglomérations, du simple abri temporaire, tel le campement de toile des nomades kazakhs d'Asie centrale,

au gratte-ciel des immenses métropoles comme Tōkyō, Séoul ou Mexico. Quels principes président à l'édification et au développement de ces différentes structures ? Quels rapports nouent-elles entre elles ? Quelles influences l'habitat exerce-t-il sur le mode de vie des hommes ?

Grâce à la technique moderne et aux investissements privés et publics, des logements peuvent s'implanter partout. De plus en plus de gens vivent, parfois très confortablement, dans des lieux aussi hostiles que les hautes pentes des montagnes enneigées, le cœur des déserts torrides, les étendues gelées des pôles ou des plates-formes en mer. Certains même font de longs séjours dans l'espace, comme à bord de la station orbitale Soyouz.

Ces implantations se justifient souvent par l'existence de richesses rares, tel un métal précieux ou une source d'énergie, notamment le pétrole et le gaz. Leur valeur justifie l'installation des hommes dans des régions inhospitalières, même si elle revient cher et nécessite, pour tout ou partie, d'apporter sur place les matériaux de construction, la nourriture, les vêtements, les équipements et l'énergie. Une interruption dans ces approvisionnements peut entraîner mort d'homme. Lorsque les ressources s'épuisent, ou que leur valeur diminue, l'établissement est abandonné.

DES CENTAINES ET DES MILLIERS D'ANNÉES durant, les peuples de la Terre ont pratiqué l'autosubsistance. La plupart de leurs communautés étaient minuscules ; ces nomades vivaient uniquement de ce que leur offrait le milieu. L'habitat, construit avec des matériaux trouvés à proximité, n'était pas conçu pour durer. Ces groupes, qui vivaient de chasse, de pêche et de ceuillette, quittaient leur campement dès qu'ils avaient épuisé les ressources alimentaires des environs. Quant aux groupes de grands chasseurs, ils campaient en suivant le gibier dans ses migrations.

Le développement de l'agriculture marqua un tournant décisif dans l'histoire de l'humanité. La mise en valeur permanente de la terre s'accompagna de la construction d'habitations fixes, de la sédentarisation des populations et de leur concentration en hameaux, à proximité des champs. L'exploitation du sol permit l'épanouissement d'autres activités, notamment le commerce et l'artisanat. Les artisans — potiers, cordonniers, charpentiers —, dégagés de la nécessité de produire eux-mêmes leur nourriture, purent se spécialiser dans diverses techniques. Les foires apparurent. Les prêteurs sur gages et les greffiers enregistrèrent les flux des marchandises et des taxes. La naissance des échanges monétaires enrichit la noblesse et le clergé. Le bourg s'agrandit, devint cité puis, dans certains cas, capitale.

Aussi longtemps que l'agriculture resta la source principale de la richesse, comme elle le demeure pour la plus grande partie de l'humanité, la survie des villageois et des citadins dépendit du travail des paysans.

Puis, peu à peu, les hommes élargirent l'éventail de leurs activités et de leurs ressources et, du même coup, celui des sites possibles d'implantation d'un habitat groupé. Ils choisissaient généralement soit un lieu facile à défendre, une position imprenable, soit un port naturel bien protégé, soit un carrefour de voies commerciales. Ils se fixèrent aussi dans des lieux où l'on venait de découvrir de nouvelles richesses, comme le charbon dans la Ruhr (XIXᵉ siècle) ou le pétrole en Sibérie (XXᵉ siècle).

La nature de cette «ressource» peut aussi être d'ordre spirituel et non plus matériel : ce fut le cas pour La Mecque, en Arabie Saoudite, déjà lieu de culte préislamique puis ville sainte de l'islam; de Lourdes, en France, devenu centre de pèlerinage depuis les «apparitions» de la Vierge; de Los Angeles et de San Francisco, en Californie, centres d'évangélisation au XVIIIᵉ siècle. La situation symbolique du site intervient également : Madrid en Espagne ou Brasilia au Brésil furent implantés au centre des pays que ces villes administrent.

Parfois, seuls les comportements sociaux déterminent la création d'un habitat à un endroit plutôt qu'à un autre. L'amélioration du niveau de vie, la multiplication des loisirs, la baisse du coût des transports dans les sociétés développées entraînent la transformation de certains espaces. Ainsi, les activités balnéaires, le ski, la randonnée entraînèrent l'urbanisation des forêts, des plages, des pentes des montagnes permettant ces sports.

L'attraction qu'exercent ces milieux «naturels», autrefois considérés comme «hostiles», est telle que des citadins s'installent dans des villages qui ne pratiquent plus l'agriculture, ou très peu. Ils réhabilitent des bâtiments anciens ou en font construire de nouveaux. Chaque jour, ils effectuent le trajet jusqu'à la ville ou exercent leur profession depuis leur «chaumière électronique» grâce au téléphone, au traitement de texte et au télécopieur.

De nombreuses raisons expliquent ainsi la création et l'extension des espaces urbanisés. D'autres les rendent vulnérables. Une catastrophe naturelle, éruption volcanique ou raz de marée, peut ruiner la vie d'une agglomération. Ainsi, en 79 après J.-C., une épaisse couche de cendres

ensevelit Pompéi et Herculanum lors d'une éruption du Vésuve. Les pillages des armées, les ravages de la peste ont dévasté des cités entières. Pourtant, de telles calamités font rarement disparaître les villes à jamais. La terre demeure fertile, les minerais accessibles, et les hommes s'installent de nouveau. Londres, Moscou ou Chicago, par exemple, ont été reconstruits après avoir été détruits par un incendie. Hiroshima, au Japon, anéanti par l'explosion d'une bombe nucléaire en août 1945, est de nouveau un centre d'affaires prospère et compte plus de 1 million d'habitants.

L'ABANDON DÉFINITIF D'UN ESPACE de colonisation humaine résulte plus généralement d'une évolution progressive. Les campagnes européennes renferment les vestiges de villages désertés parfois depuis plus de mille ans. Quelques-uns ont été abandonnés pour des raisons climatiques ou géologiques : dépôts d'alluvions envasant les ports, ou installation de marais favorisant des épidémies de malaria. En Angleterre, dès le XVᵉ siècle, les propriétaires fonciers chassèrent les paysans, préférant pratiquer l'élevage extensif du mouton tout en se réservant de vastes territoires de chasse. Aujourd'hui, les fouilles archéologiques mettent au jour les traces de ces villages, des limites de champs et des fondations de maisons.

À l'heure actuelle, les centres urbains ne dépendent plus de l'activité qui leur a donné naissance. L'extension de grandes cités comme San Francisco ou Los Angeles n'a plus rien à voir avec les missions évangélisatrices d'autrefois. Lorsque les groupes humains s'élargissent, ils deviennent plus complexes et mouvants. Ils supposent des activités plus variées et offrent des services plus nombreux aux populations avoisinantes. Les grandes villes répondent ainsi aux besoins des régions qu'elles dominent. De telles métropoles, même confrontées à une diminution de leurs ressources ou à une catastrophe, conservent leurs fonctions de capitale.

PEUPLES ET CONTINENTS
Où vivent les hommes?

CONTRAIREMENT AUX IDÉES REÇUES, NOTRE planète est étonnamment vide, ne serait-ce que parce que les océans recouvrent 70 % de sa surface. Et même sur les terres émergées, les lieux de forte concentration humaine occupent beaucoup moins d'espace que les vastes étendues désertes.

Si la population mondiale se répartissait harmonieusement, chaque individu disposerait d'une surface équivalant à trois terrains de football. Et si elle était toute rassemblée, elle pourrait se tenir debout dans Paris et sa banlieue.

Les plus fortes densités de population se rencontrent en Asie, en Europe et au nord-est de l'Amérique du Nord. Il est plus facile de comprendre pourquoi les hommes ne s'installent pas dans certains endroits que le contraire. La toundra gelée, les déserts secs ou les hautes montagnes inhospitalières ne sont pratiquement pas habités.

Ailleurs, la disette, la sécheresse, la stérilité des sols, le relief ou d'autres facteurs constituent autant d'entraves à l'implantation humaine.

Dans les pays les plus pauvres, la majorité de la population vit de la terre. Les paysans s'installent sur les sols les plus fertiles pour pratiquer une agriculture intensive. Les villages et les champs qui les entourent ont grandi là où la terre était cultivable ; parfois, des villes où les paysans vendent l'excédent de leurs produits se sont développées à proximité.

La Chine, par exemple, compte presque 1,2 milliard d'habitants, dont la plupart sont agriculteurs. La population chinoise se concentre à l'est du pays et s'est installée, à l'intérieur, le long des vallées alluviales du Chang Jiang et du Huang He. Mais les montagnes et les déserts de l'Ouest, le Tibet et la Mongolie entravent le peuplement de l'essentiel du territoire.

De même, les très nombreux habitants du sud de l'Asie — Inde, Pakistan, Bangladesh, Sri Lanka — sont groupés le long des côtes ou dans les plaines creusées par les grands fleuves : à l'est et au nord, le Gange, à l'ouest, l'Indus. Là encore, les conditions naturelles (la chaîne himalayenne et le désert de Thar) interdisent à l'homme d'occuper un espace plus étendu, malgré une croissance démographique abondante.

La répartition de la population ne s'explique pas seulement par la géographie physique. Des éléments historiques, culturels et technologiques jouent aussi leur rôle. De nombreux endroits du monde bénéficient de sols fertiles et de climats doux — par exemple les rives du Mississippi et du Nil. Mais leurs densités sont très différentes en raison de l'histoire de leur peuplement. L'interaction des facteurs naturels et sociaux détermine le peuplement, ainsi qu'on le constate dans des

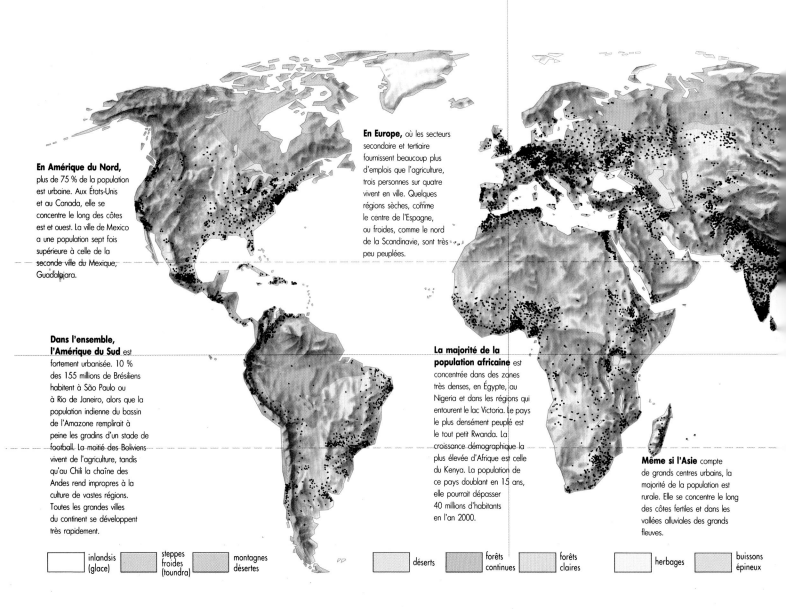

En Amérique du Nord, plus de 75 % de la population est urbaine. Aux États-Unis et au Canada, elle se concentre le long des côtes est et ouest. La ville de Mexico a une population sept fois supérieure à celle de la seconde ville du Mexique, Guadalajara.

En Europe, où les secteurs secondaire et tertiaire fournissent beaucoup plus d'emplois que l'agriculture, trois personnes sur quatre vivent en ville. Quelques régions sèches, comme le centre de l'Espagne, ou froides, comme le nord de la Scandinavie, sont très peu peuplées.

Dans l'ensemble, l'Amérique du Sud est fortement urbanisée. 10 % des 155 millions de Brésiliens habitent à São Paulo ou à Rio de Janeiro, alors que la population indienne du bassin de l'Amazone remplirait à peine les gradins d'un stade de football. La moitié des Boliviens vivent de l'agriculture, tandis qu'au Chili la chaîne des Andes rend impropres à la culture de vastes régions. Toutes les grandes villes du continent se développent très rapidement.

La majorité de la population africaine est concentrée dans des zones très denses, en Égypte, au Nigeria et dans les régions qui entourent le lac Victoria. Le pays le plus densément peuplé est le tout petit Rwanda. La croissance démographique la plus élevée d'Afrique est celle du Kenya. La population de ce pays doublant en 15 ans, elle pourrait dépasser 40 millions d'habitants en l'an 2000.

Même si l'Asie compte de grands centres urbains, la majorité de la population est rurale. Elle se concentre le long des côtes fertiles et dans les vallées alluviales des grands fleuves.

| inlandsis (glace) | steppes froides (toundra) | montagnes désertes | déserts | forêts continues | forêts claires | herbages | buissons épineux |

pays de taille équivalente, comme l'Australie et le Brésil, le Canada et la Chine : ils accueillent des populations très différentes par leur nombre et leur répartition sur le territoire.

Les grandes concentrations humaines se constituent dans les régions les plus dynamiques en matière industrielle et commerciale. Au XIXᵉ siècle, les villes d'Europe ou des États-Unis se développèrent à proximité des zones d'exploitation du charbon et du minerai de fer. Aujourd'hui, les gisements pétroliers, les rivières navigables ou les ports en eau profonde attirent davantage les hommes que la fertilité des sols ou la clémence du climat. Depuis de nombreuses années, les pays d'Europe, le Japon ou les États-Unis ne font plus reposer leur économie sur la seule agriculture, mais plutôt sur l'industrie et le commerce, et leurs populations sont essentiellement urbaines.

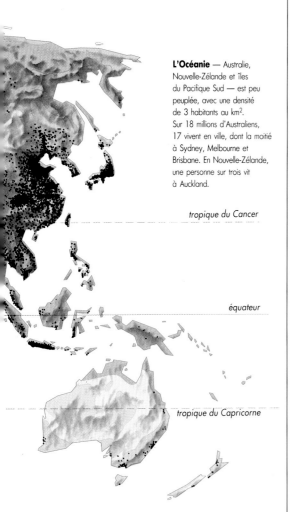

L'Océanie — Australie, Nouvelle-Zélande et îles du Pacifique Sud — est peu peuplée, avec une densité de 3 habitants au km². Sur 18 millions d'Australiens, 17 vivent en ville, dont la moitié à Sydney, Melbourne et Brisbane. En Nouvelle-Zélande, une personne sur trois vit à Auckland.

tropique du Cancer

équateur

tropique du Capricorne

1850-1900 Autour de 1850, seules 2 villes dépassaient le million d'habitants : Londres et Paris. À la fin du XIXᵉ s., 11 autres les avaient rejointes : New York, Philadelphie et Chicago aux États-Unis ; Berlin, Vienne, Moscou et Saint-Pétersbourg en Europe ; Calcutta, Pékin, Shanghai et Tōkyō en Asie.

1900-1950 Durant la première moitié du XXᵉ s., 54 autres agglomérations atteignaient une taille comparable, dont 10 aux États-Unis, 18 en Europe et 17 en Asie. L'Amérique latine, l'Afrique et l'Australie comptaient bientôt des villes millionnaires.

1950-2000 À la fin du XXᵉ s., 242 villes atteindront ou dépasseront 1 million d'habitants. La plupart se situeront dans les pays en voie de développement. En l'an 2000, 24 villes dépasseront 10 millions d'habitants, et 3 en compteront 20 millions ou plus : Mexico, São Paulo et Tōkyō.

LES VILLES MILLIONNAIRES

Dans l'histoire, rares sont les villes qui ont atteint le million d'habitants. La plupart n'en comptaient pas même 100 000. Bien que les statistiques concernant le passé soient aléatoires, Rome fut sans doute la première cité « millionnaire en habitants », dès le Iᵉʳ s. après J.-C. Mais en quelques centaines d'années, les invasions barbares, le schisme avec l'Église byzantine, les épidémies... réduisirent sa population à environ 20 000 habitants. Les Romains ne furent à nouveau 1 million que dans les années 1930.

Avant la révolution industrielle des XVIIIᵉ et XIXᵉ s., peu d'autres villes connurent un tel développement : Xi'an en Chine, Bagdad en Irak, Byzance (Istanbul) en Turquie et Edo (Tōkyō) au Japon. Mais elles souffraient souvent de brusques effondrements démographiques. La croissance continue de nouveaux centres urbains est un phénomène spécifique aux XIXᵉ et XXᵉ s.

Londres fut la première ville à atteindre, dans les années 1800, 1 million d'habitants. En l'espace d'un siècle, elle multiplia par six sa population.

Dans le même temps, une douzaine d'autres villes, essentiellement en Europe et aux États-Unis, connaissaient une croissance comparable.

En 1961, Londres, avec un chiffre record à l'époque, de 10,7 millions d'habitants, était déjà presque devancée par New York. Aujourd'hui, ni l'une ni l'autre ne peuvent rivaliser avec les nouvelles villes géantes. Bien qu'il soit difficile de déterminer les limites des gigantesques agglomérations parce qu'elles s'étendent chaque jour davantage, il est probable qu'à l'aube du XXIᵉ s., Mexico, São Paulo et le grand Tōkyō dépasseront les 20 millions d'habitants.

DES REFUGES DANS UN MONDE SANS PITIÉ?
La diversité des habitats

L ES LIEUX QUE LES HABITANTS DE LA TERRE nomment «logement» ou «maison» sont en fait d'une grande diversité.

Pour 1 million d'habitants de Calcutta, c'est le trottoir; sans toit, ils vivent dans la rue. Pour les Dayaks de Bornéo, c'est un abri à peine cloisonné partagé entre vingt ou trente familles. Pour un banlieusard américain, c'est une maison individuelle avec une chambre pour chacun, une salle de séjour, une salle à manger, un bureau, un garage et un jardin, et éventuellement une piscine ou un court de tennis.

Un tel luxe n'est possible que dans quelques pays du monde. Il ne bénéficie qu'à une très petite minorité. Le reste de la population mondiale doit se contenter de se loger dans des constructions dépourvues d'eau courante, d'électricité et d'égouts, même en ville.

Malgré ces disparités, le «foyer» doit répondre à trois besoins fondamentaux : récupérer (entretenir son corps, manger, se laver, se reposer et dormir); se reproduire (concevoir des enfants, les élever et les éduquer); s'abriter (survivre, se protéger des intempéries, des animaux nuisibles et des maraudeurs).

Autrefois, les «foyers» assuraient tout juste ces trois fonctions de base. Ils étaient mal équipés, peu chauffés et éclairés, et n'offraient qu'une maigre protection contre l'extérieur d'où pouvaient arriver toutes sortes d'agressions.

Aujourd'hui, à l'exception des vingt pays les plus riches du monde, les choses n'ont cependant guère changé. La plupart des paysans construisent toujours eux-mêmes leur habitation, sur des terrains qu'ils occupent souvent illégalement. Leurs maisons sont généralement petites, et bâties, par la force des choses, sans souci d'hygiène et de sécurité.

Les bidonvilles de Bombay ou les favelas de Rio de Janeiro sont terriblement surpeuplés, comme bien d'autres ailleurs; pourtant, c'est là que les matériaux de récupération et l'initiative locale sont utilisés le plus efficacement (voir p. 137).

Dans les pays industrialisés, la maison moderne a pris une valeur sociale et culturelle considérable. Symbole de réussite et de prestige, elle est le lieu privilégié de réception des amis et des collègues de travail. Conçue comme un investissement, elle devient le capital le plus important, l'héritage à transmettre aux enfants, le lieu où vivre paisiblement sa retraite.

Cette conception est relativement récente. Avant la révolution industrielle, à l'époque des emplois à domicile, la maison d'habitation était aussi un lieu de travail.

Elle retrouve aujourd'hui cette fonction dans les métiers de la communication, des études de recherche et de développement. Grâce à l'ordinateur, au téléphone et à la télécopie, on peut désormais rester en ligne directe avec son bureau sans se déplacer.

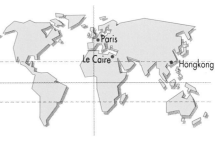

Les *tanka*, ou « populations flottantes », sont caractéristiques du paysage de Hongkong (à gauche). Leur nombre diminue à mesure que la pêche devient moins importante dans l'économie. Mais 50 000 personnes vivent encore sur ces jonques et ces sampans, comme leurs ancêtres l'ont fait depuis des générations.

Un balcon parisien (à droite) : un espace en plein air avec vue sur les toits de la capitale. La « ville aux cent villages » regroupe 380 communes en une seule agglomération, le « grand Paris ». Cet ensemble compte plus de 9 millions d'habitants, dont 1,2 million d'étrangers — Portugais, Algériens, Marocains, Espagnols —, qui lui donnent une grande diversité culturelle.

La « cité des morts », au Caire (en bas) est un immense cimetière qui abrite près de 1 million de squatters. Mosquées, écoles, boutiques, marchands ambulants, police, eau et électricité font de cette nécropole un quartier... vivant. Des squatters vivent dans les tombes mêmes, seuls logements disponibles dans cette capitale surpeuplée.

LES HOMMES FONT LEUR NID
Des matériaux locaux pour s'abriter

ÉFENSES DE MAMMOUTH, BOUSES DE BUFFLE séchée, tonneaux, journaux : l'ingéniosité humaine ne semble pas avoir de limites quand il s'agit de construire un abri.

L'homme utilise les matériaux les plus divers, pourvu qu'ils supportent les rigueurs du climat, qu'ils soient facilement utilisables et peu coûteux, sinon même gratuits.

Quand les matières premières manquent, la communauté se déplace pour les trouver. Nos ancêtres, par exemple, s'abritaient dans des grottes, naturelles ou creusées par leurs soins, si elles étaient sèches, relativement chaudes et faciles à défendre. De nos jours, les cavernes de Cappadoce, en Turquie, sont toujours occupées. Les habitants de Matera, dans le sud de l'Italie, n'ont quitté que très récemment leurs maisons troglodytiques, laborieusement excavées autrefois.

Paradoxalement, l'utilisation des espaces souterrains grandit avec le degré d'urbanisation de la population. Les parkings, le métro, les équipements nucléaires ou les centraux informatiques sont souvent aménagés en sous-sol, pour des raisons d'espace, de sécurité ou de rendement énergétique. Pour répondre à la surpopulation de Tōkyō, le projet d'Alice-Ville, au Japon, envisage la construction de quartiers urbains souterrains.

La majorité des habitations sont construites au-dessus du sol avec des matériaux trouvés à proximité. Il suffit de quelques arbres pour fabriquer une maison : les troncs servent de charpente, les branches et les feuilles de murs et de toit. On utilise souvent aussi de la terre tassée, des briques d'argile ou des pierres simplement ramassées.

Ce type d'habitat n'est pas conçu pour durer. Les matières végétales se détériorent rapidement, surtout dans les pays tropicaux où la pluie, les insectes et les champignons exercent des ravages. Quant aux maisons faites à partir de déchets récupérés, elles s'écroulent tôt ou tard.

Même modestes, les habitations traditionnelles sont considérées comme typiques de leur région. Elles résistent au temps grâce à la solidité des matières premières locales qui les composent. C'est le cas des maisons rurales bâties en chêne et en pierre au sud de l'Angleterre, ou en marbre en Inde. Ailleurs, cette longévité n'a pu être obtenue qu'au prix du transport coûteux des matériaux ou de la longue transformation de ceux qui se trouvaient sur place.

D'ailleurs, quand ceux-ci se font rares, le mode de construction se modifie. En Angleterre, au XVIᵉ siècle, les armateurs se ruèrent sur les chênaies pour faire construire les coques de leurs navires. Le chêne devint donc cher. Il fut remplacé par la brique, qui n'avait plus été fabriquée depuis le départ des Romains, mille ans auparavant. Au siècle dernier, grâce au développement des canaux et des voies de chemin de fer, des briques de fabrication industrielle, bon marché, se répandirent dans tout le pays, tout comme

Les Rendilles, peuple de pasteurs nomades des steppes buissonneuses du nord du Kenya, couvrent de boue des branchages pour construire leurs abris temporaires.

L'idée que la terre est un matériau « primitif » et « vulgaire » est démentie par l'élégance de ces constructions marocaines. Les architectes modernes redécouvrent ses vertus. Au Nouveau-Mexique, le torchis — ou adobe —, devenu très chic, entre dans la décoration des maisons des milliardaires.

Les architectures traditionnelles

Le matériau le plus utilisé dans le monde est la terre séchée, l'adobe. Localement, les hommes se servent également de ce qu'ils ont à leur disposition : bois, briques, pierres, bambous, feuilles ou écorces. La diversité des styles traditionnels reflète la culture des peuples de chaque région.

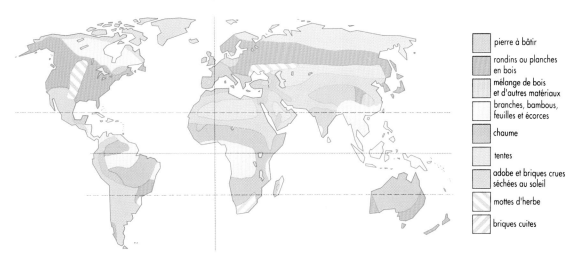

- pierre à bâtir
- rondins ou planches en bois
- mélange de bois et d'autres matériaux
- branches, bambous, feuilles et écorces
- chaume
- tentes
- adobe et briques crues séchées au soleil
- mottes d'herbe
- briques cuites

LES CONSTRUCTIONS EN TERRE

La boue et l'argile peuvent paraître peu adaptées à la construction. Or elles sont faciles à utiliser, isolantes, résistantes et offrent un vrai confort. Les gens des pays du tiers monde qui vivent dans des « habitats spontanés » abandonnent peu à peu l'emploi des boîtes en carton, des barils d'essence et autres déchets pour revenir aux matériaux et aux modes de construction traditionnels, parfois utilisés depuis des milliers d'années.

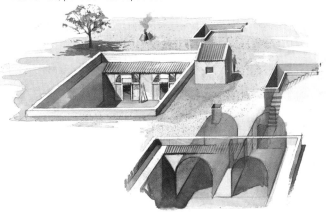

Au Yémen (à gauche), et dans d'autres régions du monde arabe, les habitants ont construit de grandes maisons en briques crues fabriquées dans des moules et peintes ensuite de couleurs vives. Le récent boom pétrolier et la migration vers les villes qu'il a déclenchée ont rendu absolument nécessaire de moderniser la capitale, Sanaa. L'introduction de techniques de construction plus standardisées semble inévitable.

Dans le Devon (à droite), pittoresque région du sud de l'Angleterre, les maisons sont construites en torchis, mélange d'argile et de paille. Aujourd'hui encore, ce matériau reste fréquemment utilisé. Il est recouvert d'enduit et de chaux, et peint en blanc pour éviter que les troupeaux viennent lécher le salpêtre des murs. Le toit des maisons est suffisamment bas pour permettre aux chats d'y monter et de chasser les rongeurs qui s'installent dans les chaumes.

Une grande partie de la Chine du Nord est recouverte d'une argile limoneuse, le lœss. Ce matériau très tendre a permis aux hommes de creuser leurs maisons à flanc de colline ou dans le sol. Certains auteurs prétendent que ces habitations troglodytiques existaient dès le XIᵉ s. avant J.-C. Elles sont adaptées aux conditions climatiques de la région : étés humides, hivers froids et secs. Les constructions souterraines s'agencent autour d'une cour sur laquelle s'ouvrent les différentes pièces. Des villes entières, avec équipements collectifs (écoles, industries, centres administratifs), sont organisées sur ce modèle.

l'ardoise du pays de Galles, destinée aux toitures. Plus récemment, les matériaux industriels ou préfabriqués ont pris la relève. Le fer, l'acier et même le verre ont remplacé le bois, la pierre ou la brique. Les bois tendres, acheminés sur des distances considérables, entrent désormais, après traitement, dans la composition des panneaux d'aggloméré. L'habitat s'en est trouvé uniformisé.

À partir des années 1830, où il fut employé pour la première fois, le ciment est devenu un matériau de construction universel en raison de sa relative légèreté et de sa facilité d'emploi. Dans les premiers temps, pour vaincre la résistance de leurs clients, les fabricants lui donnèrent le nom de ciment de Portland. Ils affirmaient qu'il avait exactement le même aspect que celui du beau calcaire gris extrait dans cette région du sud de l'Angleterre, et largement utilisé dans la construction des plus prestigieux immeubles de Londres.

À l'heure actuelle, nombre de grands constructeurs proposent des maisons « clés en main ». Une large palette de matériaux continue d'être utilisée, des plus récents, aux noms si longs qu'ils sont imprononçables, aux plus traditionnels, comme la pierre et les tuiles, qui ajoutent aux constructions modernes prestige et esthétique.

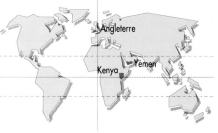

LE DÉCOUPAGE DE L'ESPACE RURAL
La forme et la taille des champs

ORSQUE NOUS TRAVERSONS UN PAYS OU QUE nous le survolons, ce sont souvent les champs qui nous donnent une idée du lieu. Ils nous renseignent, tout autant que les maisons, les villages ou les villes, sur l'interaction complexe des éléments naturels et culturels.

Le poids de la géographie physique apparaît immédiatement. Les zones au relief accidenté portent des parcelles minuscules et irrégulières. Dans les îles grecques ou dans la région des lacs au nord de l'Angleterre, des murets bordent les champs : les pierres proviennent du sol et sont simplement entassées ainsi.

La superficie exploitable est limitée par la pente des terrains : il est pratiquement impossible de travailler une terre si sa déclivité dépasse 18°, à moins de l'aménager en terrasses. Dans les régions montagneuses et peuplées, tels le Sud-Est asiatique ou le bassin méditerranéen, ces grands escaliers perpendiculaires aux pentes escarpées permettent d'exploiter au maximum le terrain. Mais que de travail !

La forme des parcelles cultivées dépend également du réseau de circulation de l'eau, qu'il soit naturel (rivière, lac) ou artificiel (irrigation, drainage). Là où les agriculteurs utilisent un arrosage rotatif, les champs forment de vastes cercles.

Parfois, les facteurs culturels sont prédominants : le type et la répartition des propriétés interviennent dans le découpage du paysage rural.

L'exemple des grands champs carrés d'Amérique du Nord (voir encadré) est caractéristique.

Auparavant, les colons français avaient introduit un découpage des terres en lanières longues et étroites. Les champs étaient disposés perpendiculairement aux rivières, ce qui permettait à tous les paysans d'avoir accès à l'eau et aux transports fluviaux tout en préservant les relations de bon voisinage.

Mais, selon la loi française, chaque parcelle était partagée entre les héritiers lors du décès du propriétaire, ce qui réduisait à chaque fois la largeur de la lanière.

Cette division des exploitations agricoles eut partout un profond impact. En Irlande, jusqu'au milieu du XIXe siècle, chacun des héritiers mâles recevait une part égale de terrain. Certains champs devenaient si petits qu'ils atteignaient à peine quelques mètres carrés !

La seule culture adaptée à ces propriétés exiguës était celle de la pomme de terre. Quand la maladie de ce tubercule anéantit toutes les récoltes dans les années 1840, les grands propriétaires terriens anglais refusèrent d'aider les paysans irlandais.

La famine se doubla d'épidémies, faisant 1 million de morts. Les survivants émigrèrent en plus grand nombre encore, vers les États-Unis surtout. On retrouve aujourd'hui dans le paysage irlandais les traces de ce catastrophique micro-découpage des terres.

Les champs irréguliers, de toutes tailles et formes, témoignent d'une occupation ancienne. Leurs limites sont souvent des obstacles naturels (cours d'eau, collines) ou artificiels (haies, routes). Cette mosaïque désordonnée interdit l'utilisation de grosses machines agricoles modernes.

Les parcelles de terre allongées, toutes reliées à la rivière, sont d'origine française. Les plus longues furent créées au Québec, sur les rives du Saint-Laurent. Par la suite, la plupart d'entre elles ont été coupées en tronçons, d'autres remembrées pour former des champs de forme plus massive.

Les labours qui suivent la pente accélèrent l'érosion des sols. En labourant perpendiculairement, selon les courbes de niveau du terrain, les agriculteurs limitent cet appauvrissement de leur champ.

Les champs circulaires (en bas) sont nés de l'utilisation d'arroseurs rotatifs dans des régions sèches.

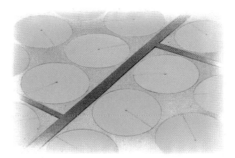

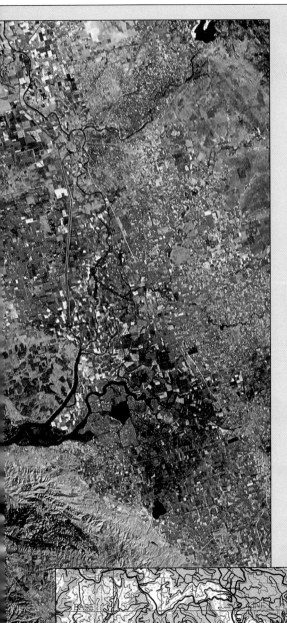

UN GIGANTESQUE DAMIER

Aux États-Unis, tout le territoire à l'ouest des Appalaches s'organise en un gigantesque damier. À de très rares exceptions près, les limites des champs, les rues des villes, les autoroutes et les frontières des États suivent un tracé soit nord-sud, soit est-ouest.

À sa création en 1785, le Service d'aménagement territorial des États-Unis établit le tracé du « parallèle de référence », le 37e nord, qui relie au Pacifique la confluence de l'Ohio avec le Mississippi. Cette ligne permit de subdiviser le territoire en carrés de 1 mile de côté (1,6 km), les « sections ». De plus grands carrés, comportant 36 sections (6 miles sur 6), formaient les unités administratives de base, les *townships,* c'est-à-dire les communes.

Vers le milieu du XIXe s., le territoire national fut ainsi quadrillé sans tenir compte des obstacles naturels tels que les cours d'eau ou les reliefs, sauf en quelques points difficiles des montagnes Rocheuses et des marécages de Floride.

Les régions déjà peuplées échappèrent à ce découpage systématique : elles conservèrent celui des anciennes colonies anglaises, françaises et espagnoles.

Ce système avait pour but de faciliter la cartographie du territoire et, surtout, la vente des lots de terre aux colons qui commençaient à conquérir l'ouest des États-Unis.

En pratique, la plupart achetèrent des moitiés ou des quarts de sections.

Cette carte (à droite), établie par le Service d'aménagement en 1785, représente une partie de l'État de l'Ohio divisée en *townships*, sections et sous-sections. L'influence de ce découpage reste visible sur une carte actuelle de Los Angeles (en bas), où les lignes plus épaisses indiquent les limites des communes.

Quant à la photographie satellite de la région de San Francisco (à gauche), elle prouve que l'essentiel du paysage rural actuel s'organise encore selon le quadrillage dessiné il y a deux siècles.

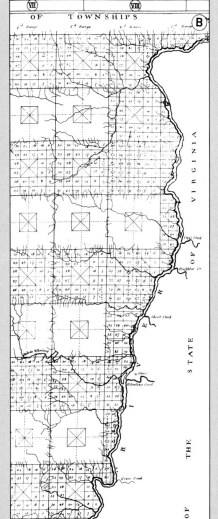

PLAT
of
THE SEVEN RANGES OF TOWNSHIPS
being Part of the
Territory of the UNITED STATES *N. W. of the*
River Ohio

LES HOMMES COMMERCENT
Les marchés : du plus petit au plus grand

D ANS LES PAYS INDUSTRIALISÉS, LA VENTE AU détail et la distribution des produits destinés à la consommation sont presque exclusivement organisées par de grandes chaînes de magasins.

Si l'installation d'un supermarché ruine habituellement les petits commerçants du quartier, les marchés, eux, subsistent. Par réaction aux aliments normalisés proposés par les grandes surfaces, la majorité des produits qui y sont vendus portent la mention « produit fermier », « non traité », « culture biologique ».

Dans les pays du tiers monde, le commerce se fait toujours à petite échelle. Le lieu privilégié de l'échange est le marché villageois ou la boutique traditionnelle. Dans de nombreuses régions du monde, en Thaïlande, en Afrique de l'Ouest ou dans les Andes, par exemple, les marchés demeurent essentiels, mêlant intimement vendeurs et acheteurs.

On demande un prix, on propose un rabais, on marchande, on finit par s'accorder. Les rôles sont d'ailleurs interchangeables. Le paysan qui vient d'écouler un surplus de production achète le jour même à un autre vendeur un coupon de tissu, de la vaisselle ou de la lessive.

Le transport joue un rôle capital dans l'organisation des marchés, car il influe sur le prix du produit à l'arrivée.

En l'absence de voies navigables, de bonnes routes ou de véhicules motorisés, le paysan qui achemine des grains à dos d'âne ou en carriole doit multiplier par deux le prix de ses denrées en moins de 80 km. Il vaut donc mieux vendre, et acheter, sur les marchés les plus proches.

Dans les régions rurales, les récoltes de chaque produit se faisant au rythme des saisons, les colporteurs et les marchands itinérants doivent parcourir d'immenses territoires, en suivant toujours les mêmes itinéraires.

Dès lors, les marchés ont lieu à dates régulières. Dans le nord des Andes, comme dans de nombreuses régions européennes, ils sont toujours hebdomadaires. Dans l'ouest du Nigeria, ils ont encore lieu tous les quatre jours. Dans le sud de la Chine, jusqu'à la révolution de 1949, ils se tenaient trois fois par décade.

Ainsi, tous peuvent s'y rendre à chaque fois qu'ils en ont besoin, les uns pour vendre, les autres pour acheter.

Les marchés spécialisés — bétail ou tapis par exemple — sont moins fréquents, mais souvent plus importants afin de proposer le maximum de choix. Les foires annuelles ou celles qui ont lieu dans de grandes agglomérations attirent davantage de monde et sont généralement associées à des fêtes religieuses ou traditionnelles.

Les grandes villes peuvent tenir plusieurs marchés par jour, dont certains sont réservés à une seule marchandise (poissons, fruits ou légumes, par exemple).

Les cités arabes sont réputées pour leurs souks bigarrés, animés et populaires. Durant des siècles, Le Caire en a compté trente-cinq.

Les marchés sont nés avec le développement de l'agriculture, et les villes existent depuis qu'il y a des marchés.

L'afflux en un même lieu de personnes désireuses de vendre et d'acheter a poussé naturellement certaines d'entre elles à abandonner les champs pour se consacrer à l'artisanat ou à une activité de service.

Les premiers artisans travaillaient surtout à la transformation des céréales (mouture, séchage et fermentation des grains, cuisson du pain), au filage et au tissage. Peu à peu, ils ont diversifié leurs activités en fonction de la demande. Menuisiers, couturiers, cordonniers, forgerons, aubergistes, médecins, hommes de loi, prêtres répondaient, sans se déplacer, aux besoins de la clientèle urbaine et des paysans de l'arrière-pays.

Progressivement, le marché citadin a étendu son influence sur les campagnes environnantes en multipliant activités et services. Les grandes villes prirent encore davantage d'importance en concentrant de nombreuses fonctions indispensables à la vie des hommes, même s'ils n'y ont recours qu'épisodiquement.

LA RÉPARTITION DES MARCHÉS

On trouve des marchés partout où il y a suffisamment d'argent à gagner. Une zone dépeuplée et dépourvue de richesses en compte peu. Si la région se développe, le nombre et la fréquence des échanges augmenteront.

Se rendre sur un marché coûte cher en temps et en argent, pour le vendeur comme pour l'acheteur. Chacun limite ses dépenses en se rendant au plus près. Là, on vend et on achète les produits de première nécessité, mais pas les autres, moins indispensables.

Il y a donc une hiérarchie des marchés en fonction de ce qu'ils proposent, et cela conditionne leur densité et leur fréquence.

Considérons une famille installée à la campagne. Un de ses membres se rend chaque jour au village le plus proche pour acheter du pain et quelques aliments de base. Une fois par semaine, il va faire des courses dans les boutiques de la petite ville locale. Pour consulter un médecin spécialiste ou acheter des vêtements, il doit aller dans une ville de moyenne importance. Une fois par an peut-être, pour fêter un mariage ou une naissance, il partira, avec sa famille, pour la capitale régionale et, plus exceptionnellement encore, pour la métropole nationale.

En multipliant ce cas typique par mille ou un million, on comprend mieux la pyramide des implantations humaines.

Pour expliquer les comportements économiques, certains spécialistes imaginent un individu moyen qui prendrait toujours des décisions froidement rationnelles. L'équivalent géographique de ce consommateur type est la « plaine isotrope » — un espace géographique sans obstacle, où la population est uniformément répartie. Là, les relations entre les marchés et les régions qu'ils desservent seraient parfaitement régulières. Cette théorie fut proposée dans les années 1930 par un géographe allemand, Walter Christaller : il proposait une pyramide commerciale idéale, allant du plus petit village à la capitale.

Évidemment, une telle perfection n'existe pas. Les vallées, les chaînes de montagnes, les zones industrielles, les habitudes des gens bouleversent cet agencement idéal. De plus, la population n'est jamais régulièrement dispersée, et les grandes concentrations humaines, donc les marchés, non plus. Cependant, ce modèle théorique permet aux chaînes commerciales de choisir plus efficacement les lieux d'implantation de leurs points de vente.

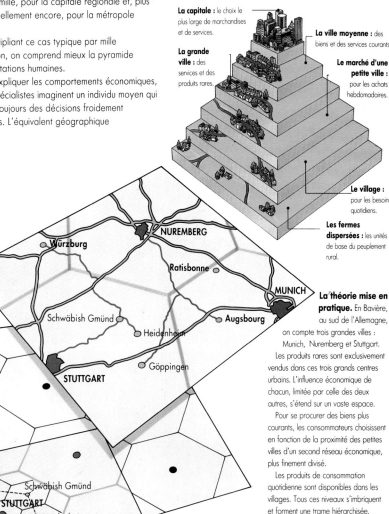

La pyramide des marchés Plus un centre est important, plus il offre de biens et de services, plus la distance qui le sépare d'un centre comparable est grande.

La capitale : le choix le plus large de marchandises et de services.

La ville moyenne : des biens et des services courants.

La grande ville : des services et des produits rares.

Le marché d'une petite ville : pour les achats hebdomadaires.

Le village : pour les besoins quotidiens.

Les fermes dispersées : les unités de base du peuplement rural.

La théorie mise en pratique. En Bavière, au sud de l'Allemagne, on compte trois grandes villes : Munich, Nuremberg et Stuttgart. Les produits rares sont exclusivement vendus dans ces trois grands centres urbains. L'influence économique de chacun, limitée par celle des deux autres, s'étend sur un vaste espace.

Pour se procurer des biens plus courants, les consommateurs choisissent en fonction de la proximité des petites villes d'un second réseau économique, plus finement divisé.

Les produits de consommation quotidienne sont disponibles dans les villages. Tous ces niveaux s'imbriquent et forment une trame hiérarchisée.

Les marchés périodiques permettent à la plupart des gens de vendre et d'acheter, comme ici, au Cameroun. Un ou deux membres de la famille, les femmes en général, apportent les produits de la campagne et les disposent sur leur étal où chacun peut choisir avant d'acheter.

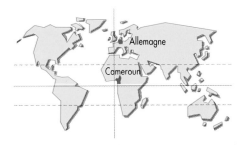

LES HOMMES SE FIXENT
Les grands lieux d'implantation

QUICONQUE PEUT CHOISIR SON LIEU DE VIE s'interroge. Cet endroit est-il sûr et agréable ? Sinon, peut-il le devenir ? Les ressources qu'il propose rendront-elles l'existence meilleure qu'ailleurs ? Offre-t-il de quoi satisfaire les besoins indispensables ? Est-il accessible ou trop isolé ?

Les critères idéaux — un terrain sec et bien plan, un paysage agréable, une faible exposition aux intempéries et de l'eau douce en abondance — sont rarement réunis en un même point, et les travaux pour corriger les imperfections de la nature sont souvent difficiles et coûteux.

Généralement, les hommes s'implantent près des ressources qui leur sont indispensables. Les agriculteurs, par exemple, préfèrent construire leur ferme près de terres riches et fertiles, tandis que les mineurs choisiront évidemment la proximité des gisements.

Les industriels, eux, raisonnent en termes de coûts et de rentabilité. Jusqu'à la découverte de l'électricité, l'exploitation directe de la source d'énergie la plus proche (bois, charbon, chutes d'eau) a dicté leur choix. Aujourd'hui, ils peuvent choisir de s'implanter soit près des zones d'extraction des matières premières qu'ils transforment, soit au carrefour de voies commerciales qui permettent de faire venir les matériaux bruts et de réexpédier les produits finis, soit encore à proximité des grands centres de consommation et de distribution.

Un site inaccessible ou aisément défendable — une hauteur, une île ou une péninsule — peut présenter de gros avantages. Un fort, construit

pour contrôler une ressource précieuse, une route commerciale ou un lieu vulnérable, est parfois devenu le noyau d'un nouvel établissement, parce qu'il devait être approvisionné en nourriture, en boisson et en bien d'autres produits.

D'innombrables richesses naturelles sont exploitables, et elles attirent les hommes. Des centres touristiques se sont établis près des pentes skiables, des plages et des lieux encore « sauvages ». Même les moins fertiles des zones rurales peuvent devenir attractives en accueillant des villages-dortoirs ou des technopoles (centres de recherche).

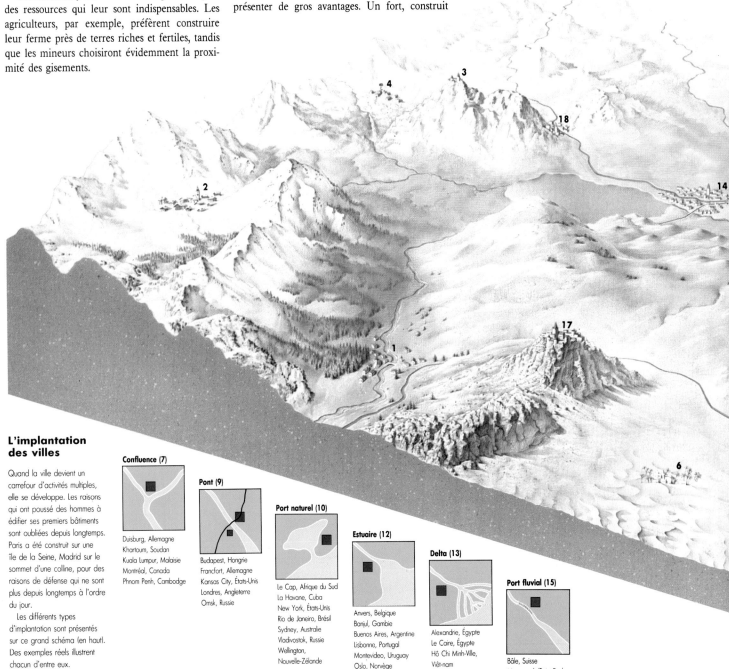

L'implantation des villes

Quand la ville devient un carrefour d'activités multiples, elle se développe. Les raisons qui ont poussé des hommes à édifier ses premiers bâtiments sont oubliées depuis longtemps. Paris a été construit sur une île de la Seine, Madrid sur le sommet d'une colline, pour des raisons de défense qui ne sont plus depuis longtemps à l'ordre du jour.

Les différents types d'implantation sont présentés sur ce grand schéma (en haut). Des exemples réels illustrent chacun d'entre eux.

Confluence (7)

Duisburg, Allemagne
Khartoum, Soudan
Kuala Lumpur, Malaisie
Montréal, Canada
Phnom Penh, Cambodge

Pont (9)

Budapest, Hongrie
Francfort, Allemagne
Kansas City, États-Unis
Londres, Angleterre
Omsk, Russie

Port naturel (10)

Le Cap, Afrique du Sud
La Havane, Cuba
New York, États-Unis
Rio de Janeiro, Brésil
Sydney, Australie
Vladivostok, Russie
Wellington,
Nouvelle-Zélande

Estuaire (12)

Anvers, Belgique
Banjul, Gambie
Buenos Aires, Argentine
Lisbonne, Portugal
Montevideo, Uruguay
Oslo, Norvège

Delta (13)

Alexandrie, Égypte
Le Caire, Égypte
Hô Chi Minh-Ville,
Viêt-nam
Shanghai, Chine

Port fluvial (15)

Bâle, Suisse
Minneapolis/Saint-Paul,
États-Unis

Le choix d'un site

Certains lieux attirent plus particulièrement les hommes. Londres s'est établi sur une voie romaine venant du sud, au contact de la Tamise, là où le fleuve est le plus étroit et le moins profond, ce qui permettait d'y construire un pont pour le traverser. La ville s'est développée à l'extérieur du méandre du fleuve, à proximité directe des ressources en eau douce.

Le choix d'un site est déterminé par des avantages qui se regroupent globalement en quatre catégories.

La topographie

Le relief joue un rôle primordial. En montagne, où les vents sont puissants et la plupart des terres escarpées et accidentées, les vallées des rivières constituent des sites favorables à l'édification des villages **(1)**. Une faible pente se prête toutefois à l'implantation humaine **(2)**. Dans l'hémisphère Nord, les versants exposés au sud bénéficient d'un meilleur ensoleillement.

La topograpie d'un lieu peut avoir une signification mythique ou religieuse. Le sommet des hautes montagnes a souvent été considéré comme le domaine de dieux **(3)**.

Les ressources de base

Les lieux d'habitation sont souvent situés à proximité des ressources indispensables. Parfois, l'objectif a été de limiter les efforts et les pertes de temps. Les mineurs et leurs familles, par exemple, se sont installés à côté des gisements miniers **(4)**. Les industriels ont construit manufactures et usines près des sources d'énergie. Lorsque l'électricité est devenue la première d'entre elles, cette situation de proximité a perdu de son importance. On note cependant des exceptions lorsque la demande est énorme. Ainsi les fonderies d'aluminium, qui consomment des quantités considérables d'énergie, sont souvent situées dans le voisinage des centres de production hydroélectrique.

Une bonne alimentation en eau est souvent déterminante. Outre son utilisation domestique — boire, cuisiner, laver —, elle est essentielle pour l'irrigation des cultures, les usages industriels et les transports fluviaux. Des villes se sont ainsi développées le long d'une rivière, à l'extérieur d'un méandre **(5)**, là où les eaux sont plus profondes et les terrains moins marécageux.

Dans le désert, les oasis **(6)** ont attiré les agriculteurs.

Les itinéraires du commerce

Le choix d'un site est souvent influencé par la présence d'une route commerciale, qu'elle soit terrestre, maritime ou aérienne. Des villes jalonnent ces itinéraires ; elles sont plus grandes ou plus nombreuses là où les voies convergent et là où le trafic est le plus intense : confluent de deux rivières **(7)**, carrefour de voies ferrées **(8)**, traversée de fleuve **(9)**.

Les points de transbordement — lieux où les bateaux chargent et déchargent leur fret — favorisent aussi l'urbanisation : port bien abrité en eau profonde **(10)**, golfe, anse et estuaire **(11,12)**, tête de delta **(13)**.

L'exutoire d'un lac **(14)**, l'endroit où un cours d'eau devient navigable **(15)** et la zone de passage d'une vallée fluviale à une autre **(16)** attirent aussi le peuplement.

Les lieux stratégiques

Au cours de l'histoire, certaines populations se sont installées dans des endroits faciles à défendre, des positions stratégiques pour protéger leurs ressources. En effet, beaucoup de régions n'ont pu être mises en valeur en raison des menaces d'invasion. Dans ce cas, le choix d'un site défendable s'imposait et la recherche d'une facile prospérité passait après.

Un rocher à pic ou le sommet d'une colline **(17)** permettent de dominer la campagne environnante, et l'entrée d'un défilé de montagne **(18)** de contrôler les passages. Mais les villages les plus faciles à défendre ont été ceux qui sont partiellement ou totalement entourés d'eau : colline nichée dans une boucle de rivière **(19)**, péninsule **(20)**, île fluviale **(21)** ou île en pleine mer **(22)**.

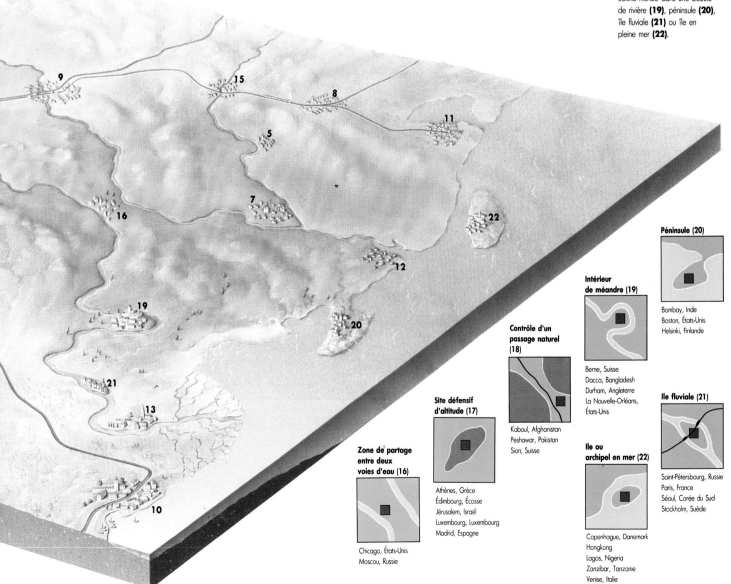

Péninsule (20)

Bombay, Inde
Boston, États-Unis
Helsinki, Finlande

Intérieur de méandre (19)

Berne, Suisse
Dacca, Bangladesh
Durham, Angleterre
La Nouvelle-Orléans, États-Unis

Île fluviale (21)

Saint-Pétersbourg, Russie
Paris, France
Séoul, Corée du Sud
Stockholm, Suède

Contrôle d'un passage naturel (18)

Kaboul, Afghanistan
Peshawar, Pakistan
Sion, Suisse

Site défensif d'altitude (17)

Athènes, Grèce
Édimbourg, Écosse
Jérusalem, Israël
Luxembourg, Luxembourg
Madrid, Espagne

Île ou archipel en mer (22)

Copenhague, Danemark
Hongkong
Lagos, Nigeria
Zanzibar, Tanzanie
Venise, Italie
Singapour

Zone de partage entre deux voies d'eau (16)

Chicago, États-Unis
Moscou, Russie

LA CROISSANCE DES VILLES

EN 1850, SEULE L'ANGLETERRE, BERCEAU de la révolution industrielle, pouvait se prétendre urbanisée : plus de la moitié de sa population se regroupait dans des villes de plus de 2 000 habitants. Un siècle plus tard, les pays européens et les États-Unis l'avaient rejointe. Ce n'était pas le cas du reste du monde. Si le nombre de citadins ne cessait d'augmenter, les trois quarts des humains étaient encore des ruraux.

Aujourd'hui, la situation a considérablement évolué. L'urbanisation s'est partout accélérée, et notamment dans les pays en voie de développement. Bientôt, les villes accueilleront davantage d'hommes que les campagnes. D'ici l'an 2020, le rapport sera sans doute de trois sur quatre.

Jusqu'au début du XXe siècle, les agglomérations qui possédaient le taux de croissance le plus élevé se situaient en Europe et en Amérique du Nord. En cette fin de siècle, le processus s'est inversé : les pays du tiers monde possèdent les villes les plus étendues, et la population de celles-ci augmente dans des proportions alarmantes. En l'an 2000, Le Caire et Calcutta devraient être ensemble plus peuplés que le Canada ; quant aux agglomérations de São Paulo et de Mexico, elles compteront à elles deux autant d'habitants que l'Espagne et le Portugal réunis.

Au XIXe siècle, en Europe, la révolution industrielle poussa des millions de ruraux vers les villes. Les usines et les manufactures avaient besoin de femmes et d'enfants, alors que les mines et les grands chantiers réclamaient des hommes. Tous partaient en espérant une vie meilleure. Au début, ils gagnaient la ville la plus proche. Mais après 1850, avec le développement des chemins de fer et de la navigation à vapeur, certains s'installèrent à des milliers de kilomètres de chez eux.

Ce formidable essor urbain n'aurait pas été possible sans des mutations considérables dans les campagnes. Jusqu'au XIXe siècle, lors des années de faibles récoltes, d'épiphyties ou de mauvais temps, tous souffraient de disette. Les villes se développèrent surtout à partir du moment où les surplus alimentaires augmentèrent.

De nouveaux progrès — l'apparition des charrues métalliques et des moissonneuses mécaniques, l'emploi de plus en plus massif d'engrais naturels et chimiques, l'amélioration de l'irrigation, la rationalisation de la rotation des cultures, une sélection plus poussée des semences et du bétail — ont permis d'accroître considérablement la production.

Des millions d'hectares de terres furent mis en valeur. En Europe, l'espace était déjà compté, mais ailleurs d'immenses étendues restaient encore vierges.

Les comptoirs avaient là un rôle à jouer, car ils représentaient les portes par lesquelles les colons pénétraient à l'intérieur de nouveaux territoires. Les productions agricoles de régions entières d'Amérique, d'Afrique, d'Asie, d'Australie et de Nouvelle-Zélande furent envoyées en Europe, permettant de nourrir des populations urbaines en pleine expansion. Le blé américain ou russe, le bœuf argentin, le mouton australien améliorèrent l'alimentation des citadins du Vieux Monde.

LE BOND TECHNOLOGIQUE ACCOMPLI DANS l'agriculture eut des conséquences imprévues sur l'urbanisation. On produisait plus en travaillant moins. Par ailleurs, les céréales des colonies étaient souvent moins coûteuses que celles des métropoles. Les petits paysans ruinés et les ouvriers agricoles réduits au chômage vinrent donc grossir la masse des citadins. Sans cet apport, la population urbaine aurait régressé : le taux de mortalité y était en effet plus élevé que le taux de natalité. Dans les quartiers pauvres, un enfant sur trois mourait avant l'âge de un an. La promiscuité, l'hygiène très insuffisante et le manque d'eau potable ouvraient la voie aux épidémies, notamment le choléra et la typhoïde.

Peu à peu, les progrès réalisés dans les domaines de la santé et de l'hygiène (installation d'eau courante potable, réseau de tout-à-l'égout) et l'amélioration du niveau de vie jugulèrent la mortalité. La croissance démographique et l'exode rural firent exploser les villes.

Grâce au développement des moyens de transport, les banlieues colonisèrent les campagnes environnant la ville. En 1880, Londres comptait 1 million d'habitants. Un siècle plus tard, avec une population qui avait sextuplé, elle était devenue tentaculaire : elle avait englobé une centaine ou plus de petits villages. Ailleurs, des villes comme Paris et New York connaissaient un développement accéléré par la multiplication de leurs industries.

Dans les pays du tiers monde, contrairement à l'Europe ou aux États-Unis, l'urbanisation a précédé l'industrialisation plus qu'elle ne l'a suivie. L'introduction de techniques médicales modernes, telles que la vaccination, a fait baisser très nettement le taux de mortalité. La croissance

démographique a entraîné une très forte migration des ruraux vers les villes, d'autant que la situation dans les campagnes se détériorait non seulement en raison de la surpopulation et de l'utilisation accrue de machines agricoles, mais aussi à cause d'une injuste répartition des propriétés, provoquant la dégradation des conditions de vie des paysans sans terre.

L'industrialisation a ouvert des possibilités d'emplois en ville, en particulier pour les femmes. La croissance urbaine s'en est trouvée renforcée, surtout dans les capitales.

JUSQU'À UNE PÉRIODE RÉCENTE, L'AMÉRIQUE LATINE A connu le développement urbain le plus rapide du monde. À l'heure actuelle, 60 % de la population du continent vit en ville. Si quelques pays d'Afrique frôlent ce taux, la plupart ne comptent en moyenne que 30 % de citadins. La situation est comparable dans la plus grande partie de l'Asie. Mais l'urbanisation pourrait s'accélérer, notamment en Afrique. Or les agglomérations gigantesques subissent de nombreuses difficultés.

Dans les pays socialistes, où l'État dirigeait tous les secteurs d'activités, les gouvernements ont maîtrisé la croissance urbaine en interdisant l'exode rural et en disséminant les industries dans les campagnes. La migration des fermiers était contrôlée par un système de passeport intérieur dissuadant les déplacements. Quant aux permis de séjour hors de la région d'origine, ils étaient délivrés à titre exceptionnel et pour des durées strictement limitées.

Des déportations dans les campagnes des « excédents » de population urbaine furent même organisées par la force. Ainsi, en 1975, à l'initiative de Pol Pot, une bonne partie des habitants de Phnom Penh ont été contraints de quitter la capitale cambodgienne. Cependant, en règle générale, les déplacements furent encouragés par des avantages

économiques : salaires plus élevés, garantie d'un logement. Ces incitations permirent de faire venir de nombreux ouvriers soit dans des villes pionnières situées à proximité des nouveaux sites d'extraction de matières premières, soit dans des régions périphériques où l'État désirait renforcer son emprise. Dès 1950, des millions de Russes s'installèrent en Sibérie pour mettre en valeur ses ressources minières, et dans les États baltes pour les « russifier » davantage. Le gouvernement chinois a suivi une politique similaire au Tibet ; cela explique pourquoi les Han (l'ethnie majoritaire en Chine) sont devenus plus nombreux à Lhassa, la capitale, que les Tibétains eux-mêmes.

Les villes se sont tellement étendues et ont engendré tant de problèmes économiques, sociaux et écologiques que, dans de nombreuses régions, leur existence même — et la survie de leurs millions d'habitants — semble compromise.

Les centres urbains partagent tous les mêmes difficultés. Ce sont par définition d'énormes concentrations de populations qui travaillent dans l'industrie ou le secteur tertiaire, sans produire les aliments nécessaires à leur consommation. Elles doivent donc pouvoir faire face à toute nouvelle demande en nourriture et en énergie, assurer des transports efficaces, fournir de l'eau potable en abondance, juguler la pollution et empêcher la propagation des épidémies.

La croissance ininterrompue des villes rend tous ces impératifs de plus en plus difficiles à satisfaire. Les agglomérations empiètent toujours davantage sur les terres cultivables qui permettaient jusque-là de nourrir les citadins. Les individus et les produits qui convergent vers les centres villes sont à l'origine d'embouteillages, d'une grave pollution, d'une énorme consommation énergétique et d'une saturation accrue des transports en commun et des égouts, rapidement débordés. Les ressources en eau s'épuisent ou sont souillées et doivent être puisées de plus en plus loin, ce qui compromet l'irrigation des terres agricoles.

Le sol des cités — aplani, artificiel, dur et imperméable — ne fait qu'amplifier les effets du climat. Les citadins souffrent davantage de la chaleur ou du froid, de la sécheresse ou de la pluie, ou des vents violents. Certaines villes doivent également faire face à des inondations, des éruptions volcaniques ou des séismes. Ces catastrophes, toujours graves, deviennent dramatiques quand elles touchent les villes à forte croissance démographique des pays pauvres, incapables d'organiser les secours.

LES TROTTOIRS DE L'ESPOIR
Les villes du tiers monde

E
N 1950 ENCORE, MOINS DE 300 MILLIONS DE personnes vivaient dans les villes du tiers monde. En 2000, leur population atteindra presque 2 milliards ; puis elle doublera d'ici à 2025. Plus de la moitié des 300 agglomérations qui dépassent le million d'habitants se trouvent en Amérique latine, en Afrique ou en Asie ; en 1900, elles n'étaient que treize.

Aujourd'hui, cinq des dix plus grandes villes de la planète sont situées dans les pays en voie de développement : Mexico, São Paulo, Shanghai, Buenos Aires et Séoul. À la fin de ce siècle, seuls Tōkyō et New York représenteront les pays industrialisés parmi les dix premières.

La plupart des centres urbains du tiers monde, même si leur croissance est récente, ont des origines anciennes. En Amérique latine, aux Caraïbes et dans certaines régions d'Afrique, la plupart des villes sont nées des premiers contacts avec les marchands et les colons européens aux XVIe et XVIIe siècles. Ailleurs, en Afrique de l'Ouest, au Moyen-Orient, en Inde et en Chine, les cités sont souvent plus anciennes : elles existaient déjà à l'époque des premiers empires.

La prodigieuse croissance des villes du tiers monde dans la seconde moitié du XXe siècle est comparable à celle qui a eu lieu en Europe ou dans le nord-est des États-Unis au siècle dernier. Des millions de ruraux ont été poussés hors des campagnes par une pauvreté grandissante (et parfois par des catastrophes naturelles ou des problèmes politiques). Ils se sont réfugiés en ville en espérant y trouver du travail, une qualification et davantage de liberté que dans les petites communautés familiales rurales.

S'installer dans une agglomération est moins cher, plus aisé et moins traumatisant qu'auparavant grâce, notamment, aux services de bus pour les longues distances. De plus, la plupart des routes mènent aux centres urbains du pays. Alors que les générations précédentes quittaient leur campagne pour une petite ville peu éloignée, puis tentaient leur chance dans une autre, un peu plus importante, et ainsi de suite, celles d'aujourd'hui partent directement vers les capitales.

Selon des estimations récentes, 100 000 ruraux migrent chaque jour vers une grande ville. En Amérique latine, cependant, où plus de 60 % de la population est urbanisée, ce flux se ralentit peu à peu. Depuis les années 1960, la croissance

São Paulo, Brésil
Cette agglomération, qui a connu le développement le plus rapide au monde, a dépassé les 20 millions d'habitants en 1988. L'État où elle se trouve s'est enrichi grâce à la production du café au XIXe s., et les usines se sont multipliées. Elle est de nos jours le plus grand site industriel de toute l'Amérique latine. Cependant,

2 millions de citadins vivent dans des taudis ; la pollution de l'eau est alarmante et le taux de mortalité infantile augmente rapidement.

urbaine résulte davantage des naissances locales que du flux migratoire. Mais en Afrique et en Asie, anciens paysans et ouvriers agricoles continuent de quitter les campagnes.

Cette situation, quelle qu'en soit l'origine, crée des problèmes souvent insurmontables. Au XIXe siècle, dans les pays industrialisés, les nouveaux arrivants trouvaient du travail dans les manufactures alors en pleine expansion. Aujourd'hui, alors que le phénomène touche le tiers monde, ce n'est plus le cas.

Les emplois réguliers se révèlent quasiment inexistants, les réseaux d'électricité, d'eau courante et d'égouts, les hôpitaux ou les écoles sont inadaptés, les capacités de logement sont depuis longtemps insuffisantes. L'habitat consiste soit en locations dans les bas-quartiers de la ville, soit en campements provisoires dans les périphéries. Les emplois proposés aux migrants sont souvent dangereux, pénibles et sous-payés.

Pour attirer néanmoins tant de monde, les villes du tiers monde seraient-elles pavées d'or ?

Sûrement pas. Mais pour beaucoup de migrants, c'est déjà une chance d'habiter un bidonville et de survivre en cirant des chaussures ou en vendant des billets de loterie, même si les conditions de vie en ville se sont détériorées. L'accroissement constant de la population et la récession économique restreignent les possibilités d'emplois. Quant aux infrastructures urbaines, elles sont à la limite de l'asphyxie. Et pourtant, dans ces pays, les villes offrent encore de meilleures chances que les campagnes. Pour combien de temps ?

Mexico, Mexique
De nombreux bidonvilles — les *colonias paracaidistas*, ou « colonies de parachutistes » — sont construits illégalement par des squatters arrivés en groupe, d'un seul coup. Beaucoup vivent de la récupération des détritus dans les *ciudades perdidas*, ou « cités perdues », construites sur les décharges publiques.

Bogota, Colombie
60 % des immeubles d'habitation construits dans les vingt dernières années l'ont été sans autorisation. Ce sont les *urbanizaciones piratas*, les « urbanisations pirates ».

Rio de Janeiro, Brésil
La ville compte 5 millions d'habitants dont 1,5 million dans des bidonvilles, ou favelas, étrange toile de fond pour les plages de Copacabana et d'Ipanema fréquentées par les touristes étrangers.

Santiago, Chili
Plus de 1 million de personnes vivent dans des *poblaciones callampas*, les « quartiers champignons ».

Kingston, Jamaïque
Des bidonvilles insalubres ont été détruits à plusieurs reprises. Mais 25 % des habitants de la ville (750 000) vivent toujours sans domicile légal.

Casablanca, Maroc
70 % des habitants vivent dans des installations provisoires. Ces bidonvilles, ou gourbis, existent également à Bagdad, en Irak, et dans de nombreuses régions de l'ancien empire colonial français.

Tunis, Tunisie
45 % de la population citadine est concentrée sur 10 % de la surface urbaine, à la fois dans la vieille ville (médina), dans deux cités surpeuplées de banlieue, ainsi que dans des campements de fortune appelés « gourbivilles » ou gourbis.

Ankara, Turquie
Les deux tiers de la population sont logés dans des baraquements (*gecekondus*). 40 % de ces installations n'ont pas plus de deux pièces, 60 % n'ont pas l'eau courante, 85 % n'ont pas de toilettes, 35 % abritent plus d'une famille.

Calcutta, Inde
La plus grande ville du pays compte 3 000 bidonvilles — les *bustees* —, où les populations vivent dans des conditions parmi les pires du monde. Les investissements publics servent moins à reloger les habitants qu'à améliorer ces taudis, qui deviennent ainsi permanents.

Séoul, Corée du Sud
Même si l'économie sud-coréenne se renforce, l'écart de fortune entre riches et pauvres se creuse. Séoul est aujourd'hui l'une des plus grandes villes du monde. Elle attire de nombreux ruraux, mais les problèmes de logement sont énormes, et 30 % de la population vit dans des habitats précaires.

Hongkong
Un vaste programme de construction de logements dans les années 1970 a permis de réduire considérablement les bidonvilles. Mais une immigration massive (notamment celle des boat people vietnamiens) réactualise le problème.

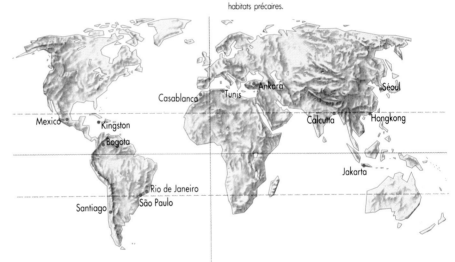

LES FLUX DE POPULATION

Les villes des pays du tiers monde, outre leurs nombreux problèmes, sont des pôles d'attraction pour les plus pauvres, dont la majorité arrive de l'arrière-pays. Mais ni la distance ni les difficultés du voyage ne semblent les dissuader puisqu'il leur est de plus en plus difficile de survivre dans les campagnes. Ce graphique indique l'origine et le nombre des Indonésiens venus s'installer à Jakarta dans les cinq années qui ont précédé 1981. La ville comptait alors 5,2 millions d'habitants. 700 000 personnes sont venues grossir depuis d'un septième sa population.

LES DIFFICULTÉS DU MILIEU
Surmonter les risques naturels

TORNADES, TEMPÊTES DE NEIGE, SÉISMES OU raz de marée : ces catastrophes naturelles peuvent détruire toute une ville. En 79 après J.-C., Pompéi, en Italie, disparut entièrement sous les cendres volcaniques du Vésuve. En 1972, la capitale du Nicaragua, Managua, fut pratiquement désertée à la suite d'un tremblement de terre dont elle ne se remettra peut-être jamais. Certaines villes se préparent mieux que d'autres à affronter de telles calamités, limitant considérablement l'ampleur des destructions et les pertes en vies humaines. La manière dont les citadins s'organisent face aux catastrophes naturelles varie beaucoup selon la nature des sociétés.

Les tremblements de terre qui ont frappé l'Arménie en 1988 et San Francisco en 1989 en sont un bon exemple. Les deux sites ont enregistré des secousses d'une intensité de 6,9 sur l'échelle de Richter. Mais alors qu'en Arménie 25 000 personnes au moins ont trouvé la mort, San Francisco n'a déploré que 63 victimes.

Les fragiles bidonvilles et les immeubles de médiocre qualité des villes arméniennes se sont aussitôt effondrés. À San Francisco, en revanche, les gratte-ciel, construits sur des amortisseurs de chocs en caoutchouc et en acier, ont résisté. Si ces catastrophes ont été une leçon pour les urbanistes, elles ont surtout mis en évidence les problèmes de la société soviétique d'alors.

La nature du terrain choisi pour l'implantation d'un site peut aussi poser des problèmes. Les données physiques du site originel influencent parfois une ville tout au long de son histoire, comme Venise, construite sur une lagune. Souvent, les difficultés n'apparaissent que lorsque la population augmente et exige davantage de son milieu.

Un des premiers impératifs d'une ville en

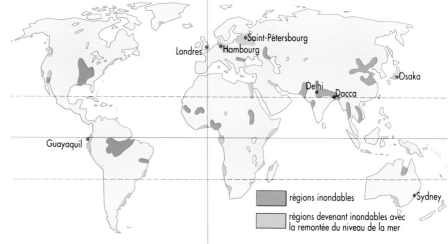

régions inondables

régions devenant inondables avec la remontée du niveau de la mer

LES INONDATIONS

Les inondations ont des causes très diverses : crue d'une rivière due à la fonte des neiges, violente tempête à marée haute sur des zones côtières... Le réchauffement de l'atmosphère pourrait faire que des régions de basse altitude soient noyées dès le XXIe s.

Guayaquil, Équateur
En 1983, des centaines de maisons construites à flanc de colline furent détruites par les coulées de boue dues aux pluies d'El Niño, un courant marin chaud qui remonte parfois le long des côtes du Pérou et de l'Équateur.

Londres, Angleterre
Le niveau de la mer du Nord monte d'environ 1 cm tous les 10 ans. Si le réchauffement terrestre se poursuit, le barrage de la Tamise, terminé en 1983, ne pourra plus protéger la ville

des inondations de marée haute.

Hambourg, Allemagne
Hambourg est situé à 110 km de l'embouchure de l'Elbe. Or l'estuaire joue un rôle d'entonnoir pour la mer et, dans la ville, le niveau de l'eau varie de 2 m avec la marée. Les travaux d'aménagement du fleuve et le dragage pour la navigation permettent aux marées hautes de monter de 10 cm de plus. Les digues contre les inondations ont dû être rehaussées plusieurs fois.

Saint-Pétersbourg, Russie
Un barrage de 25 km sur l'estuaire de la Neva devrait bientôt mettre Saint-Pétersbourg à l'abri des inondations par la mer. Il pourra être rehaussé si le besoin s'en fait sentir.

Delhi, Inde
La population en constante augmentation colonise dangereusement la plaine inondable de la Yamuna. En 1980, celle-ci a rompu ses digues et formé un lac de 130 km².

Dacca, Bangladesh
La terrible inondation marine de 1988 a noyé 75 % du pays. Les voies de chemin de fer et l'aéroport de Dacca sont devenus inutilisables, interdisant l'acheminement des secours vers les régions sinistrées.

Ōsaka, Japon
La ville d'Ōsaka est menacée à la fois par les raz de marée provoqués par les typhons et par les crues de la rivière Yodo, dont elle occupe le delta.

De plus, celui-ci s'affaisse à cause du puisage excessif des eaux souterraines. Aujourd'hui, des vannes et des stations de pompage protègent mieux la ville.

Sydney, Australie
Si le réchauffement de l'atmosphère faisait monter le niveau de la mer de 15 à 50 cm d'ici 40 ans, comme le prévoient des spécialistes, la plus grande partie de Sydney, construite sur des terres basses, serait noyée.

LES SÉISMES ET LES VOLCANS

Les tremblements de terre et l'activité volcanique menacent quelques-unes des régions les plus peuplées du monde. Bien que les dommages soient toujours plus considérables dans les pays pauvres, où les constructions sont peu résistantes, les villes riches peuvent en souffrir durement.

Région du Tōkai, Japon
Le dernier grand tremblement de terre — le « grand Kano » — dont souffrit Tōkyō et Yokohama remonte à 1923. Détruisant 370 000 bâtiments, il a fait 59 000 morts et 2,5 millions de sans-abri.

Anchorage, Alaska, É.-U.
Le premier séisme qui causa des dégâts sérieux dans la ville date du vendredi saint de 1964. Des immeubles, des routes, des voies ferrées, des ponts furent détruits.

San Francisco, É.-U.
Située sur la faille de San Andreas, la ville subit en 1906

un séisme d'une intensité de 8,3 sur l'échelle de Richter. Celui de 1989 (intensité 6,9) fit des dégâts estimés à 6 milliards de dollars.

Mexico, Mexique
La ville la plus peuplée du monde fut dévastée en 1985 par un séisme qui libéra mille fois plus d'énergie que la bombe d'Hiroshima.

Guatemala, Guatemala
Une série de tremblements de terre étalés sur six semaines ravagea pratiquement la ville en 1917-1918. À la suite du séisme de 1976, 12 000 personnes périrent.

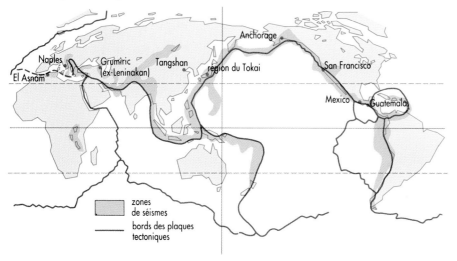

zones de séismes

bords des plaques tectoniques

El Asnam, Algérie
En 1980, deux séismes (dont un d'intensité 7,3) anéantirent l'essentiel de la ville, causant la mort de 20 000 personnes. 400 000 habitants se retrouvèrent sans toit.

Naples, Italie
Très peu de villes sont aussi proches d'un volcan actif. Bien que la dernière éruption du Vésuve remonte à 1944, la région enregistre continuellement des secousses.

Grumiric (ex-Leninakan), Arménie
Le séisme de décembre 1988 détruisit 75 % des bâtiments publics et privés de la ville, et toucha gravement deux autres agglomérations.

Tangshan, Chine
En juillet 1976, 240 000 personnes au moins furent victimes d'un séisme que les experts n'avaient pas prévu. En quelques secondes, il ne resta de la ville que des ruines.

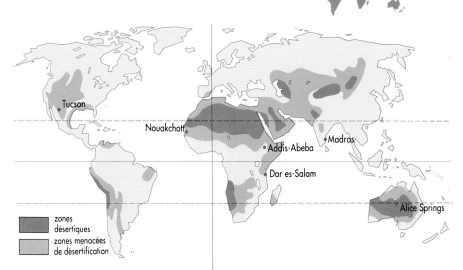

zones désertiques
zones menacées de désertification

expansion est l'aménagement d'un réseau d'alimentation en eau potable adapté à ses besoins, surtout parce que la multiplication des habitants entraîne une pollution des nappes et des cours d'eau locaux, ces derniers devenant parfois de véritables égouts. L'explosion démographique urbaine au XXᵉ siècle a considérablement accru ces problèmes, au point de les rendre dramatiques dans le tiers monde, comme à Bangkok, en Thaïlande, ou à Dacca, au Bangladesh. Mais les pays industrialisés ne sont pas à l'abri.

Quant aux terrains constructibles, ils deviennent de plus en plus rares à mesure que la ville déborde sur son arrière-pays. Divers sites nécessitent de sérieux aménagements avant d'accueillir des bâtiments. Dans certains cas, même, les hommes doivent gagner sur l'eau des terrains nouveaux, en repoussant les flots grâce à des digues ou en asséchant des marais et des étangs. À Nice, à Singapour ou à Wellington (Nouvelle-Zélande), il a fallu étendre les pistes d'atterrissage sur la mer pour recevoir les nouveaux avions à réaction. Tōkyō se développe sur des terres gagnées sur le rivage.

Le type des terrains aménagés et les catégories de populations qui s'y installent témoignent de la hiérarchie sociale. À Los Angeles, les habitants les plus riches occupent les collines et les hauteurs de la ville. À Rio de Janeiro, ce sont les plus pauvres qui vivent sur les pentes escarpées. En Californie, les collines sont protégées des crues d'orage par un réseau complexe de barrages et de canaux alors que, au Brésil, les coulées de boue font régulièrement des centaines de morts.

LA SÉCHERESSE

Les régions désertiques ou semi-désertiques couvrent près d'un tiers de la surface du globe ; elles reçoivent en moyenne moins de 300 mm de précipitations par an. Cependant, la sécheresse peut toucher n'importe quelle région du globe si elle est moins arrosée que prévu. Cette notion est donc relative : certaines zones du Moyen-Orient s'habituent à 6 mois sans pluie alors qu'un seul serait considéré comme une catastrophe en Europe du Nord.

Tucson, É.-U.
La ville de Tucson ne subvient à ses besoins en eau que grâce à la nappe souterraine d'Ogallala, mais celle-ci risque de s'épuiser car il lui faut des milliers d'années pour se reconstituer. De plus, le pompage excessif entraîne l'affaissement des terrains, et les eaux salées ou polluées s'infiltrent dans les nappes phréatiques.

Nouakchott, Mauritanie
Cette ville du Sahel a grandi sous l'effet de la sécheresse : depuis 1970, plus de 300 000 personnes chassées des steppes par la famine ont installé leurs campements précaires aux abords de la capitale.
À l'heure actuelle, la moitié des habitants de la ville sont des réfugiés sans ressources.

Dar es-Salaam, Tanzanie
Le réseau d'alimentation en eau potable ne répond plus à la demande croissante. De nombreux quartiers sont privés d'eau, parfois durant plusieurs jours. Le problème s'est aggravé avec la raréfaction des pluies. La pénurie d'eau perturbe gravement l'industrie textile de la ville.

Addis-Abeba, Éthiopie
La sécheresse rend insuffisant le réseau d'alimentation de la ville en eau potable. La pénurie est aggravée par l'afflux récent de populations chassées du Tigré et de l'Érythrée par la guerre civile.

Madras, Inde
La quatrième ville de l'Inde a connu une croissance démographique rapide à partir de 1947.
En 1983, à la suite de trois années de mousson insuffisante, les puits se trouvent asséchés : il fallait attendre des heures entières devant des robinets publics.

Alice Springs, Australie
Située au milieu du grand désert central, cette localité fut fondée en 1872 pour servir de relais aux fils du télégraphe. La plupart du temps, les rivières et les lacs sont à sec, car il ne tombe en moyenne que 252 mm de pluie par an. Il faut pomper les nappes souterraines.

LES ORAGES ET LES TEMPÊTES

Les ouragans, les cyclones et les typhons sont des vents violents qui s'accompagnent de pluies torrentielles. Ils naissent sur l'océan et peuvent parcourir 800 km en quelques jours. Ils frappent régulièrement les Caraïbes, le sud des États-Unis et plusieurs régions côtières de l'Asie du Sud-Est.

La Nouvelle-Orléans, É.-U.
En septembre 1988, des milliers de personnes furent évacuées pour échapper à l'ouragan Florence.
Malgré ses digues, la ville est de plus en plus menacée par les inondations : chaque année, 100 km² des terres marécageuses du delta du Mississippi sont conquis par la mer.

Miami, É.-U.
Miami, comme d'autres villes du Vieux Sud américain, est touchée deux fois par an en moyenne par des ouragans tropicaux gravement destructeurs.

Kingston, Jamaïque
L'ouragan Gilbert dévasta la Jamaïque en 1988. Avec des vents de 185 km/h, il fit plus de 500 000 sans-abri.

Saint-Domingue, République dominicaine
En août 1989, l'ouragan David dévasta l'île de ses vents soufflant à plus de 230 km/h ; six jours plus tard, il était suivi par Frédéric, qui reçut 600 mm de pluie au cours de cette double catastrophe.

La Paz, Bolivie
En 1976, l'ouragan Lisa, dont l'arrivée n'avait pas été annoncée, fit plus de

BLIZZARDS
nov.-mars

La Nouvelle-Orléans
Miami
Kingston · Saint-Domingue
OURAGANS
août-oct.

La Paz

trajet des vents polaires d'hiver
trajet des tornades tropicales

Hongkong

Manille

CYCLONES
juin-nov.

TYPHONS
juil.-oct.

Darwin

WILLY WILLIES
janv.-mars

Melbourne

500 morts. Des baraquements furent emportés à plus de 10 km par les inondations qui suivirent la tempête.

Hongkong
Les typhons sont tellement fréquents que la plupart des

nouveaux immeubles doivent être conçus pour y résister.

Manille, Philippines
Les typhons du Pacifique frappent souvent cette région. En 1985, celui qui toucha Manille fit 20 000 sans-abri.

Darwin, Australie
La ville fut pratiquement détruite par le typhon Tracy de 1974, mais la population avait pu être évacuée à temps.

Melbourne, Australie
Un *willy willy*, tornade violente d'Australie, peut arracher au

sol des milliers de tonnes de poussière. Melbourne est fréquemment obscurci par d'énormes nuages de ces particules fines. En 1983, l'un d'entre eux, long de 160 km et épais de 3 km, obligea la ville et ses trois aéroports à cesser toute activité.

DES VILLES INFERNALES
Le problème des foules

L ES MÉTROPOLES OFFRENT LE MEILLEUR ET le pire de la civilisation à la fois. Car, si elles présentent de multiples avantages dans le domaine de l'emploi, de la culture et de l'éducation, elles engendrent d'énormes problèmes. Il s'agit non seulement de la criminalité, des conflits sociaux, des déprédations, de la surpopulation, mais aussi des dangers de la pollution : souillure de l'air et de l'eau, volume des déchets, maladies épidémiques.

Partout où il y a forte densité de la population et des activités industrielles, les villes risquent de se transformer en enfers. Le problème essentiel, celui de la pollution, permet de différencier les cités selon la façon dont il est traité.

Grâce aux informations parvenues depuis la *glasnost*, on a appris que, en Europe de l'Est et en Union soviétique, la production industrielle avait la priorité sur l'environnement. Dans le tiers monde, de nombreux gouvernements, submergés par la dette, ont accepté des industries polluantes, laissant ainsi violer le peu de lois qu'ils avaient promulguées pour les contrôler.

Dans les métropoles des pays riches, l'amélio-ration des techniques de production industrielle a généralement évité les pires excès. Mais alors que l'atmosphère des villes était purifiée des fumées des cheminées d'usines et des installations de chauffage, un nouveau polluant proliférait.

L'automobile, en effet, produit son propre poids de gaz d'échappement tous les 16 000 km. Elle est ainsi devenue la plus grande source de pollution des agglomérations des pays développés. Ces rejets d'échappement, constitués d'un mélange déjà hautement toxique, peuvent devenir mortels sous l'action de l'énergie solaire en créant un «brouillard photochimique». Los Angeles est tristement célèbre dans ce domaine. Mais toute ville située dans un pays chaud et ensoleillé est menacée par ce phénomène, surtout si elle est entourée de collines ou de montagnes (Athènes) ou bâtie en altitude (Mexico).

Les premiers vrais réseaux d'évacuation des eaux de pluie et des eaux usées, constitués de canalisations et d'égouts planifiés à l'échelle de toute une ville, n'ont été réalisés qu'au milieu du XIXᵉ siècle, à New York, puis à Londres et dans d'autres capitales. Aujourd'hui, ces systèmes

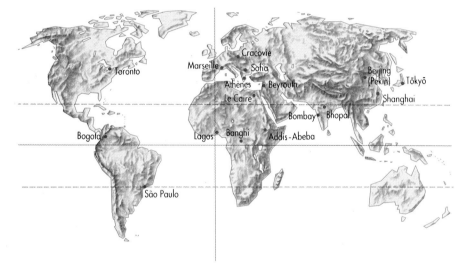

Toronto, Canada
Au début de l'année 1990, l'incendie d'une décharge de 14 millions de pneus était visible à 130 km de là. D'énormes quantités d'hydrocarbures s'infiltrèrent dans les nappes phréatiques.

Bogotá, Colombie
Les eaux usées et les produits chimiques déversés en amont de la ville polluent l'eau potable.

São Paulo, Brésil
Les pluies acides ont un pH inférieur à 4,5 — c'est-à-dire mille fois plus acide que celui de l'eau «normale».

Marseille, France
Marseille a beaucoup évolué grâce aux investissements de rénovation des quartiers. Toutefois, la ville demeure confrontée aux problèmes du chômage et de la pollution.

Cracovie, Pologne
Les façades des monuments de la vieille ville se dégradent sous l'effet de pluies acides.

Athènes, Grèce
L'Acropole s'est davantage détériorée durant ces 25 dernières années qu'en 2 500 ans d'existence. C'est le résultat de la pollution la plus catastrophique d'Europe. Les autorités projettent de n'autoriser la circulation des voitures dans le centre ville qu'un jour sur deux.

Sofia, Bulgarie
Des brouillards brunâtres créés par les gaz d'échappement des véhicules envahissent souvent la capitale.

Lagos, Nigeria
Le centre de la ville la plus embouteillée de la planète s'étend sur une île reliée au continent par deux ponts, dont le passage exige souvent 45 min.

Le Caire, Égypte
La plus grande ville du Moyen-Orient traite à peine la moitié de ses eaux usées ; le reste se déverse dans le Nil ou dans les lacs. Diarrhées et dysenteries sont fréquentes, et les risques de typhoïde et de choléra importants.

Bangui, République centrafricaine
Le système d'égouts de la ville a été construit quand la population comptait 26 000 personnes. Il n'a jamais été amélioré alors que les habitants sont actuellement 500 000.

Addis-Abeba, Éthiopie
Avec 1,5 million d'habitants, Addis-Abeba demeure la plus grande ville au monde à n'avoir aucun système d'égout.

Beyrouth, Liban
Appelé autrefois le «Paris de l'Orient», Beyrouth est en ruine, brisé par la guerre. Les conditions de vie sont précaires et, dans les camps de réfugiés, épouvantables.

Bhopāl, Inde
Le 2 décembre 1984, 30 tonnes d'isocyanate de méthyle furent accidentellement rejetées dans l'atmosphère par l'usine de pesticides d'Union Carbide. 200 000 personnes moururent ou restèrent handicapées à vie, plus ou moins gravement.

Bombay, Inde
3,5 millions de personnes au moins habitent des taudis ; 40 % des habitations ne sont pas raccordées au tout-à-l'égout.

Pékin, Chine
Les fumées des combustibles domestiques et des usines font de Pékin une ville seize fois plus polluée que Tōkyō.

Shanghai, Chine
4 millions de tonnes de déchets industriels non traités et d'ordures ménagères sont déversées chaque jour dans le Huangpu. Au printemps et en été, des vapeurs noires et nauséabondes s'élèvent du fleuve. La pollution et le bruit ajoutent aux difficultés de la population.

Tōkyō, Japon
Les cours d'eau de la ville sont tellement gorgés de produits chimiques qu'on prétend qu'il est possible de développer des photos en les plongeant dans l'eau ! L'acidité de l'air a beaucoup baissé grâce aux contrôles des pollutions atmosphériques.

LA PIRE VILLE DU MONDE ?

Lagos, la capitale du Nigeria, connaît sans doute davantage de difficultés que toute autre ville au monde. Les ordures ne sont pas ramassées. Le trafic routier est bloqué. L'habitat est très insuffisant pour une population qui s'accroît de 200 000 personnes chaque année. L'effondrement de l'économie du pays dans les années 1980, résultat de la forte chute du prix du pétrole, a encore aggravé les conditions de vie.

Lagos doit également faire face à de sérieuses difficultés liées à son emplacement. D'abord construite sur une île, la cité a peu à peu conquis la terre ferme et couvre maintenant une superficie de 250 km². Deux ponts, embouteillés en permanence, relient la vieille ville à sa banlieue.

Autour s'étendent des bancs de sable et des dépressions inondables infestées de moustiques porteurs de maladies. Les canaux de drainage creusés dans les années 1930 ont été depuis comblés par les constructions, ce qui augmente les risques d'inondations. Les marécages du front de mer ont résisté à tous les efforts d'assèchement entrepris pour les viabiliser : le sol instable ne permet pas de bonnes fondations, de nombreuses familles s'installent sur des terrains imprégnés d'eau. L'assainissement du lagon paraît plus aisé, mais les travaux, lents et onéreux, ne suffisent pas à pallier le manque d'espace.

Les difficultés de drainage et d'évacuation des eaux s'aggravent donc au rythme de la rapide croissance démographique. Pour la limiter, les projets prévoient de transférer la capitale à Abuja, ce qui risque de laisser Lagos sans moyens pour résoudre ses énormes problèmes.

Curieusement, le centre-ville de Tōkyō n'est pas vraiment surpeuplé si on le compare à Paris ou à New York. Mais les terrains y sont de loin les plus chers du monde. Dès lors, les équipements publics ont du mal à s'étendre et se congestionnent sous l'afflux des utilisateurs. Au cours d'un après-midi de congé, la piscine municipale peut « accueillir » 20 000 personnes à la fois, mais pas toutes dans l'eau...

d'égouts, devenus insuffisants, se délabrent en raison d'une usure naturelle et de vibrations continuelles dues à la circulation. Cela est encore plus grave dans les villes pauvres qui se développent rapidement et qui utilisent souvent encore des équipements datant de la colonisation.

Dans de nombreuses autres régions du monde, il ne s'agit pas de remplacer, mais d'installer des canalisations. L'énorme dépense dépasse souvent les possibilités des gouvernements. Les villes risquent alors d'être inondées lors des orages, et d'être contaminées par les eaux usées. Les enfants sont les premières victimes de la pollution chimique et bactériologique des réserves d'eau.

Les métropoles doivent ainsi faire face simultanément aux masses énormes de déchets liquides et solides qu'elles rejettent dans l'eau, ainsi qu'à l'écoulement des pluies. En effet le sol des villes,

véritables « jungles de béton », devient imperméable et inondable.

Un New-Yorkais jette en moyenne 45 kg de détritus par semaine. Compte tenu du nombre d'habitants de la ville, il faut une gestion très efficace du traitement des déchets. De nombreuses villes ont choisi de s'en débarrasser en les enterrant à la périphérie. Mais les capacités des décharges sont limitées, et de nouveaux emplacements sont de plus en plus difficiles à trouver.

Une fois pleines, les décharges sont recouvertes de terre ou de béton. Elles attirent bientôt les promoteurs immobiliers, qui y voient des terrains à bâtir. Mais si, à court terme, elles sont disgracieuses, infestées par la vermine et nauséabondes, elles deviennent encore plus dangereuses une fois refermées. Elles continuent en effet à produire des toxines, qui empoisonnent les

nappes d'eau voisines, ainsi que du méthane et d'autres gaz inflammables ou explosifs.

Les tentatives d'incinération des détritus se sont accompagnées de pollution atmosphérique et de redéposition des poussières. Pour éviter ces inconvénients, certains pays riches immergent les ordures dans l'océan ou les transportent par bateau dans les pays sous-développés qui n'hésitent pas à devenir des poubelles en échange de quelques revenus.

Paradoxalement, les décharges des villes du tiers monde représentent une ressource importante pour leurs habitants les plus déshérités : elles leur permettent de survivre. À Manille, capitale des Philippines, une véritable armée de trieurs de détritus, de chiffonniers et de collecteurs de bouteilles récupèrent sur la « montagne fumante » les matières recyclables.

LA CITÉ DE L'ÉTERNEL DÉFI
Venise de nouveau en péril

V ENISE, «LA REINE DE L'ADRIATIQUE», RÈGNE sur cent dix-huit îles marécageuses, au milieu d'une lagune peu profonde; et chaque grande marée défie son autorité. L'alliance entre la cité et la mer est célébrée chaque année par les noces symboliques du doge («duc» en dialecte) et de l'Adriatique. Mais les liens qui les unissent ont toujours été ambigus.

Venise reste une ville en équilibre précaire, menacée par le niveau de l'eau.

Ses premiers occupants, fuyant les hordes de barbares pillards venus du nord, s'y installèrent il y a plus de mille trois cents ans. L'endroit semblait bien ingrat, mais la lagune les protégeait efficacement.

La ville montre fièrement les richesses qu'elle a accumulées durant des siècles à travers une architecture délicate et de superbes ouvrages d'art. Si elle est aujourd'hui mieux protégée qu'autrefois, elle est en revanche menacée par une invasion barbare du XXᵉ siècle, la pollution industrielle et domestique.

Avant 1846, date à laquelle un viaduc ferroviaire fut construit entre la ville et la terre ferme, Venise n'était accessible que par bateau. Cette situation originale contribuait largement à son indépendance et à sa fortune. En effet, grâce au commerce maritime en Méditerranée, la ville tint des siècles durant le rang de premier port européen vers l'Afrique et l'Asie.

En novembre 1966, une tempête au nord de l'Italie grossit considérablement les fleuves se jetant dans la lagune, dont le niveau monta. L'inondation provoqua des dommages incalculables et pratiquement irréversibles sur les bâtiments et les œuvres d'art.

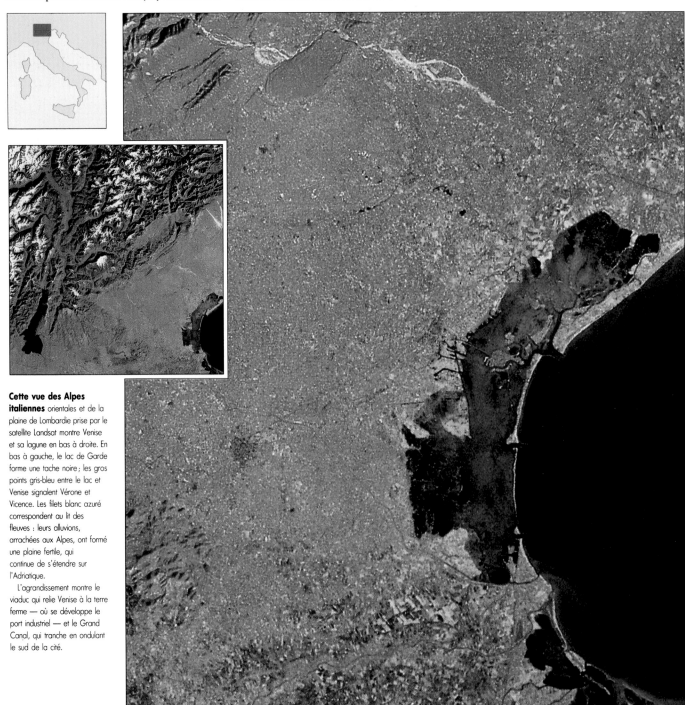

Cette vue des Alpes italiennes orientales et de la plaine de Lombardie prise par le satellite Landsat montre Venise et sa lagune en bas à droite. En bas à gauche, le lac de Garde forme une tache noire; les gros points gris-bleu entre le lac et Venise signalent Vérone et Vicence. Les filets blanc azuré correspondent au lit des fleuves : leurs alluvions, arrachées aux Alpes, ont formé une plaine fertile, qui continue de s'étendre sur l'Adriatique.

L'agrandissement montre le viaduc qui relie Venise à la terre ferme — où se développe le port industriel — et le Grand Canal, qui tranche en ondulant le sud de la cité.

Depuis, des efforts considérables ont été accomplis pour maîtriser les eaux.

Un aqueduc long de 18 km alimente les usines afin de maintenir le niveau des nappes souterraines. Les entrées de la lagune sont contrôlées par des écluses et des digues, et diverses protections contre les risques de montée du niveau de la mer ont été construites ou améliorées. Du béton a été injecté sous de nombreux édifices pour enrayer l'affaissement du sous-sol et étayer les fondations rongées par le mélange corrosif de l'eau salée et des polluants industriels.

Le niveau de l'eau est à présent stabilisé, mais d'autres problèmes demeurent. Celui de la pollution n'est pas le moindre : les pluies acides rongent les sculptures.

Par ailleurs, on a trop tardé à mettre en place un système d'épuration des eaux chaudes de la lagune, qui reçoit de plusieurs fleuves les fertilisants agricoles et les effluents industriels de l'arrière-pays.

Le résultat est dramatique : des « algues tueuses » se sont développées dans les eaux de la lagune, chaudes et fertiles. Pendant l'été 1988,

elles en ont recouvert la surface sur près de 5 000 ha, formant un tapis gras et noir que les rayons du soleil n'arrivaient plus à percer. Tout l'oxygène de l'eau disparut ; des poissons morts furent rejetés par millions sur les plages ; la décomposition des algues rendait l'air irrespirable et les insectes envahirent la ville. L'industrie touristique en souffrit beaucoup.

Par une ironie du sort, Venise, qui doit sa renommée et sa fortune à son mariage avec l'eau, risque à présent, malgré les efforts internationaux, d'être victime de sa pollution.

Marco Polo donne un excellent exemple de la perspicacité et du courage qui poussèrent les marchands vénitiens à s'imposer dans le commerce international. À la fin du XIIIᵉ s., Marco Polo partit pour la Chine où il passa plusieurs années à la cour de l'empereur Kubilay Khan. Les très nombreuses informations géographiques qu'il rapporta — et que l'on ignorait jusqu'alors — furent largement utilisées pendant l'âge d'or des grandes découvertes européennes, quelque 200 ans plus tard.

Ce frontispice (à gauche) du début du XVᵉ s. montre Venise saluant le départ de Marco Polo, de son père et de son oncle vers l'Orient. Le texte raconte leur aventure.

DES VENISE AUTOUR DU MONDE

Venise n'a pas inspiré que les artistes. Depuis des centaines d'années, des voyageurs se sont souvenus de sa beauté — et de ses difficultés — lorsqu'ils découvrirent d'autres villes construites sur l'eau.

Amsterdam, Pays-Bas
Prétendant au titre de « Venise du Nord », Amsterdam a été construit sur des pilotis enfoncés dans le sable et la vase à l'embouchure de l'Amstel. Trois grands canaux circulaires entourèrent ensuite, au début du XVIIᵉ s., la vieille ville.

Bangkok, Thaïlande
La ville s'étend sur les rives du fleuve Ménam. Cette « Venise de l'Orient » est sillonnée de nombreux canaux, très empruntés.

Fort Lauderdale, Floride, États-Unis
Située de façon idéale pour devenir un gigantesque port de plaisance, la ville est quadrillée par un réseau de 435 km de canaux.

Saint-Pétersbourg, Russie
Construite au fond du golfe de Finlande sur les marécages de la Neva, fréquemment exposée aux inondations, cette très belle ville compte 700 ponts.

Manchester, Angleterre
Bâtie à la confluence de plusieurs voies d'eau, la ville de Manchester avait un destin de place commerciale. Elle devint un puissant centre industriel grâce à la construction, au début du XIXᵉ s., d'un réseau de canaux navigables la reliant à la mer.

Stockholm, Suède
Le nom de la capitale de la Suède, érigée sur 20 îles et presqu'îles, signifie « île des mâts », par référence aux piliers en bois de ses fondations.

Golfe du Venezuela, Amérique du Sud
Le navigateur Amerigo Vespucci appela ce golfe « Petite Venise », tant il fut impressionné par ses villages côtiers qui semblaient sortir des eaux des Caraïbes.

Venise a pu s'édifier sur le fond d'une lagune grâce à d'innombrables piliers de bois enfoncés dans les alluvions. Il en fallut deux millions pour soutenir la seule église Santa Maria della Salute. Chacun des principaux monuments a nécessité une véritable forêt sous-marine. La demande insatiable de Venise en bois de construction (pour les édifices et les navires) a dépouillé de presque tous leurs chênes les forêts du nord

de l'Italie, de la Slovénie et du littoral de la Dalmatie. Aucune de ces régions n'a retrouvé son aspect d'origine.

Les piliers sont enfoncés dans l'épaisseur des alluvions argileuses qui recouvrent les dépôts sableux. Avec le temps,

le poids des constructions a comprimé cette couche d'argile, tandis que le pompage de l'eau pour les besoins domestiques et industriels a provoqué son affaissement. De plus, au cours de notre siècle, le niveau de la mer s'est élevé de près de 20 cm. Enfin, l'ouverture de profonds chenaux pour permettre la circulation de gros navires a facilité l'entrée dans la lagune des marées accentuées par les vents venant du sud et de l'est.

cloisons intérieures

nouveau niveau du plancher

ancien niveau du plancher

couche de roche d'Istrie résistant à l'humidité

de niveau normal des hautes eaux

niveau moyen de la mer

niveau des plus basses eaux

fondations en brique

Deux couches perpendiculaires de planches constituent une plate-forme

détritus et vase dans le canal

fond du canal initial

Des gravats colmatant les vides entre les piliers de fondation

piliers de fondation en bois

Venise

LA MOSAÏQUE URBAINE

VASTE ENSEMBLE S'ÉTANT APPAREMMENT développé au hasard, la grande ville est à la fois un centre économique, un foyer politique et un lieu où se côtoient plusieurs millions de personnes. Les banlieusards viennent chaque jour y travailler, les pèlerins affluent vers ses lieux saints, les immigrés espèrent y trouver une vie meilleure. Les ethnies se mélangent, les automobiles et les piétons se disputent l'espace, les bâtiments rivalisent d'audace ou de banalité architecturales.

Pourtant, malgré ce désordre évident, chaque groupe humain, chaque type d'activité, chaque style de construction a sa place dans la mosaïque urbaine.

Les villes ont joué un rôle majeur dans l'histoire des civilisations. En pratique, elles logent des individus et leur offrent des emplois. Mais, symboliquement, elles sont aussi la scène sur laquelle ils expriment leur vision du monde. Les principaux bâtiments, les monuments et les statues tout autant que le plan urbain sont des schémas codés, des modèles qui témoignent des idées que les sociétés humaines se font de la nature et de la structure de l'univers. Les premières cités, de forme généralement géométrique, s'organisaient en cercle ou en carré. Elles témoignaient de la relation qui liait les habitants à leurs dieux ou souverains divinisés et constituaient une sorte de projection du cosmos sur la Terre.

Rien n'a changé depuis : toute structure urbaine reflète les valeurs et les croyances de la société qui la produit. Au Moyen-Orient, les urbanistes respectent les enseignements du Coran. À Moscou, les dimensions monumentales de la place Rouge et du Kremlin attestent l'autorité d'un pouvoir centralisé. En Amérique du Nord, les gratte-ciel témoignent tout aussi clairement de l'imposante puissance de l'argent.

La plupart des villes, même lorsqu'elles ont été bouleversées par des reconstructions au cours des générations, laissent encore deviner leur plan d'origine. Des bâtiments disparaissent et des terrains sont réaménagés, mais certaines données, tels le tracé des rues ou l'emplacement des édifices, sont moins sensibles aux évolutions et assurent une continuité historique à un paysage urbain en rapide transformation.

Les éléments les plus persistants sont généralement des vestiges architecturaux. Souvent, seules les constructions les plus imposantes restent debout pendant des siècles, notamment celles qui affirmaient une puissance politique, militaire ou religieuse, comme les châteaux et les remparts, les palais, les temples ou les églises. Les édifices privés, plus modestes, perdurent moins. Même lorsque les grandes structures disparaissent, leur empreinte demeure longtemps. Ainsi, le tracé d'anciennes murailles reste parfois apparent — souvent sous forme d'une grande voie — longtemps après que celles-ci ont été détruites. Le mot « boulevard », utilisé presque partout pour désigner une large avenue, vient d'ailleurs du moyen néerlandais *bolwerc,* qui signifiait « rempart ».

Les rues elles-mêmes sont souvent le produit d'un passé lointain. Certaines, comme à Turin ou à Florence, respectent le plan du damier dessiné deux mille ans plus tôt par les Romains. Les plans modernes tiennent parfois compte d'anciens chemins et sentiers d'avant l'urbanisation. Par exemple, Passyunck Avenue, à Philadelphie, et Broadway, à New York, suivent le tracé de très vieilles pistes indiennes.

Les villes portent aussi la marque des structures sociales. Ici, il s'agit moins de symbolisme que d'économie ou de politique. Dans les sociétés capitalistes, l'emplacement des commerces, des industries et des logements est l'enjeu d'une lutte pour l'espace. Les différents quartiers se caractérisent par des types distincts d'occupation des sols. Disposant de plus de ressources, les commerçants et les industriels sont généralement en mesure de supplanter ceux qui cherchent un logement et de s'installer dans les endroits les plus recherchés des centres villes. Les habitations sont repoussées à la périphérie ou s'entassent là où il reste un peu de place.

DANS LES QUARTIERS D'HABITATION, LES types de logements varient en fonction de groupes humains définis par des critères économiques, raciaux et sociaux. Ces groupes constituent des mondes à l'intérieur de l'univers même de la ville, avec leur propre culture — langue, coutumes vestimentaires, mode de vie —, et chacun d'entre eux est un élément, minuscule et unique, de la grande mosaïque urbaine.

En fait, ce puzzle serait plutôt un kaléidoscope, une structure en perpétuel changement. Avant l'apogée de la

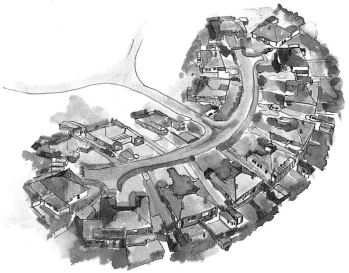

révolution industrielle, le cœur des villes d'Europe du Nord était principalement occupé par les élites commerçantes, politiques et religieuses. C'est là que se trouvaient rassemblés les principaux bâtiments civils et religieux, et c'est de là que rayonnait le pouvoir économique, social et politique. Autour du centre, les artisans — orfèvres, tisserands ou potiers — étaient regroupés dans des quartiers spécifiques. Les autres — les pauvres, ceux qui exerçaient une activité polluante ou les minorités ethniques et religieuses — étaient relégués à la périphérie, et parfois à l'extérieur des remparts. Cette organisation sociale perdure dans de nombreuses villes du tiers monde, notamment en Afrique et en Asie.

En Occident, l'industrialisation modifia profondément la situation. Les usines s'installèrent en effet dans les centres urbains, mieux desservis. Ces nouvelles activités dégagèrent des richesses, mais elles furent aussi source d'encombrement, de pollution et de misère. Ceux qui en avaient les moyens se déplacèrent alors souvent vers les hauteurs de la ville — où l'air est meilleur — ou vers des quartiers situés à l'ouest, face au vent, ce qui fut le cas à Paris ou à Londres. Beaucoup d'autres se sont installés dans les faubourgs, en banlieue, voire plus loin. Ceux qui sont restés ont dû se contenter de logements surpeuplés et insalubres.

Les villes ont bientôt débordé leurs anciennes enceintes, mordant sur les campagnes voisines. Le développement des routes — puis des autoroutes — ainsi que des lignes de chemin de fer, de tramway, de bus et de métro et l'augmentation considérable du nombre des voitures particulières ont amplifié le phénomène : la ville s'est encore étendue et a définitivement effacé la limite autrefois très nette entre la cité et les campagnes environnantes.

D EPUIS LE DÉBUT DU SIÈCLE, LA dépopulation des centres urbains et l'extension des banlieues ont transformé les villes d'Amérique du Nord et d'Europe. Ailleurs, l'évolution s'est faite autrement. Dans les pays de l'Est, le développement urbain a été planifié selon des critères et un modèle social particuliers. Dans le tiers monde, les centres villes accueillent toujours les élites tandis que les plus pauvres résident, en périphérie, dans des bidonvilles.

Mais qu'elles soient à l'est ou à l'ouest, au sud ou au nord, riches ou pauvres, les villes représentent, aux yeux de certains, des mondes invivables : chacune d'elles peut offrir une vision de l'enfer. La cité moderne, avancent ses détracteurs, ne sera jamais rien d'autre qu'un rassemblement désordonné d'individus solitaires réunis par le hasard.

Le chaos urbain serait-il universel ? La ville est en fait la création humaine la plus complexe. Pour qu'elle « fonctionne » — c'est-à-dire qu'elle offre une nourriture suffisante et les autres biens nécessaires à la vie, que les réseaux d'eau, de gaz, d'électricité, de transport et de téléphone soient bien adaptés, que les hommes y vivent en espérant que chaque jour nouveau ressemblera au précédent —, il faut que ses innombrables habitants coordonnent leurs efforts, constants et communs, vers un même but.

Partout, la mosaïque urbaine évolue en fonction des contraintes politiques, économiques mais aussi géographiques. Dans les pays développés, la période postindustrielle a transformé les paysages urbains. Tandis que les usines quittaient les agglomérations surpeuplées pour des sites excentrés, les activités financières et commerciales se concentraient de plus en plus dans le cœur des villes, attirant de nouveaux groupes sociaux. Pendant qu'une « aristocratie urbaine » de fraîche date colonisait à haut prix les logements du centre, les anciens résidents partaient vers d'autres quartiers. Ceux qui restaient devaient vivre, parfois avec amertume, auprès de nouveaux voisins plus fortunés.

Ce grand brassage fait ainsi cohabiter des mondes divers, qui apportent vitalité et couleur à la mosaïque urbaine. Les disparités s'accentuent, les différences culturelles s'affirment, les styles de vie se transforment. Les cités ne sont pas seulement le cadre physique d'activités domestiques et économiques, elles sont aussi la scène où se joue et se célèbre la diversité. En concentrant à l'extrême la puissance, la richesse et la vitalité culturelle, les villes constituent le creuset, sinon le cerveau de la créativité humaine.

LA SYMBOLIQUE DE L'ESPACE
La signification des structures urbaines

OCCULTÉE PAR L'AGITATION DES CITÉS modernes, la structure urbaine témoigne d'une riche symbolique. Son message s'exprime parfois avec force et panache à travers une statue monumentale, un immense arc de triomphe ou un gratte-ciel majestueux; il peut aussi n'être qu'un doux murmure susurré par la frise délicate d'une façade ou l'élégance du mobilier urbain. Pourtant, bien que complexe, son sens est toujours précis. Il est parfaitement compréhensible pour qui prend la peine de déchiffrer le langage des formes.

Fréquemment, et dans le monde entier, les paysages urbains attirent l'attention sur les institutions dirigeantes et leur idéologie. Les possibilités d'agencer une ville pour qu'elle affirme le pouvoir d'une religion, d'une lignée royale ou d'un système politique sont innombrables. Les murs, les immeubles, les statues, le plan des rues, tout contribue à promouvoir des valeurs respectées, à commémorer des moments graves, à célébrer des victoires ou à fêter les illustres enfants de la cité.

Jusqu'au XXe siècle, un seul bâtiment — presque toujours religieux : cathédrale, mosquée ou temple — s'élevait haut dans le ciel citadin. Son effet symbolique était accentué par son emplacement central et par l'intelligente convergence des voies qui y conduisaient. Parfois, cette mise en valeur concernait aussi les palais royaux ou les hôtels de ville.

Mais depuis les années 1900, de nouveaux symboles sociaux sont apparus : les «temples

SYMBOLISME ET RÉVOLTE SOCIALE : LA PLACE TIAN'ANMEN

Chaque ville moderne possède un lieu symbolique — souvent une place — où s'expriment les mécontentements sociaux. À Paris, c'est la place de la Bastille; à Londres, Trafalgar Square; à Prague, la place Wenceslas où, en 1969, l'étudiant tchèque Jan Palach s'est immolé par le feu pour protester contre l'invasion de son pays par l'URSS. À Pékin, lorsque les étudiants chinois ont occupé la place Tian'anmen en mai-juin 1989, ce choix avait vraiment valeur de symbole et de défi.

Tian'anmen signifie «porte de la Paix Céleste». Pendant des siècles, l'empereur l'a traversée chaque année lorsqu'il sortait de la Cité interdite pour célébrer le rituel du Ciel et de la Terre. Les décrets impériaux étaient délivrés à la grille du palais dans un coffre en or.

Pendant des millénaires, les Chinois ont considéré leur pays comme l'empire du Milieu, celui qui se trouvait au cœur du ciel et de la terre. Depuis 600 ans, ce cœur du monde et de la Chine est situé dans la résidence de l'empereur, la ville-palais, la «Cité interdite» de la capitale.

Centre symbolique de l'Univers et du pouvoir impérial pendant des siècles, Tian'anmen a été utilisée par le nouveau gouvernement lorsque les communistes sont parvenus au pouvoir : c'est là que Mao Zedong proclama en 1949 la naissance de la République populaire de Chine.

Déjà vaste, la place fut agrandie. Elle couvre aujourd'hui 50 ha. De nouveaux bâtiments y ont été construits pour célébrer le triomphe de la révolution. Le Parlement, le «palais de l'Assemblée du peuple», fait face au musée de la Révolution chinoise. Au centre se dresse le Monument aux héros du peuple.

La place Tian'anmen abrite aussi l'immense mausolée où repose la dépouille mortelle embaumée de Mao Zedong.

Chaque année, elle est le théâtre de la grande parade de mai et de la célébration de la naissance de la république populaire. Elle demeure ainsi, malgré les aléas politiques, le cœur historique, culturel, politique et symbolique de la Chine.

En occupant ce lieu en mai et juin 1989 et en y dressant une statue de la démocratie, les étudiants qui réclamaient des réformes lançaient un véritable défi à l'autorité des dirigeants chinois.

Ceux-ci l'estimèrent à sa juste valeur et le relevèrent par une brutale répression militaire qui mit fin au «printemps de Pékin».

Tian'anmen, la plus vaste place du monde, couvre une superficie géante de 50 ha.

Par comparaison, Disneyland, en Californie, s'étend sur 30 ha, la place Rouge, à Moscou, sur 7,3 ha, Trafalgar Square, à Londres, sur 2,2 ha, et la place Saint-Marc, à Venise, sur 1,3 ha, soit l'équivalent d'un grand terrain de football.

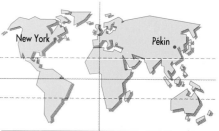

du dieu argent», les gratte-ciel imposants, qui attestent le pouvoir grandissant de la finance et de l'industrie, se sont en effet multipliés.

Beaucoup sont bâtis dans un style ultramoderne — exaltant le dynamisme et l'ambition —, mais d'autres se donnent une apparence ancienne. La référence au passé est en effet capitale dans tous les paysages urbains. L'âge implique la durée ; dès lors, les bâtiments publics, les musées, les galeries d'art ou les banques adoptent souvent un style classique nettement hérité de l'Antiquité gréco-romaine.

Ainsi, le Parlement de Londres ressemble à une cathédrale médiévale. En fait, le bâtiment (incluant la tour Victoria qui abrite Big Ben) ne date que du XIXe siècle. Ce choix architectural permet d'affirmer les racines féodales et religieuses de l'institution parlementaire britannique.

Parfois, la tradition invoquée vient de très loin. La Maison Blanche à Washington est inspirée des modèles grec et romain. De même, entre 1890 et la fin des années 1930, des milliers de «temples civils» locaux — sièges de gouvernement fédéral et municipal, palais de justice, voire bureaux de poste — ont été construits à travers les États-Unis dans un style classique. Ce sont tous des monuments à la gloire de la raison et de la démocratie. Car les temples classiques conviennent à l'idéologie républicaine : ils ne se réfèrent ni au pouvoir royal, ni à l'aristocratie.

Depuis longtemps, les structures urbaines ont servi d'armes symboliques dans les conflits sociaux. Dans la plupart des cas, les citoyens ont rendu hommage aux nouveaux dirigeants politiques ou aux causes populaires en élevant des monuments ou en rebaptisant les villes, les rues et les places.

Exceptionnellement même, des conquérants ont essayé de détruire toute trace du passé, comme ce fut le cas des Espagnols au XVIe siècle, lorsqu'ils rasèrent la capitale de l'Empire aztèque, l'actuelle Mexico.

Les révoltes se sont souvent focalisées sur les symboles haïs de la tyrannie. En 1789, au début de la Révolution française, les révolutionnaires démantelèrent entièrement la Bastille, prison royale, après l'avoir prise. Les pierres ont notamment servi de revêtement pour les rues et les Parisiens ont ainsi pu, littéralement et symboliquement, fouler aux pieds l'oppression. Des spéculateurs ont même acheté des pierres pour les revendre comme souvenirs ; la même symbolique se retrouvera deux cents ans plus tard, avec le commerce des morceaux du mur de Berlin.

Récemment, un sort similaire a été réservé, en Europe de l'Est, aux statues de Staline et de Lénine, qui ont été déboulonnées. En Roumanie, le bronze de l'une d'entre elles, qui pesait 7 t et mesurait 8 m de haut, a été fondu pour édifier un monument commémorant la libération.

Mais les nouveaux dirigeants s'efforcent parfois de composer avec le passé plutôt que de le détruire. Les bâtiments, les monuments ou les places qui symbolisent l'ancien pouvoir sont alors réutilisés et dédiés à leur propre gloire (voir encadré page de gauche).

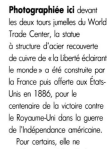

Photographiée ici devant les deux tours jumelles du World Trade Center, la statue à structure d'acier recouverte de cuivre de « la Liberté éclairant le monde » a été construite par la France puis offerte aux États-Unis en 1886, pour le centenaire de la victoire contre le Royaume-Uni dans la guerre de l'Indépendance américaine.

Pour certains, elle ne représente que New York. Pour des millions d'immigrants, le flambeau qu'elle tient dans la main droite a été un phare de bienvenue. Et pour les milliers de manifestants chinois qui en avaient construit une copie en plâtre sur la place Tian'anmen en 1989, elle était le symbole universel de la démocratie et des droits de l'homme.

LES VILLES EN DAMIER
Un modèle antique dans l'Amérique moderne

S I LES VILLES EN DAMIER CONNAISSENT LEUR apogée en cette fin de XXᵉ siècle aux États-Unis, elles sont nées en fait il y a près de cinq mille ans. Apparu dans la vallée de l'Indus vers 2150 avant J.-C., ce modèle d'urbanisme a gagné le Proche-Orient avant d'être adopté en Grèce et dans les colonies helléniques à l'époque classique. Hors de ces foyers de civilisation, on retrouve cette organisation urbaine dans de nombreuses autres régions du monde, y compris en Chine, au Japon et dans l'Amérique précolombienne.

À l'origine, le plan en damier avait certainement une signification religieuse : le quadrillage, dont l'axe majeur est très souvent orienté selon le soleil levant, semble toujours avoir symbolisé l'énergie, le cosmos, la Terre et la place des hommes parmi les éléments de l'Univers.

Cependant, au moins jusqu'au siècle dernier, ce plan répondait aussi à un souci militaire. Ordonné et symétrique, permettant le déplacement rapide des soldats vers les points stratégiques des remparts, il est en effet parfaitement adapté aux camps et aux forts. C'est sans doute pourquoi Alexandre le Grand l'a adopté dans la plupart des villes qu'il a fondées, y compris à Alexandrie (édifiée en 331 avant J.-C.), en Égypte.

Les Romains ont développé le modèle non seulement en Italie, notamment à Florence et à Turin, mais aussi dans toutes les colonies de leur empire. Cologne, en Allemagne, en était encore une superbe illustration avant que la quasi-totalité de la vieille ville soit détruite pendant la Seconde Guerre mondiale. Au centre de chacune de ces cités romaines, deux larges artères principales — orientées est-ouest et nord-sud — se croisent à angle droit : une véritable signature urbaine.

En France, un plan en damier plus régulier s'est imposé avec les villes fortifiées connues sous le nom de bastides. Villeneuve-sur-Lot, fondée en 1153, en est un exemple classique. Les bastides ont joué au Moyen Âge un rôle capital dans la défense du territoire contre les Anglais. Plus tard, leur modèle a été exporté dans toutes les régions du Nouveau Monde colonisées par les Européens. En Amérique latine, la plupart des villes espagnoles sont disposées ainsi mais, à la différence de ce que l'on constate en Europe, elles s'organisent autour d'une place que bordent les églises et les édifices publics.

Toutefois, c'est en Amérique du Nord que ce plan a été exploité sur la plus grande échelle. Presque toutes les agglomérations fondées entre Savannah et Seattle sont construites en damier, généralement le long des grandes voies de communication : côte, rivière ou chemin de fer. Ce modèle a sans doute été adopté pour des raisons militaires (la plupart des villes étant à l'origine des camps ou des forts), mais aussi parce que le territoire américain avait été découpé selon le système du *township*, en parcelles carrées, afin d'être géré et vendu plus facilement. Sans compter que le quadrillage a valeur de symbole : sa régularité est à l'image de l'égalité et de la liberté offertes aux pionniers du Nouveau Monde.

Si les Américains ont accueilli ce schéma avec un enthousiasme particulier, ils ont aussi fait l'expérience de ses nombreux inconvénients. La division stricte des parcelles en blocs identiques a souvent créé la rigueur et la monotonie. Les rangées d'immeubles contribuent à l'anonymat des sites urbains. Et quand la ville s'étend, il devient difficile de respecter le quadrillage. Enfin, de plus en plus de parcelles sont laissées à l'abandon, notamment à proximité des centres villes où le prix des terrains est beaucoup plus élevé qu'à la périphérie.

Le plan en damier, très efficace pour l'exploitation commerciale des sites urbains, s'avère inadapté à une circulation intense. Alors que le nombre de véhicules ne cesse de croître, les embouteillages s'intensifient aux principales intersections et peuvent bloquer complètement la circulation de la ville.

Avec leur cadre rigide, inadapté aux évolutions de la société, les villes en damier constituent un modèle dépassé.

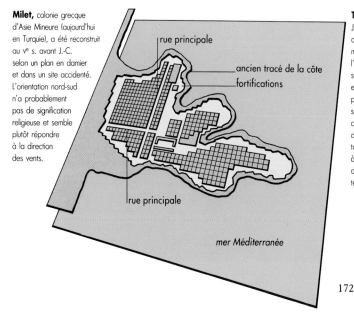

Milet, colonie grecque d'Asie Mineure (aujourd'hui en Turquie), a été reconstruit au Vᵉ s. avant J.-C. selon un plan en damier et dans un site accidenté. L'orientation nord-sud n'a probablement pas de signification religieuse et semble plutôt répondre à la direction des vents.

rue principale

ancien tracé de la côte
fortifications

rue principale

mer Méditerranée

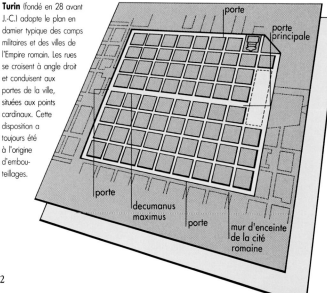

Turin (fondé en 28 avant J.-C.) adopte le plan en damier typique des camps militaires et des villes de l'Empire romain. Les rues se croisent à angle droit et conduisent aux portes de la ville, situées aux points cardinaux. Cette disposition a toujours été à l'origine d'embouteillages.

porte

porte
principale

porte

decumanus
maximus

porte

mur d'enceinte
de la cité
romaine

Manhattan, à New York, sans doute l'un des plus célèbres damiers du monde, a été fondé en 1811. Le nom « Central Park » était alors volontairement inapproprié. Lorsqu'il fut créé, en 1858, le site se trouvait en effet à l'extérieur de la ville, dans une zone de marécages et de défrichements. Mais les urbanistes avaient pressenti le développement ultérieur de la ville dans cette direction.

Broadway présente une curieuse orientation oblique. Cette avenue suit la piste Weckquaesgeck, un très ancien sentier indien, dont le tracé est ainsi encore visible aujourd'hui.

CINQ MILLE ANS DE VILLES EN DAMIER

Le damier urbain n'est ni une création récente ni un modèle spécifiquement américain. Le premier site connu est un village temporaire égyptien, fondé en 2670 avant J.-C. pour loger les artisans bâtisseurs des pyramides. Le plus ancien établissement permanent est celui de Mohenjo-Daro dans la vallée de l'Indus. Il fut actif de 2150 à 1750 avant J.-C. Dans ce centre de commerce, l'un des plus importants de la région et modèle de développement urbain, les maisons étaient alimentées en eau courante grâce à un réseau public de canalisations.

Le plan en damier s'est généralisé sous l'Empire romain puis dans l'Europe médiévale. Au XVᵉ s., l'empereur de Chine fait bâtir la Cité interdite de Pékin en adoptant le principe du quadrillage, encore visible aujourd'hui dans la partie ancienne de la cité.

Les Espagnols l'appliquent ensuite aux villes qu'ils bâtissent dans le Nouveau Monde en les organisant autour d'une place centrale bordée des principaux édifices gouvernementaux.

Philadelphie (1688) est sans doute la première ville en damier nord-américaine. Son fondateur, William Penn, s'était fixé pour but de s'enrichir en vendant des parcelles de terre ; il a découpé des lots réguliers pour en faciliter la gestion.

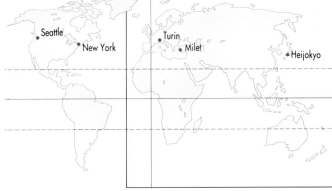

Heijokyo (actuel Nara), très ancienne capitale nipponne, a été fondé en 710 de notre ère, selon un plan en damier. Dans l'ancien Japon, chaque souverain faisait construire une nouvelle capitale autour d'un nouveau palais. Heijokyo était destiné à durer longtemps, mais perdit son pouvoir en 784.

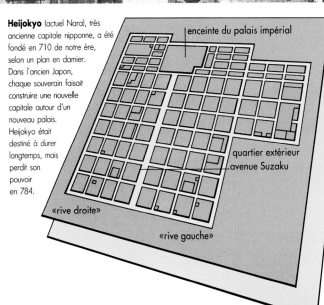

Les premières villes en damier américaines ont généralement été disposées le long des principales voies de communication : chemin de fer, rivière, ou océan, comme à Seattle (à droite). Lorsque la ville s'étend, le nouveau quadrillage s'oriente parfois dans une direction différente (c'est le cas notamment à San Francisco). La « ligne de fracture » crée des angles, bien visibles.

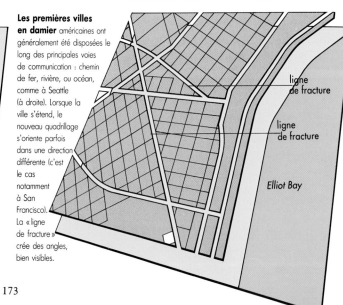

LA VILLE MUSULMANE
Un chaos bien ordonné

Au premier abord, et notamment lorsque l'on compare son cœur historique aux nouveaux quartiers plus étendus et clairement organisés qui l'entourent, la ville musulmane ressemble à un labyrinthe chaotique.

Pourtant, ce désordre apparent est en réalité très rationnel. Les rues étroites procurent une ombre indispensable, protègent du vent étouffant et de la poussière et n'empiètent pas sur les surfaces constructibles.

En fait, une parfaite logique régit ce modèle urbain : elle a été énoncée dans le livre saint de l'islam, le Coran, et codifiée par les différentes écoles de théologie au cours des siècles.

Bien qu'il existe des variantes régionales, la plupart des cités qui se sont multipliées sous l'influence de l'islam depuis treize siècles présentent des similitudes surprenantes.

Cet urbanisme spécifique apparaît aussi dans les centaines de villes que les musulmans ont occupées, de Séville, Grenade et Cordoue, dans le sud de l'Espagne, jusqu'à Lahore, au Pakistan. On le retrouve même dans des cités aussi lointaines que Dar es-Salaam en Afrique de l'Est ou Davao aux Philippines.

Les villes musulmanes ont souvent grandi quartier par quartier, parfois pendant plusieurs siècles, mais la construction de chaque nouvel édifice, de chaque nouvelle rue suit, malgré la surpopulation, certains principes de base.

La première règle consiste pour chacun à respecter la vie privée des autres et leur environnement urbain. Il convient notamment d'assurer la propreté des voies publiques et de préserver l'eau, précieuse. Par ailleurs, l'essence des choses vaut plus que leur apparence. Ceci s'applique aussi bien à la décoration des maisons qu'aux comportements et à la morale.

Les cités de l'Islam s'organisent presque toutes selon le même schéma. Au centre se dresse la mosquée du vendredi, ou *djami*, le plus grand édifice de la ville. Les autres lieux de culte, éventuellement bâtis à la périphérie, sont généralement plus petits.

À proximité de la grande mosquée se trouvent les souks, bazars couverts ou rues marchandes, très souvent consacrés à une activité spécialisée. À l'intérieur des souks, la répartition des commerces est strictement hiérarchisée par rapport à la grande mosquée.

Les boutiques de prestige telles que les librairies et les parfumeries sont installées tout près de la grande mosquée. Les activités bruyantes et polluantes comme les chaudronneries, les tanneries, les cordonneries ou les forges en sont en

LA MAISON MUSULMANE

La partie privée de la maison a une grande importance dans tout le monde musulman. Pour que ses occupants, notamment les femmes, soient protégés des regards extérieurs, les portes qui s'ouvrent sur des ruelles étroites ne se font jamais face et les rares fenêtres, petites, sont percées en hauteur. Les toits en terrasses sont entourés de parapets et les gouttières ne doivent pas arroser la maison du voisin.

La taille des rues elle-même obéit à un impératif relativement simple. Elles doivent être suffisamment larges pour que deux dromadaires chargés s'y croisent et, quand elles sont couvertes, assez hautes pour qu'ils y passent. Ainsi, elles mesurent presque toutes 3,50 m de large et autant de haut.

Voies publiques *(en haut):* si la rue mesure plus de 3,5 m de large, deux portes peuvent s'ouvrir face à face.

Ruelles *(en haut):* les portes ne doivent pas se faire face.

Fenêtres *(en bas):* elles sont placées au moins à 1,75 m du sol.

L'islam, fondé sur les enseignements du prophète Mohammed (Mahomet, 570-632), s'est développé dans la péninsule arabe au VIIᵉ s. Aujourd'hui, dans le monde, près d'une personne sur sept est de religion musulmane.

Les Arabes sont par tradition des nomades, mais ils ont aussi une longue histoire de bâtisseurs de villes. Mohammed semble avoir codifié l'agencement des cités selon des principes déjà établis au moment de sa naissance.

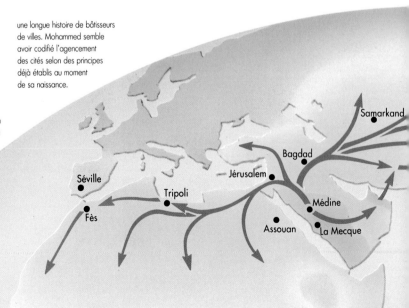

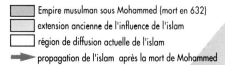

Empire musulman sous Mohammed (mort en 632)
extension ancienne de l'influence de l'islam
région de diffusion actuelle de l'islam
propagation de l'islam après la mort de Mohammed

Samarkand
Bagdad
Jérusalem
Séville
Tripoli
Médine
Fès
Assouan
La Mecque

revanche le plus possible éloignées. Entre les deux se trouvent les échoppes «neutres» — celles qui ne gênent pas les habitants — comme les ateliers de confection et les bijouteries.

Très souvent cernée de remparts, la vieille ville, ou médina, est dominée par une citadelle imposante et complexe, la casbah, qui permettait autrefois au souverain et à ses gouverneurs de se protéger lorsque la cité était tombée aux mains de l'ennemi ou déchirée par la guerre civile. La casbah abrite le palais et la caserne, une petite mosquée, des bains, des commerces et parfois même des marchés.

Dans toute la cité se pressent des maisons à cour intérieure de tailles et de formes diverses, reliées les unes aux autres par un entrelacs de ruelles, d'allées, d'impasses et de passages par les toits en terrasses.

Les habitations se regroupent en quartier ou en communautés de voisinage qui s'organisent en fonction des activités de leurs habitants ou de leur appartenance à une confrérie religieuse ou à un groupe ethnique.

Ce type de maison construite autour d'une cour intérieure est le plus répandu dans la cité islamique. Il illustre clairement les principes de l'urbanisme musulman. Les murs extérieurs donnant sur la rue sont généralement nus et aveugles. Quand, par exception, s'y encastrent des fenêtres, elles sont très hautes afin de protéger la famille des regards. De même, pour préserver l'intimité, l'entrée principale a une forme d'équerre et les différentes portes qui ouvrent sur la rue se font rarement face.

Sous ces climats chauds, la cour intérieure, lieu privé par excellence, ornée d'arbres et de fontaines, est agréablement fraîche. La beauté de sa décoration, comme celle de toute la maison, contraste avec le dépouillement extérieur. Le Coran n'insiste-t-il pas sur la richesse intérieure de l'individu et l'humilité de son apparence?

À première vue, l'entrelacs de ruelles, de venelles et d'impasses de la vieille ville fortifiée — la médina — de Fès (la plus grande du Maroc) paraît inextricable. En l'observant plus attentivement, on constate qu'en réalité l'espace s'organise selon des principes tout à fait rationnels.

Dans une ville musulmane, les rues les plus larges rayonnent généralement vers l'extérieur, reliant le cœur de la cité à l'extérieur. Les rues plus étroites desservent les quartiers et les délimitent tout en reliant les axes principaux entre eux. Enfin, les toutes petites ruelles permettent de se déplacer entre les maisons et servent surtout à leurs habitants.

Par la guerre et le commerce, l'islam s'est répandu rapidement. Au milieu du VIIIe s., son influence s'étend depuis l'Espagne et l'Afrique du Nord, à l'ouest, jusqu'en Inde, à l'est. À la fin du Xe s., Bagdad ne contrôle plus vraiment un Empire musulman devenu trop vaste.

En Europe de l'Ouest, les chrétiens réagissent. Ils organisent notamment les croisades (1099-1291), pour reprendre les Lieux saints de Palestine, puis la reconquête — la Reconquista — du sud de l'Espagne, qui s'achève en 1492 lorsque les Maures doivent abandonner Grenade.

Dans le même temps, grâce à leur connaissance de la navigation, les marchands arabes ont gagné les Indes orientales. Leur influence y sera telle que l'Indonésie est aujourd'hui le pays du monde comptant le plus de musulmans.

Cette carte (en bas) montre l'expansion de l'islam à diverses époques et situe quelques-unes des grandes cités qui ont été le plus fortement influencées par cette religion.

Delhi

Davao

Jakarta

DU CLOCHER AU GRATTE-CIEL
Le quartier St. Giles de Londres : 1500-2000

ST. GILES-IN-THE-FIELDS EST SITUÉ AU CENTRE de Londres. Des champs s'étendaient autrefois là où s'élèvent aujourd'hui des maisons, des magasins et des bureaux; les sentiers et les chemins de jadis ont été remplacés par des rues et des artères encombrées. Ce quartier était l'un des plus misérables de la capitale, le symbole de la pauvreté des villes victoriennes. Ses heurs et malheurs successifs illustrent quelques-uns des grands changements que connaît une ville au long de son histoire.

Au XVIIᵉ siècle, des champs séparaient St. Giles de la City, à l'est, et du quartier aristocratique de Westminster, à l'ouest. En 1650, Londres comptait 375 000 habitants, trois fois plus qu'un siècle auparavant : cette croissance démographique rapide rendit nécessaire l'extension de la ville. En 1720 déjà, des constructions encerclent complètement St. Giles, et la campagne a disparu.

Les champs situés au sud de l'église ont été cultivés jusqu'à la fin des années 1690 : à cette date, sept rues rayonnant autour du bâtiment sont tracées, formant une zone connue sous le nom de Seven Dials.

Dès lors, St. Giles commence à décliner. Après le grand incendie de 1666, de nouveaux quartiers aristocratiques se développent vers l'ouest. Ceux qui en ont les moyens s'y installent, laissant des logements vides et délabrés qui deviennent rapidement insalubres.

St Giles acquiert bientôt une réputation de misère et de débauche. En 1750, une maison sur quatre est un débit de boissons et on recense 82 *twopenny houses* (immeubles d'habitations à faible loyer), où la prostitution est fréquente. Une population très mobile de voleurs, de mendiants et de prostituées envahit le quartier; l'alcoolisme, la violence, le jeu, la prostitution, le vol et le crime y sont pratiques courantes.

Une fois la chute amorcée, il est difficile de remonter la pente. Malgré la forte croissance démographique, très peu de nouveaux logements sont alors construits, et la densité de population atteint bientôt un niveau dramatique. Quant aux ruelles étroites et tortueuses qui servaient autrefois de chemins et de limites aux champs, elles constituent un sérieux obstacle à la circulation.

Un plan d'aménagement est mis en œuvre : de nouvelles rues sont tracées afin de faciliter les déplacements et de chasser les miséreux. Le quartier connu sous le nom de Rookery est ainsi complètement abattu dans les années 1840, pour percer New Oxford Street, mais les pauvres se déplacent vers les rues voisines. En 1831, 13 personnes en moyenne vivent sous le même toit; après la destruction de Rookery, de 50 à 90 personnes s'entassent chaque nuit dans des maisons de quatre pièces au maximum.

Toutefois, sous l'influence de l'aménagement des alentours, St. Giles prend peu à peu un nouveau visage. À la fin du XIXᵉ siècle, la cons-

Pour William Shakespeare, Londres n'était pas une ville, mais trois cités réunies, comme le montre cette carte (à droite), établie par ses contemporains Georg Braun et Frans Hogenberg en 1572. Au centre se trouve la City elle-même, entourée de murs et surpeuplée. À l'ouest, en suivant la voie sur berge, le Strand, on rejoint Westminster, le Parlement et la cour royale. Au sud, sur l'autre rive de la Tamise, le quartier de Southwark est réputé pour ses combats d'ours et de chiens, ses maisons de prostitution et ses cabarets. C'est là que le Shakespeare's Globe Theatre fut inauguré en 1599.

Lorsque cette carte fut publiée, Londres commençait à s'étendre le long de ses artères principales, et les quartiers d'habitation empiétaient peu à peu sur la campagne environnante. Les champs de St. Giles, une petite enclave au nord-ouest, étaient déjà couverts de maisons. Après le grand incendie de 1666 qui détruisit une partie de la City, la population se déplaça massivement vers de nouveaux quartiers à l'extérieur des murs, et des îlots comme celui de St. Giles se retrouvèrent soudain absorbés par l'agglomération.

L'intérêt pour les plans de villes s'accrut à partir de 1500, lorsque les villes européennes se développèrent, que l'imprimerie se répandit et que le papier fut plus facile à trouver. Cette carte associe un plan vertical et une vue oblique sur les bâtiments.

truction d'entrepôts, de magasins et de bureaux commence à repousser la population hors de son territoire.

Puis la prolongation des principales artères commerçantes — Oxford Street vers l'ouest et Tottenham Court Road vers le nord — accélère le développement du quartier. Dans les années 1960, les derniers vestiges de Rookery sont rasés pour édifier le gratte-ciel de Centre Point.

Actuellement, l'évolution se poursuit. Dans les années 1970, le marché de fruits et légumes de Covent Garden a été déplacé : de nombreuses habitations des rues voisines ont été abandonnées et le quartier s'en est ressenti. Pourtant, la situation s'inverse à nouveau dans les années 1980, grâce au mouvement général de rénovation des centres urbains. Aujourd'hui, Covent Garden est devenu un centre de tourisme et de commerce de luxe : les rues proches de St. Giles connaissent elles aussi une nouvelle vie.

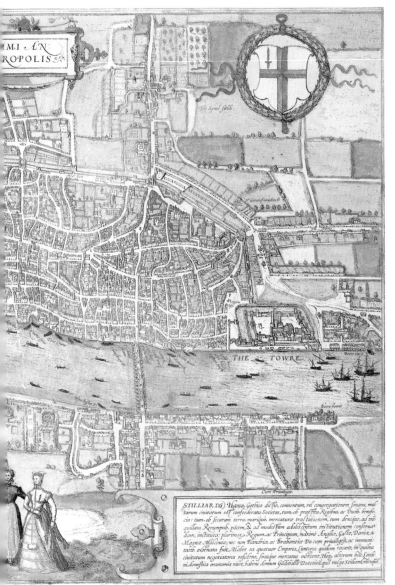

La belle église paroissiale
de St. Giles-in-the-Fields,
construite au XVIIIe s., est
aujourd'hui dominée par Centre
Point, un gratte-ciel élevé dans
les années 1960. Seul le nom
du quartier indique que des
champs s'étendaient autrefois
à cet endroit.

Saint Giles est le patron
des exclus. L'église primitive
avait été élevée en 1101, à
l'extérieur des murs de Londres,
pour accueillir les lépreux
que l'on tenait ainsi à l'écart
de la cité. Mais dès le début
du XVIIIe s., comme le montre
ce plan allemand (à gauche),
le quartier faisait partie
de la ville, alors en plein
développement.

Aujourd'hui, l'agglomération
du Grand Londres est si
étendue que, pour la
reproduire à la même échelle
(2 cm pour 1 km), il faudrait
un document long de 1,5 m.

PÉRIPHÉRIQUES, CEINTURES ET ANTENNES
Paris, modèle de développement urbain

PARIS, COMME TOUTES LES VILLES EUROPÉENNES construites selon un plan concentrique, s'est développé en anneaux successifs. Le nombre des habitants augmentant, l'espace *intra-muros* — à l'intérieur des limites matérialisées par les fortifications — se densifiait considérablement, s'encombrant et s'asphyxiant. Aussi fallait-il repousser ses frontières en annexant les campagnes hors les murs. Paris s'est agrandi ainsi à cinq reprises en sept cents ans.

Le réseau ancien de circulation fut plusieurs fois élargi et allongé. Puis les réseaux de chemin de fer, de tramway, d'autobus et de métro s'installèrent, remodelant le paysage urbain. Ces réseaux forment, avec les routes principales, une toile d'araignée dont les rayons — les voies radiales — constituent l'ossature majeure. Le long de celles-ci — les «antennes» — se développèrent les banlieues, formant des rubans, ou «tentacules», d'urbanisation. Le développement en taches des ensembles d'habitations, d'équipements péri-urbains (hôpitaux, aéroports, campus universitaires...) et des zones d'activités (industrielles notamment) ne dévora pas immédiatement l'espace rural compris entre les «tentacules urbaines». Il fallait que les voies périphériques permettent de les relier sans passer par le centre ville. Les années 1960 virent l'agglomération parisienne se doter d'un périphérique autoroutier ceinturant la ville; les années 1980 virent commencer les travaux d'une boucle autoroutière — la Francilienne — permettant de contourner Paris à une vingtaine de kilomètres du centre. Toutefois, pour éviter que tout l'espace périphérique ne soit submergé, les urbanistes ont cherché à protéger une «ceinture verte» aérant la couronne des banlieues, et ont créé cinq villes nouvelles, destinées à fixer à la périphérie à la fois les populations et les emplois nouveaux. Ces deux techniques ont été adoptées dans presque toutes les grandes agglomérations européennes ayant un plan radioconcentrique.

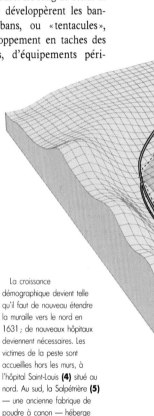

L'histoire de la croissance de Paris se lit sur le tracé de ses remparts. À chaque phase de son extension, les équipements qui occupaient de vastes surfaces — les hôpitaux, les cimetières et les parcs — ou les activités génératrices de nuisances — les tanneries et les abattoirs — étaient rejetés à l'extérieur des murailles. Mais à mesure que la ville s'étendait et que de nouvelles fortifications étaient érigées, ces bâtiments se retrouvaient inclus dans l'agglomération. Aujourd'hui, ces hôpitaux, ces cimetières et ces parcs constituent des enclaves de calme et de verdure dans une mer d'immeubles.

En 1210, Paris commence à s'étendre autour du site de l'île de la Cité **(1)** et Philippe Auguste fait construire une puissante muraille pour protéger les deux rives de la Seine. À l'extérieur, sur le site actuel du Louvre **(2),** une forteresse veille sur la pointe ouest.

La population augmentant et la ville grossissant, un nouveau mur devient nécessaire et, en 1370, les fortifications sont repoussées vers le nord. Une nouvelle forteresse, la Bastille **(3),** garde l'est de la ville. Au-delà des murs s'installent les artisans qualifiés qui refusent de respecter les règlements des corporations de Paris. Incluse dans la nouvelle enceinte, la forteresse du Louvre perd sa fonction militaire : elle est rasée; à sa place se dresse la résidence royale.

La croissance démographique devient telle qu'il faut de nouveau étendre la muraille vers le nord en 1631 ; de nouveaux hôpitaux deviennent nécessaires. Les victimes de la peste sont accueillies hors les murs, à l'hôpital Saint-Louis **(4)** situé au nord. Au sud, la Salpétrière **(5)** — une ancienne fabrique de poudre à canon — héberge les malades pauvres ; à l'ouest, l'hôpital des Invalides **(6)** est réservé aux militaires.

Au milieu du XVIIIᵉ s., Paris, avec 500 000 habitants environ, étouffe de nouveau. Le mur des Fermiers Généraux — du nom des percepteurs des impôts et des taxes sur les marchandises entrant dans la ville par ses 57 portes ou octrois — est élevé en 1791. À la même époque, pour libérer de l'espace, 6 millions de squelettes sont déplacés des cimetières parisiens vers les catacombes. Puis, en 30 ans, de nouveaux cimetières sont aménagés au-delà des remparts, à Montmartre **(7)**, au Père-Lachaise **(8)** et à Montparnasse **(9).**

À l'ouest, un quartier aristocratique longe le Louvre, les Tuileries **(10)** et les Champs-Élysées **(11)** jusqu'à l'arc de triomphe de l'Étoile **(12).** Aucune activité polluante, aucune voie ferrée, aucune construction disgracieuse n'est autorisée dans ce secteur.

La dernière enceinte, construite en 1841, double la surface de la ville en l'étendant sur la campagne alentour. Les industries, le chemin de fer et le développement économique font reculer les limites de Paris jusqu'aux villages environnants qui, comme Montmartre et Passy, se fondent désormais dans l'agglomération. À une portée de canon en avant des fortifications, 16 bastions parachèvent les défenses.

Puis le baron Haussmann commence à aérer la ville. Il ouvre de larges boulevards permettant à la fois de contrôler militairement les quartiers et de relier les gares, les principales places et portes de la capitale et le centre ville.

Sous sa direction, des quartiers populaires entiers sont remodelés, des milliers de taudis démolis, des parcs ouverts — les plus importants sont le bois de Boulogne **(13)** et le bois de Vincennes **(14).** Ainsi rénovée, et maîtrisée, la ville de Paris peut prétendre au titre de capitale architecturale et culturelle du monde. En 1919, les remparts extérieurs sont rasés et, en 1930, la nouvelle limite est fixée. Paris-ville couvre alors 10 540 ha (105 km²) et héberge près de 2 millions d'habitants.

Légende :

- Paris dans l'enceinte de 1180-1210
- Paris dans l'enceinte de 1370
- Paris dans l'enceinte de 1631
- Paris dans l'enceinte de 1784-1791
- Paris dans l'enceinte de 1841-1846
- - - - limites actuelles de Paris
- anciennes portes de l'enceinte aujourd'hui stations de métro

En 1575, lorsque Braun et Hogenberg publient ce plan, Paris est l'une des plus grandes villes du monde. Avec 180 000 habitants, elle dépasse Londres et Amsterdam, ses deux principales rivales.

La ville s'est développée en trois parties distinctes. Le site d'origine, l'île de la Cité, occupé dès l'époque préromaine par les *Parisii*, s'est progressivement étendu sur les rives de la Seine. La rive droite, plus plate, a été aménagée en port et accueille le centre commercial et administratif. Sur la rive gauche, le Quartier latin abrite l'Université de Paris. Une haute enceinte entoure la ville. Lorsque la pression démographique devient trop forte, les Parisiens s'installent dans les faubourgs qui se sont déjà développés à l'extérieur des murs.

1870-1914 En 1889, la construction de la tour Eiffel pour le centenaire de la Révolution symbolise la créativité et le dynamisme français. Paris grandit rapidement, au rythme de la croissance industrielle et démographique. En 1870, il compte 10 gares terminus ; en 1914, leur nombre a doublé et le trafic ferroviaire a décuplé.

Les bus remplacent les tramways à la fin des années 1900, tandis que le métropolitain, construit entre 1875 et 1914, révolutionne les transports. Les habitants de l'agglomération, qui sont plus de 3 millions, s'installent à proximité des voies de communication qui leur permettent de rejoindre rapidement le centre de la ville depuis les quartiers périphériques.

PRÉVOIR PARIS POUR TRENTE ANS

Dès avant la Seconde Guerre mondiale, l'idée fut conçue de planifier à long terme le développement de la capitale et de sa région. Le premier grand schéma directeur d'aménagement et d'urbanisme de la région parisienne — l'Île-de-France — date de 1965. Il permit de programmer la construction du boulevard périphérique, des antennes autoroutières et de cinq villes nouvelles. Le plan de 1976 établit une ceinture verte en banlieue et reporta sur Paris l'essentiel des investissements d'amélioration des équipements de niveau international (développement du quartier nouveau de la Défense — le premier centre d'affaires européen —, des aéroports d'Orly et de Roissy, création au Châtelet, au cœur de la ville, d'un énorme carrefour de lignes de métro). Le plan actuel, défini en 1991, prévoit une relance du développement de l'agglomération autour des cinq villes nouvelles et de « secteurs stratégiques » reliés par des voies de circulation périphériques rapides. Des entrées autoroutières sous Paris, des technopoles en banlieue et de nouveaux équipements culturels devraient permettre à la capitale d'atteindre 12 millions d'habitants dans une génération, et de lui conserver ses principaux atouts internationaux.

De 1950 à nos jours
Depuis 1950, Paris s'étend au-delà de la « ceinture verte » préservée pour l'aérer. La construction d'autoroutes et de voies rapides et la création d'un réseau de RER ont reculé ses limites à plus de 25 km du centre, jusqu'aux cinq villes nouvelles destinées à fixer la croissance. L'agglomération urbaine couvre plus de 1 200 km² et compte un peu plus de 9 millions d'habitants.

1918-1950 En 1919, l'agglomération déborde largement le dernier mur d'enceinte : le Paris moderne commence à se dessiner. En 1930, la ville et sa région comptent près de 4 millions d'habitants. Le centre est entièrement bâti et de vastes quartiers d'habitation se sont développés en banlieue, le long des grands axes routiers et ferroviaires. Des villages autrefois isolés se fondent dans une couronne péri-urbaine continue.

······· limites de la ville
━━━ principales voies de communication
▨▨▨ zones construites

VIVRE AUX PORTES DES VILLES
Les banlieues du monde

LES BANLIEUES DES VILLES DU MONDE présentent des différences particulièrement nettes. Dans les pays développés, elles regroupent pour la plupart des pavillons peu élevés, mitoyens ou non, bâtis sur de petites parcelles individuelles. Dans les pays de l'Est, elles rassemblent surtout de hauts immeubles. Dans le tiers monde, elles prennent plutôt la forme de bidonvilles. Comment expliquer ces contrastes ?

Le centre des grandes villes occidentales, où le coût des logements est prohibitif, se dépeuple considérablement le soir. La majorité des citadins du jour sont en fait des banlieusards de la nuit.

La situation est très différente dans les pays de l'Est. À la périphérie des villes se dressent des blocs d'immeubles massifs et alignés. Souvent construits sans recherche architecturale et à moindre coût, impersonnels et dépourvus de services, ils sont l'antithèse même des banlieues occidentales plus diverses et vivantes.

Après la révolution de 1917, les Soviétiques ont quitté les campagnes pour s'installer dans les centres villes, occupant les maisons et les appartements confisqués aux plus fortunés. Mais la demande de logements dépassa bientôt les disponibilités et la surpopulation s'installa. Plusieurs familles qui ne se connaissaient pas ont alors couramment partagé la même pièce.

Après 1932, le gouvernement imposa un système de passeport interne, d'obligation de résidence et de permis de travail pour juguler l'exode rural et limiter l'extension des principales agglomérations. Le succès fut limité : ainsi, à Moscou, pourtant particulièrement contrôlé, et peuplé déjà de 9 millions d'habitants, arrivaient chaque année 80 000 nouveaux « immigrés ».

Sous Staline, d'immenses immeubles furent édifiés autour des parcs et le long des principales voies de circulation des grandes villes

Une banlieue à l'ouest de Londres : l'archétype du bon voisinage. Grâce au développement des transports en commun, puis des voitures particulières, des millions de banlieusards vivent aujourd'hui loin des centres villes où ils se rendent chaque jour pour travailler. Ils sont locataires ou propriétaires de maisons moins coûteuses et plus spacieuses qu'en ville, généralement situées dans un cadre verdoyant. Ces banlieues se sont considérablement développées, couvrant d'immenses superficies autrefois réservées à l'agriculture.

Elles font pourtant l'objet de critiques sévères, notamment de la part des sociologues. Ils s'élèvent contre l'uniformité de cet environnement qui renforce la passivité et l'individualisme. Les adolescents se plaignent de « n'avoir aucun endroit où aller », tandis que les femmes au foyer étouffent d'ennui dans leur pavillon standardisé.

Mais souvent, la banlieue évolue avec le temps et devient un lieu plus convivial. Des services publics tels que des maisons de jeunes, des commerces et des industries, des associations diverses s'implantent ou s'organisent. La banlieue, autrefois strictement résidentielle, devient alors un vrai centre de vie.

Les blocs d'immeubles de Oulan-Bator, en Mongolie, dominent ici les baraquements et les yourtes traditionnelles — des tentes encore largement utilisées — des nouveaux immigrants.

Les ensembles d'immeubles collectifs sont typiques des banlieues de nombreuses villes des pays de l'Est. Ils étaient en principe conçus pour que leurs habitants soient suffisamment proches de leur lieu de travail et des commerces pour s'y rendre à pied.

D'ailleurs, les voitures particulières sont rares et, lorsqu'ils s'imposent, les déplacements s'effectuent par les transports en commun.

En réalité, de tels ensembles n'ont souvent jamais été terminés et manquent de services et d'équipements publics.

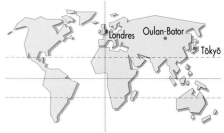

comme Moscou et Leningrad (Saint-Pétersbourg). Nombre d'entre eux portaient des sculptures monumentales et de riches décors. Pourtant, les habitants de ces bâtiments ne rentraient pas chez eux par l'imposante porte principale, mais passaient par l'escalier de service, obscur et encombré de détritus. Des familles entières logeaient dans une seule pièce. Les destructions lors des bombardements de la Seconde Guerre mondiale accrurent encore le problème du logement.

Dans les années 1960, des blocs de plusieurs dizaines d'étages furent construits à la périphérie des villes, sur tout le territoire soviétique. Réalisés à partir d'éléments préfabriqués en béton, ils se ressemblent tous et offrent des équipements de médiocre qualité. Les loyers sont faibles — environ 3 % d'un salaire moyen —, et la surface d'un logement ne dépasse guère 20 m². Néanmoins, il y a de longues listes d'attente : les familles patientent parfois vingt ans, ou même davantage, pour obtenir un appartement. Avant l'éclatement de l'URSS, deux millions de logements étaient achevés chaque année, l'objectif étant d'offrir un appartement ou une maison individuelle à chaque famille en l'an 2000.

Dans le tiers monde, la plupart des immigrants qui arrivent en ville louent des logements médiocres mais coûteux près du centre. Faute de moyens, ils sont souvent bientôt contraints de quitter ces quartiers misérables et s'installent alors illégalement à la périphérie de la ville. Dans ces banlieues souvent dépourvues du moindre confort, ils bâtissent des abris précaires avec des matériaux de récupération — souvent des déchets urbains tels que le carton, les tôles, les planches ou les matières plastiques. L'arrivée massive de nouveaux immigrants ainsi que la forte croissance démographique sont telles que les gouvernements et les promoteurs privés ne peuvent répondre à la demande de logements bon marché.

Ces bidonvilles n'offriront-ils toujours que la misère ou apporteront-ils aux plus pauvres un moyen d'intégration ? Sont-ils appelés à s'intégrer un jour aux villes comme certains le prétendent ? Avec le temps, des structures en dur ou en matériaux imperméables, en béton et en tôle, tendent à remplacer les constructions en carton et en plastique. Des pressions collectives sur les autorités municipales ont permis de faire arriver l'eau et l'électricité. Les « squatters » finissent même par obtenir des titres de propriété légaux.

Depuis quelques années, nombre d'entre eux ont un téléviseur, un réfrigérateur, une machine à laver et même une voiture. Les rues ont des noms et les portes un numéro, ce qui permet la distribution du courrier. Des commerces se sont ouverts et des activités de services se sont mises en place. Peu à peu, les anciens taudis s'intègrent à l'agglomération urbaine. Et tandis que les villes continuent à croître, de nouveaux bidonvilles se développent à la frontière des anciens.

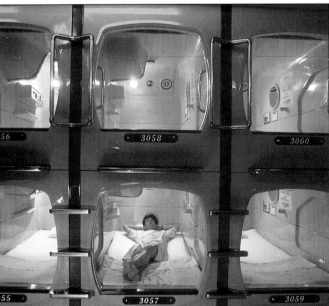

Les « hôtels capsules », apparus à Tôkyô, offrent une solution partielle aux banlieusards qui, travaillant trop tard, préfèrent passer la nuit en ville plutôt que de rentrer chez eux.

Le prix du logement à Tôkyô est tel que seuls les gens riches et les gardiens d'immeubles peuvent habiter en ville. Les banlieues s'étendent le long des lignes de chemin de fer et de métro jusqu'à 30 ou 50 km du centre. Les Japonais se logent ainsi à moindre coût, mais ils payent toutefois en temps perdu cette économie : ceux qui travaillent à Tôkyô passent en moyenne 2 h par jour dans des transports bondés.

LA VILLE EN QUATRE DIMENSIONS
Rétrécir le temps et l'espace

L'ACTIVITÉ ET LE DYNAMISME URBAINS SONT tels que les villes modernes se développent dans toutes les directions : non seulement elles se sont rendues maîtres de l'espace, mais elles ont aussi changé le temps puisqu'elles restent animées jour et nuit de façon trépidante.

Pendant plus de six cents ans, la plupart des cités européennes ont été dominées par des remparts, des châteaux et les flèches des grandes cathédrales. À l'exception de ceux qui bâtissaient et entretenaient ces édifices, bien peu de citadins s'étaient aventurés au-delà du quatrième ou du cinquième étage.

Tout change au XIXᵉ siècle. Les villes d'Europe et d'Amérique du Nord concentrent les richesses, les pouvoirs et les populations. Alors que le prix des terrains monte en flèche, le ciel devient un espace que chacun peut conquérir. Ainsi naissent les gratte-ciel.

Les premiers édifices de grande hauteur — la pyramide de Chéops à Gizeh, en Égypte, ou les cathédrales gothiques, comme Notre-Dame de Paris — reposaient sur une assise très large et disposaient de murs renforcés par des contreforts ou des arcs-boutants. Au sommet, le poids devait être réduit au minimum : les hautes constructions se terminaient souvent en pointe ou étaient couronnées de dômes creux ou de flèches.

Élever des immeubles de plus de cinq ou six étages nécessitait de trouver d'autres solutions. Pour progresser, il fallait parvenir à rétrécir l'énorme base. Le Monadnock Building de Chicago, édifié en 1891, compte seize étages, qui représentent sans doute la hauteur maximale d'un édifice en maçonnerie. Ses murs, épais de 2 m à la base, ne sont percés que d'étroites fenêtres. Mais comment obtenir une superstructure à la fois résistante et légère ? Dans la seconde moitié du XIXᵉ siècle, on commença à utiliser des ossatures en béton armé, en fonte, en fer ou en acier.

On abandonna les maçonneries volumineuses et les parois en brique ; l'usage des façades en verre et des planchers en béton armé se généralisa. Dès lors, les murs devinrent techniquement inutiles. Comme l'écrivait l'historien des villes Lewis Mumford en 1938 : « L'âge de l'immeuble-crustacé fit place à celui de l'immeuble-vertébré. Les murs qui servaient autrefois de carapaces devinrent une simple peau. »

Les premiers gratte-ciel nous paraissent aujourd'hui modestes, mais la technique de la construction en hauteur était déjà au point. Toutefois, chaque progression vers le ciel faisait naître d'autres problèmes. En 1852, Elisha Otis supprima un obstacle majeur en installant le premier ascenseur — avant cette invention, les immeubles ne comptaient pas plus de cinq étages.

Peu à peu, de nouvelles techniques de construction furent mises au point : des éléments préfabriqués étaient assemblés grâce à des grues s'éle-

vant avec l'immeuble. La circulation, le chauffage et la ventilation à l'intérieur des édifices s'améliorèrent ; les bâtiments furent construits en fonction d'éventuelles catastrophes — tornade ou impact d'un avion par exemple. Le Trans-America Center de San Francisco (1972), conçu comme un arbre autour d'une colonne centrale flexible, put ainsi résister au tremblement de terre de 1989.

Mais la taille même des gratte-ciel entraîne des problèmes spécifiques : au niveau des rues, par exemple, la lumière arrive mal. En 1920, un arrêté new-yorkais a décrété que désormais les immeubles devraient rétrécir en hauteur afin de laisser le soleil parvenir jusqu'aux rues. Le Chrysler Building qui, en 1930, dépassa pour la première fois 300 m de haut a été l'un des premiers à se voir appliquer ce règlement. La compétition pour le titre de plus haut immeuble était telle que sa flèche de 37,50 m fut construite en secret à l'intérieur des derniers étages et placée au sommet à la dernière minute.

Depuis, de nouveaux gratte-ciel l'ont largement dépassé. Chacun des cent étages des deux tours jumelles du World Trade Center (1973) a la superficie d'un terrain de football, offrant ainsi, pour une emprise au sol comparable à Trafalgar Square à Londres, une surface utile de planchers quatre fois plus vaste que la plus grande place du monde, Tian'anmen à Pékin.

Actuellement, on atteint des hauteurs records grâce aux charpentes métalliques. La Sears Tower de Chicago (443 m) se compose ainsi, au niveau du sol, de neuf structures distinctes ; celles-ci fusionnent à différents niveaux, de sorte qu'au sommet il n'y en a plus que deux. Grâce à cette technique, on peut désormais rêver de bâtir des tours de cinq cents étages.

Toutefois, aujourd'hui, le principal obstacle à l'élévation n'est plus technique mais économique. La construction est si coûteuse que les intérêts des capitaux engagés pendant la durée du chantier dépassent le prix de l'immeuble lui-même. Pour

À **Tôkyô** (à gauche) et dans le monde entier, les villes ont conquis la quatrième dimension, celle du temps. Dans la journée, les centres urbains accueillent des milliers d'employés et de commerçants. Arrivés tôt le matin, ils regagnent la banlieue le soir et sont remplacés par la cohorte de ceux qui viennent profiter des plaisirs nocturnes.

Les salles de concert, les cinémas, les théâtres, les restaurants, les clubs et les bars battent leur plein. Puis ceux qui s'y sont divertis rentrent chez eux se coucher. Mais la ville, elle, ne dort jamais.

Des armées de personnel toujours plus nombreuses assurent les services d'urgence et font fonctionner les machines qui ne peuvent s'arrêter sans compromettre la vie urbaine. Les éboueurs et les camionneurs, les journalistes et les imprimeurs, les postiers et les pompiers, les policiers et le personnel de santé travaillent toute la nuit. Sans oublier les ouvriers qui entretiennent la ville afin qu'elle apparaisse sous son meilleur jour le lendemain.

Les hauteurs et les dimensions de quelques très grands édifices sont comparées sur cette illustration (à droite). Notre-Dame de Paris paraît minuscule à côté de la Sears Tower : pourtant, ne semble-t-elle pas déjà assez imposante à l'échelle humaine ?

L'activité des centres villes ne s'arrête jamais. Le prix du terrain étant de plus en plus élevé, les cités se développent non seulement vers le ciel mais aussi sous la terre. Dès la fin du XIXᵉ s., dans les grandes villes comme Paris, Londres, New York et plus récemment Francfort, Montréal ou Singapour, on a développé des réseaux souterrains de métro dont les stations s'équipent maintenant en boutiques et services divers.

À Tôkyô, où le prix du mètre carré est le plus élevé du monde, des ingénieurs ont imaginé des villes entièrement souterraines. En théorie, leurs habitants n'auraient pas besoin de sortir. Ils regardèrent par leurs « fenêtres » des images haute définition de la surface. Les « Alice-Ville » de la société Taisei — ainsi nommées en hommage à celle qui découvrit le pays des Merveilles — pourraient devenir réalité au début du XXIᵉ siècle.

Sears Tower, Chicago (1974), 443 m. Avec 110 étages, c'est le gratte-ciel le plus haut du monde. Elle est composée de neuf tours accolées, qui lui permettent de résister à la force du vent.

World Trade Center, New York (1973). 412 m. Des faisceaux de colonnes d'acier, formant façade, soutiennent les tours mais interdisent le percement de larges fenêtres.

Chrysler Building, New York (1930). 319 m. Le recul des façades en hauteur permet à la lumière d'atteindre la rue.

Trans-America Center, San Francisco (1972). 257 m. Soutenu par un tronc central, il est conçu pour résister aux séismes.

La pyramide de Chéops, Gizeh, en Égypte (2650 avant J.-C.). 146 m. Une base très large est le moyen le plus simple de supporter un édifice élevé.

Hongkong & Shanghai Bank, Hongkong (1985). 158 m. La structure portante forme un « exo-squelette » à l'extérieur du bâtiment.

Guaranty Building, Buffalo (1895). 60 m. Le poids de l'édifice repose sur une structure en acier qui permet d'alléger l'architecture du bâtiment.

Notre-Dame, Paris (1344). 68 m. Des arcs-boutants extérieurs consolident l'édifice.

Monadnock Building, Chicago (1891). 65 m. Reposant sur une base épaisse, c'est le plus haut des gratte-ciel en maçonnerie.

Saint-Paul, Londres (1710). 111 m. Le dôme qui surmonte la cathédrale, et contribue à la solidité de l'architecture, lui donne sa hauteur.

réduire les délais, on utilise des éléments prêts à être suspendus à des ossatures extérieures — ou « exo-squelettes » — qui libèrent l'espace intérieur. La Hongkong Shanghai Bank à Hongkong et le centre Georges Pompidou à Paris furent construits selon cette technique de pointe.

Les gratte-ciel ont toujours été critiqués. San Francisco, autrefois surnommé la Bagdad américaine — la capitale iraqienne dresse vers le ciel ses dômes et ses minarets —, leur a récemment déclaré la guerre. Les urbanistes de la ville ont insisté sur le fait que ces « barres » étaient laides, limitaient l'ensoleillement, créaient des tourbillons au sol, augmentaient les embouteillages et écrasaient les individus de leur énorme taille.

Évoquant la cathédrale Saint-Paul de Londres, le plus haut bâtiment de la capitale pendant trois cents ans, le prince Charles a regretté qu'elle soit détrônée par les immeubles modernes des groupes financiers. Il souhaite interdire la construction de nouvelles tours dans le centre ville.

LA SÉGRÉGATION URBAINE
Derrière des lignes invisibles

L A RICHESSE SUPPOSÉE DE CERTAINES VILLES, dont on a dit qu'elles étaient le creuset culturel des civilisations, a toujours attiré les immigrants, parfois venus de très loin. Mais en fait, les modes de vie urbains, en favorisant l'anonymat, encouragent les groupes à affirmer leurs différences.

Ainsi, loin de toujours mêler les cultures, les grandes agglomérations apparaissent aujourd'hui comme des mosaïques sociales.

Autrefois, et aujourd'hui encore dans certains pays, la loi régissait l'installation des groupes ethniques ou religieux. Dans les villes d'Europe, au Moyen Âge et à la Renaissance, les juifs étaient

souvent confinés dans des quartiers clos connus sous le nom de ghettos.

De même, il y a encore cent cinquante ans, les marchands européens qui se rendaient en Chine ou au Japon ne pouvaient séjourner que dans des enclaves réservées. En Afrique du Sud, la Constitution a maintenu la discrimination raciale jusqu'en 1991. Les campagnes et les villes étaient divisées en territoires séparant obligatoirement les habitants selon la couleur de leur peau.

Toutefois, dans de nombreux cas, la ségrégation est librement choisie. Des revenus et une situation familiale identiques déterminent bien souvent le lieu de résidence dans une « ceinture »

qui se trouve à même distance du centre. Chacun choisit généralement son quartier en fonction de ses moyens, mais aussi de son désir de vivre là où l'on peut « être soi-même » avec ses semblables. Ainsi se forment des enclaves et des ghettos qui ne sont pas imposés par la loi.

La ségrégation raciale ou culturelle est la forme de séparation « volontaire » la plus commune. C'est aux États-Unis, terre d'accueil depuis plusieurs siècles de populations venues de presque tous les pays du monde, que le phénomène est le plus sensible. Mais il se constate aussi à Melbourne, en Australie, où se sont installées des communautés grecques et italiennes, ou à Ham-

Philadelphie, mosaïque de communautés

Sans doute plus encore que partout ailleurs, les villes d'Amérique du Nord présentent une très nette diversité ethnique et raciale. Des populations d'origines africaine, hispanique, italienne, vietnamienne, irlandaise, polonaise, ukrainienne, auxquelles s'ajoutent d'autres groupes d'implantation plus ancienne ou plus récente, se côtoient dans la plupart des grandes agglomérations et constituent parfois la majorité de la population urbaine.

Ces groupes tendent à se rassembler dans des quartiers qu'ils s'approprient. De nombreuses « villes chinoises », des « petites Sicile », des « petites Italie » et des « cités polonaises » perdurent, alors que le courant migratoire avec la mère patrie n'existe pratiquement plus. Le plan de Philadelphie (à droite) montre que la population hispanique, essentiellement d'origine portoricaine, est confinée dans une bande située entre les quartiers noirs, à l'ouest, et les quartiers blancs, au nord-est.

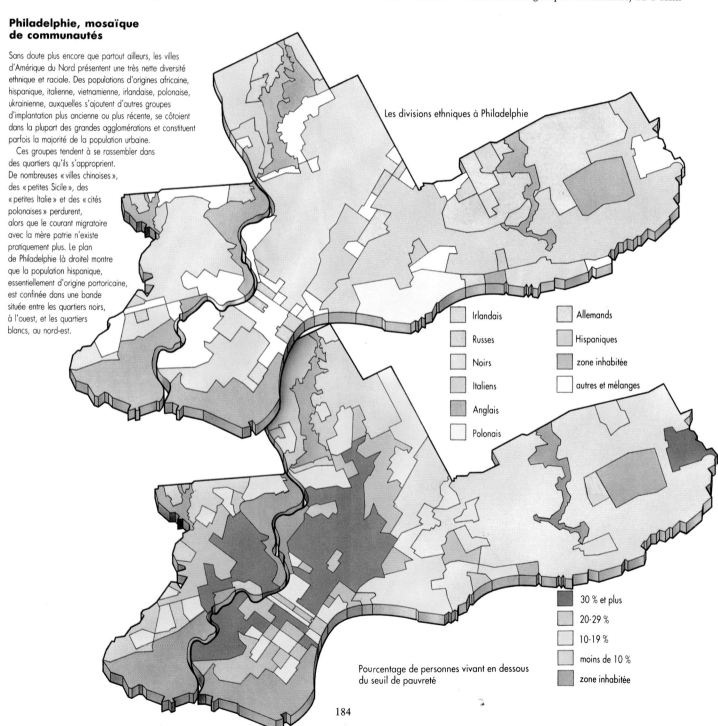

Les divisions ethniques à Philadelphie

Irlandais
Russes
Noirs
Italiens
Anglais
Polonais
Allemands
Hispaniques
zone inhabitée
autres et mélanges

30 % et plus
20-29 %
10-19 %
moins de 10 %
zone inhabitée

Pourcentage de personnes vivant en dessous du seuil de pauvreté

L'hostilité entre catholiques et protestants ensanglante depuis longtemps l'Irlande du Nord, et notamment Belfast. L'appartenance religieuse s'affirme souvent dans les actes de la vie quotidienne, par exemple par le choix d'un journal ou le soutien à une équipe de football. Mais elle s'exprime parfois plus ouvertement ou même plus violemment.

Le 12 juillet, jour anniversaire de la bataille de Boyne (1690), les protestants décorent leurs maisons pour célébrer leur victoire sur les Irlandais. La plupart des graffitis des catholiques s'en prennent à la majorité protestante ou au Parlement britannique. Les deux communautés ont beau être voisines, ceux qui découvrent la ville savent immédiatement dans quelle zone ils se trouvent.

bourg, en Allemagne, où se sont formées des enclaves turques et yougoslaves.

Les immigrants sont généralement peu qualifiés et connaissent mal la langue et les coutumes de leur pays d'accueil. Sans argent et ne pouvant accéder aux emplois bien rémunérés, ils s'installent dans les quartiers les plus pauvres, où les loyers sont faibles et où ils trouvent l'aide d'émigrés de même origine. Dans un premier temps, ils acceptent les travaux les moins payés, les moins plaisants et les moins stables.

Cependant, leur situation peut évoluer. Les enfants, scolarisés, acquièrent la maîtrise de la langue et la formation qui ont fait défaut à leurs parents. En l'absence de discrimination officielle ou officieuse, les descendants d'émigrés peuvent espérer sortir du ghetto pour aller vivre dans d'autres quartiers, voire dans les banlieues aisées. De nouveaux arrivants occuperont leurs anciens logements.

Le quartier de Spitafields, à l'est de Londres, accueille ainsi, depuis plusieurs générations, des étrangers d'origines diverses. Les huguenots français qui se sont réfugiés en Grande-Bretagne à la fin du XVIIᵉ siècle, fuyant la répression catholique, se sont installés ici. Dans les années 1890, les immigrants d'Europe de l'Est leur ont succédé. Aujourd'hui, le quartier abrite une importante communauté originaire du Bangladesh. Curieu-

sement, chaque génération s'est spécialisée dans le commerce de vêtements. Cette histoire n'est pas spécifiquement britannique : certains quartiers de New York et de Chicago ont connu la même évolution.

Contrairement à ce que certains craignent ou espèrent, le mélange ne fait que rarement naître une société uniforme. Les groupes restent physiquement et culturellement distincts. Chacun d'eux a ses commerces, ses clubs, ses restaurants, ses écoles, ses salles de cinéma, ses jours fériés, ses fêtes religieuses et ses cérémonies commémoratives. Les «territoires» respectifs sont clairement marqués grâce, par exemple, à des enseignes de magasins, des graffitis, des styles vestimentaires, des habitudes alimentaires et un langage.

La communauté propose elle-même services et emplois sans avoir recours au pays qui l'accueille. Les mariages se font généralement au sein du groupe et des générations d'enfants apprennent à parler la langue de leurs parents — même s'ils n'ont pas le désir de visiter un jour leur pays d'origine. Cette cohésion peut donner aux groupes ethniques une puissance politique considérable, en leur assurant des électeurs tout acquis à leur cause. Exceptionnellement, des noyaux armés se forment pour «protéger» la communauté — palestinienne au Liban ou catholique en Irlande du Nord.

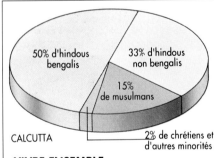

CALCUTTA

- 50% d'hindous bengalis
- 33% d'hindous non bengalis
- 15% de musulmans
- 2% de chrétiens et d'autres minorités

VIVRE ENSEMBLE

La nombreuse population de Calcutta, la plus grande ville indienne, est très cosmopolite. Peuplée surtout de Bengalis, natifs des régions voisines, la ville accueille des gens venus de toute l'Inde — les Sikhs du Pendjab formant une main-d'œuvre spécialisée, les populations de l'Est et de l'Ouest s'adonnant au commerce, et les immigrés venus de moins loin travaillant comme ouvriers ou porteurs ; sans oublier un nombre significatif de descendants d'Européens ou d'Anglo-Indiens.

Chacun de ces groupes tend à rester très uni. Ainsi, l'importante population hindoue est toujours — malgré la loi — divisée en castes (différences sociales héréditaires) vivant chacune dans une zone bien précise. Les musulmans et les chrétiens se regroupent encore dans les mêmes quartiers qu'au temps de la colonisation. Il est peu probable que la ségrégation disparaisse vraiment.

LA RENAISSANCE DES VILLES
Rénovation et réhabilitation

QU'ON L'APPELLE REVALORISATION, RÉNOVATION ou restauration, la réhabilitation des îlots urbains tombés en désuétude est caractéristique des zones pour lesquelles richesse et emplois ont découlé de la période postindustrielle. Des quartiers comme ceux de Greenwich Village, à New York, de Georgetown, à Washington, du Marais, à Paris, ou d'Islington, à Londres, sont tous en train de « recycler » un passé difficile en un présent brillant.

Dès le début du siècle, les centres urbains des pays développés ont commencé à décliner économiquement et socialement. Tandis que les industries quittaient les villes où elles étaient implantées pour s'installer à la périphérie, les ouvriers qualifiés et les cadres, notamment les jeunes couples avec enfants, ont été contraints de s'installer en banlieue ou de s'exiler dans les villes nouvelles qui leur offraient des possibilités d'emplois. En ville, ceux-ci étaient moins nombreux, et la structure urbaine se détériorait : les conditions de vie devenaient de plus en plus difficiles pour ceux qui restaient — les pauvres, les chômeurs, les immigrés récents ou installés de longue date.

Ne croyant pas en l'avenir de leurs biens immobiliers, les propriétaires privés n'ont souvent pas jugé rentable d'investir dans leur rénovation. Les municipalités ont elles aussi négligé d'entretenir les bâtiments publics et sociaux. Les organismes de prêt étaient peu disposés à accorder des crédits logement aux habitants des quartiers qu'ils estimaient condamnés.

De nombreux résidents, eux, pensaient, souvent avec raison, que l'on avait volontairement laissé leur quartier se dégrader, pour faire baisser les prix et hâter le démarrage des programmes de reconstruction ou de réhabilitation. Ils reprochaient aux spéculateurs d'avoir acheté des bâtiments au plus bas prix pour les raser et les revendre après rénovation, avec un confortable bénéfice.

Au début des années 1980, un mouvement inverse s'est engagé. Le développement des activités de services et de commerce dans les centres urbains, où les grandes sociétés reprenaient le goût d'installer leur siège, permit de créer de nombreux emplois pour des jeunes cadres qualifiés et dynamiques, parfois baptisés avec ironie *yuppies* (young urban professional people). Ces

célibataires ou ces couples d'actifs très ambitieux, à hauts revenus et sans enfants ont cherché à se loger dans les centres : pour eux, pas question de vivre en banlieue et de perdre des heures dans les transports. Dans le même temps, les anciennes usines, les entrepôts et les autres bâtiments semi-désaffectés ont été transformés en bureaux élégants, en sociétés de communication, en restaurants et en clubs de sport.

Le nouveau prestige des quartiers réhabilités n'a pas toujours satisfait les anciens résidents. Car si la présence de voisins très aisés a contribué à l'amélioration de leur environnement, elle s'est aussi traduite par une augmentation des loyers. Nombreux sont ceux qui ont dû aller vivre ailleurs ; ceux qui sont restés se plaignent que la vie de leur quartier ait gagné en snobisme ce qu'elle a perdu en convivialité.

Cela engendre des tensions sociales qui peuvent s'exprimer sous diverses formes, depuis les grafittis anti-*yuppies* jusqu'aux actes de vandalisme sur les voitures et les biens des nouveaux arrivants, qui, par représailles, portent plainte contre le bruit des animaux et des enfants des habitants plus anciens.

L'histoire d'une maison

L'évolution d'un quartier se traduit par la transformation de ses bâtiments.

Une maison londonienne d'époque victorienne a ainsi connu plusieurs stades de déclin et de renaissance avant de retrouver aujourd'hui son allure primitive.

Bâtie vers 1860 pour une famille bourgeoise, la maison comprend des chambres de domestiques dans les combles et une cuisine au sous-sol ; le personnel n'est guère considéré et doit utiliser une entrée de service.

1910 La maison a très peu changé. Le fils aîné en a hérité. L'éclairage public, autrefois au gaz, a été électrifié et la chaussée a été pavée. La famille ne possède pas de véhicule.

Chaque jour, une voiture passe prendre le maître de maison, qui travaille dans le quartier des affaires.

1930 La maison appartient maintenant à une petite-fille du premier propriétaire. Elle vit en banlieue et a cédé le bail pour 30 ans. Une gérante loue des chambres à des familles respectables ou à des célibataires sérieux. Elle-même occupe deux pièces au rez-de-chaussée ; le sous-sol n'est plus utilisé. Quelques travaux ont été entrepris mais, compte tenu de la durée du bail, aucune réparation importante n'a été engagée.

1950 À la mort de la propriétaire, aucun de ses enfants n'a voulu garder la maison. Ils ont confié sa location à une agence. Des éviers et des compteurs électriques ont été installés dans chaque pièce. Dans l'entrée, il y a un téléphone payant. Toutes les pièces sont décorées de la même façon et aucune réparation n'a été entreprise. Les locataires sont d'origines diverses : un étudiant en médecine occupe le dernier étage, un couple de Polonais d'âge moyen s'est installé au sous-sol.

Milieu des années 1960 L'édifice tombe en ruine. L'agence immobilière refuse d'investir dans des réparations,

1860   1910   1930   1950

Baltimore, comme de nombreuses villes américaines, a bénéficié d'une impressionnante réhabilitation. À la fin des années 1970, les quartiers du centre tombaient en ruine. Le port intérieur, autrefois le cœur de la richesse commerciale et industrielle de la ville, était désaffecté.

Aujourd'hui, des immeubles de bureaux, des hôtels de luxe, des magasins, des appartements se sont multipliés dans le centre. Les quartiers autrefois délabrés ont été colonisés par de jeunes cadres

à hauts revenus. Le port, devenu dans les années 1960 un haut lieu de la drogue et le rendez-vous des clochards, a été transformé en port de plaisance dans le cadre d'un ambitieux plan de réhabilitation du front de mer.

Grâce au développement du tourisme et des activités de loisirs — un centre de conférences, une arène, une place des fêtes, un aquarium national ont été construits —, des millions de dollars permettent de financer la renaissance de Baltimore.

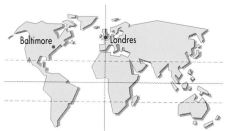

car les loyers sont, selon elle, trop faibles. Les locataires changent souvent. Une partie du quartier a été démolie pour construire un immeuble de plusieurs étages.

Début des années 1970
Un incendie a rendu la maison inhabitable. Les propriétaires

ne trouvent pas à la vendre à un particulier car les banquiers refusent d'accorder des prêts. Elle est finalement cédée à la municipalité. Celle-ci envisage la réhabilitaion de cette zone, mais ne dispose pas des fonds suffisants. La maison a été murée pour empêcher les squatters de l'occuper.

Début des années 1980
La maison est vendue à une société spécialisée dans la rénovation. Toutes les habitations de l'îlot vont être transformées en « appartements de luxe », ce qui élevera le standing du quartier. L'intérieur est restauré, le toit refait. Derrière, le grand immeuble

se dégrade, faute de fonds publics pour l'entretenir.

1990 La maison n'a pas été divisée en appartements mais rénovée en l'état. Une famille s'y installe : un couple à double salaire avec deux enfants. Les combles, autrefois réservés au logement du

personnel, ont été aménagés en un appartement indépendant pour la nurse. Des grilles métalliques ont été fixées aux fenêtres pour prévenir les vols, tandis que les lustres, les cheminées et les autres pièces d'époque ont été remis en place. Le grand immeuble abandonné a été rasé ; il sera remplacé par des maisons individuelles.

Demain... la famille partira peut-être vivre à la campagne où elle possède déjà une résidence secondaire. S'ils vendent leurs deux propriétés, ces yuppies pourront acheter une maison ancienne de style géorgien. Ils diviseront peut-être la maison en appartements individuels qu'ils vendront séparément ; ils en garderont cependant un comme pied-à-terre en ville.

| 1960 | 1970 | 1980 | 1990 |

DES LIGNES
SUR LES CARTES

LA NATURE
DES FRONTIÈRES

LES FRONTIÈRES D'UN PAYS, QUI POURRAIENT,
EN THÉORIE, ÊTRE PLACÉES N'IMPORTE OÙ, SONT
EN RÉALITÉ DÉTERMINÉES PAR LES HOMMES ET PAR
LA NATURE. LES ACCIDENTS NATURELS DU TERRAIN,
TELS QUE LES MONTAGNES ET LES RIVIÈRES, SONT
SOUVENT LES LIMITES TERRITORIALES LES PLUS
LOGIQUES, MAIS LES CARTOGRAPHES PEUVENT
AUSSI TRACER DES FRONTIÈRES TOUTES DROITES QUI,
SANS ÊTRE « NATURELLES », N'EN SONT PAS MOINS
LÉGALES. LA LANGUE ET LA RELIGION, LES
COUTUMES ET LE COMMERCE JOUENT AUSSI LEUR
RÔLE DANS LA FIXATION DE CES LIMITES. UNE ÎLE
ISOLÉE PEUT SE DIVISER EN PLUSIEURS NATIONS,
ALORS QUE TOUT UN VASTE ARCHIPEL PEUT
N'EN CONSTITUER QU'UNE SEULE. LES TERRES
INHABITÉES N'ONT PAS BESOIN DE FRONTIÈRES,
MAIS PARTOUT OÙ LES HOMMES S'INSTALLENT
ET S'ENRACINENT, ILS NE TARDENT PAS À BORNER
LEUR TERRITOIRE.

CONFLITS
ET COOPÉRATION

LA GÉOGRAPHIE ET L'HISTOIRE IMPOSENT AUX
ÉTATS DU MONDE UNE CONSTANTE RECHERCHE
D'ALLIÉS POLITIQUES. LES PETITS PAYS SONT
INÉVITABLEMENT DOMINÉS, VOIRE TOTALEMENT
ABSORBÉS, PAR LES PLUS GRANDS. LES DIFFÉRENCES
RELIGIEUSES ET LES PRÉTENTIONS TERRITORIALES
EXACERBENT LES TENSIONS ENTRE LES NATIONS,
TANDIS QUE LES QUERELLES TRIBALES
ENTRETIENNENT LES CONFLITS INTERNES.
LE POTENTIEL ÉCONOMIQUE ET MILITAIRE NE
SUFFIT PAS À DÉFINIR LES SUPERPUISSANCES :
LA TOPOGRAPHIE IMPOSE ELLE AUSSI SES LOIS,
MÊME AUX PLUS FORTES D'ENTRE ELLES. IL EXISTE
DES NATIONS SANS TERRITOIRE ET DES RÉFUGIÉS
SANS PATRIE, TANDIS QUE DES CONVENTIONS
INTERNATIONALES REDÉFINISSENT EN PERMANENCE
LE SENS DES MOTS « AMI » ET « ENNEMI ».

LA NATURE DES FRONTIÈRES

ON PRÉTEND SOUVENT QUE LA GRANDE
Muraille de Chine est la seule construction
humaine visible depuis la Lune. Quand
Armstrong, Aldrin et Collins ont atteint notre
satellite en 1969, ils n'ont pas songé à vérifier
cette affirmation : ils avaient bien d'autres choses en tête. Mais
les gigantesques autoroutes qui traversent les pays (et les
frontières), les énormes mégapoles telles que Mexico, et même
les lacs comme celui qu'a créé, sur le Nil, la construction
du barrage d'Assouan, sont probablement plus identifiables
que la Grande Muraille.

Néanmoins, la réputation de cette immense fortification
tient notamment à cette réalité : dans l'imagination populaire,
elle est le parfait symbole de ce que devrait être une frontière.
D'abord, elle apporte la certitude, solide et tangible, qu'elle
protège ceux qui s'abritent derrière elle. À l'inverse du mur
de Berlin, destiné à empêcher les Allemands de l'Est de s'enfuir
de chez eux, elle a été construite pour contenir la pénétration
en Chine d'envahisseurs arrivant du nord. Ensuite, elle épouse
les reliefs pour protéger efficacement des régions bien définies.
Son parcours est logique, à la différence des tracés frontaliers
nés de tractations et de compromis, qui ne tiennent aucun
compte de la nature du terrain.

De telles frontières visaient à fermer les pays sur eux-
mêmes, ce qui n'est plus le cas dans les États modernes
les plus avancés. Là, les limites sont simplement signalées
par un panneau, le passage en douane s'effectue rapidement,
et les contrôles de passeports ne sont plus qu'une formalité.
La notion moderne de frontière est aussi devenue très floue
puisque celle-ci est souvent placée non plus en bordure d'un
territoire national, mais dans des aéroports situés parfois à
des centaines de kilomètres de la limite réelle du pays.

Les frontières encore en usage pendant la guerre froide,
protégées par des barbelés et des mines, ont été démantelées
en Europe, mais elles existent encore ailleurs dans le monde,

par exemple en Corée, dans le Sahara occidental,
ou aux limites fermement défendues entre Israël
et ses voisins immédiats, le Liban, la Syrie et la Jordanie.

Sur plus de 160 États souverains membres de l'ONU,
nombreux sont ceux dont le territoire est entièrement ou
partiellement entouré d'« obstacles naturels » : montagnes,
rivières ou océans. Certains, comme la Suisse, l'Afghanistan
et le Népal, sont essentiellement cernés par des montagnes,
tandis que l'Inde du Nord, le Pakistan, l'Italie et l'Espagne
sont limités par l'obstacle naturel des chaînes de relief. Le
Chili présente des contours insolites, imposés par la présence
des Andes qui le séparent de l'Argentine, et qui réduisent
son territoire à un étroit ruban le long de la côte pacifique.

Les rivières, qu'il s'agisse de minces cours d'eau comme
le Jourdain ou de fleuves imposants comme le Zambèze ou
le Mékong, marquent souvent le passage d'un pays à un autre.
Ailleurs, un fleuve peut ne pas s'imposer comme frontière
internationale mais constituer néanmoins le trait distinctif
entre les pays : le Nil, par exemple, pour l'Égypte
et le Soudan, ou le fleuve Gambie, en Afrique de l'Ouest,
pour le Sénégal ou la Gambie.

Enfin, il faut savoir que les États insulaires représentent
près d'un cinquième des membres de l'ONU. Beaucoup sont
de micro-États de moins d'un million habitants, vulnérables
car victimes de l'isolement qui les condamne souvent à la
pauvreté et à l'instabilité. D'autres, tels Singapour et l'Islande,
sont riches. L'Indonésie (13 677 îles) et les Philippines (7 100),
archipels fragmentés, sont de puissantes nations du tiers
monde, et l'Australie, isolée dans l'hémisphère Sud,
n'en fait pas moins partie des grands États développés.

Les îles bénéficient d'un grand avantage sur les pays

enclavés ou dépourvus d'une façade maritime : leurs aires économiques réelles s'étendent en mer, bien au-delà des limites du territoire émergé.

L'Antarctique qui a été, au début du siècle, l'enjeu de la dernière ruée coloniale sur un continent, est un cas particulier. Des frontières en rayons tracés depuis le pôle Sud jusqu'à la côte morcellent cet espace, aussi vaste que les États-Unis et l'Europe réunis, et qui représente près de 10 % des terres de la planète. Mais une fois le découpage accompli, nul n'a été capable de dire si la calotte glaciaire recouvrait une terre émergée ou immergée. En effet, le continent est par endroits si enfoncé sous le poids des glaces que, si elles fondaient, le sol se trouverait largement au-dessous du niveau de la mer.

Sept pays prétendent se partager le continent antarctique, qui reste accessible à tous pourvu que le traité signé entre vingt-six nations en 1961 soit respecté : interdiction de toute activité militaire et de tout stockage de déchets. En octobre 1991, il a été convenu que toute exploitation minière est interdite pendant au moins cinquante ans.

L A NATURE QUELQUE PEU « SURRÉALISTE » des frontières de l'Antarctique témoigne d'une réalité : sans peuplement permanent, les découpages territoriaux ne signifient pas grand-chose. Ils ont un sens là où il y a des hommes, des minerais exploitables et des terres cultivables. Sinon, quelle est leur raison d'être ? Sont-elles les limites de territoires chacun peuplé d'êtres humains qui se reconnaissent comme une nation différente des autres ? Ou sont-elles simplement les limites extrêmes de l'espace sur lequel un État peut imposer son pouvoir ?

La nation a été définie comme une communauté durable d'individus partageant des caractères particuliers qui les rassemblent. Une telle définition ne s'applique ni à l'Inde, ni au Guatemala et au Pérou, ni même à la Russie, qui brassent des populations d'origines très différentes. Elle a encore moins de sens dans les pays africains. Dans la plupart d'entre eux, les populations se différencient en peuples, ethnies et tribus qui ne partagent ni les mêmes coutumes, ni les même langues ou dialectes.

Les différences entre ces groupes sont de même nature que celles qui distinguent des Hongrois et des Britanniques. De plus, ces groupes ont été rassemblés dans des pays dont les frontières ont été tracées par les colons étrangers. Les rivalités entre les puissances coloniales pour s'emparer des terres fertiles, des gisements miniers et des points stratégiques ont joué un rôle déterminant dans le tracé des limites territoriales. La portion de la « ceinture du cuivre » qui sépare le Zaïre du Congo a ainsi été découpée par des géomètres belges et britanniques en fonction de la richesse des filons de minerai. Qu'ils aient ainsi séparé des groupes ethniques vivant là n'avait pour eux aucune importance.

La langue est le plus petit dénominateur commun des nations européennes. Elle permet d'entretenir la flamme du nationalisme, par exemple dans la nation polonaise, bien que la Pologne, en tant que pays, ait plusieurs fois disparu, partagée entre les voisins. Une même langue peut ainsi regrouper des peuples appartenant à des pays distincts. Il existe des francophones européens en France, en Belgique, en Suisse et en Italie, des anglophones européens en Angleterre et en Irlande. D'autres facteurs jouent un rôle plus déterminant dans la création d'un État. La Suisse, avec quatre langues officielles, n'existe que parce que ses communautés partagent la volonté de préserver des intérêts identiques et parce que, au début du XIXe siècle, l'inviolabilité de ses frontières a été garantie par des États européens plus puissants.

L'existence de frontières nationales permet de tirer au moins une conclusion générale : elles sont la preuve du rôle de l'histoire dans la géographie. Des guerres et des conquêtes les établissent, d'autres conflits, d'autres troubles les défont puis les rebâtissent ; la diplomatie internationale les précise et les confirme. Enchevêtrées comme des toiles d'araignée ou dessinées à grands coups de règle, elles sont la trame qui divise les hommes tout autant qu'elle les unit.

LE TRACÉ DES LIMITES
L'adaptation à la nature

Une frontière entre deux pays n'est jamais immuable. Même si elle apparaît stable, reconnue depuis longtemps par l'histoire ou protégée par des fortifications, elle peut toujours changer, voire disparaître.

Certaines n'ont, semble-t-il, aucune raison de se trouver ici plutôt qu'ailleurs : leur emplacement est dû à la tradition, au hasard ou à une erreur de cartographie.

Cependant, nombre d'entre elles ont été tracées selon la nature, ce qui présente des avantages et des inconvénients. Dans leur grande majorité, elles suivent les accidents topographiques importants, tels que les côtes, les massifs montagneux (et leur ligne de partage des eaux) ou les rivières et les lacs. Une minorité, non négligeable, est géométrique, notamment celles, rayonnantes, qui partagent l'Antarctique.

Lorsque des rivières ou des lacs servent de limites aux États, la frontière suit généralement leur axe médian ou passe au milieu de la voie principale de navigation, même si le débit des eaux varie d'une rive à l'autre.

La situation n'est pas toujours aussi simple : ainsi, lorsque des accords frontaliers ont été conclus entre deux nations de puissance très inégale — comme entre la Namibie et l'Afrique du Sud, qui se font face de part et d'autre du fleuve Orange —, la frontière court le long d'une seule rive. Du coup, la Namibie se trouve dans une situation absurde : elle n'a aucun droit légal d'utiliser le fleuve.

Parfois aussi, les cours d'eau déterminent des limites tout à fait imprécises. Le Rio Grande, choisi en 1848 pour séparer les États-Unis et le Mexique, se déplaçait dans sa plaine à chaque inondation. Jusque dans les années 1930, avant que les portions vagabondes du fleuve aient été endiguées ou canalisées, la frontière devait être redessinée chaque année !

Quand la ligne de partage des eaux sert de limite, la frontière se confond généralement avec la ligne de crête d'une montagne. Cette dernière peut elle-même devenir frontière, même si elle est trop accidentée, trop vaste et trop inhospitalière pour constituer une démarcation bien nette. Certains États totalement montagneux situent la limite de leur territoire au pied des hauteurs, qui servent ainsi de rempart naturel contre les éventuelles ambitions d'un voisin.

Quelques États ont localement des limites dont le tracé très étrange est destiné à leur assurer l'accès à des ressources naturelles — eau douce ou gisement minier — ou plus généralement à la mer ou à une rivière. Le Zaïre, immense État d'Afrique centrale, serait totalement enclavé s'il ne possédait pas un étroit couloir de 320 km de long le reliant à l'Atlantique.

Bien des frontières internationales, ignorant le relief, suivent un parcours parfaitement rectiligne. Ainsi, le 49e parallèle — la plus longue frontière de ce type au monde — a été tracé en 1818 pour séparer la majeure partie du Canada des États-Unis. La plupart des autres frontières de ce type se trouvent dans les ex-colonies européennes, surtout en Afrique où elles représentent près du tiers des limites territoriales existantes.

Tracées à la règle, sans tenir compte des régions et des peuples qu'elles découpaient, elles ont parfois été modifiées ultérieurement, notamment pour regrouper une même ethnie écartelée, si bien que des tracés qui apparaissent parfaitement droits sur les atlas se révèlent, en réalité, beaucoup plus tortueux sur des cartes locales précises à grande échelle.

Quiconque possède ou cultive des terres, dirige une nation, réglemente ses activités, ou encore étudie l'histoire d'un pays sait que les limites territoriales doivent être définies avec une précision méticuleuse.

Localement, des accords amiables fixent les limites reconnues d'une ferme ou d'une forêt. À l'échelon régional, ceci permet de savoir qui paie les impôts, et à qui, ou à qui incombe la responsabilité des équipements publics.

Les frontières nationales relèvent plus souvent de traités ou d'annexions que de la localisation des reliefs ou des peuples. Cependant, même négociées, elles doivent prendre en compte des éléments naturels lorsque le commerce et l'agriculture en dépendent.

Afin d'éviter de briser des familles ou d'éloigner les agriculteurs de leurs champs, les limites territoriales suivent fréquemment celles d'une implantation plus ancienne. Enfin, en règle générale, lorsqu'un groupe s'installe dans une vaste plaine, il a tendance à établir des frontières englobant tout cet espace, même s'il est trop vaste à exploiter et à défendre.

Des lignes droites se coupant selon divers angles peuvent sans peine être matérialisées au sol pour diviser la campagne et servir de frontières. Il n'en va pas ainsi en mer. Jusqu'en 1950, les États étendaient leur souveraineté jusqu'à 5,5 km des côtes, ce qui correspondait approximativement à une portée de canon. Aujourd'hui, l'étendue des eaux territoriales a été portée à 22 km (12 milles nautiques). Dans cette zone, un État peut interdire aux autres la navigation, le survol aérien, la pêche et la prospection minière. Lorsque les limites territoriales se superposent, comme dans la Manche entre la France et le Royaume-Uni, la ligne médiane devient la frontière entre les deux pays. Actuellement, la plupart des pays maritimes revendiquent la propriété des ressources de la mer et du fond marin situées jusqu'à 200 milles nautiques (environ 360 km) de leur rivage, dans leur « zone économique exclusive ».

Saint-Marin

Avec une population de 24 000 habitants répartis sur 61 km², Saint-Marin est niché aux pieds des Apennins, en Italie. Cet État, devenu indépendant au XIII° s., est la plus ancienne République du monde. Sa capitale fortifiée culmine à 610 m au-dessus de la mer. L'activité majeure est le tourisme.

Ses habitants constituent une communauté très fermée et se marient souvent entre eux. Aussi la police et la justice louent-elles certains de leurs membres à l'Italie pour éviter que la légalité ne subisse l'entrave des pressions familiales.

Les Seychelles

Ces îles de 280 km² prétendent, avec d'autres, au titre de « jardin d'Éden ». Le tourisme fournit l'essentiel des revenus, assez élevés, des 70 000 habitants. L'archipel a été colonisé par les Français et les Britanniques et devint une République en 1976. Le premier président, renversé par un coup d'État, a inauguré une période durable d'instabilité.

Les Seychelles font toujours partie du Commonwealth tout en étant membre de l'OUA ; elles sont équipées de missiles provenant de l'ex-URSS et abritent une station américaine d'observation des satellites.

1 Groenland
2 Islande
3 Bahreïn
4 Qatar
5 Bermudes
6 Chypre
7 Gambie
8 îles du Cap Vert
9 Belize
10 Surinam
11 Guyana
12 Guinée-Bissau
12 São Tomé et Principe
14 Guinée équatoriale
15 Maldives
16 Seychelles
17 Comores
18 Swaziland
19 îles Christmas
20 îles Cocos
21 Timor oriental
22 Luxembourg
23 Liechtenstein
24 Vatican
25 Saint-Marin
26 Monaco
27 Andorre
28 Malte
29 Bahamas
30 St.-Christophe et Nièves
31 Antigua et Barbuda
32 îles Cayman
33 Dominique
34 Sainte-Lucie
35 Saint-Vincent
36 Grenade
37 Barbade
38 Mariannes du Nord
39 États fédérés de Micronésie
40 îles Marshall
41 Kiribati
42 Wallis-et-Futuna
43 îles Salomon
44 Nauru
45 Tuvalu
46 Vanuatu
47 Samoa occidentales
48 île Norfolk
49 Fidji
50 Tonga

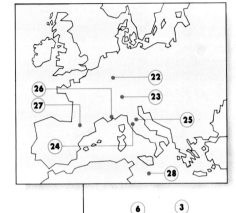

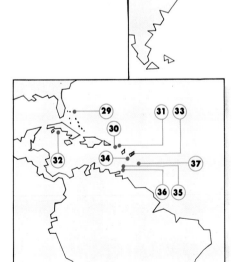

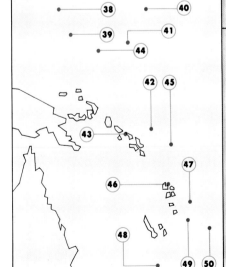

Cinq p

le Royau
la Nouv
Norvège
mutuelle
d'Antarc
le Chili
réclamer
même te
Uni. Enfi
ne sont
s'agit du
du Pacif

En 19
— la Be
l'Afrique
et l'URSS
droit d'e
minières
n'y aien
Depuis,
installé
Cette
montre
de l'Anta
par cha
l'emplac
scientifiq

Les îles Cayman

Plus dépendantes des Britanniques que véritablement autonomes, les îles Cayman comptent 20 000 habitants répartis sur 260 km². Elles doivent leur notoriété aux facilités financières qu'elles offrent. Plus de 500 grandes banques et multinationales sont installées dans cet archipel où les impôts directs n'existent pas et où le secret bancaire est garanti. Bien que les revenus de cette activité entrent pour une large part dans le budget national, le tourisme représente 70 % du PNB, l'un des plus élevés du monde par habitant. Sur l'île de Grand Cayman, le mètre carré de terrain à bâtir est l'un des plus chers du monde.

Nauru

Avec ses 21 km² et ses 9 000 habitants, Nauru est la plus petite République du monde. On n'y paie ni impôts, ni honoraires médicaux, ni frais de scolarité, et les importations de denrées alimentaires y sont fortement subventionnées.

Sa richesse se fonde sur l'exportation des phosphates destinés aux engrais. Mais cette ressource s'épuise et l'île exploite désormais les dépôts souterrains de guano.

Bientôt, si les carrières ne sont pas aménagées en terres réutilisables au fur et à mesure de leur épuisement, les Nauruans devront quitter l'île.

LA CRISE EN URSS 2
L'empire démantelé

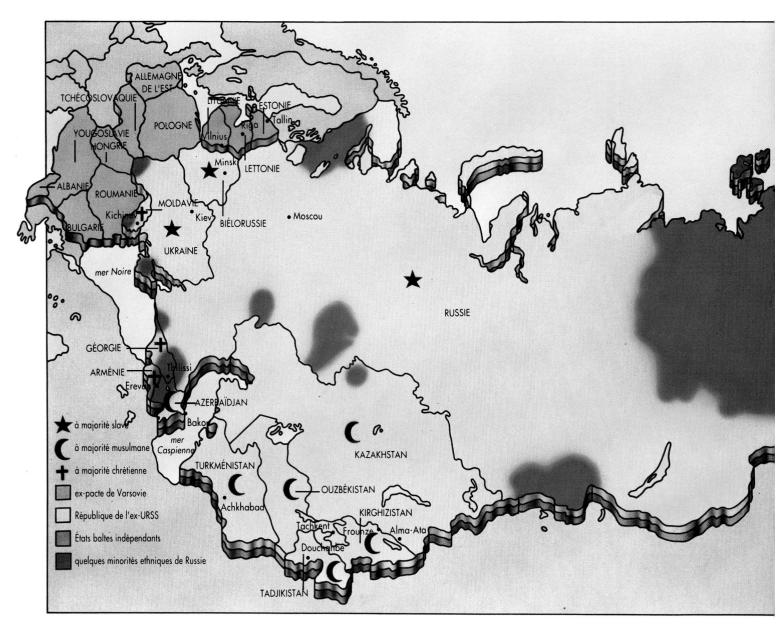

ALLEMAGNE DE L'EST
TCHÉCOSLOVAQUIE
LITUANIE ESTONIE
POLOGNE Riga Tallin
YOUGOSLAVIE Vilnius
HONGRIE Minsk LETTONIE
ALBANIE ROUMANIE
Kichinev MOLDAVIE
BULGARIE Kiev BIÉLORUSSIE
Moscou
mer Noire UKRAINE
RUSSIE
GÉORGIE
ARMÉNIE Tbilissi
Erevan
AZERBAÏDJAN
Bakou
mer KAZAKHSTAN
Caspienne
TURKMÉNISTAN OUZBÉKISTAN
KIRGHIZISTAN
Achkhabad Tachkent Frounze Alma-Ata
Douchanbé
TADJIKISTAN

★ à majorité slave
☾ à majorité musulmane
✚ à majorité chrétienne
▢ ex-pacte de Varsovie
▢ République de l'ex-URSS
▢ États baltes indépendants
▢ quelques minorités ethniques de Russie

La République socialiste fédérative soviétique de Russie, communément appelée Russie, couvrait les trois quarts de l'URSS et regroupait une soixantaine de nationalités, pour la plupart d'ascendance slave. Les trois États baltes, absorbés par l'URSS en 1940, se sont toujours sentis plus proches des Occidentaux que des Soviétiques. La Lituanie, majoritairement catholique, proclama son indépendance le 11 mars 1990, affrontant seule l'autorité de l'empire, qui fut néanmoins touché à mort par son exemple.

Les musulmans représentaient environ 20 % de la population du bloc soviétique et étaient majoritaires dans 6 des 15 Républiques, notamment en Azerbaïdjan. Leurs liens étaient beaucoup plus étroits avec la Turquie, l'Iran et l'Afghanistan qu'avec Moscou. Quant aux Arméniens, beaucoup sont chrétiens, ce qui a attisé les conflits territoriaux avec l'Azerbaïdjan et avec les autorités communistes.

Ce sont là quelques exemples des multiples problèmes auxquels était confrontée l'URSS avant sa dislocation. Problèmes d'ailleurs aggravés par les énormes difficultés géographiques, la menace chronique de pénurie alimentaire et les revendications croissantes des Républiques à l'indépendance.

MALGRÉ SON IMMENSE POTENTIEL MINIER, industriel et agricole, l'Empire russe a toujours été fragile. Sa taille, la diversité de ses peuples et de ses milieux le rendent difficile à gérer. Pendant des siècles, il a semblé au bord du précipice. Pourtant, il a survécu, pratiquement inchangé, sous les dictatures successives des tsars et des chefs du parti communiste.

Lorsque Lénine et le parti bolchevik s'emparèrent du pouvoir en 1917, ils exploitèrent habilement le sentiment nationaliste pour se concilier les différents peuples du pays. En échange, ils leur promirent la souveraineté. La réalité fut tout autre. Sous prétexte que « le droit de divorcer n'implique pas la nécessité de divorcer », Lénine et Staline ont contraint les Républiques à obéir au pouvoir fédéral et même annexé à nouveau les régions qui avaient réussi à se séparer de l'empire après la Première Guerre mondiale, notamment l'Ukraine, la Moldavie et les trois États baltes d'Estonie, de Lettonie et de Lituanie.

Sous Staline, au mépris d'une Constitution affirmant l'autodétermination, l'autonomie régionale fut niée ou supprimée de force. Le parti communiste concentrait tous les pouvoirs au Kremlin, au cœur de Moscou.

Le développement de l'économie soviétique s'appuya sur les Républiques périphériques chargées d'approvisionner la Russie. L'obsession du gigantisme dans les industries lourdes, les centrales énergétiques et les fermes d'État ainsi que la production massive d'armements préparèrent les désastres futurs de l'économie et de l'environnement. Entretemps, l'installation de Russes d'origine dans les Républiques sœurs créa de profondes tensions culturelles, aggravées par la russification imposée par Moscou, qui rendit obligatoire la langue russe et traita comme trouble psy-

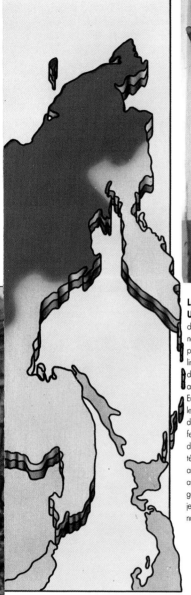

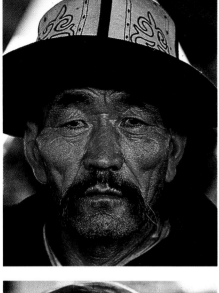

La population de l'ex-URSS compte des membres d'une centaine de nationalités reconnues et de plus de 160 groupes linguistiques. Elle regroupait des descendants de peuples aussi éloignés que les Européens, les Mongols ou les Esquimaux. Les visages de cet homme et de cette femme de Tachkent (à droite, en haut et en bas) témoignent de leur origine asiatique, par opposition avec cet ouvrier ukrainien (à gauche, en haut) et cette jeune Lituanienne en costume national (à gauche, en bas).

chologique et social tout attachement religieux.

Aujourd'hui, la situation a considérablement évolué et l'Union soviétique s'est complètement désagrégée. On peut s'étonner que cela ne se soit pas produit plus tôt.

À la veille de l'éclatement de l'URSS, du fait de leur faible croissance démographique, les Russes de nationalité ne formaient officiellement plus que 51,4 % de la population. Le rythme de développement de la plupart des autres nationalités était bien supérieur, notamment dans les Républiques d'Asie centrale, où le nombre des musulmans dépassaient déjà 55 millions.

Dans le même temps, les contre-performances de l'économie, la guerre en Afghanistan, la course aux armements, les pénuries alimentaires, les dégradations écologiques et les entraves aux libertés individuelles ont entretenu puis accru le mécontentement. Pour endiguer le flot des pro-

testations, le parti communiste choisit pour chef, en 1985, un réformateur, Mikhaïl Gorbatchev.

Devenu chef de l'État en 1988, Gorbatchev décida le retrait des troupes d'Afghanistan après avoir lancé les processus de perestroïka (« reconstruction » : libéralisation économique) et de glasnost (transparence des affaires publiques). Mais cette réduction de l'emprise du pouvoir central permit aux conflits ethniques, religieux et nationalistes d'éclater au grand jour.

Dès 1988, les rivalités qui couvaient entre les groupes ethniques s'exprimèrent violemment en Moldavie, en Géorgie, en Arménie, en Azerbaïdjan, en Ouzbekistan et au Kirghizstan. Des Républiques limitrophes remirent en cause les frontières ; de nombreux réfugiés s'exilèrent hors de leur territoire, certains même hors d'URSS. Deux catastrophes majeures, l'accident nucléaire de la centrale de Tchernobyl en 1986 et le trem-

blement de terre en Arménie en 1988, révélèrent l'incapacité du pouvoir à assurer la sécurité et les secours, ce qui accentua son discrédit.

Dès décembre 1990, onze des quinze Républiques socialistes soviétiques avaient proclamé leur souveraineté. La Russie elle-même, la plus peuplée, la plus grande et la plus riche (parce qu'elle inclut la région de l'Oural et la Sibérie), avait annoncé qu'elle entendait placer ses intérêts au-dessus de ceux de l'Union soviétique.

Parallèlement, en Europe de l'Est, les mouvements d'indépendance nationale renversaient les gouvernements dictatoriaux en place et bouleversaient totalement l'équilibre du pouvoir entre l'Union soviétique et les pays alliés à l'Occident. Finalement, la disparition de l'URSS, le 25 décembre 1991, mit fin à un ordre mondial construit sur quarante-cinq ans d'opposition entre le bloc américain et le bloc soviétique.

L'ISTHME EXPLOSIF DU NOUVEAU MONDE
La mosaïque d'Amérique centrale

AUCUNE AUTRE RÉGION DU MONDE N'EST aussi morcelée que l'Amérique centrale. Presque aussi étendu que l'Espagne, mais avec moins des deux tiers de ses habitants, l'isthme étroit qui relie le Mexique, au nord, et la Colombie au sud est divisé en sept États. Deux d'entre eux, le Salvador et le Belize, ne vont même pas d'une côte à l'autre; deux autres, le Guatemala et le Honduras, ne disposent que d'un mince corridor d'accès à l'un des océans.

Depuis 1970, des guerres civiles déchirent le Guatemala, le Salvador et le Nicaragua; des conflits frontaliers éclatent régulièrement entre le Salvador et le Honduras, le Belize et le Guatemala, le Honduras et le Nicaragua, le Nicaragua et le Costa Rica.

De plus, dans la mer des Antilles, le Nicaragua, le Honduras, la Colombie et les États-Unis se disputent de nombreuses petites îles. En outre, à l'exception du Costa Rica, tous ces États ont été le théâtre de multiples interventions militaires, plus ou moins officielles, de la part de puissances étrangères : des États-Unis surtout, mais aussi du Royaume-Uni, de l'ex-Union soviétique et de Cuba. Des centaines de milliers de gens ont été tués ou blessés, des millions se sont retrouvés sans abri.

Pourquoi ce morcellement et ces conflits endémiques? Longtemps associés à l'Espagne, six États d'Amérique centrale ont hérité d'elle une langue et une religion communes (ancien repaire de pirates britanniques et longtemps colonie anglophone, le Belize constitue l'exception). En fait, après la guerre d'indépendance, en 1821, les insurgés créèrent un État fédéral, les Provinces-Unies d'Amérique centrale, qui vécut dix-sept ans.

Puis cinq de ces provinces devinrent des entités; le Belize et le Panama ont quant à eux évolué différemment.

Dans les années 1960, une tentative plus modeste d'association économique — le Marché commun d'Amérique centrale — échoue au bout de quelques années. Pourquoi ces pays n'ont-ils pu devenir les États-Unis d'Amérique centrale, à l'instar des États-Unis d'Amérique, dont le peuplement a été bien plus divers encore?

Les racines du conflit s'ancrent profondément dans la géographie. L'Amérique centrale est un pont naturel entre les Amériques du Nord et du Sud, et entre la mer des Antilles et le Pacifique. Cette position stratégique a suscité les interventions des puissances extérieures, de l'Espagne d'abord, puis des États-Unis. Mais la diversité naturelle de la région engendre elle-même des difficultés : cette dorsale montagneuse aux chaînes complexes est entrecoupée de vallées et de plateaux bordés de plaines côtières étroites, souvent très boisées ou marécageuses. Rien ici ne favorise l'unité culturelle et l'autorité d'un contrôle politique.

L'histoire précolombienne en témoigne déjà. Avant le XVIe siècle, et pendant près de trois millénaires, l'Amérique centrale fut dominée par la formidable civilisation des Mayas.

Ceux-ci, malgré leurs étonnantes connaissances en architecture, en astronomie et en histoire, ne fondèrent cependant jamais un empire centralisé; leur territoire était divisé en multiples cités-États, gouvernées par des nobles et des prêtres indépendants.

En outre, la culture, la richesse et les régimes politiques divisent profondément l'Amérique centrale. D'une incroyable diversité ethnique, la population descend d'Européens, espagnols pour la plupart, d'Africains et d'une grande variété de peuples indiens indigènes. L'exogamie, très pratiquée, a créé d'importantes populations de métis et de mulâtres.

Un abîme sépare les rares privilégiés des plus pauvres, de génération en génération condamnés à la misère. Au Guatemala, 2 % de la population contrôle les deux tiers des sols cultivables; au Salvador, avant les récentes tentatives de réforme, quatorze familles, propriétaires de presque toutes les terres, exploitaient le pays comme un fief. Il n'est dès lors pas étonnant que les mouvements extrémistes, de gauche et de droite, fleurissent...

Depuis plus d'un siècle, les États-Unis ont considéré l'Amérique centrale et les îles caraïbes — voire les Antilles — comme leur chasse gardée, tandis qu'à partir des années 1960, l'URSS et Cuba s'efforçaient de leur côté d'y faire prévaloir leurs intérêts. D'où le chaos et ses conséquences tragiques : cette région, déjà éclatée, figure aujourd'hui parmi les plus instables et les plus explosives du monde.

La construction de l'immense tranchée routière de 25 750 km qu'est la Panaméricaine fut évoquée pour la première fois lors de la cinquième conférence des États américains en 1923. Elle devait relier par une voie ininterrompue les Amériques du Nord et du Sud. Elle s'étire aujourd'hui de l'Alaska au Chili, à travers une extraordinaire variété de paysages et de climats, de la forêt tropicale humide aux cols de montagne enneigés, à 4 572 m d'altitude. Dans les pays qu'elle traverse, les vraies autoroutes font partie du réseau, de même que les bretelles qui relient les grandes villes à la route initiale nord-sud.

Sur cette photographie (à gauche), la Panaméricaine s'étire dans le désert de Nazca, au Pérou.

Belize/Guatemala

Ex-Honduras britannique, le Belize obtint son indépendance en 1981. Un cordon de troupes britanniques stationne en permanence le long de la frontière avec le Guatemala, dont le gouvernement revendique une large partie du territoire de son voisin, qu'il ne reconnaît pas. Il y a autant de soldats au Guatemala qu'il y a de citoyens au Belize. L'escalade est toujours à craindre.

Honduras/Salvador

En 1969, une équipe de football du Honduras, venue au Salvador pour une épreuve de la Coupe du monde, y déclencha des émeutes ; en représailles, des émigrés salvadoriens furent attaqués au Honduras.

L'armée salvadorienne envahit son voisin. Ce dernier riposta par un raid aérien dirigé contre la principale raffinerie de pétrole du Salvador. En une semaine de combats, on dénombra 4 000 morts.

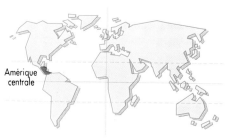

Amérique centrale

Nicaragua

Le Nicaragua est le pivot, le cœur de l'Amérique centrale. De 1970 à 1990, les soutiens soviétique et cubain au mouvement sandiniste de gauche et l'aide communiste aux guérilleros salvadoriens furent autant de défis lancés contre les Nord-Américains, qui contrôlent la région.

Lorsque les sandinistes s'installèrent à la tête du pays en 1979, il sembla que l'URSS allait prendre pied sur le continent. Les États-Unis ripostèrent en envoyant une aide massive aux contras (forces antisandinistes), dont la plupart ont leurs bases clandestines au Honduras.

Les élections libres de 1990 ont renversé l'ancien gouvernement et porté au pouvoir une coalition de 14 partis. Les sandinistes n'en demeurent pas moins le groupe politique le plus populaire.

Panama

Depuis l'ouverture du canal en 1914, le Panama occupe une position clé dans le commerce mondial, et les États-Unis y maintiennent résolument leur présence.

En décembre 1989, 24 000 soldats américains ont envahi le Panama pour renverser son dictateur, le général Manuel Noriega, accusé de trafic de drogue, de corruption, etc., et qui menaçait d'interdire aux États-Unis l'accès au canal. Noriega rejettait notamment le principe d'une présence militaire américaine dans la région lorsque le canal tomberait officiellement sous contrôle panaméen à la fin de 1999. Un bombardement intensif, suivi d'un pillage, a ravagé la capitale et fait 40 morts côté américain, 1 000 morts côté panaméen. La communauté internationale a unanimement condamné — du bout des lèvres — ce coup de force.

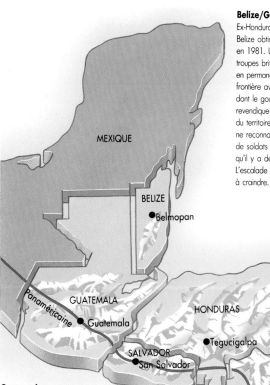

MEXIQUE

BELIZE
● Belmopan

Panaméricaine

GUATEMALA
● Guatemala

HONDURAS

SALVADOR
● San Salvador

● Tegucigalpa

NICARAGUA

● Managua

COSTA RICA
● San Jose

mer des Antilles

canal de Panama ● Panama

PANAMA

COLOMBIE

océan Atlantique

Guatemala

Plus de 100 000 personnes y ont été tuées depuis que le gouvernement de gauche a été renversé en 1954 par des exilés de droite, soutenus par les États-Unis. L'appui nord-américain à une guerre dite de faible intensité contre les insurgés a assuré trente ans de pouvoir à un régime militaire répressif et réactionnaire.

La guérilla, particulièrement intense dans les montagnes du Sud, a été violemment combattue. En 1977, les États-Unis ont suspendu leurs ventes d'armes au Guatemala au nom des droits de l'homme. Cinq ans plus tard, une révolte essentiellement indienne, brutalement combattue par la minorité blanche, l'armée et les escadrons de la mort d'extrême-droite, faisait 100 000 sans-abri. Pendant les élections de 1990, le gouvernement a reconnu découvrir 10 à 15 corps mutilés par jour. Les États-Unis ont alors suspendu leur aide au pays.

Le nouveau gouvernement civil, élu en 1991, a proposé une union des partis pour affronter la crise économique. Vivant de ses exportations, les plus fortes de la région, le Guatemala ne dispose que d'un corridor d'accès très étroit vers la mer des Antilles. De meilleures relations avec le Belize permettraient en partie de pallier ce handicap.

Salvador

Jusqu'aux récentes tentatives de réformes, le Salvador était géré comme un fief par 14 familles, propriétaires de la grande majorité des terres. L'agitation sociale a atteint son paroxysme à l'époque où les guérilleros de gauche affrontaient les escadrons de la mort — souvent composés de policiers et de soldats libérés du service ; les combats ont fait 10 000 morts par an au cours des années 1980.

Fuyant le massacre, 250 000 Salvadoriens au moins se sont réfugiés à l'étranger, notamment au Guatemala et au Mexique.

Les États-Unis assurent 80 % du revenu du Salvador, mais les citoyens américains ont fortement réagi contre les violations des droits de l'homme et fait pression pour que cette aide soit suspendue. Le pouvoir, aujourd'hui aux mains d'une coalition d'extrême-droite soutenue par l'armée, est contesté par les guérilleros de gauche, qui contrôlent militairement une bonne partie de l'est et du nord du pays. Le sang coule toujours, malgré la mission d'arbitrage effectuée par l'ONU.

Costa Rica

« Suisse de l'Amérique centrale », le Costa Rica a officiellement une position de neutralité dans les conflits locaux. Il a dissous ses forces armées depuis 1948 et jouit du plus haut niveau de vie et du taux d'instruction le plus élevé de la région.

L'économie du pays repose avant tout sur le café, la banane, le bœuf et le sucre. La chute des prix mondiaux de ces denrées depuis 1980 a augmenté la dette extérieure, la plus forte de la région. L'afflux de plusieurs centaines de milliers de réfugiés, réchappés des combats au Nicaragua et au Salvador, rend la situation plus difficile encore ; il s'agit là d'un autre cocktail explosif.

LES NOUVELLES SUPERPUISSANCES
Les déséquilibres d'un monde changeant

EN 1900, QUELQUES ÉTATS EUROPÉENS, au premier rang desquels le Royaume-Uni, contrôlaient pratiquement le monde entier. Comme l'affirmaient les cartes de l'époque, le soleil ne se couchait jamais sur le vaste Empire britannique, incluant le Canada, l'Australie, la Nouvelle-Zélande, la Malaisie, l'Inde et bien d'autres régions d'Asie, des Caraïbes et d'Afrique.

Toutefois, le Royaume-Uni n'eut jamais d'empire universel. Certes, il tira parti du déclin des Empires austro-hongrois et ottoman au début du XXᵉ siècle. Mais, à l'époque, l'économie des États européens — la France, l'Italie, la Belgique et l'Allemagne — prospérait, de même que celle des États-Unis et, déjà, du Japon.

Moins de cinquante ans plus tard, l'Europe semblait mortellement blessée sous les coups qu'elle s'était elle-même infligés lors de la Seconde Guerre mondiale. Beaucoup de puissances coloniales s'effondrèrent.

En 1945, Japon, Allemagne et Italie perdirent leurs colonies tandis que de grands pays européens s'acharnaient vainement mais à grands frais à lutter contre les mouvements de décolonisation.

Simultanément, la suprématie internationale se déplaça inexorablement vers deux nouvelles superpuissances : à l'ouest, les États-Unis d'Amérique et, à l'est, l'Union soviétique. Par le jeu des alliances militaires et économiques, elles s'entourèrent toutes deux d'États qui acceptaient, de gré ou de force, leur hégémonie. En Europe — où le «rideau de fer» se déployait de la Baltique à l'Adriatique —, la frontière entre les deux blocs était évidente. Ailleurs, elle apparaissait moins marquée; pendant quarante ans, certains pays passèrent plusieurs fois sous l'influence de l'un ou de l'autre.

Le monde tremblait à l'idée que la course au pouvoir planétaire, échappant à tout contrôle, débouche sur un conflit nucléaire total. Mais les deux superpuissances démontrèrent leur remarquable aptitude à maintenir l'équilibre. Ce fut l'époque de la guerre froide. Bon nombre d'États du tiers monde, les «pays non alignés», tentèrent d'y échapper en ne prenant partie pour aucun bloc.

Mais une accélération subite de l'histoire bouleversa ce schéma d'ensemble. Le découpage élémentaire entre Est et Ouest fut remis en cause par l'émergence de nouvelles puissances dans un monde que les deux Grands ne parvenaient plus à maîtriser totalement.

La désintégration du bloc communiste s'est amorcée de longue date : dans les années 1950 et 1960, des pays comme la Yougoslavie, l'Albanie et surtout la Chine ont commencé à suivre leur propre voie. Plus récemment, le déclin économique et la constitution de mouvements nationalistes et démocratiques en Union soviétique et dans ses pays satellites ont peu à peu arraché le pouvoir des mains des hommes de Moscou.

Les États-Unis sont eux aussi affaiblis. Leur part dans la production mondiale diminue rapidement, et leurs engagements pour la défense de leurs blocs à l'étranger finissent par excéder leur capacité économique, politique et militaire.

Ailleurs, des mutations tout aussi essentielles se sont accomplies. Les économies de nombreux pays, souvent fondées sur une ressource stratégique, tel le pétrole, leur ont permis d'agir indépendamment des superpuissances. Certaines dis-

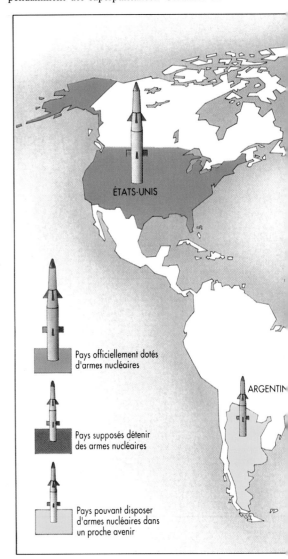

Les ravages d'une guerre atomique, illustrés par les dramatiques explosions d'Hiroshima et de Nagasaki en 1945, seraient tels qu'il est vital qu'une étroite surveillance internationale s'exerce sur l'armement nucléaire des nations.

Chaque pays qui en possède le considère comme un élément clé de sa stratégie défensive; la plupart des gouvernements estiment donc que l'importance et la répartition géographique de leurs forces atomiques relèvent strictement de leur sécurité nationale. Chaque puissance ne dispose alors, à propos du potentiel des autres États, que d'estimations, élaborées à partir de données plus ou moins secrètes. Dans ce domaine, aucune information n'est jamais totalement sûre.

Membre de l'OPEP (Organisation des pays exportateurs de pétrole), la Libye s'est enrichie grâce à l'or noir découvert dans son sous-sol en 1958. Ses citoyens bénéficient du plus haut revenu par habitant de toute l'Afrique. Le nationalisme arabe inspire la politique étrangère du pays, qui soutient une intense activité de guérilla. Ces missiles alignés et silencieux (à gauche) sont peut-être destinés à transporter des charges nucléaires. Mais la Libye en possède-t-elle ? Faut-il la laisser en posséder ?

ÉTATS-UNIS

ARGENTIN

Pays officiellement dotés d'armes nucléaires

Pays supposés détenir des armes nucléaires

Pays pouvant disposer d'armes nucléaires dans un proche avenir

posent même aujourd'hui d'une force nucléaire.

Les géants asiatiques, le Japon et la Chine, dominent ces nouvelles puissances, mais des États prennent aussi leur essor en Amérique centrale et en Amérique du Sud (notamment le Mexique, le Brésil et l'Argentine); en Asie du Sud (le Pakistan et l'Inde); et dans les principaux pays musulmans du Moyen-Orient et d'Afrique du Nord (l'Iran, l'Iraq, la Syrie et la Libye). Israël et la République sud-africaine s'appuient également sur une économie développée et de puissantes forces armées.

La métamorphose la plus surprenante est sans doute celle de l'Europe occidentale, renaissant, tel le phénix, des cendres de deux guerres mondiales. Elle a surmonté ses anciens différends nationaux pour devenir la première puissance commerciale multinationale du monde. En 1993, elle devrait constituer un ensemble politique homogène.

À l'aube du XXIe siècle, le monde entier semble hésiter entre la domination d'une unique super-puissance — les États-Unis — et l'éparpillement du pouvoir entre des puissances régionales multiples. L'ordre du monde y gagnera-t-il en stabilité?

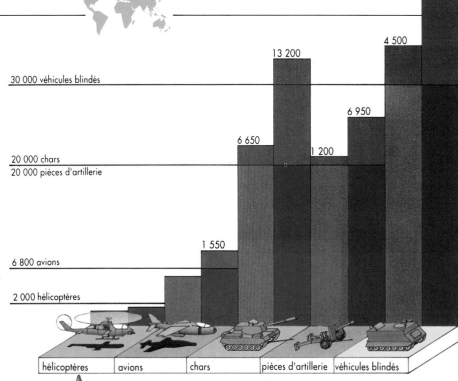

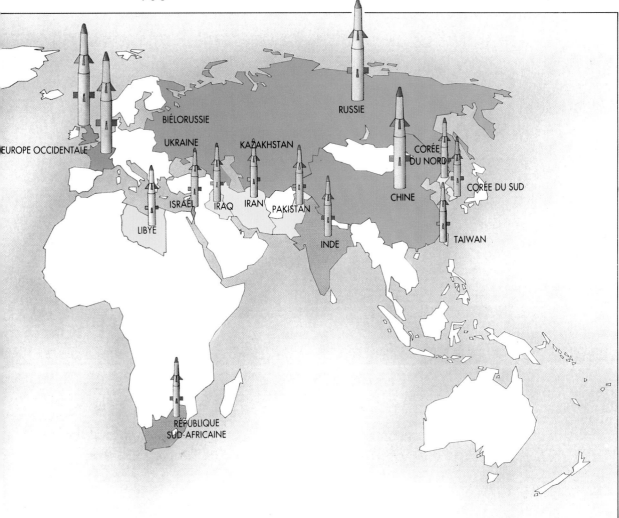

OTAN : Canada, États-Unis, Islande, Norvège, Royaume-Uni, Luxembourg, France, Portugal, Espagne, Allemagne, Danemark, Belgique, Pays-Bas, Italie, Grèce, Turquie

Ex-pacte de Varsovie : URSS, Pologne, RDA, Tchécoslovaquie, Bulgarie, Hongrie, Roumanie

Réductions consenties

L'accord signé à Paris
le 19 novembre 1990, lors de la conférence sur la sécurité et la coopération en Europe entre 22 pays de l'OTAN et de l'ex-pacte de Varsovie, garantit une diminution sans précédent des armes conventionnelles et des effectifs militaires.

Ce schéma (en haut) indique les réductions prévues dans les 40 mois qui suivent l'accord.

Au sein de chaque système d'alliances, il est stipulé qu'aucun pays membre ne pourra détenir plus des deux tiers du matériel consenti à son groupe d'alliés. Les armes non conventionnelles (nucléaires, chimiques, bactériologiques) font l'objet d'accords de réduction et de destruction entre les États-Unis et l'ex-URSS. En 1992, la France a proposé à tous les pays qui en possèdent de ne plus en fabriquer puis d'en détruire une partie, sous surveillance internationale.

DES PATRIES SANS RACINES
Les enclaves noires d'Afrique du Sud

LES ÉLECTIONS QUI SE SONT TENUES ENTRE les Blancs d'Afrique du Sud le 17 mars 1992 mettent fin à quarante-quatre années d'un régime de discrimination raciale, connu sous le nom d'apartheid. Ce système, fondé sur le racisme, permettait aux 6,7 millions de Blancs d'exclure de tout droit politique le reste de la population, soit 30,7 millions de non-Blancs, surtout des Noirs.

La fin de ce régime résulte surtout de trois facteurs. Le combat des Noirs pour la reconnaissance de leurs droits s'organisa dès 1959 ; la condamnation morale puis, en 1985, l'institution de sanctions économiques décidées par l'ONU isolèrent le pays ; l'arrivée au pouvoir, en 1989, d'un président soutenu par les milieux d'affaires et les Blancs libéraux, Frederik de Klerk, permit d'engager une politique d'apaisement social et de redressement économique menée avec les Noirs, dont le principal leader, Nelson Mandela, fut libéré de prison.

Désormais, en route vers l'institution d'une démocratie ouverte à toute la population sans distinction raciale, l'Afrique du Sud devra aussi réviser sa géographie puisque le régime de séparation des races, institué en 1948, a isolé les Noirs dans des espaces spécifiques, les townships — cités établies à la périphérie des villes blanches pour servir de réservoir de main-d'œuvre à bas prix, par exemple à Soweto (South West Township), dans la banlieue de Johannesburg — et les bantoustans (dits aussi homelands) — territoires ou « foyers noirs » servant à fixer les tribus dans des lieux isolés, faisant de leurs membres des étrangers à l'intérieur du pays.

Les dix bantoustans constituent des enclaves dans le territoire du pays. Certains sont d'un seul tenant, d'autres sont fractionnés en sous-parties dispersées. Le Bophuthatswana, par exemple, comprend six morceaux : celui de la capitale, Mmabatho, se trouve à 320 km du plus éloigné.

Quatre bantoustans — le Transkei, le Ciskei, le Bophuthatswana et le Venda — sont officiellement indépendants, mais aucun État étranger ne les reconnaît. Pour voyager à l'extérieur, les habitants doivent obtenir l'autorisation du gouvernement sud-africain. Chacun de ces « foyers noirs » dispose de ses propres forces armées et policières, mais seul le Bophuthatswana échappe à la misère. Le tourisme, l'exploitation des mines de platine et de rhodium, une agriculture en progrès et une légère industrialisation lui assurent des revenus excédentaires. Les six autres bantoustans — KwaZulu, Gazankulu, Lebowa, QwaQwa, KaNgwane et KwaNdebele — sont autonomes.

La superficie totale des dix bantoustans correspond approximativement à 13 % du territoire du pays, en conformité avec la loi du Native Land Act de 1913, qui interdit à la population noire de posséder plus que ce pourcentage de terres. L'abolition de cette loi, en 1991, permet désormais à quiconque d'acheter autant qu'il veut, là

où il le souhaite. Mais les Noirs n'en ont pas les moyens financiers.

Aujourd'hui, ce n'est donc plus la loi, mais le manque de revenus qui empêche la plupart des Noirs de quitter les townships et les bantoustans. Or cette situation risque de se prolonger tant que le partage des ressources n'aura pas évolué (5 % de la population possède 88 % des richesses).

La première solution, soutenue par le principal parti noir, le Congrès national africain (ANC, selon ses initiales en anglais), conduit à donner à la République sud-africaine un État centralisé qui appliquerait partout les mêmes décisions.

La seconde solution est celle d'un État décentralisé, où les régions et les communes, donc les bantoustans et les townships, conserveraient une autonomie politique.

Les Zoulous, avec leur parti, l'Intaka, demandent l'indépendance de leur bantoustan, le KwaZulu ; les séparatistes afrikaners, eux, exigeraient une patrie indépendante si les Noirs prenaient le pouvoir dans un État centralisé.

Une fédération pourrait constituer un compromis viable, mais il conduirait à multiplier les frontières intérieures au lieu de les effacer.

LES DROITS DES ABORIGÈNES

L'Australie et la Nouvelle-Zélande sont, comme l'Afrique du Sud, issues de l'Empire britannique, mais les groupes raciaux « non blancs » sont très peu nombreux et le pouvoir n'a jamais décidé de les parquer dans des réserves.

Les 230 000 aborigènes d'Australie (1,46 % de la population) ont droit à 12 % du territoire et une loi récente reconnaît qu'ils ont été dépossédés de leurs terres par les colons européens, qui doivent les dédommager. On s'intéresse donc plus à leurs revendications.

Les Maoris représentent moins de 10 % des 3,4 millions de Néo-Zélandais. La plupart vivent dans l'île du Nord, notamment dans la capitale, Wellington, et à Auckland, la plus grande ville du pays. Le traité de Waitangi de 1840 définit leurs droits. Une modification récente de la loi les autorisant à porter plainte pour des torts remontant à cette date ancienne, les Maoris réclament aujourd'hui toute la côte, la moitié des droits de pêche et 70 % des terres. Depuis la fin des années 1980, la tension raciale monte sensiblement.

Le Bophuthatswana, considéré par beaucoup comme le plus viable des bantoustans indépendants, est aussi le premier producteur mondial de platine. Il dispose d'autres richesses minières et de bonnes ressources agricoles, mais la majeure partie de ses revenus provient du développement touristique de Sun City (là gauche). Bénéficiant d'un parc d'attractions, d'un casino (illégal partout ailleurs en Afrique du Sud), d'un palace et d'un « cabaret international », Sun City forme une enclave insolite au cœur d'une région aride et très pauvre.

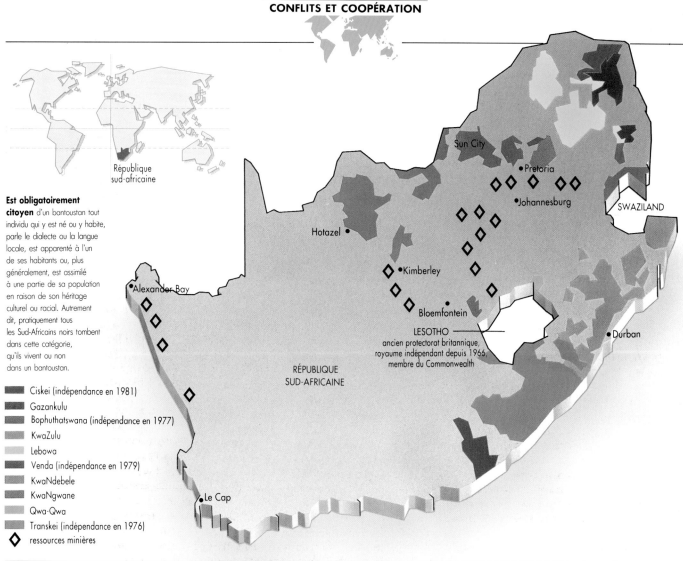

**République
sud-africaine**

**Est obligatoirement
citoyen** d'un bantoustan tout
individu qui y est né ou y habite,
parle le dialecte ou la langue
locale, est apparenté à l'un
de ses habitants ou, plus
généralement, est assimilé
à une partie de sa population
en raison de son héritage
culturel ou racial. Autrement
dit, pratiquement tous
les Sud-Africains noirs tombent
dans cette catégorie,
qu'ils vivent ou non
dans un bantoustan.

- Ciskei (indépendance en 1981)
- Gazankulu
- Bophuthatswana (indépendance en 1977)
- KwaZulu
- Lebowa
- Venda (indépendance en 1979)
- KwaNdebele
- KwaNgwane
- Qwa-Qwa
- Transkei (indépendance en 1976)
- ◇ ressources minières

Sun City

● Pretoria

SWAZILAND

● Johannesburg

Hotazel ●

● Kimberley

●Alexander Bay

● Bloemfontein

LESOTHO
ancien protectorat britannique,
royaume indépendant depuis 1966,
membre du Commonwealth

● Durban

RÉPUBLIQUE
SUD-AFRICAINE

● Le Cap

**Les conditions de vie des
Noirs** dans les bantoustans
peuvent être extrêmement
rudimentaires : logements de
planches et de tôle ondulée,
bicoques en briques de terre.
Les sanitaires, l'électricité, l'eau
courante ? Rarissimes. Les routes
pavées, le téléphone ?
Pratiquement inexistants. Le
travail aussi manque : la plupart
des habitants doivent parcourir
des centaines de kilomètres
ou résider dans un township
péri-urbain pour trouver
un éventuel emploi.

LES GOULETS STRATÉGIQUES
Des zones de conflits latents

L A CONFIGURATION DU GLOBE EST AINSI FAITE qu'entre leur port d'attache et leur lieu de destination, la plupart des navires marchands et militaires du monde doivent s'engager dans des détroits, des canaux ou des goulets répartis autour de tous les continents. Pour les nations commerçantes, le contrôle de ces passages revêt une grande importance stratégique, et il a joué un rôle capital dans l'histoire de la planète.

Des accords internationaux garantissent le libre passage de certains détroits. Cependant, pour beaucoup d'autres, des États se sont fait la guerre afin d'y établir leur contrôle ou de s'assurer des droits de transit. À l'échelle du globe, même une simple menace de fermeture peut inciter les grandes puissances à intervenir. Un blocus dirigé contre un pays peut rapidement paralyser son économie et sa puissance militaire.

La plupart des étranglements marins, passages naturels vers les eaux profondes, sont situés à l'extrémité d'un golfe ou d'une mer fermée, entre deux îles, ou encore entre une île et le continent. Les canaux artificiels, tels ceux de Panama et de Suez, sont plus rares, mais là aussi, la géographie physique a déterminé leur tracé.

Large de 14 km, le détroit de Gibraltar, qui relie la Méditerranée à l'Atlantique, fut et demeure un passage primordial. Les navires n'ont d'autre choix que de franchir les colonnes d'Hercule, les rochers jumeaux qui portent les enclaves militaires de Ceuta et de Gibraltar.

Pendant près de trois cents ans, Gibraltar, en terre espagnole, demeura sous contrôle britannique, et ses grottes calcaires regorgeaient de canons. Quant à Ceuta, la «colonne» africaine, elle se trouve sous la souveraineté espagnole, et non pas marocaine; comme le port voisin de Tanger, elle a régulièrement changé de mains.

Gibraltar n'était qu'un maillon de la chaîne de points névralgiques sous contrôle britannique jalonnant les principales routes maritimes vers l'Inde, l'Extrême-Orient, l'Australie et la Nouvelle-Zélande. Aujourd'hui, le Royaume-Uni a perdu la plupart de ses anciennes bases navales, mais de nombreuses passes maritimes demeurent des colonies ou des dépendances de grandes puissances, à moins qu'elles n'abritent des camps militaires étrangers. Les États-Unis disposent ainsi de nombreuses bases, sur ou près de ces zones stratégiques, en Extrême-Orient, au Moyen-Orient et dans les Caraïbes, notamment à Cuba (base de Guantanamo), et sur le canal de Panama.

Contrairement aux États-Unis qui ont facilement accès à l'Atlantique et au Pacifique, la Russie voit ses sorties verrouillées de tous côtés. Les passes d'accès aux grandes voies maritimes mondiales sont toutes aux mains de nations rivales. À l'ouest, la route de la Baltique, de Saint-Pétersbourg à l'Atlantique, emprunte le bras de mer d'Øresund, contrôlé par le Danemark et la Suède. Au sud-ouest, la sortie vers la Méditer-

ranée depuis la mer Noire est tenue par la Turquie. Au nord, l'océan Arctique et la côte orientale sont bloqués par les glaces une grande partie de l'année. De plus, Vladivostok, le port terminus du Transsibérien, est séparé du Pacifique par l'archipel japonais.

Le contrôle de ces passages a fortement conditionné l'histoire de la Russie et de ses relations internationales. L'expansionnisme russe a souvent été battu en brèche grâce à des alliances nouées entre les grandes puissances occidentales et les États limitrophes des détroits.

Les événements qui se déroulèrent en 1905 dans le détroit de Corée, au sud du Japon, en fournissent un exemple classique. Large de 160 km, ce vaste passage fut le théâtre de la défaite navale la plus humiliante subie par la Russie tsariste, défaite qui ébranla les bases de son empire et révéla la puissance du Japon. La flotte russe du Pacifique était alors assiégée dans Port-Arthur par les Japonais, la flotte de la mer Noire piégée par les Turcs, et l'accès au détroit de Gibraltar et au canal de Suez interdit par les Britanniques. Pour tenter de délivrer leurs navires, les Russes furent contraints de lancer la flotte de la Baltique, mal équipée, dans une expédition de sept mois qui contourna le cap de Bonne-Espérance.

Épuisée, très endommagée par les tempêtes tropicales, cette dernière fut surprise par les navires japonais dissimulés derrière les îles Tsushima, situées au milieu du détroit. Elle fut anéantie en quelques heures. La nouvelle de la défaite provoqua un tel choc à Saint-Pétersbourg que la population se souleva. D'après Lénine, cette révolte fut l'«avant-première» de la révolution de 1917.

La rivalité pour le contrôle des passages maritimes ne s'arrête pas aux menaces; elle entraîne souvent de vrais affrontements. Fin 1984, l'Iran et l'Iraq avaient au total attaqué 31 pétroliers lourds battant pavillon de 14 nations différentes. Le Liberia subit les dommages les plus sévères, perdant 7 de ses bâtiments.

IRAN

Bassora
● IRAQ — ● Abadan

KOWEÏT
● Koweït City

ARABIE SAOUDITE

Les Antilles

Le canal de Panama, trait d'union entre le Pacifique et l'Atlantique, est l'un des principaux points stratégiques du monde. 20 % environ du pétrole des États-Unis transite depuis l'Alaska par le canal, de même que des quantités importantes provenant du Venezuela, du Mexique et de Trinité-et-Tobago.

Les pétroliers doivent emprunter l'un des nombreux étranglements qui, depuis Cuba, au nord, jusqu'à la Trinité au sud, découpent les Antilles.

Aujourd'hui, les États-Unis disposent d'une quarantaine de bases dans la région, y compris la gigantesque base navale de Guantanamo à Cuba, et d'installations au Panama. L'invasion américaine de ce pays en 1989, après les interventions à Cuba en 1961, en République dominicaine en 1965 et à la Grenade en 1983, témoigne de l'importance attachée au contrôle de cette région.

Suez

Creusé à l'initiative des Français, le canal de Suez fut ouvert en 1869. Le Royaume-Uni s'empressa d'établir son contrôle sur ce nouveau raccourci vers l'Extrême-Orient.

Les Britanniques furent actionnaires de la Compagnie du canal jusqu'en 1956, date à laquelle le président égyptien Nasser la nationalisa. Au cours du conflit qui s'ensuivit avec le Royaume-Uni, la France et Israël, l'Égypte saborda plusieurs de ses navires pour interdire le passage. Puis le conflit israélo-arabe bloqua le canal de 1967 à 1975.

Aujourd'hui, le canal de Suez a perdu de son importance. Les énormes pétroliers modernes, notamment, ne peuvent l'emprunter.

Asie du Sud-Est

Le détroit de Malacca, entre Sumatra et la Malaisie, est essentiel au commerce en Extrême-Orient, mais surtout il occupe une position clé sur la principale route maritime des pétroliers qui relie le Moyen-Orient au Japon. Singapour contrôle l'accès à ce détroit et lui doit sa prospérité.

Depuis les îles Aléoutiennes au nord jusqu'aux Philippines et à l'Indonésie au sud, une large fraction de la côte de l'Asie orientale est séparée du Pacifique par des mers en partie fermées, situées entre des péninsules et des archipels.

Les États-Unis doivent impérativement entretenir des liens économiques et politiques solides avec le Japon, la Corée du Sud, Taiwan et les Philippines s'ils veulent garder le contrôle de ces goulets maritimes qui assurent leur domination sur le Pacifique. Si les Philippines s'opposaient au maintien de bases américaines, les États-Unis auraient besoin d'une position de repli. L'île minuscule de Palau leur offrirait un abri.

Passage sans doute le plus crucial

et le plus menacé ces dernières années, le détroit d'Ormuz est une étroite voie maritime internationale qui commande l'accès au golfe Persique. Tout le pétrole exporté par bateau depuis les pays riverains passe obligatoirement par là. Malgré les oléoducs qui partent vers la mer Rouge et la Méditerranée, 60 % du pétrole nécessaire au Japon et 25 % de celui que l'Europe occidentale importe doivent toujours l'emprunter.

En 1984, pour se ruiner réciproquement, l'Iran et l'Iraq attaquèrent les pétroliers dans ce détroit. La France, le Royaume-Uni, les États-Unis et d'autres États envoyèrent des flottes de guerre pour empêcher que les approvisionnements en pétrole, vitaux pour les économies occidentales, ne soient interrompus.

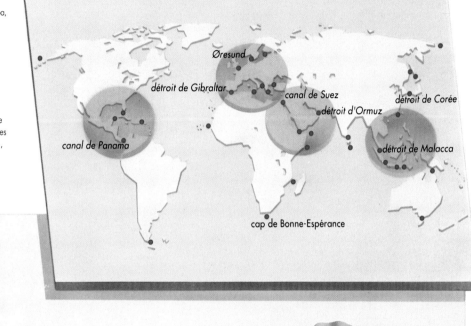

Øresund
détroit de Gibraltar
canal de Suez
détroit d'Ormuz
détroit de Corée
canal de Panama
détroit de Malacca
cap de Bonne-Espérance

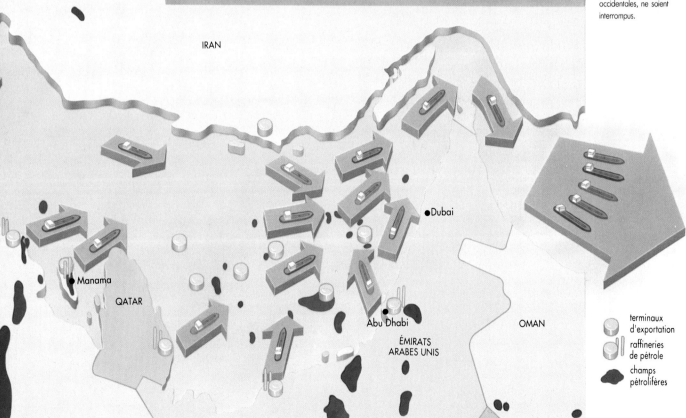

IRAN

Dubai

Manama

QATAR

Abu Dhabi

OMAN

ÉMIRATS ARABES UNIS

terminaux d'exportation

raffineries de pétrole

champs pétrolifères

ISLAM, PÉTROLE ET POUVOIR
Les sables mouvants du Moyen-Orient

DEPUIS QUARANTE ANS, LE MOYEN-ORIENT attire l'attention du monde par le mélange explosif de trois de ses caractères : des frontières contestées (notamment celles d'Israël et du Liban), des passages stratégiques menacés (en particulier le canal de Suez et le détroit d'Ormuz), des champs pétrolifères indispensables (surtout aux pays développés). Le terrorisme, les hausses du prix des hydrocarbures et les conflits entre superpuissances découlent de ces particularités.

L'émergence dans la région de nations fortes — Arabie Saoudite, Syrie, Iraq et Iran —, toutes équipées d'énormes armées permanentes et d'armements sophistiqués que les pétrodollars leur ont permis d'acquérir, est inquiétante : des affrontements dans cette zone pourraient précipiter le monde entier dans la guerre.

L'explosive instabilité du Moyen-Orient trouve son origine dans le démantèlement de l'Empire ottoman, qui imposait une paix relative à toute la région. Dans les années qui ont précédé et suivi la Première Guerre mondiale, le Royaume-Uni et la France se sont substitués à l'autorité turque en encourageant contre elle le nationalisme arabe local. Mais, après avoir attisé le feu, ils n'ont pu étouffer l'incendie. Des révoltes ont éclaté et, bien que l'influence des deux puissances soit restée forte, de nouveaux États indépendants ont vu le jour, dont l'Égypte en 1922 et l'Iraq en 1930.

De nombreux autres sont nés après la Seconde Guerre mondiale : la Jordanie (1946) et une quantité de petits États autour du Golfe, tels le Koweït (1961), Bahreïn, le Qatar et les Émirats arabes unis (tous en 1971). Après plus d'un demi-siècle d'immigration des juifs en Palestine, qu'ils considèrent comme Sion, patrie et Terre promise, l'État d'Israël fut officiellement créé en 1948, sur un territoire que la population arabe revendique comme le sien.

La plupart des nouvelles frontières intérieures au Moyen-Orient étaient mal conçues et mal définies, en particulier dans les déserts où, aujourd'hui, les richesses minérales ensevelies sous les sables sont une source inépuisable de jalousies et de conflits. La frontière entre l'Iraq et le Koweït fut, dit-on, tracée en 1922 par un diplomate britannique d'un trait de crayon sur une carte froissée. Lorsque l'Iraq la contesta en 1961 (sous le mince prétexte que les deux pays avaient été autrefois unis au sein d'une même province ottomane), le Royaume-Uni se contenta de déployer ses troupes pour prévenir une invasion. Il en alla autrement en 1990 : le Koweït fut envahi, ce qui déclencha l'opération internationale « Tempête du désert », en 1991, contre l'Iraq.

La création d'un vaste État arabe unique a souvent été réclamée au Moyen-Orient de façon particulièrement virulente par les dictateurs militaires tels le colonel Khadafi en Libye et Saddam Hussein en Iraq). D'ailleurs, les cartes libyennes font l'impasse sur les frontières et ignorent l'État

d'Israël. En fait, le monde arabe n'est pas uni.

On dit très souvent qu'à l'exception d'Israël et du Liban, le Moyen-Orient jouit d'une culture homogène, uniformément arabe et musulmane. Il n'en est rien. Les Turcs et les Iraniens, par exemple, utilisent l'arabe pour leurs rites religieux, mais ils ne sont ni d'origine, ni de culture, ni de langue arabes.

Par ailleurs, un grand nombre de minorités non arabes cohabitent dans la région, telle celle des 18 millions de Kurdes déchirés entre la Syrie, l'Iraq, la Turquie, l'Iran et l'ex-Union soviétique. Quant aux Arabes d'Afrique du Nord — Libye, Tunisie, Algérie, Maroc et Mauritanie —, ils intègrent des Berbères et ont pour voisins les nations noires de l'Afrique subsaharienne...

Les Arabes eux-mêmes ne partagent pas une seule et même culture. L'immense majorité des musulmans du monde ne sont pas arabes, tandis que de nombreux Arabes embrassent une autre foi que l'islam, y compris le judaïsme et le christianisme. De plus, des conflits de longue date opposent les sédentaires aux nomades et les différents clans et tribus entre eux. Ces querelles menacent même l'existence des petits États tribaux situés autour du Golfe. Ainsi, l'Iraq a occupé le Koweït, l'Arabie Saoudite a envahi Abu Dhabi et l'Iran a revendiqué Bahreïn.

L'islam ne constitue pas davantage le facteur d'union que l'on imagine. Au-delà de la division fondamentale entre chiites et sunnites, il se

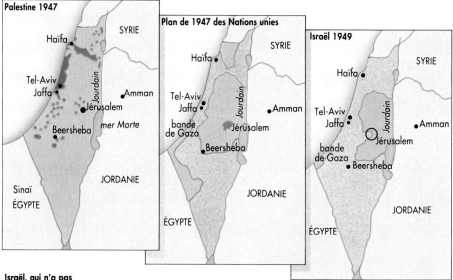

Israël, qui n'a pas 50 ans, est le premier et le seul État créé par les Nations unies. Pourtant, jamais frontières n'ont été aussi violemment contestées que les siennes.

1947
L'afflux de colons juifs en Palestine et en Jordanie fait faire un bond à la population : les habitants, qui étaient 60 000 en 1920, sont 650 000 en 1948. À l'époque, les relations avec le million de Palestiniens arabes sont si tendues que les conflits font désormais partie du quotidien.

En 1947, l'Organisation des Nations Unies, nouvellement créée, recommande la partition de la Palestine en deux États dont l'un, juif, disposerait d'un peu plus de la moitié du territoire.

1948-1949
L'État d'Israël est créé en 1948. Les Arabes de Palestine refusent de créer le leur et de reconnaître celui d'Israël, contre lequel ils lancent une guerre vaine. Une paix temporaire s'établit en 1949. De graves problèmes demeurent. La rive occidentale du Jourdain (Cisjordanie), qui,

géographiquement, aurait dû être affectée à Israël, demeure à la Jordanie. À son point le plus étroit, entre la rive droite et la Méditerranée, la plaine côtière d'Israël, fertile et très peuplée, mesure moins de 16 km de large. En outre, Jérusalem est divisée entre Israël et la Jordanie.

Moyen-Orient

La passion qui attise la violence au Moyen-Orient s'exacerbe à Jérusalem ainsi qu'en Cisjordanie et à Gaza. Résolus à fonder leur propre État, les Palestiniens misent sur l'*intifada*, la « guerre des pierres », pour obliger l'armée israélienne à répliquer militairement, ce qui discrédite Israël aux yeux de l'opinion internationale et peut le conduire à évacuer les territoires occupés en échange d'une paix avec les Arabes.

morcelle en d'innombrables groupes. Les chiites sont majoritaires à l'est de la région, les sunnites presque partout ailleurs. Mais dans toute cette zone vivent aussi de petites communauté proches de l'un des deux mouvements. Dans certains États, le groupe religieux minoritaire tient les postes clés de la politique et de l'économie. En Syrie, par exemple, la minorité chiite contrôle l'essentiel des pouvoirs tandis qu'en Iraq la majorité chiite subit la domination d'une élite sunnite.

En quelques décennies, les territoires du Moyen-Orient, autrefois peuplés de nomades à peine autosuffisants, sont devenus, grâce au pétrole, des régions immensément riches (et extrêmement inégalitaires). L'adaptation à ces changements pose de nouveaux problèmes géopolitiques. Des gouffres se sont creusés entre l'élite au pouvoir et tous les autres : les tribus nomades du désert, les paysans et les immigrés. Stimulé par la pauvreté, le militantisme islamiste ajoute un élément explosif à un cocktail déjà dangereux.

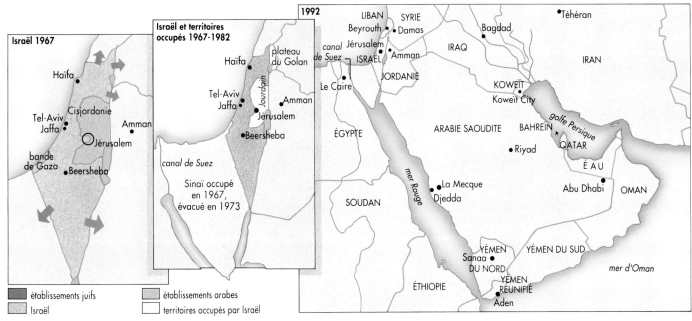

Israël 1967

Haïfa
Tel-Aviv
Jaffa
Cisjordanie
Jérusalem
bande de Gaza
Beersheba
Amman

Israël et territoires occupés 1967-1982

Haïfa
plateau du Golan
Tel-Aviv
Jaffa
Jourdain
Amman
Jérusalem
Beersheba
canal de Suez
Sinaï occupé en 1967, évacué en 1973

1992

LIBAN
Beyrouth
SYRIE
Damas
canal de Suez
Jérusalem
ISRAËL
Amman
JORDANIE
Le Caire
ÉGYPTE
Téhéran
Bagdad
IRAK
IRAN
KOWEÏT
Koweït City
golfe Persique
ARABIE SAOUDITE
BAHREÏN
QATAR
Riyad
É A U
Abu Dhabi
OMAN
mer Rouge
La Mecque
Djedda
SOUDAN
YÉMEN DU NORD
Sanaa
YÉMEN DU SUD
mer d'Oman
ÉTHIOPIE
YÉMEN RÉUNIFIÉ
Aden

▨ établissements juifs
▧ établissements arabes
▦ Israël
☐ territoires occupés par Israël

1967
Au cours d'une offensive foudroyante — guerre des Six-Jours —, Israël attaque simultanément l'Égypte, la Syrie et la Jordanie, et s'empare de la bande de Gaza, du Sinaï, de la Cisjordanie (incluant Jérusalem tout entière)

et du plateau du Golan, au sud-ouest de la Syrie. Les Israéliens ont perdu 800 hommes ; les Égyptiens plus de 10 000. Les frontières d'Israël seront désormais plus faciles à défendre, mais elles englobent l'importante population arabe palestinienne de Cisjordanie.

1973
Le jour du Yom Kippour, l'Égypte et la Syrie lancent une offensive pour récupérer les territoires perdus six ans plus tôt.
Les Israéliens se contentent de défendre le Golan contre les Syriens puis progressent

jusqu'à 32 km de Damas. Au sud, les Égyptiens franchissent le canal de Suez en cinq points et enregistrent des succès passagers.
Les Israéliens sont contraints de reculer à travers le Sinaï jusqu'aux frontières antérieures à 1967, où ils se retranchent.

Aujourd'hui
Le Liban est déchiré par la guerre civile depuis 1958 et la guerre étrangère depuis 1968. L'arrivée de nombreux réfugiés palestiniens membres de l'OLP, chassés de Jordanie en 1971 et combattus par Israël, a accru la tension. Les Nations

unies ont tenté de ménager une zone tampon entre le Liban et Israël lequel, en fait, se partage maintenant avec la Syrie cet État disloqué.
De 1980 à 1988, l'Iraq a mené la guerre contre l'Iran. Puis, en 1990, Saddam Hussein envahit le Koweït.

VICTIMES DU DESTIN
Les réfugiés politiques et économiques

À LA FIN DES ANNÉES 1980, L'EUROPE DE l'Ouest, terre d'accueil traditionnelle des réfugiés politiques, affronte à nouveau comme dans les années 1950 le problème de l'arrivée massive d'émigrants des pays de l'Est.

Bien que les nouveaux réfugiés, comme les anciens, transitent d'est en ouest, ils sont aujourd'hui poussés plus par des raisons économiques que politiques et ne diffèrent donc apparemment pas des émigrants européens qui, cent ans plus tôt, gagnèrent les États-Unis pour fuir la misère. Mais en fait, ils fuient la faillite d'un régime politique, le communisme, et débarquent dans des pays qui, assaillis par le chômage et la xénophobie, les considèrent indésirables.

Derrière les flots d'Allemands de l'Est, de Polonais et d'autres peuples d'Europe centrale se profila à partir de 1989 la menace d'un raz de marée de citoyens de l'ex-URSS. La cause de leur exil étant la misère et l'insécurité, la Communauté européenne et les États-Unis comprirent qu'il allait de leur intérêt d'envoyer des vivres et de l'argent, mais aussi de soutenir les dirigeants capables d'imposer la paix civile en URSS (M. Gorbatchev), puis dans les Républiques (B. Eltsine). Cette politique témoigna d'un changement de perception du problème des réfugiés par les Occidentaux.

En 1951, une convention des Nations unies définissait ainsi les exilés que les États signataires devaient accueillir au titre de réfugiés : des individus qui, «craignant à juste titre d'être persécutés pour des questions de race, de religion, de nationalité, d'opinion politique ou d'appartenance à un groupe social donné», avaient été contraints de quitter leur pays et se trouvaient dans l'incapacité d'y retourner. On pensait donc alors qu'ils étaient les victimes des seuls régimes n'assurant pas l'égalité des droits et le respect des libertés fondamentales, donc des États non démocratiques.

Mais leur nombre s'accrut avec la multiplication des guerres étrangères et civiles. Il fallut compléter la définition de 1951, ce que fit le haut-commissariat aux réfugiés (HCR) de l'ONU en instituant l'accueil des réfugiés de guerre.

Selon les critères de cet organisme, leur nombre est passé de 2,5 millions en 1970 à 7,5 millions en 1980, puis à 15 millions en 1990. Ils sont surtout concentrés au Pakistan, principalement dans la province du Nord-Ouest où s'entassent plus de 3 millions d'Afghans chassés par la guerre étrangère (1979-1989) et civile (1979-1992). On en compte aussi près de 3 millions en Iran. Additionnés, ces deux chiffres représentent le tiers de la population afghane.

Dans la Corne de l'Afrique, les réfugiés, certes moins nombreux, se trouvent cependant dans une situation encore plus dramatique humainement. La combinaison des conflits, des sécheresses persistantes et de la dégradation des sols a provoqué une migration massive entre l'Éthiopie, le Soudan et la Somalie ; les gouvernements locaux estiment qu'elle touche plus de 2 millions de personnes (mais l'aide internationale étant proportionnelle au nombre de réfugiés, ces chiffres sont peut-être exagérés).

L'Éthiopie assure avoir accueilli 700 000 Somaliens et Soudanais. La Somalie abrite, selon l'ONU, plus de 600 000 Éthiopiens. Les Soudanais avancent le chiffre de 750 000 réfugiés poussés par la guerre de l'Érythrée et des provinces voisines d'Éthiopie. Au sud de l'Afrique, les conflits intérieurs du Mozambique et de l'Angola ont chassé environ 2 millions de personnes : 820 000 d'entre elles survivent au Malawi, l'un des pays les plus pauvres du monde. L'Indochine, quant à elle, a «fourni» au cours des dix dernières années près de 2 millions de réfugiés fuyant principalement le Viêt-nam et le Cambodge.

Les victimes sont déjà particulièrement nombreuses en Afrique, où la sécheresse progresse. Selon certains experts, l'élévation du niveau de la mer et les autres conséquences du réchauffement climatique pourraient pousser à l'exil 300 millions de personnes au XXIe siècle.

Pour le moment, l'exilé qui fuit la misère «normale» n'est pas considéré comme un réfugié : il peut être refoulé à la frontière du pays à la porte duquel il frappe. Mais le nombre des miséreux augmente sans cesse. Entre 1950 et 1985, le tiers monde a gagné plus d'un milliard et demi d'habitants. Or l'économie n'a pas suivi.

La pauvreté, la conscience du niveau de vie élevé des pays riches, la guerre et les troubles politiques, l'épuisement des ressources naturelles et les premiers symptômes d'un réchauffement climatique, tout concourt à faire exploser le nombre de ceux qui chercheront à vivre mieux hors du tiers monde.

Bien qu'elle connaisse depuis longtemps divers problèmes d'agitation intérieure et de conflits frontaliers, la Jordanie, comparée aux autres pays du Moyen-Orient, demeure relativement stable depuis 1971. Ce pays pauvre, manquant de ressources naturelles, a pourtant développé son économie et s'est quelque peu libéré de l'aide étrangère.

Cependant, l'afflux constant de réfugiés aggrave à nouveau ses difficultés économiques et politiques. Le mouvement s'est amorcé peu après la création de l'État d'Israël en 1948, quand la Jordanie a accordé la citoyenneté à près d'un million de Palestiniens. Puis les guerres israélo-arabes des années 1960 ont provoqué l'arrivée de 300 000 autres sans-abri, dont beaucoup viennent de la rive ouest du Jourdain. Plus récemment s'installèrent des Libanais et des Kurdes puis, lors de l'invasion du Koweït par l'Iraq en 1990, des Koweïtiens ayant abandonné tous leurs biens.

Après que la guerre s'est tue à l'intérieur du Viêt-nam, en 1975, un million et demi de personnes s'en enfuirent pour échapper au régime communiste. Près d'un million ont quitté le pays entassés sur de fragiles embarcations.

Des centaines de milliers d'exilés du Viêt-nam et du Cambodge parvinrent à gagner les camps de réfugiés établis — le plus souvent avec l'aide de l'ONU — dans des pays voisins d'Asie du Sud-Est, notamment la Thaïlande et la Malaisie qui accueillent au total plus de 220 000 exilés. D'autres ont pu rejoindre l'Europe occidentale, les États-Unis ou le Canada, le plus souvent en se faisant accueillir par des émigrés plus anciens de leur famille.

Les populations des pays d'accueil n'ont pas toujours apprécié l'afflux des nouveaux arrivants. La plupart des nations ont instauré des quotas restrictifs et n'ont pas hésité à refouler les migrants clandestins ou en surnombre. D'autres ont installé les candidats dans des camps jusqu'à ce que leur statut de réfugiés politiques soit établi. La France en envoya quelques-uns défricher la Guyane, le Canada en expédia d'autres extraire les minerais du Grand Nord... Dans le pire des cas, les boat people furent arraisonnés en mer par leur propre marine ou, arrivés à bon port dans un pays submergé, furent rapatriés chez eux alors même qu'ils ne s'y sentaient plus... chez eux.

Les craintes d'un déferlement des peuples pauvres sur les pays riches, qui ne sont pas exempts de racisme et de xénophobie, tendent à faire penser que l'unique solution est de rendre militairement les frontières des pays riches infranchissables. L'Histoire, ancienne comme récente, apprend qu'aucun mur n'est indestructible ou incontournable. Aussi vaudrait-il mieux donner à l'ONU les moyens de remplir réellement sa mission de coopération et d'aide au développement, et lui permettre de s'ingérer dans les affaires nationales des États qui violeraient les principes fondamentaux de la Déclaration universelle des droits de l'homme adoptée depuis 1948.

L'ABOLITION DES FRONTIÈRES
L'Europe trouve une nouvelle identité

Ernest Bevin, secrétaire d'État britannique aux Affaires étrangères dans les années qui suivirent la Seconde Guerre mondiale, avait son franc-parler et rêvait de pouvoir acheter un billet de train à la gare Victoria de Londres pour aller « où le diable l'emporterait ». L'Europe dressait encore ses frontières comme des murs devant le voyageur. Aujourd'hui, les biens et les personnes circulent librement en Europe occidentale.

Bevin aurait approuvé cette nouvelle Europe sans frontières mais aurait sans doute été surpris d'apprendre que, en 1993, il aurait pu se rendre de Londres à Paris par le train, grâce à Eurotunnel, le tunnel sous la Manche.

Malgré l'avènement du train à grande vitesse (TGV), la majorité des voyageurs qui circulent entre les douze pays membres de la Communauté économique européenne choisissent plus souvent l'avion que le rail. À la fin des années 1980, le nombre des passagers aériens augmentait de 10 % par an et, d'après les prévisions, il aura doublé en l'an 2000 et triplé en 2010. Le nombre de vols a, lui aussi, beaucoup augmenté — de 50 % entre 1986 et 1990. Roissy-Charles-de-Gaulle, près de Paris, est l'un des rares aéroports internationaux qui dispose d'assez d'espace pour que de nouvelles pistes y soient construites.

L'Europe a déjà connu des révolutions dans le domaine des transports. Les Romains ont construit un gigantesque réseau routier dont les tracés sont toujours empruntés. Puis, au XIXᵉ siècle, l'expansion du chemin de fer entraîna le développement d'un immense réseau ferroviaire qui permit pour la première fois de traverser l'Europe de l'Atlantique à l'Oural autrement qu'au rythme des chevaux ou de la marche.

La révolution actuellement en cours a ceci de remarquable qu'elle est politique autant que technologique. L'abolition des barrières européennes à la libre circulation des biens, des services et des personnes à la fin de 1992 apparaît à Bruxelles, le siège du « gouvernement » de la CEE : avoir des objectifs plus ambitieux que le simple développement du commerce. Car c'est surtout un pas en avant vers une Europe sociale, où les institutions de la Communauté s'attacheront aussi à améliorer la qualité de la vie des Européens.

Les transports sont l'élément majeur de l'économie de la Communauté et représentent 7 % de son revenu intérieur brut. Près de 60 % de ses échanges s'effectuent entre ses membres. En volume, la plus grande partie du tonnage transite par la route ; viennent ensuite les voies navigables (notamment le Rhin), puis le rail.

Les coûts douaniers directs représentent environ 2 % de la valeur des marchandises, les éco-

Le tunnel sous la Manche
— la plus grande percée sous-marine jamais entreprise — comprend trois tunnels, deux pour les trains et un plus petit pour les services. Long de 50 km, il s'enfonce à 30 m de profondeur. Son achèvement met fin à 8 000 ans d'insularité britannique en reliant physiquement l'île aux autres pays de la CEE et il est l'aboutissement de trois ans de travaux cyclopéens.

Les onze tunneliers, qui ont progressé à la vitesse de 3 m/h, pèsent près de 1 200 tonnes et ont coûté 20 millions de dollars chacun. Ils auront arraché au sous-sol marin 7,5 millions de m³ de déblais, trois fois le volume de la Grande Pyramide de Chéops.

Des trains, qui atteindront une vitesse de 160 km/heure, accompliront le voyage sous l'eau en 35 min et réduiront à moins de 3 h le voyage Paris-Londres.

1952
Pour harmoniser leurs industries du charbon et de l'acier, six pays européens se sont réunis en 1952. Le 25 mars 1957, les mêmes — la Belgique, la France, l'Italie, le Luxembourg, la RFA et les Pays-Bas — signent le traité de Rome qui consacre la naissance de la Communauté économique européenne. En tant que membres du Marché commun, les signataires décident de supprimer leurs droits de douane mutuels, pour faciliter la circulation des personnes, des biens et de la monnaie entre les États membres et rivaliser avec la grande puissance commerciale du Royaume-Uni et des États-Unis.

PAYS-BAS
BELGIQUE ALLEMAGNE DE L'OUEST
LUXEMBOURG
FRANCE
ITALIE

1973
La signature du traité de Bruxelles, le 22 janvier 1972, aurait dû associer 4 nouveaux États — le Royaume-Uni, l'Irlande, le Danemark et la Norvège — à la Communauté économique européenne. Avec celle des États d'origine, la population de la CEE aurait alors dépassé celle des États-Unis, son produit national brut aurait approché 800 milliards de dollars par an et sa part du commerce mondial hors CEE aurait atteint 15 %. Finalement, seuls les trois premiers pays devinrent membres le 1ᵉʳ janvier 1972, le peuple norvégien s'étant opposé, par voie de référendum, à l'adhésion de son pays.

IRLANDE ROYAUME-UNI DANEMARK

nomies réalisées par la suppression des frontières se chiffreront en milliards de dollars. Si l'on y ajoute celles que permettra la suppression d'autres frais, la somme tourne autour de 280 milliards de dollars, soit une augmentation de 5 % du produit intérieur brut de la CEE.

Ces avantages stimulent l'économie. Associés à l'augmentation en volume des échanges intercommunautaires de personnes et de biens, ils justifient les milliards qui seront dépensés pendant les deux prochaines décennies pour améliorer les réseaux ferroviaire et routier. Bruxelles et Paris se disputent déjà le rôle de plaque tournante de la nouvelle Europe. Vers 2005 si les projets français se réalisent, les voyageurs ayant atterri à l'aéroport Roissy-Charles-de-Gaulle, désormais le plus vaste, pourront poursuivre leur voyage par TGV vers toutes les grandes villes de la Communauté.

Le projet le plus spectaculaire, le tunnel sous la Manche (coût prévu d'environ 80 milliards de francs), sera achevé en 1993. Il permettra au chemin de fer de prendre part plus efficacement à l'augmentation du trafic (de 7 à 10 % par an) entre le Royaume-Uni et le continent. D'autres tunnels ferroviaires traverseront les Alpes entre l'Italie et l'Allemagne, afin de délester la Suisse et l'Autriche — qui n'appartiennent pas encore à la CEE — du nombre croissant de poids lourds qui congestionnent leurs routes et polluent leurs villes et leurs campagnes.

Le Danemark est au centre de trois programmes de développement — connus sous le nom collectif de Scanlink — de routes, de tunnels ferroviaires et de ponts. Via l'île de Seeland, ils relieront la Suède et la Norvège au Danemark et à l'Allemagne. À l'autre extrémité de la CEE, l'autoroute Autoput, qui traverse la Yougoslavie vers la Grèce encore isolée, sera améliorée, tandis qu'une autoroute et deux voix ferrées nouvelles à travers les Pyrénées sont en projet. Ainsi donc, avant même que le traité de Maastricht instituant l'unité politique et monétaire de l'Europe des Douze ait été proposé aux Européens, en 1992, des bâtisseurs déterminés travaillaient déjà à l'unification de l'espace par les réseaux de communication.

1981

Membre des Nations unies dès l'origine et de l'OTAN depuis 1951 (à l'exception d'une période de 6 ans de dictature qui s'acheva en 1980), la Grèce entre dans la CEE en 1981. Certains partis s'y opposent, pour ne pas tomber aux mains de capitalistes étrangers. Mais le Premier ministre Karamanlis, qui a signé le traité en 1979, estime que cette adhésion renforcera la stabilité économique et politique du pays.

L'appartenance à la Communauté économique européenne ouvre à la Grèce des marchés étrangers pour ses produits et lui permet de bénéficier des programmes d'aide financière de la CEE.

1986

Voisins et souvent adversaires, l'Espagne et le Portugal avaient déjà uni leurs efforts pour renforcer leurs économies face à la concurrence européenne lorsqu'ils entrèrent dans la CEE en 1986. Ils avaient supprimé leurs barrières douanières en limitant leur inflation, avaient réduit leur déficit et fait preuve d'une croissance économique saine. La Communauté comptait 345 millions d'habitants en 1991 (contre 280 pour l'union États-Unis-Canada), fournissant un PIB annuel de plus de 5 000 milliards de $ (5 700 pour le marché nord-américain) et réalisant 18 % du commerce mondial hors CEE (1er rang mondial).

AU-DELÀ DES ÉTATS
Les organisations internationales

L'ORGANISATION INTERNATIONALE QUI rassemble le plus d'États membres n'est pas celle des Nations unies — qui regroupe pourtant plus de 97 % (presque 180) des États du monde —, mais une de ses institutions spécialisées, l'union postale universelle, qui réunit pratiquement tous les pays de la planète. Fondée en Suisse en 1874 pour réagir contre la multiplication absurde des accords séparés entre pays, l'UPU fait du globe un territoire postal unique.

Cet exemple prosaïque illustre parfaitement la nécessité et la possibilité d'une coopération et d'une communication internationales. Sinon, comment une lettre timbrée et postée dans un pays pouvait-elle parvenir facilement à la bonne adresse aux antipodes ?

Les systèmes de transport ou de communication exigent un minimum de coordination internationale — ainsi, il vaut mieux que l'écartement des rails de chemin de fer soit identique des deux côtés d'une frontière et que les lignes téléphoniques soient connectées. De même, les contrôleurs du trafic aérien ou maritime obéissent aux mêmes règles et procédures et communiquent dans une langue commune, l'anglais.

De nos jours, presque toutes les nations sont unies les unes aux autres par des liens multilatéraux, y compris par des alliances économiques, politiques et militaires, régionales ou internationales. Ces organisations — l'OTAN, la CEE, l'OPEP et les autres — sont régulièrement à la une des médias.

Mais une gamme plus large de relations de coopération internationale quadrille la planète : aides humanitaires d'urgence, Interpol (police internationale), accords d'extradition, reconnaissance mutuelle de brevets d'invention ou de création, projets de haute technologie, lutte contre les épidémies, protection de l'environnement.

Les organisations internationales impliquent forcément une perte de souveraineté de la part de chacun des États membres, qui doivent se plier à la règle commune. Même la guerre a ses propres lois, codifiées pour la plupart par la Convention de Genève de 1949, le traité le plus ratifié de l'histoire. Il interdit aux belligérants de violer le territoire des États neutres, d'attaquer des populations civiles et d'user d'armes dites non conventionnelles, notamment de destruction massive par une modification profonde de l'environnement sous l'effet de gaz et autres polluants chimiques, ou de contamination bactériologique ou radioactive (armes nucléaires). De plus, les belligérants sont tenus de laisser les agents du mouvement international de la Croix-Rouge et du Croissant-Rouge secourir les prisonniers et les blessés.

Les États-nations dureront peut-être, du moins dans un avenir proche. Cependant, on ne saurait sous-estimer l'aspiration à une plus grande unité, régionale ou même planétaire.

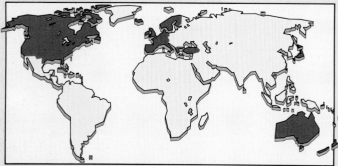

Organisation de coopération et de développement économiques (OCDE). Fondée en 1961, elle coordonne les politiques économiques et sociales des nations industrialisées. Elle a pour but de maintenir un taux élevé de croissance parmi ses membres, mais aussi de faciliter l'aide aux pays pauvres.

États membres : Allemagne, Australie, Autriche, Belgique, Canada, Danemark, Espagne, États-Unis, Finlande, France, Grèce, Irlande, Islande, Italie, Japon, Luxembourg, Nouvelle-Zélande, Norvège, Pays-Bas, Portugal, Royaume-Uni, Suède et Turquie. La Yougoslavie, dotée d'un statut particulier, n'est pas membre à part entière.

Association européenne de libre-échange (AELE). Elle a été fondée en 1960 pour établir un lien commercial entre des pays qui n'appartenaient pas alors à la toute nouvelle Communauté économique européenne. Ses fondateurs furent l'Autriche, le Danemark, la Finlande, la Norvège, le Royaume-Uni, la Suède et la Suisse. L'Islande y est entrée en 1970 ; le Danemark et le Royaume-Uni l'ont quittée en 1972 pour rejoindre la CEE.

Dans les années 1980, l'AELE et la CEE ont resserré leurs liens de coopération. Les tarifs douaniers entre les pays membres ont été supprimés.

États membres : Autriche, Finlande, Islande, Norvège, Suède et Suisse.

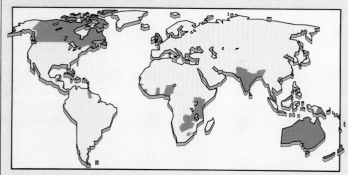

Commonwealth. Il a officiellement été créé en 1931. La Birmanie choisit de ne pas y entrer ; la République irlandaise, la République d'Afrique du Sud et le Pakistan l'ont quitté.

Pays membres : Antigua et Barbuda, Australie, Bahamas, Bangladesh, Barbade, Belize, Botswana, Brunei, Canada, Chypre, Dominique, Gambie, Ghana, Grenade, Guyana, Inde, Jamaïque, Kenya, Kiribati, Lesotho, Malawi, Malaisie, Malte, île Maurice, Namibie, Nigeria, Nouvelle-Zélande, Ouganda, Papouasie-Nouvelle-Guinée, Royaume-Uni, Saint-Christophe et Nièves, Sainte-Lucie, Salomon, Samoa occidentales, Seychelles, Sierra Leone, Singapour, Sri Lanka, Swaziland, Tanzanie, Tonga, Trinité-et-Tobago, Vanuatu, Zambie et Zimbabwe. D'autres États sont membres à titre spécial : Maldives, Nauru, Saint-Vincent et Grenadines, Tuvalu, ainsi que toutes les terres sous statut britannique, notamment Hongkong, les Bermudes, et les îles Turks et Caicos.

Maroc : retrait en 1984
Sahara occ : admis en 1984
Namibie : candidate depuis son indépendance en 1990
Zaïre : réintégré après retrait en 1984

Organisation de l'unité africaine (OUA). Fondée en 1963 pour promouvoir l'union et la solidarité en Afrique, elle réunit tous les États africains, à l'exception de la République d'Afrique du Sud, de la Namibie, et du Maroc et du Zaïre qui l'ont quittée au milieu des années 1980 à la suite du conflit sur l'annexion du Sahara occidental par le Maroc.

Pays membres : Algérie, Angola, Bénin, Botswana, Burkina, Burundi, Cameroun, Cap-Vert, Comores, Congo, Côte-d'Ivoire, Djibouti, Égypte, Éthiopie, Gabon, Gambie, Ghana, Guinée, Guinée-Bissau, Guinée équatoriale, Kenya, Lesotho, Liberia, Libye, Madagascar, Malawi, Mali, Maurice, Mauritanie, Mozambique, Niger, Nigeria, Ouganda, République centrafricaine, Rwanda, Sahara occidental (République arabe sahraouie), Sao Tomé et Principe, Seychelles, Sénégal, Sierra Leone, Somalie, Soudan, Swaziland, Tanzanie, Tchad, Togo, Tunisie, Zaïre, Zambie et Zimbabwe.

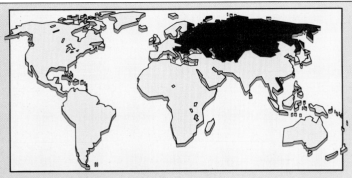

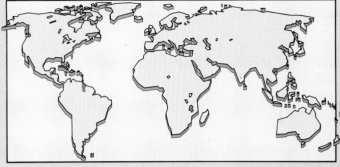

Conseil d'assistance économique mutuelle (CAEM ou COMECON).

Il a été fondé en 1949 par l'URSS et cinq pays d'Europe de l'Est afin de promouvoir le partage des tâches économiques des États socialistes membres du bloc soviétique. L'Albanie s'en retira en 1961. L'Allemagne de l'Est s'y rallia en 1950 ; sa participation s'acheva en 1990 du fait de la réunification allemande. Avec l'entrée de la République populaire de Mongolie en 1962, le Conseil étendit l'influence soviétique sur des nations très dispersées.

Au moment de sa dissolution en 1991, les États membres étaient la Bulgarie, Cuba, la Hongrie, la Mongolie, la Pologne, la Roumanie, la Tchécoslovaquie, l'URSS et le Viêt-nam.

Communauté des Caraïbes (CARICOM).

L'association commerciale des nations caraïbes a mis en place une politique économique et douanière commune pour protéger ses membres des importations étrangères à bas prix. Elle poursuit aussi des buts sanitaires et humanitaires. Fondée en 1973, elle siège à Georgetown au Guyana.

États membres : Antigua et Barbuda, Bahamas, Barbade, Belize, Dominique, Grenade, Guyana, Jamaïque, Montserrat, Saint-Christophe et Nièves, Sainte-Lucie, Saint-Vincent et Grenadines, Trinité-et-Tobago. La République dominicaine, Haïti et le Surinam ont le statut d'observateurs.

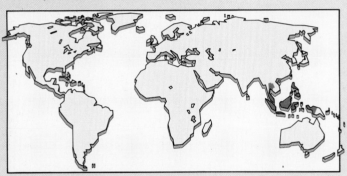

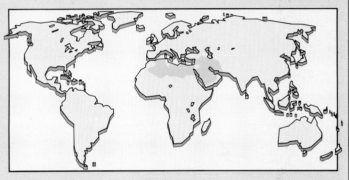

Association des nations d'Asie du Sud-Est (ASEAN).

Elle a été fondée en 1967 pour promouvoir la croissance économique et la coopération des nations en voie d'industrialisation de l'Asie du Sud-Est et pour maintenir la paix dans cette région. L'essor économique qu'ont connu les cinq pays fondateurs au cours des années 1970 (lors de la récession provoquée dans les autres pays développés par l'augmentation des prix du pétrole par l'OPEP) a fait de l'ASEAN une puissance économique majeure dans la région. Le Brunei, riche en pétrole, s'y est associé après son indépendance en 1984.

États membres : Brunei, Indonésie, Malaisie, Philippines, Singapour et Thaïlande.

Organisation des pays arabes exportateurs de pétrole (OPAEP).

Les buts de l'organisation sont de « promouvoir la coopération des activités économiques ; préserver les intérêts des pays membres ; unir les efforts pour alimenter en pétrole les marchés consommateurs ; créer un climat favorable à l'investissement des capitaux et des compétences ». Fondée en 1968, elle siège au Koweït.

L'Égypte en a été exclue comme de la Ligue arabe en 1979 et n'a été réintégrée qu'en 1989. La Tunisie fut membre de 1982 à 1987.

États membres : Algérie, Arabie Saoudite, Bahreïn, Égypte, Émirats arabes unis, Iraq, Koweït, Libye, Qatar et Syrie.

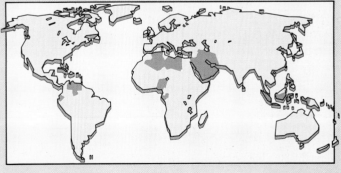

Ligue arabe.

D'abord constituée en 1944 à des fins d'arbitrage politiques, économiques, sociaux, culturels dans les conflits entre ses membres, la Ligue arabe contribue aussi aujourd'hui à la défense. Ses dissensions internes reflètent les problèmes du Moyen-Orient : en 1964, la Jordanie s'est élevée contre l'admission de l'Organisation de libération de la Palestine (OLP) comme représentant de tous les Palestiniens ; en 1979, l'Égypte, membre fondateur, a été exclue pour avoir signé la paix avec Israël et n'a été réintégrée que 10 ans plus tard.

Pays membres : Algérie, Arabie Saoudite, Bahrein, Djibouti, Égypte, Émirats arabes unis, Iraq, Jordanie, Koweït, Liban, Libye, Maroc, Mauritanie, Oman, Palestine (OLP), Qatar, Somalie, Soudan, Syrie, Tunisie, Yémen (réunifié en 1990).

Organisation des pays exportateurs de pétrole (OPEP).

Fondée à Bagdad en 1960, avec Vienne (Autriche) pour siège, l'OPEP attira l'attention du monde lorsqu'elle annonça en 1973 deux hausses successives — 70 % puis 130 % — du prix du pétrole. Elle s'est fixée pour but de contrôler l'approvisionnement en pétrole des marchés mondiaux. Mais en 1973, elle voulait sanctionner l'appui de l'Occident à Israël.

La demande en pétrole ayant diminué à la fin des années 1980, l'OPEP a imposé à ses membres un contingentement afin d'éviter la saturation des marchés. Les accusations portées par l'Iraq contre le Koweït suspecté de faire baisser les prix en dépassant ses quotas sont l'une des origines de la guerre du Golfe en 1990.

États membres : Algérie, Arabie Saoudite, Émirats arabes unis, Équateur, Gabon, Indonésie, Iraq, Iran, Koweït, Libye, Nigeria, Oman, Qatar, Venezuela et Yémen.

L'APPEL AUX ARMES PERMANENT
L'ONU pour un monde sans guerre

POUR UN NOUVEL ORDRE MONDIAL

L'Assemblée générale et le Conseil de sécurité des Nations unies s'efforcent tous deux de contrôler et de maintenir la paix dans le monde.

L'Assemblée générale (ci-dessous) réunit à New York tous les États-membres, et chacun y dispose d'une voix. À tout moment, des interventions en faveur de la paix peuvent être décidées par le Conseil de sécurité qui compte 15 membres, dont 5 permanents et 10 élus pour deux ans.

Les États indépendants qui n'appartiennent pas à l'ONU sont peu nombreux. Certains, dont la Suisse, sont volontairement absents ; d'autres ont été refusés, notamment, jusqu'en 1991, la Corée du Sud par l'Union soviétique et la Corée du Nord par les États-Unis. Les membres peuvent démissionner mais l'ONU n'a jamais exclu un État membre, même condamné à des sanctions économiques ou militaires (cas de l'Afrique du Sud raciste entre 1985 et 1991 et de l'Iraq agresseur en 1990-1991).

Une des fonctions de l'ONU, définie dans sa charte, est « de préserver les générations futures du fléau de la guerre ». Il appartient au Conseil de sécurité de déterminer si une agression a eu lieu — ou risque de se produire — et de décider de l'action à entreprendre.

Lors de la fondation de l'organisation en 1945, il était urgent d'assurer la tutelle protectrice des territoires trop petits pour disposer d'un gouvernement autonome et des anciennes colonies des pays vaincus, telles les ex-possessions allemandes d'Afrique qui auraient pu être facilement annexées par des voisins puissants.

Au début des années 1990, l'ONU avait dépêché des casques bleus ou des observateurs en Angola, à Chypre, en Amérique centrale, sur le plateau du Golan, au Liban, au Cachemire et en Yougoslavie. D'autres régions troublées, comme le Cambodge

ou le Sahara occidental, demandaient son intervention.

Son rôle principal dans ces zones conflictuelles consiste à faire respecter les cessez-le-feu et le tracé des frontières nouvellement négociées. L'ONU n'a pas d'armée propre mais elle compte sur ses États-membres pour lui fournir la force militaire dont elle a besoin. La Suède et l'Irlande sont notamment connues pour envoyer très fréquemment des soldats soutenir ces initiatives d'apaisement.

Depuis 1945, les grandes puissances se sont souvent passées de l'arbitrage de l'ONU et ont traité directement entre elles. Par ailleurs, l'ONU n'a pratiquement jamais réussi à éviter que des voisins belliqueux se fassent la guerre, mais a pu consolider leurs initiatives de paix grâce à son arbitrage de plus en plus sollicité.

De nombreux hommes politiques, comme l'opinion publique elle-même, considèrent avec scepticisme le rôle

de l'ONU. Ils affirment, non sans raison, qu'elle a été affaiblie par la rivalité entre les superpuissances, États-Unis et URSS, chacune utilisant son droit de veto pour contrer les résolutions soutenues par l'autre. Mais à présent que la guerre froide a pris fin avec la disparition de l'URSS, le Conseil de sécurité, maintenant dominé par les États-Unis, y gagnera une plus grande unité.

Cette carte (à droite) indique les principaux conflits qui se sont déroulés depuis la Seconde Guerre mondiale. Elle montre que la plupart des guerres internationales et/ou civiles de la seconde moitié du XXᵉ siècle eurent lieu dans le tiers monde, au sud du tropique du Cancer.

QUELQUE DEUX CENT CINQUANTE GUERRES civiles ou extérieures ont fait environ cent millions de morts au XXᵉ siècle. Et, en permanence, dix à quarante conflits font rage sur Terre, impliquant parfois jusqu'au quart de ses États. En 1986, année internationale de la Paix, près de mille milliards de dollars ont été investis à travers le monde dans des activités guerrières.

Tant de vies humaines sont perdues, tant d'existences brisées, tant de populations déplacées, tant de biens ravagés qu'aucune des parties belligérantes n'est jamais gagnante.

Déjà grave lorsqu'elle demeure locale, chacune des hostilités risque de nos jours de dégénérer en conflit régional ou mondial.

En 1945, après les hécatombes de la Seconde Guerre mondiale, cinquante et une nations signèrent à San Francisco la charte de l'Organisation des Nations Unies. Celle-ci s'est fixé des buts précis : « préserver les générations futures du fléau de la guerre et réaffirmer la foi en l'égalité et les droits fondamentaux des hommes ainsi que des nations grandes et petites ». Les États membres de l'ONU promettent respectivement le

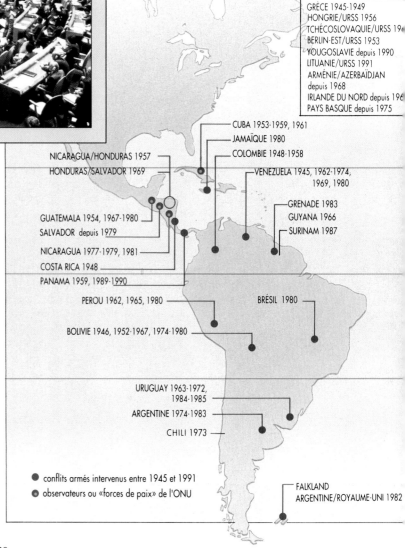

GRÈCE 1945-1949
HONGRIE/URSS 1956
TCHÉCOSLOVAQUIE/URSS 19
BERLIN-EST/URSS 1953
YOUGOSLAVIE depuis 1990
LITUANIE/URSS 1991
ARMÉNIE/AZERBAÏDJAN depuis 1968
IRLANDE DU NORD depuis 196
PAYS BASQUE depuis 1975

CUBA 1953-1959, 1961
JAMAÏQUE 1980
COLOMBIE 1948-1958
NICARAGUA/HONDURAS 1957
HONDURAS/SALVADOR 1969
VENEZUELA 1945, 1962-1974, 1969, 1980
GUATEMALA 1954, 1967-1980
SALVADOR depuis 1979
GRENADE 1983
GUYANA 1966
SURINAM 1987
NICARAGUA 1977-1979, 1981
COSTA RICA 1948
PANAMA 1959, 1989-1990
PEROU 1962, 1965, 1980
BRÉSIL 1980
BOLIVIE 1946, 1952-1967, 1974-1980
URUGUAY 1963-1972, 1984-1985
ARGENTINE 1974-1983
CHILI 1973

● conflits armés intervenus entre 1945 et 1991
◉ observateurs ou «forces de paix» de l'ONU

FALKLAND ARGENTINE/ROYAUME-UNI 1982

respect de ces droits, la non-ingérence dans leurs affaires intérieures et la sécurité contre les agressions extérieures.

Les garants de ce nouvel ordre mondial étaient les cinq grandes puissances de l'époque — États-Unis, Union soviétique, France, Royaume-Uni et Chine (représentée de 1949 à 1971 par son gouvernement anticommuniste en exil à Taiwan). Ils devinrent membres permanents du Conseil de sécurité, l'organe exécutif de l'ONU. Chaque État membre, quelles que soient sa superficie, sa population ou sa puissance économique, dispose d'une seule voix à l'Assemblée générale. Passant de 60 membres en 1950 (sur 85 États souverains) à 159 en 1990 (sur 168), celle-ci réunit des pays allant de la Chine populaire (après octobre 1971), avec plus d'un milliard d'habitants, au Liechenstein (admis en 1990), avec moins de 30 000. Depuis 1991, la fragmentation des fédérations soviétique et yougoslave, l'accession à l'indépendance de nombreux micro-États insulaires des Antilles et du Pacifique ainsi que l'admission des deux Corées augmentent le nombre des membres (166 fin 1991) et multiplient le nombre des candidats. La Suisse, attachée à sa neutralité, demeure le plus grand et le plus peuplé des rares États non candidats (Andorre, Monaco, Saint-Marin, le Vatican), lesquels participent tous, néanmoins, à la plupart des organisations spécialisées de l'ONU, dont l'Union postale.

La charte stipule que les États doivent régler leurs différends par des moyens pacifiques, la force ne pouvant être utilisée qu'en cas de légitime défense ou dans l'intérêt commun. Lorsqu'un accord s'avère impossible, l'ONU peut être appelée à intervenir comme observateur ou comme médiateur, à établir un front de cessez-le-feu par une force d'interposition.

Seul l'échec de la négociation pacifique peut justifier une intervention armée aux yeux de l'ONU. Le Royaume-Uni, par exemple, argua de ce droit contre l'Argentine pour reprendre les Falkland (Malouines) en 1982. Dans les cas extrêmes susceptibles de menacer la paix mondiale, l'ONU est habilitée à prendre des mesures pacifiques collectives, essentiellement sanctions économiques ou embargos sur les armes.

Ces moyens n'ayant généralement pas une très grande efficacité, le Conseil de sécurité peut demander le recours à la force. Il le fit en de rares occasions, notamment lors de la guerre de Corée (1950-1953), de la révolte du Congo belge (devenu depuis Zaïre), contre l'autorité coloniale (1960-1964), et après l'invasion du Koweït par l'Iraq en 1990. Mais il n'existe pas d'armée « onusienne » d'intervention, ni de commandement militaire de l'ONU. Les troupes sont donc levées parmi les armées d'États membres volontaires et commandées conjointement.

Hors de ces rares combats, l'ONU a engagé pacifiquement ses « forces d'urgence » (FUNU, ou « casques bleus » depuis 1956) dans dix-huit conflits depuis 1948, date à laquelle des soldats des Nations unies furent appelés pour la première fois à veiller à l'application d'un cessez-le-feu (à l'époque entre les pays arabes et Israël). Actuellement, plus de 11 000 casques bleus sont présents dans une dizaine de points chauds du globe.

Quoique limitée dans son action, l'ONU constitue l'unique recours mondial contre la guerre. En 1988, ses casques bleus reçurent collectivement le prix Nobel de la Paix.

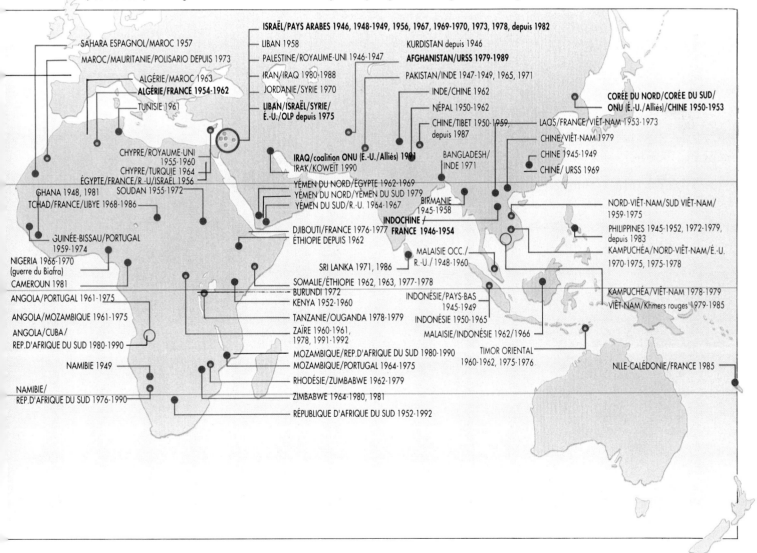

LES CARTES DU GLOBE

QUAND LE MISSIONNAIRE JÉSUITE MATTEO Ricci arriva en Chine en 1601, il découvrit une société très évoluée, experte en cartographie depuis des millénaires et cependant convaincue que le monde est carré.

Il rapporta dans ses mémoires que, selon la vision impériale, la Terre et le Ciel sont une série de carrés emboîtés les uns dans les autres. Au centre de l'univers siège l'empereur-dieu dans la Cité interdite de Pékin, une ville carrée orientée selon les quatre points cardinaux.

Autour de la capitale, d'autres carrés se succèdent par ordre décroissant selon leur importance : d'abord viennent les domaines impériaux ; autour se trouvent les zones susceptibles d'adopter la culture chinoise ; au-delà s'étendent des régions de plus en plus barbares jusqu'à devenir vraiment sauvages.

Pour les Chinois, Ricci vient donc des contrées carrées les plus lointaines. De plus, il possède une carte du monde dessinée par Ortelius, ami de Mercator, sur laquelle la Chine, minuscule, prend place à l'extrême droite. C'est un véritable affront pour l'élite du pays.

Mais l'Italien use d'un brillant subterfuge : il coupe la carte verticalement et la reconstitue en plaçant la Chine au centre du monde. Ses hôtes rassurés l'autorisent alors à séjourner dans la ville, mais ils n'admettront jamais que sa carte plane représente un globe.

Ce concept ne sera vraiment accepté en Chine qu'au début du XXᵉ siècle.

L'idée que le monde est une sphère a pourtant été émise voici 2 500 ans par les anciens Grecs. Leurs géomètres — géométrie signifie « mesure de la Terre » — parvinrent à une estimation extraordinairement précise de son rayon et de sa circonférence.

Cette conception, transmise par les écrits de Ptolémée et de ses successeurs — chrétiens, juifs et musulmans —, influença sans doute le navigateur génois Christophe Colomb. En 1492, il fit voile vers l'ouest pour atteindre les Indes, persuadé qu'il y parviendrait pourvu qu'il navigue vers le soleil couchant.

Au cours du siècle suivant, des navigateurs portugais, puis hollandais, anglais, etc. explorèrent toutes les côtes jusqu'à l'Extrême-Orient et le nord du Japon. Leurs découvertes étaient soigneusement notées et reproduites sur des cartes imprimées.

Le plus grand cartographe du XVIᵉ siècle fut Gerhard Kremer, baptisé Mercator (« marchand ») en hommage à ses travaux qui assuraient des cartes plus sûres aux flottes marchandes qui traversaient l'océan.

En 1569, Mercator mit au point une méthode rigoureuse pour représenter la forme sphérique du monde sur une surface plane : les méridiens, qui convergent aux pôles, s'évasent jusqu'à devenir parallèles, tandis que les lignes déjà parallèles des latitudes s'écartent d'autant plus qu'elles s'éloignent de l'équateur.

Malgré la forte distorsion qu'elle entraîne par la force des choses sur les dimensions et les formes des continents, la projection de Mercator fut bientôt adoptée par tous.

Peu à peu, les cartes prirent l'aspect que nous leur connaissons aujourd'hui. La grande *Terra incognita australis* (terre du Sud inconnue) dont Ptolémée et nombre de ses successeurs supposaient qu'elle reliait l'extrémité de l'Afrique à l'Asie, fut définitivement retirée des cartes à la fin du XVIIIᵉ siècle, après que James Cook eut passé plusieurs années infructueuses à la chercher.

Toutefois, le nom d'Australie fut conservé en étant attribué à l'île-continent découverte au début du XVIIᵉ siècle par les navigateurs portugais, espagnols et hollandais.

L'Antarctique, quant à lui, ne fut pas représenté avant 1820.

Depuis l'invention de la projection de Mercator, la cartographie a fait de grands progrès, grâce notamment à la triangulation et plus récemment à la photographie aérienne et à l'observation par satellite.

Jusqu'aux années 1960, la distance, par exemple, entre Paris et New York était fausse d'environ 2 km et la localisation des îles du Pacifique comportait une erreur de 3 à 5 km. Ces dernières années, l'utilisation des satellites a rendu les mesures plus précises. La réalité de la dérive des continents a ainsi récemment été observée — ils se déplacent effectivement les uns par rapport aux autres de 2,5 à 5 cm par an.

Aujourd'hui, la Terre n'a jamais été mieux connue et, cependant, notre représentation de la planète reste aussi subjective et donc aussi fausse que celle du monde carré de la Chine impériale. Nos cartes modernes sont eurocentrées (l'Europe est au centre) ; elles minorent des régions intertropicales et exagèrent celles des latitudes moyennes et, surtout, hautes.

Les noms attribués aux continents, aux mers,

L'IMPORTANCE DE LA PERSPECTIVE

*Pour un observateur, le monde semble différent selon l'endroit d'où il le regarde. Quand il est centré sur **Londres**, l'hémisphère visible englobe la majorité de la population mondiale. Les pays et les continents semblent rayonner autour de la ville, ce qui aidait à justifier en partie l'existence d'un puissant Empire britannique.*

*Avec **Moscou** pour centre, l'hémisphère visible semble cerné d'ennemis que seul un très grand territoire peut éloigner. En fait, avec le plus vaste espace du monde, l'ex-Union soviétique disposait d'immenses ressources naturelles. Mais les difficultés du milieu pesèrent lourdement sur sa mise en valeur, difficile.*

*Vu de **Sydney**, en Australie, le demi-monde apparaît océanique. Jadis, les Britanniques exilaient leurs bagnards aux antipodes ; la mer était alors la plus sûre des prisons. Malgré ses puissantes relations historiques avec le Royaume-Uni, l'Australie cherche aujourd'hui à développer son économie avec les États du Pacifique.*

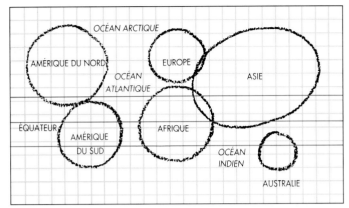

COMMENT DESSINER LE MONDE EN 30 SECONDES
Tracez rapidement six cercles, aux proportions et à l'emplacement approximatifs : voilà les continents. L'Asie est le plus grand, l'Australie le plus petit.

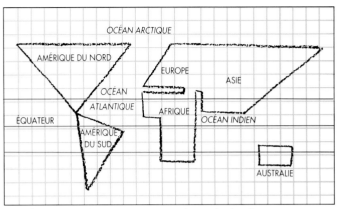

Transformez les continents en carrés, rectangles et triangles. Souvenez-vous que le renflement de l'Afrique se trouve au-dessus de l'Équateur, que le tropique du Cancer soutient l'Asie et que celui du Capricorne coupe l'Australie en deux.

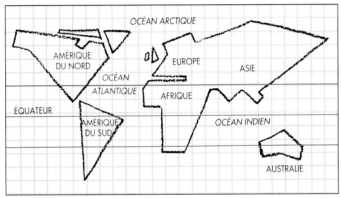

Encore quelques traits et des régions, des nations surgissent. L'Inde est un triangle supplémentaire, la Scandinavie devient le « bec » de l'Europe. Ces tracés schématiques permettent déjà de situer correctement les problèmes économiques et politiques du monde.

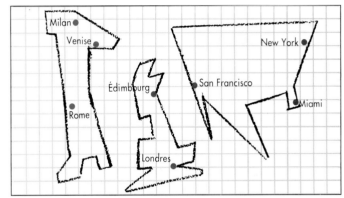

Dessinez la forme de votre pays en la simplifiant. Placez les grandes villes qui serviront de points de repère. Cette carte facile à retenir vous rendra service presque chaque jour.

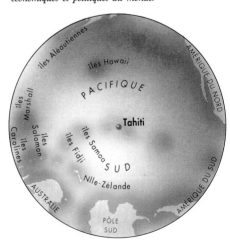

*Appeler « Terre » le demi-monde vu de **Tahiti** paraît absurde, l'île se trouvant en plein centre du Pacifique. Les autres continents ne laissent voir que leurs marges. La France teste là-bas des armes nucléaires ; le concert de protestations des îliens du Pacifique ne semble avoir été entendu de l'autre côté de la planète qu'à partir de 1992, la France suspendant alors temporairement ses essais.*

*L'hémisphère vu de **San Francisco** place la ville dans une situation idéale pour le commerce maritime entre l'Atlantique et le Pacifique. L'économie californienne, comme celle de ses partenaires commerciaux dans le Pacifique, est en plein essor. Les ressources, les technologies, les marchés de masse laissent penser que la zone pacifique dominera le commerce mondial au XXIᵉ siècle.*

*Quand il est vu depuis le **Japon**, Tōkyō apparaît comme l'exact miroir de San Francisco, donc son meilleur partenaire et concurrent. Comme la Chine voisine, le Japon a longtemps repoussé les influences occidentales, ne les acceptant qu'au siècle dernier. Des deux pays, c'est le plus petit, le Japon, qui est devenu le plus ouvert, sans doute en raison de l'étroitesse et des contraintes de son milieu.*

La vision du monde par Strabon, il y a 2 000 ans, rassemblait le savoir de tous les cartographes de son temps. Le bassin méditerranéen et la mer Noire, mais aussi la péninsule Arabique et l'Europe occidentale sont déjà reconnaissables ; la plupart des grands fleuves sont bien tracés. De plus, Strabon envisageait la possibilité de voyages maritimes autour de la Libya, l'Afrique actuelle.

Il pensait que le monde était sphérique et non pas plat et qu'il s'étendait depuis l'Iberia (la péninsule ibérique) et l'Atlantique à l'ouest jusqu'à l'Inde au sud-est. Il l'imaginait comme une île-continent.

La longue chaîne montagneuse qui court depuis la Turquie jusqu'à la Mare internum droit vers l'est n'est pas totalement imaginaire ainsi qu'en témoigne une carte physique actuelle du monde.

aux fleuves, aux villes, etc. ont généralement été choisis par les Européens et veulent exprimer, sans aucun doute, la suprématie européenne.

Des régions comme le Proche-Orient, le Moyen-Orient et l'Extrême-Orient sont approximativement à distance proche, moyenne ou extrême de l'Europe.

Toutes les longitudes se mesurent à partir du méridien de Greenwich, qui passe par Londres. Il a été choisi comme degré zéro en 1884 parce que l'Angleterre était alors la première puissance maritime et créait les cartes marines de loin les plus précises.

Le « temps universel », quant à lui, valable pour toute la planète, se calcule également à partir de Greenwich.

De fait, la plupart des cartes situent l'Europe au centre et le reste du monde sur les côtés. Pendant la guerre froide qui suivit la Seconde Guerre

mondiale, cette conception du monde exagérait l'opposition entre l'Amérique du Nord à l'ouest et l'Union soviétique à l'est.

Une autre représentation aurait montré que ces deux puissances ne sont distantes que de 80 km au niveau du détroit de Béring.

De nos jours, les cartographes placent généralement leur propre pays au centre des cartes du monde qu'ils établissent.

Mais une autre convention persiste : l'habitude, qui tient sans doute à certains réflexes inconscients, bien ancrés dans notre mémoire collective, de privilégier l'hémisphère Nord. Beaucoup de Sud-Américains, d'Africains du Sud et d'Australiens, par exemple, estiment que ces cartes les placent réellement et symboliquement dans une position d'infériorité : ils réagissent en représentant le globe vu du sud, ou avec le nord en bas, comme le faisaient autrefois... les Chinois.

Le monde selon Strabon (63 av. J.-C. - 21 apr. J.-C.)

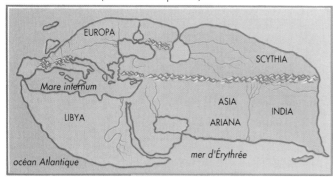

Au milieu du XIIᵉ siècle, le géographe arabe al-Idrisi représente le monde à peu près comme Strabon et Ptolémée mais avec l'Arabie au centre. Préservés par les savants

monde. arabes au Moyen-Orient, en Afrique du Nord et en Espagne, les écrits de Ptolémée furent redécouverts pendant la Renaissance italienne. Les semis d'îles tracés

à l'est témoignent des activités commerciales des Arabes : les marchands profitaient des vents de mousson pour rejoindre l'Inde et les îles des épices.

Le monde selon al-Idrisi, 1154

Le monde selon Fra Mauro, 1459

Trois siècles plus tard, la représentation a très peu changé, bien que l'on sache qu'il est possible de faire le tour de l'Afrique par la mer. Fra Mauro, qui travaille à Venise,

dispose d'informations sur les découvertes portugaises (pourtant soigneusement filtrées comme tout secret commercial). À cette époque, les navigateurs portugais naviguent

couramment jusqu'à la Sierra Leone en Afrique de l'Ouest. Bartolomeu Dias double le cap de Bonne-Espérance en 1488.

LE PREMIER GLOBE

LES GÉOGRAPHES GRECS, TELS ÉRATOSTHÈNE, Strabon ou Ptolémée, qui vécurent entre le IIIᵉ siècle av. J.-C. et le IIᵉ siècle de notre ère, n'ont jamais cru que la Terre était plate. Pour eux, comme pour nous, c'était une sphère. Leur grand prédécesseur, Pythagore (v. 582-500 av. J.-C.) avait opté pour ce concept : selon lui, seule la forme sphérique, parfaite, convenait à la Terre.

Plus tard, Aristote (384-322 av. J.-C.) étaya rationnellement cette thèse en montrant qu'un navire, encore visible pour un observateur installé au sommet d'une falaise, avait déjà disparu derrière l'horizon au regard d'un autre posté au ras des flots. Il avait également noté que, pendant une éclipse, la Terre projetait sur la Lune une ombre circulaire.

Les géographes grecs parvinrent à une estimation très exacte des dimensions de la planète en mesurant, au milieu de l'été, la longueur de l'ombre projetée par un poteau d'une dimension donnée. Dès l'an 240 av. J.-C., Ératosthène observait en Égypte que, le 21 juin, le Soleil se trouvait à la verticale de Syène (Assouan) mais à 7,5° de la verticale d'Alexandrie ; il évaluait la distance entre les deux villes à 5 000 stades (environ 800 km). Postulant une courbe régulière, il calcula que la circonférence de la Terre était de 252 000 stades, soit près de 40 000 km.

Il introduisit aussi en cartographie un quadrillage élémentaire de latitude et de longitude, et situa le nord au sommet de la carte et l'est à sa droite. Nous utilisons toujours ce système, perfectionné depuis par Ptolémée, puis par Mercator.

Jusqu'à Christophe Colomb, la plupart des Européens n'ont pas imaginé le monde comme un globe mais comme une mappa mundi, un monde plan. Pour des raisons religieuses, les lettrés du Moyen Âge ont réinterprété la géographie grecque et arabe sous l'angle de la Crucifixion chrétienne. Un exemple de ces nombreuses cartes dites « T dans l'O » ou « œcuméniques » (en bas) est conservé dans la cathédrale d'Hereford, en Angleterre. Jérusalem se trouve au centre d'un cercle, symbole de la plénitude et de l'unicité ; une croix en T (en fait, une Méditérranée verticale surmontée des cours du Nil, à droite, et du Don, à gauche) partage le monde selon les terres peuplées par les fils de Noé : l'Asie de Sem en haut, l'Europe de Japhet en bas à gauche, et l'Afrique de Cham en bas à droite. Le paradis est situé loin vers l'est, en Asie, tout en haut de la carte, là où le soleil se lève.

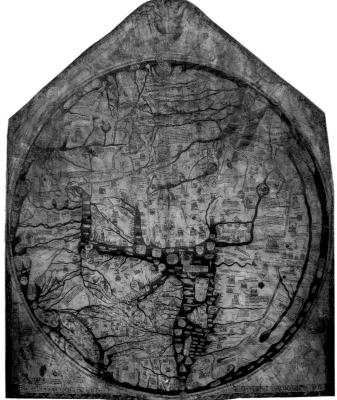

La carte originale de Ptolémée a disparu. Cette reconstitution éditée à Ulm en 1482 montre le monde sphérique tel qu'il était connu juste avant la découverte de l'Amérique. De nombreuses régions d'Europe et du Moyen-Orient sont facilement identifiables mais l'Asie du Sud l'est moins.

L'Afrique, l'Extrême-Orient, l'Océanie et l'Amérique n'apparaissent pas, l'océan Indien est fermé par une terre inconnue (Terra incognita). Le tropique du Cancer et l'équateur, ou cercle équinoxial, sont positionnés avec exactitude, même si l'équateur, très bien

placé en Malaisie et en Indonésie, passe en réalité juste au sud de Taprobana (actuel Sri Lanka), dessiné au centre de l'océan Indien (Mare indicum). La carte indique aussi une bonne connaissance des grands axes de reliefs. La chaîne himalayenne est correctement située en latitude.

Par-delà l'Horizon, le Nouveau Monde

Guillaume Blaeuw, le « Rembrandt de la cartographie », fut le plus grand cartographe hollandais du début des années 1900. Dans son atelier d'Amsterdam, un port en pleine expansion, il imprime quantité d'atlas et de cartes, dont la superbe *Nouvelle Carte géographique et hydrographique de toutes les terres du monde,* qui concurrence par ses détails et sa décoration les déjà très précises mappemondes portugaises et allemandes de la fin du XVIᵉ siècle.

Cette carte, plus familière à nos yeux que les représentations antérieures, n'en mélange pas moins l'imaginaire et la réalité. Les découvertes récentes se mêlent à des allusions mythologiques, à des références classiques et à des motifs décoratifs, tels que navires de combat, étranges monstres marins et immenses poissons volants.

Une frise autour de la carte présente (en haut) sept astres déifiés (de la Lune à Saturne, la cosmologie étant centrée autour du Soleil), les quatre saisons (à droite), les sept merveilles du monde antique (en bas) et les quatre éléments (feu, air, eau et terre) à gauche. En bas, à gauche et à droite, deux vues du monde (« du dessus » et « du dessous ») opposent l'océan Arctique au continent Antarctique (*Magallanica,* Terre inconnue).

La carte est très détaillée ; la projection, la forme et la position relatives des continents sont assez exactes. L'Ancien Monde de l'Europe, de l'Asie et de l'Afrique est particulièrement réussi ; les Caraïbes et l'Amérique du Sud sont bien définies, ce qui témoigne de la progression des découvertes des navigateurs européens.

Les côtes, les ports et les îles sont très précisément placés mais l'intérieur des masses continentales demeure incertain. On connaissait alors assez bien l'Asie, grâce aux liens commerciaux établis avec l'Orient le long de la route de la soie. Quant au lacis complexe des fleuves et des lacs africains, bien que détaillé, il tient plus des récits de voyage que des relevés cartographiques.

L'Amérique du Nord est vide entre des côtes atlantique et pacifique relativement exactes, surtout au nord-est où poissons et fourrures faisaient l'objet d'un commerce actif avec l'Europe. Mais on ne connaissait ni l'intérieur du continent, ni la côte arctique.

Au sud, un autre grand blanc, le continent austral inviolé, baptisé *Magallanica* (en l'honneur de Magellan) se confond localement avec l'Australie, la Nouvelle-Zélande et la Nouvelle-Guinée, qui ne furent pas connues en Europe avant la fin du XVIIIᵉ siècle.

La Nova totius terrarum orbis geographica ac hydrographica tabula (Nouvelle Carte géographique et hydrographique de toutes les terres du monde) *fut gravée en 1606 par le cartographe d'Amsterdam Guillaume Blaeuw. Elle fut souvent réimprimée, avec de légères modifications pour rendre compte des nouvelles découvertes et corriger les erreurs rapportées par d'intrépides voyageurs. Cette édition, qui date de 1620 environ, reprend pour l'essentiel, et embellit, des travaux effectués par les cartographes portugais, notamment Domingo Teixera, dans les années 1570. Le déplacement des grandes écoles de cartographie de la Méditerranée (Espagne et Italie) au Portugal, puis à l'Allemagne et à la France, enfin aux Pays-Bas et à l'Angleterre correspond au glissement du centre de gravité économique et politique de l'Europe, du sud vers le nord, du XVᵉ au XVIIᵉ siècle.*

LA VÉRITÉ MAIS PAS TOUTE LA VÉRITÉ

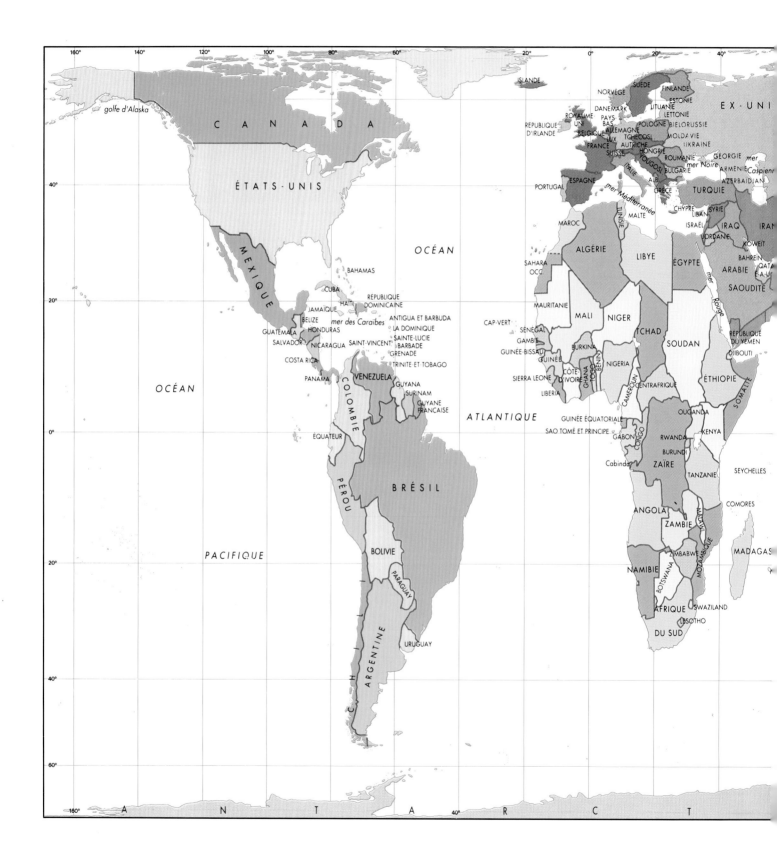

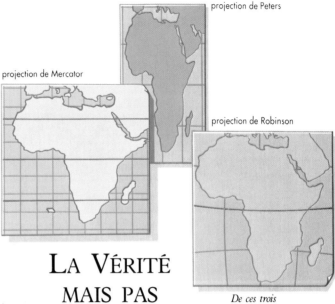

projection de Peters

projection de Mercator

projection de Robinson

LA VÉRITÉ
MAIS PAS
TOUTE LA VÉRITÉ

« ON DIRAIT DES SOUS-VÊTEMENTS D'HIVER, humides et dépenaillés, suspendus au cercle polaire arctique pour y sécher », ironisait le cartographe américain Arthur Robinson en décrivant la carte du monde publiée en 1973 par Arno Peters. Mais, pour beaucoup, cette nouvelle projection est une correction presque obligatoire aux distorsions inhérentes à la plupart des cartes antérieures, notamment celles établies selon les principes de Mercator, les plus reconnus et les plus utilisés encore aujourd'hui.

Par rapport à une sphère, la représentation de Mercator déforme les terres selon la latitude. Si elle est correcte à l'équateur, elle entraîne en revanche une distorsion qui augmente vers les pôles. Ainsi, le Groenland semble aussi grand que la Chine alors qu'il est en réalité quatre fois moins étendu. De même, l'Europe paraît presque de la même taille que l'Amérique du Sud, pourtant deux fois plus vaste.

De plus, elle semble vouloir souligner la supériorité des Européens et des Américains du Nord, car elle exagère les dimensions de leurs continents réciproques au détriment de celles de nombreux pays du tiers monde, situés pour la plupart près de l'équateur. Peters estime que sa projection pourrait désormais pallier ces inconvénients puisqu'elle restitue plus équitablement les superficies réelles.

En fait, il existe bien d'autres représentations équivalentes du monde qui nous surprennent moins. Celle qu'a élaborée Arthur Robinson a rencontré un grand succès et vient d'être adoptée par la revue *National Geographic*. Elle a cependant l'inconvénient — qu'évite celle de Peters — de courber des lignes de longitude et donc de distordre les formes d'une autre façon.

De ces trois représentations de l'Afrique (ci-dessus), laquelle est la bonne ? En un sens, elles le sont toutes. La façon dont un pays, un continent ou une mer apparaît sur une carte varie selon la projection retenue. Celle de Mercator exagère la dimension des pays selon leur distance à l'équateur tandis que celles de Robinson et de Peters sont plus fidèles à la réalité des superficies. Cependant, aucune des trois, étant plane, ne montre l'Afrique telle qu'elle apparaît sur une sphère.

Sur la carte du monde de Peters (à gauche), les méridiens sont, comme sur les cartes en projection Mercator, figurés parallèlement. Mais au contraire de celles-ci, la distance entre deux parallèles successifs diminue avec la latitude de façon à compenser en hauteur l'extension en largeur résultant du parallélisme des méridiens. Dès lors, les superficies sont respectées, mais les formes s'allongent en latitude.

SOUS UN CIEL LIMPIDE, UN PANORAMA INFINI

AVANT LA RENCONTRE ENTRE LE SCULPTEUR californien Tom Van Sant et l'informaticien Lloyd Van Warren, personne n'avait jamais utilisé les images transmises par satellite pour obtenir une représentation globale du monde réel. Le résultat de leur collaboration est une vue stupéfiante de notre Terre dans la lumière cristalline d'un plein jour d'été planétaire, alors que, normalement, les nuages la dissimulent aux deux tiers et que les saisons diffèrent selon les deux hémisphères. Malgré l'échelle réduite, on distingue aisément les sillons creusés par l'Amazone, le Nil, le Congo et leurs affluents; on aperçoit même leurs dépôts alluviaux.

Les couleurs naturelles sont l'autre nouveauté. Les satellites ne photographient pas le monde mais enregistrent une série de longueurs d'onde en réagissant à la chaleur infrarouge et à la lumière visible. Ces informations, expédiées vers la Terre, y sont analysées et transformées en images. Elles peuvent ensuite être coloriées selon l'usage auquel elles sont destinées. Par convention, le vert et le marron sont généralement réservés aux zones sans végétation, routes, parkings, zones industrielles, etc., tandis que la végétation apparaît sous forme de dégradés de rouge.

Sur le portrait de notre planète brossé par Van Sant, les couleurs sont ressemblantes : les mers sont bleues, les neiges éternelles et les glaciers blancs, les rochers et les déserts marron et jaune, et les forêts vertes. Le monde apparaît aussi sous son aspect le plus verdoyant, avec des zones en plein épanouissement de leur végétation.

Les images originelles, destinées au Service national américain d'observation des océans et de l'atmosphère pour les prévisions météorologiques, ont été prises par un satellite en orbite polaire. Chacune de ses images ne montre qu'une toute petite fraction de la Terre, une superficie minuscule de 4 km^2. Mais, la planète tournant sur elle-même, sa représentation se construit progressivement, à la façon d'une mosaïque.

Étant donné leurs exigences — entre autres le moins possible de nuages et la meilleure lumière —, Van Sant et Van Warren ont visionné des dizaines de milliers d'images. Celles qu'ils ont sélectionnées ont été introduites dans un ordinateur graphique et assemblées pour former une image continue.

À présent, Van Sant espère, à partir de sa carte plane, construire une géosphère électronique d'environ 6,5 m de diamètre dans son propre «centre de création de la Terre». Sa surface sera sculptée pour indiquer le relief et recou-

verte d'un film plastique imprimé par ordinateur représentant le monde dans ses moindres détails et précis à 1 km près.

Ce n'est pas un rêve : il existe déjà un prototype de 2 m de diamètre. Équipée d'un moteur et d'un système complexe de projecteurs intérieurs et extérieurs, la sphère de Van Sant pourra reproduire, en temps réel ou par des photographies arrêt-sur-image prises toutes les trente minutes, une énorme quantité de phénomènes divers observés par les satellites en service :

les variations atmosphériques, la migration des baleines, la vidange des pétroliers, la destruction des forêts... Grâce à la possibilité de passer d'une vision planétaire aux photographies régionales à haute résolution, puis à la photographie aérienne à haute et basse altitudes, on pourra réaliser un zoom continu, depuis la Terre entière jusqu'à l'espace d'un seul de ses habitants. Avec cet appareil, les Terriens pourront voir leur planète de l'extérieur, à la fois globalement et en détail.

Van Sant avait été bouleversé par les pre-

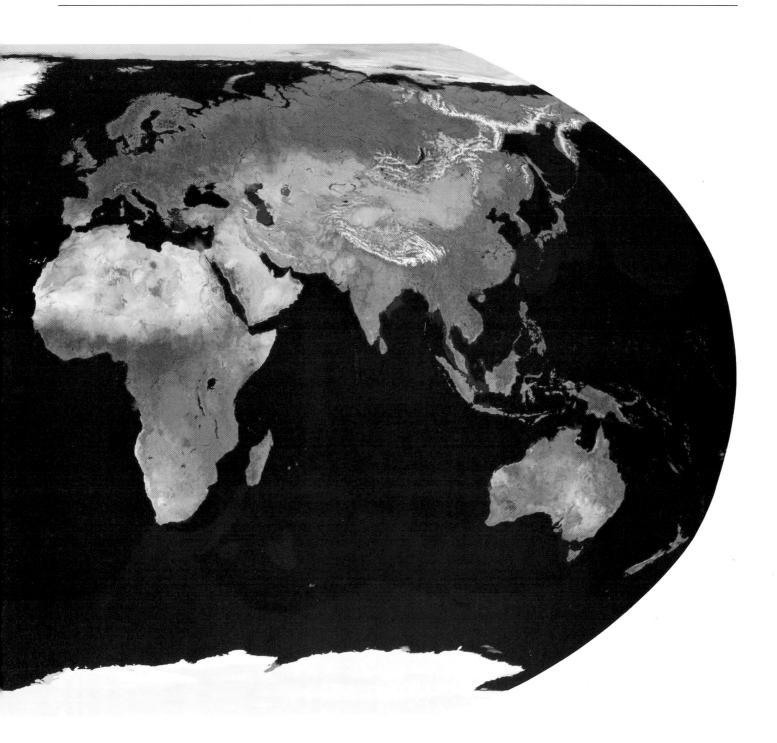

mières photographies satellitaires dans les années 1960; il pense que sa sphère aura un impact comparable sur les générations futures. « Je crois que la paix internationale et la bonne gestion des ressources dépendent de notre prise de conscience planétaire, universelle, opposée à notre vision quotidienne d'une Terre plane. » La géosphère, destinée à voir, surveiller, analyser et éventuellement concevoir les moyens de modifier les phénomènes à l'échelle planétaire, promet d'être sans équivalent dans l'histoire de l'humanité.

Composé de milliers de photos satellitaires du sol terrestre couvrant chacune 4 km² et assemblées par l'artiste californien Tom Van Sant et l'informaticien Lloyd Van Warren, voici le premier portrait de la planète Terre par temps clair sur toute sa surface. Les couleurs sont très proches de la réalité, mais il ne fait nuit nulle part, et c'est l'été partout.

Des Cartes tombées du Ciel

Les vues que nous envoient les satellites placés en orbite autour de la Terre révolutionnent notre conception du monde. On peut désormais obtenir ainsi des images plus exactes et plus rapidement mises à jour que par toutes les autres méthodes d'observation de la planète. Les vues satellitaires sont devenues un outil fondamental dans de nombreux secteurs, notamment la météorologie, l'urbanisme, l'écologie, la prospection minière et le contrôle de la pollution.

Les cartographes utilisent les vues aériennes au moins depuis la fin du XVIIIe siècle, lorsque des savants français quittèrent le sol dans des ballons à air chaud pour dessiner ce qu'ils voyaient. La photographie aérienne par avion — aide précieuse pour les stratèges, pour des raisons évidentes — s'est développée rapidement pendant les deux guerres mondiales. Mais les progrès les plus importants ont été accomplis dans les années 1960 et 1970, grâce aux innovations technologiques qui ont conduit à la mise au point des fusées et des satellites.

Alors que les photographies devaient être physiquement rapportées sur terre, de nouveaux systèmes ont permis de coder l'information à la façon des ondes radio qui sont reçues par des récepteurs au sol, où elles sont interprétées. L'action des détecteurs ne se limite plus au spectre visible de la lumière, contrainte qui les condamnait autrefois à fonctionner uniquement durant le jour. La plupart peuvent aussi « voir » de nuit ou par temps couvert le territoire qu'ils balaient grâce à des longueurs d'onde invisibles. Ils peuvent enregistrer la température interne de la Terre en mesurant les infrarouges ou les ondes thermiques et se moquent des nuages grâce à des radars à ondes très courtes.

L'altitude plus élevée à laquelle les satellites opèrent réduit la perception des détails mais autorise une vision plus large et plus fréquente de chaque région. De plus, ils survolent n'importe quel territoire en toute liberté.

Comme les satellites de télécommunication, les satellites météorologiques planétaires sont placés sur orbite géostationnaire et apparaissent donc immobiles dans le ciel, au-dessus de l'équa-

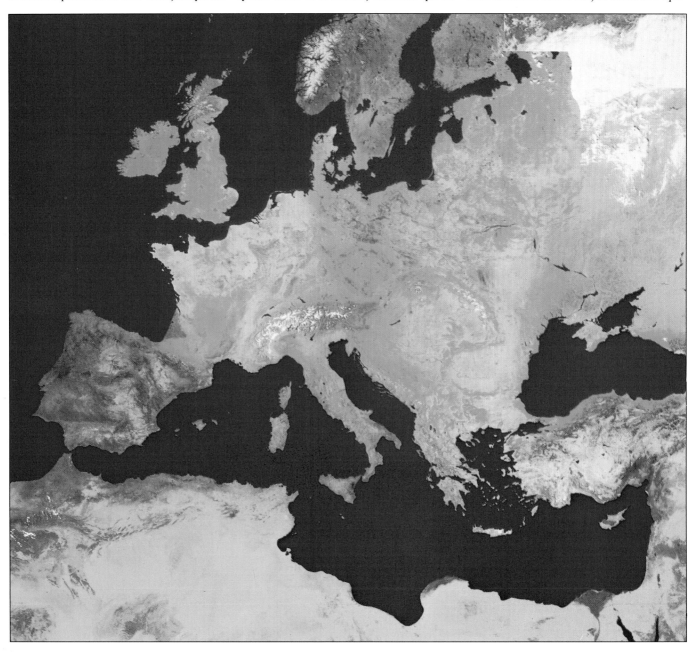

teur, à 36 200 km d'altitude. Les satellites d'observation de la Terre ont des orbites beaucoup plus proches, qu'ils parcourent très rapidement.

Le satellite franco-belge-suédois SPOT et les Landsat américains se trouvent sur orbite polaire et accomplissent un trajet nord-sud, entre 600 et 1 500 km d'altitude, survolant en quelques tours toute la planète.

Les deux premiers Landsat repassent au-dessus du même territoire tous les dix-huit jours. SPOT repasse tous les vingt-six jours, mais à la même heure, sous le même éclairage, avec les mêmes ombres au sol. Par ailleurs, il possède des récepteurs inclinables qui peuvent renouveler la couverture tous les deux jours et demi. Landsat est précis jusqu'à 30 m ; SPOT jusqu'à 10 m, et distingue donc maisons, champs et routes.

Le traitement graphique des données numériques par ordinateur apporte une troisième dimension à la surface terrestre grâce au tracé d'un quadrillage régulier modulé par un paramètre d'altitude (z) à l'intersection des longitudes (x) et des latitudes (y).

Le cartographe commence par tracer un quadrillage sur une carte du relief, puis définit les altitudes et les programmes point par point, jusqu'à ce qu'elles aient été converties en hauteurs sur le quadrillage.

L'ordinateur peut manipuler l'image quadrillée et la montrer sous divers angles, comme si l'observateur planait en avion au-dessus et autour du site. La perspective est facile à distordre pour donner l'impression de proximité ou d'éloignement. Les hauteurs sont très accentuées pour souligner le relief.

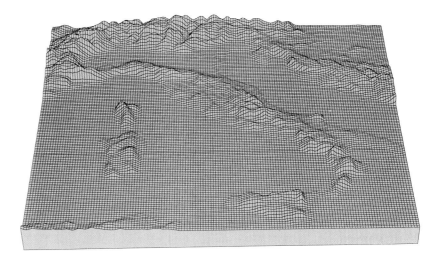

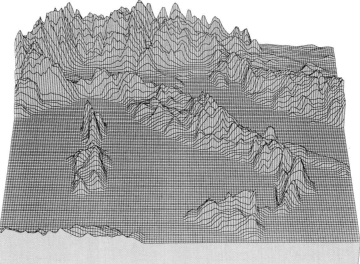

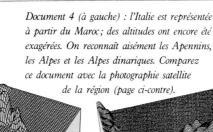

Document 1 (en haut) : l'Italie et son milieu environnant sont vus du sud, depuis le ciel de la Libye. Les chaînes montagneuses ne sont pas exagérées, mais sont cependant bien visibles.

Document 2 (à gauche) : l'Italie est étudiée sous le même angle mais on a exagéré les hauteurs, ce qui rend les montagnes plus proéminentes. La surface du plan a été réduite d'autant.

Document 3 (en bas) : l'Italie est vue depuis la Grèce ; on a aussi calculé une valeur supplémentaire entre chacun des points existants et allongé la maquette du nord au sud. D'où l'impression d'une carte plus détaillée et d'une Italie plus reconnaissable.

Document 4 (à gauche) : l'Italie est représentée à partir du Maroc ; des altitudes ont encore été exagérées. On reconnaît aisément les Apennins, les Alpes et les Alpes dinariques. Comparez ce document avec la photographie satellite de la région (page ci-contre).

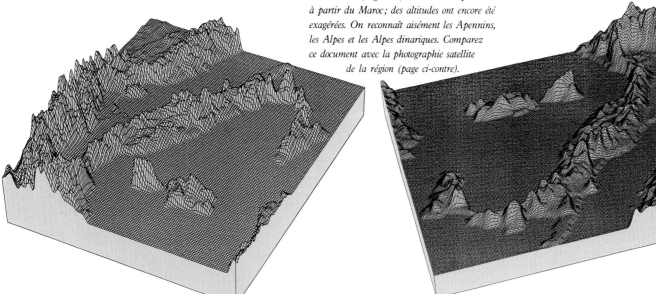

LE MONDE POLITIQUE

OCÉAN

GLACIAL

Spitzberg
(Norvège)

GROENLAND
(DANEMARK)

ISLANDE

Reykjavik

NORVÈGE SUÈDE FINLANDE
Oslo
Stockholm Helsinki

RÉPUBLIQUE DAN. Copenhague Mosco
D'IRLANDE ROYAUME- ALLEMAGNE
UNI P.B. Berlin Varsovie
Dublin Amsterdam Prague POLOGNE
Londres BEL Bruxelles LUX Vienne TCHEC.
Paris AUT HON Budapest
Berne FRANCE ITALIE Belgrade ROUMAN
ANDORRE MONACO YOUGOSLAVIE Bucarès
PORTUGAL Madrid Rome Tirana BUL
Lisbonne ESPAGNE ALB Sofia
mer GRÈCE
ACORES Alger Tunis Méditerranée Athèr
(Port.) MALTE
Madère Rabat TUNISIE Tripoli
(Port.) MAROC

ALASKA
(É.-U.)

C A N A D A

Ottawa

ÉTATS-UNIS

Washington

OCÉAN

ATLANTIQUE

BERMUDES (R.-U.)

Canaries
(Esp.) SAHARA ALGÉRIE LIBYE
OCCIDENTAL

NORD

MEXIQUE

BAHAMAS

la Havane Nassau
CUBA
Port au
Prince RÉPUBLIQUE DOMINICAINE
Mexico HAITI PORTO ST CHRISTOPHE ET NIÈVES
BELIZE Kingston Saint RICO ANTIGUA ET BARBUDA
GUATEMALA Belmopan JAMAIQUE Domingue
Guatemala HONDURAS DOMINIQUE
San Salvador Tegucigalpa STE-LUCIE BARBADE
SALVADOR NICARAGUA ST-VINCENT GRENADE
Managua GRENADINES
San José Panama TRINITE-ET-TOBAGO
COSTA RICA PANAMA Caracas

ÎLES HAWAII (É.-U.)

OCÉAN

PACIFIQUE

VENEZUELA Georgetown
Paramaribo
Bogota SURINAM Cayenne
COLOMBIE GUYANA GUYANE FRANÇAISE
Quito
ÉQUATEUR

MAURITANIE
Nouakchott MALI NIGER TCHAD
CAP-VERT Dakar SÉNÉGAL Niamey N'Djamena
Banjul Bamako BURKINA
GAMBIE Ouagadougou NIGERIA
GUINÉE-BISSAU Bissau GUINÉE Lagos
Conakry SIERRA GHANA Porto Novo R.ÉP.
Freetown LÉONE CÔTE Lomé CENTRAFRICAINE
Monrovia D'IVOIRE Accra Malabo Yaoundé Bangui
LIBERIA Abidjan GUINÉE
ÉQUATORIALE CONGO
SAO TOMÉ Libreville ZAÏRE
ET PRINCIPE GABON Brazzaville
CABINDA Kinshasa

PÉROU B R É S I L

Lima

La Paz Brasilia

BOLIVIE

OCÉAN

Luanda

ANGOLA

ZAMB:

NAMIBIE

Windhoek BOTSWAN

PARAGUAY

Assomption

ATLANTIQUE

Gaborone

ARGENTINE URUGUAY

Santiago Montevideo

Buenos Aires

SUD

Maseru

AFRIQUE
DU SUD

Le Cap

îles Falkland (R.-U.)

ARCTIQUE

ANCIEN BLOC SOVIÉTIQUE

mer Noire

mer
Caspienne

Oulan-Bator

MONGOLIE

CORÉE DU NORD

Pékin

Pyongyang Séoul

JAPON

Tôkyô

Ankara

TURQUIE

Nicosie

CHYPRE LIB.

SYRIE

Damas

Bagdad Téhéran

Kaboul

Islamabad

CHINE

jérusalem

Amman

IRAQ

IRAN

AFGHANISTAN

IS. JORDANIE

KOWEIT

e Caire

Koweit City

PAKISTAN

New Delhi

NÉPAL

Thimbou

Katmandou

BHOUTAN

OCÉAN

GYPTE

ARABIE

QATAR Doha

Riyad

E.A.U.

Mascate

INDE

BANG.

Dhaka

TAIWAN

BIRMANIE VIÊT-NAM

HONGKONG

SOUDAN

SAOUDITE

OMAN

LAOS Hanoï

PACIFIQUE

Khartoum

YÉMEN

Sanaa

Rangoon

Vientiane

DJIBOUTI

Djibouti

THAILANDE

Manille

Addis-Abeba

Bangkok CAMBODGE

PHILIPPINES

ÉTHIOPIE

Phnom Penh

SRI LANKA

BRUNEI

SOMALIE

MALDIVES

Colombo

OUGANDA

Kampala

KENYA

MALAYSIA

ampala

gali

RWANDA

Nairobi

Kuala Lumpur

SINGAPOUR

BURUNDI

ujumbura

Dodoma

SEYCHELLES

OCÉAN

INDONÉSIE

Jakarta

PAPOUASIE

ÎLES SALOMON

TANZANIE

NLLE-GUINÉE

COMORES

Port Moresby

Honiara

oka

Lilongwe

INDIEN

FIDJI

MALAWI

MADAGASCAR

arare

Antananarivo

Suva

BABWE

MOZAMBIQUE

MAURICE

etoria

Maputo

AUSTRALIE

Mbabane

SWAZILAND

ESOTHO

Canberra

NLLE-ZÉLANDE

Wellington

ALB.- ALBANIE
AUT.- AUTRICHE
BANG.- BANGLADESH
BEL.- BELGIQUE
BULG.- BULGARIE
DAN.- DANEMARK
ÉAU.- ÉMIRATS ARABES UNIS
HON.- HONGRIE
IS.- ISRAËL
LIB.- LIBAN
L.- LIECHTENSTEIN
LUX.- LUXEMBOURG
P.B.- PAYS-BAS
S.- SUISSE
TCHEC.- TCHÉCOSLOVAQUIE

LE MONDE PHYSIQUE

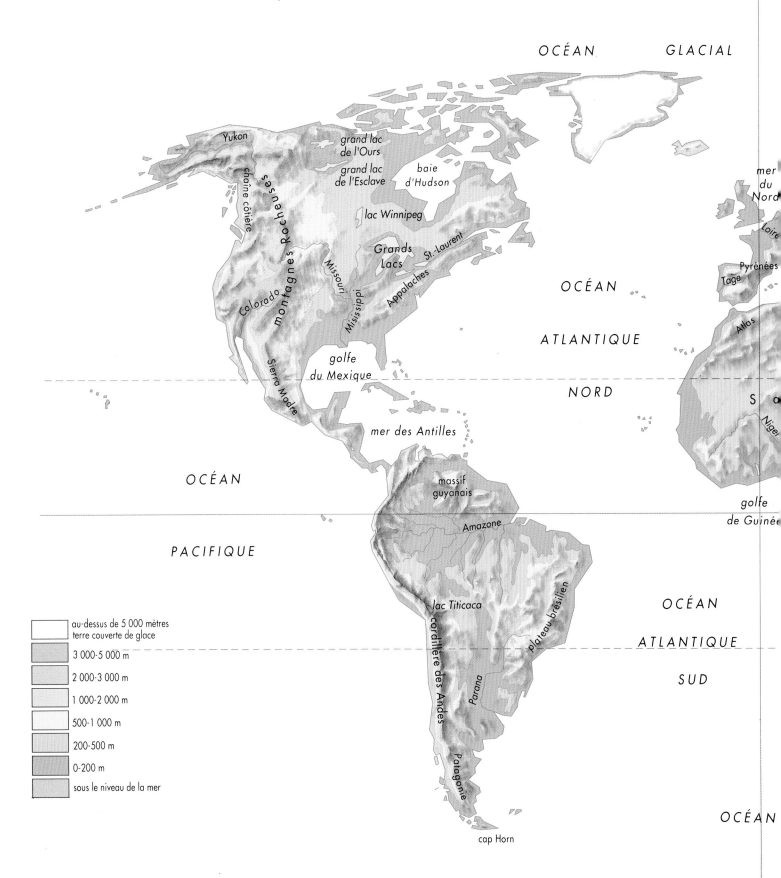

OCÉAN GLACIAL

Yukon

grand lac de l'Ours

grand lac de l'Esclave

baie d'Hudson

mer du Nord

chaîne côtière

lac Winnipeg

montagnes Rocheuses

Grands Lacs

St-Laurent

Loire

Missouri

Pyrénées

Tage

Colorado

Mississippi

Appalaches

OCÉAN

Atlas

ATLANTIQUE

golfe du Mexique

Sierra Madre

NORD

S

mer des Antilles

Niger

massif guyanais

OCÉAN

golfe de Guinée

Amazone

PACIFIQUE

lac Titicaca

plateau brésilien

OCÉAN

ATLANTIQUE

cordillère des Andes

Parana

SUD

Patagonie

OCÉAN

cap Horn

au-dessus de 5 000 mètres
terre couverte de glace

3 000-5 000 m

2 000-3 000 m

1 000-2 000 m

500-1 000 m

200-500 m

0-200 m

sous le niveau de la mer

254

ARCTIQUE

Lena

mer de Béring

er Baltique

Oural

Volga

lac Baïkal

Amour

Danube

mer Noire

mer Caspienne

mer d'Aral

désert de Gobi

mer du Japon

Méditerranée

Tigre

Euphrate

Tian Shan

Huang He

Indus

Himalaya

Brahmapoutre

Yangzi Jiang

OCÉAN

Tropique du Cancer

Nil

mer Rouge

g. Persique

Gange

a r a

Rug'al-Khali

golfe du Bengale

Mékong

PACIFIQUE

Tchad

Nil Bleu

mer de Chine méridionale

massif éthiopien

(Zaïre) Congo

Nil Blanc

Équateur

lac Victoria

lac Tanganyika

OCÉAN

grande barrière de Corail

lac Malawi

cordillère australienne

Zambèze

INDIEN

Tropique du Capricorne

désert de Kalhahari

grand désert Victoria

Darling

Drakensberg

Murray

cap de Bonne-Espérance

ANTARCTIQUE

255

BIBLIOGRAPHIE

Ouvrages généraux :

Auriac, F., Brunet, R., et al. : *Espaces, jeux et enjeux,* Fondation Diderot, Fayard, Paris, 1986
Benko, G., et al. : *la Dynamique spatiale de l'économie contemporaine,* Éditions de l'espace européen, Colombes, France, 1991
Brunet, R., et al. : *Géographie universelle en dix volumes,* Hachette/Reclus, Paris, 1990-1995
Klatzmann, J. : *Attention statistiques !,* Éditions La Découverte, 1985
Lanegran, D. A., et Palm, R. : *An Invitation to Geography,* McGraw-Hill, New York, 1978
Le Nouvel État du monde, Bilan de la décennie 1980-1990, La Découverte, Paris, 1991
Reader, J. : *Man on Earth,* Collins, Londres, 1988

Géographie physique :

Allègre, C. : *l'Écume de la Terre,* Fayard, Paris, 1983
Avérous, P., Mazin, J.-M. : *Histoire de la Terre des origines à nos jours,* Nouvelle Encyclopédie Nathan, Paris, 1988
Kandel, R. : *le Devenir des climats,* Hachette, Paris, 1990
Labeyrie, J. : *L'Homme et le climat,* Denoël, Paris, 1985
Muir Wood, R. : *Earthquakes and Volcanoes,* Mitchell Beazley, Londres, 1986
Rebeyrol, Y. : *la Terre toujours recommencée,* La Découverte, Paris, 1991
Rebeyrol, Y. : *Tourbillons et turbulences,* La Découverte, Paris, 1991
Revue de l'Unesco : Nature et ressources, édition trimestrielle, en français, anglais ou espagnol, Parthenon Publishing, Casterton Hall, Royaume-Uni
Revue Hérodote n° 12 : *la Géographie et sa physique,* Paris, 1978
Revue Hérodote n° 24 : *Terres à hauts risques,* Paris, 1982
Revue Hérodote n° 32 : *Géopolitiques de la mer,* Paris, 1984
Revue Hérodote n° 39 : *Climats et géopolitique,* Paris, 1985
Scheps, R., et al. : *la Mémoire de la Terre,* Seuil, Paris, 1991
Scientific American : *la Dérive des continents,* Pour la Science, Belin, Paris, 1980
Smith, P. J., et al. : *la Terre,* Armand Colin, Paris, 1987
Uyeda, S. : *The Earth : A New View,* Freeman-Cooper, San Francisco, 1982

Recueils statistiques :

Banque mondiale : *Rapport annuel,* Banque internationale pour la reconstruction et le développement, annuel, Washington/Paris

Beaujeu-Garnier, J., Gamblin, A., Delobez, A. : *Images économiques du monde,* annuel, SEDES, Paris
Brown, L. R., rapport annuel, Worldwatch Institute of Washington, Norton, Londres/Washington
Encyclopædia Universalis : les Chiffres du monde, Paris, 1991
Généreux, J., et al. : *Enjeux du monde, panorama économique mondial,* Hachette, 1988, Paris
IFRI, et Montbrial, T. de : *Ramses, Rapport annuel sur le système économique et les stratégies,* annuel, Dunod, Paris
INED : *Tous les pays du monde,* rapport annuel, INED, Paris
INSEE : *Économie et statistique,* annuel, INSEE, Paris
L'État du monde, annuel, La Découverte, Paris
Le Monde : Bilan économique et social, numéro spécial Dossiers et documents, annuel, Paris
ONU : *État de la population mondiale,* Fonds des Nations unies pour les activités en matière de population, New York, 1991
ONU : *la Situation des enfants dans le monde,* Fonds des Nations unies pour l'enfance (UNICEF), Paris, 1990
ONU : *Rapport mondial sur le développement humain,* Programme des Nations unies pour le développement (PNUD), New York, 1990
Rapport du CEPII : *Économie mondiale 1990-2000 : l'impératif de croissance,* Economica, Paris, 1992

Atlas spécialisés :

Allen, J., et al. : *Geographical Digest 1990-91,* Heinemann Philip Atlases, Oxford, 1990
Atlas du monde, Sélection du Reader's Digest/Rand Mac Nally, Paris, 1991
Atlas universel, Sélection du Reader's Digest/Le Monde, Paris, 1990
Barraclough, G., et al. : *Petit atlas de l'histoire mondiale,* Albin Michel, Paris, 1984
Chaliand, G., Rageau, J.-P. : *Atlas des Européens,* Fayard, Paris, 1989
Chaliand, G., Rageau, J.-P. : *Atlas de la découverte du monde,* Fayard, Paris, 1984
Chaliand, G., Rageau, J.-P. : *Atlas politique du XXᵉ siècle,* Seuil, Paris, 1988
Chaliand, G., Rageau, J.-P. : *Atlas stratégique,* Fayard, Paris, 1983
Grand Atlas de l'histoire mondiale, Encyclopædia Universalis/Albin Michel, Paris, 1984
Grand atlas des explorations, Encyclopædia Universalis, Paris, 1992
Grant, Neil, Middleton, Nick : *Mondorama,* Solar, Paris, 1987
Kidron, M., Segal, R. : *Nouvel Atlas encyclopédique du monde,* Calmann-Lévy, 1984

Le Grand Livre du monde, Sélection du Reader's Digest, Paris, 1992
Marenches, A. de, et al. : *Atlas géopolitique,* Stock, Paris, 1986
Médecins sans frontières/Reporters sans frontières/G.I.P. Reclus : *Atlas mondial des libertés,* ARLEA, Paris, 1989
Middleton, N. : *Atlas of Environmental Issues,* Oxford University Press, Oxford/New York, 1988
Newby, E. : *The Mitchell Beazley World Atlas of Exploration,* Mitchell Beazley, Londres, 1975
Prévot, V., Boichard, J., Lanselle, P. : *Géopolitique transparente,* Magnard, Paris, 1988
Segal, G. : *The Simon and Schuster Guide to the World Today,* Simon and Schuster, New York/Londres, 1987
Vallaud, P., et al. : *la Puissance économique,* Atlas, Hachette, Paris, 1990
Vidal-Naquet, P., et al. : *Atlas historique : Histoire de l'humanité, de la préhistoire à nos jours,* Hachette, Paris, 1987
Whitfield, P., et al. : *The Atlas of the Living World,* Weidenfeld and Nicolson, Londres, 1989

Origine et diversité des hommes :

Balibar, E., Wallerstein, I. : *Race, nation, classe,* La Découverte, Paris, 1991
Breton, R. : *les Ethnies,* Presses universitaires de France, Paris, 1992
Clévenot, M., et al. : *l'État des religions dans le monde,* Le Cerf/La Découverte, Paris, 1990
Coppens, Y. : *le Singe, l'Afrique et l'homme,* Fayard, Paris, 1982
Instituto geografico De Agostini s.p.a., Novara : *l'Homme dans le monde,* Éditions Atlas, Paris, 1980
Jastrow, R. : *Des astres, de la vie, des hommes,* Points Sciences, Seuil, Paris, 1975
Lewontin, R. : *la Diversité des hommes,* Pour la Science, Belin, Paris, 1984
Lumley, H. de, et al. : *Origine et évolution de l'homme,* Muséum national d'histoire naturelle, Paris, 1984
National Geographic Society : *Peuples menacés de la Terre,* Flammarion, Paris, 1977
Rebeyrol, Y. : *Lucy et les siens,* La Découverte, Paris, 1990
Revue Hérodote n° 42 : *Géopolitique des langues,* Paris, 1986
Revue Hérodote n° 53 : *Églises et géopolitique,* Paris, 1990

Démographie :

Carr, M. : *Patterns, Process and Change in human Geography,* Macmilan, Londres, 1987
Chesnais, J.-C. : *la Population du monde, de l'Antiquité à 2025,* Bordas, Paris, 1991

Courrier de l'Unesco : *l'Enjeu démographique,* janvier 1992, Paris, 1992
Revue Hérodote n° 53 : *Géopolitique des diasporas,* Paris, 1989
Vallin, J. : *la Population mondiale,* La Découverte, Paris, 1992

Économie planétaire :

Barry Jones, R. J. : *Conflict and Control in the World Economy,* Weatsheaf, Brighton, 1986
Beaud, M. : *Histoire du capitalisme,* Points Seuil, Paris, 1987
Beaud, M. : *l'Économie mondiale dans les années 80,* La Découverte, Paris, 1989
Beaud, M. : *le Système national/mondial hiérarchisé,* La Découverte, Paris, 1987
Boulding, K. E. : *The World as a Global System,* Sage Publications, Beverly Hills, 1985
Bourguinat, H. : *l'Économie mondiale à découvert,* Calmann-Lévy, Paris, 1985
Fossaert, R. : *Le Monde au XXIᵉ siècle, une théorie des systèmes mondiaux,* Fayard, Paris, 1991
Knox P. et Agnew, J. : *Thᵉ Geography of the World Economy,* Edward Arnold, Londres/New York, 1989
Mattelart, A. : *la Communication monde,* La Découverte, Paris, 1992
Siroen, J.-M. : *l'Économie mondiale vers l'an 2000,* A. Colin, Paris, 1988
Sorman, G. : *La Nouvelle Richesse des nations,* Fayard, Paris, 1987
Stoffaes, C. : *Fins de mondes,* Odile Jacob, Paris, 1987

Approches écologiques :

Alphandery, P., Bitoun, P., Dupont, Y. : *l'Équivoque écologique,* La Découverte, Paris, 1991
Commission des Nations unies pour l'étude de l'habitat humain : *Rapport global sur l'environnement humain,* New York, 1987
Courrier de l'Unesco : *Environnement et développement, un pacte planétaire,* novembre 1991, Unesco, Paris, 1991
Faucheux, S. et Noël, J. F. : *les Menaces globales sur l'environnement,* La Découverte, Paris, 1989
Goldsmith, E., Hildyard, N., Bunyard, P., McCully, P. : *5 000 jours pour sauver la planète,* Chêne, Paris, 1990
Knapp, B., et al. : *Challenge of the Human Environment,* Longman, Harlow, 1989
La Documentation française : *État de l'environnement,* publication annuelle, Paris
ONU : *Comment relever le défi que nous lancent la population et l'environnement ?,* Fonds des Nations unies pour les activités en matière de population, New York, 1991
Pearce, D. : *Green Economics,* Envi-

ronmental Values, n° 1, 1992, White Horse Press, Cambridge, 1992
Revue Hérodote n° 26 : *Écologies/Géographie,* Paris, 1982
Tudge, C. : *The Encyclopedia of environment,* Christopher Helm, Londres, 1988
World Commission on Environment and Development : *Notre avenir à tous,* Éditions du Fleuve, Montréal, 1988

Évolution des paysages :

Brunet, R., et al. : *Paysages, images, espaces ;* Revue *Mappemonde,* n° 4 1987, Éditions G.I.P. Reclus, Montpellier
Brunsden, D., Doornkamp, J. : *The Unquiet Landscape,* Douglas David and Charles, Vancouvert, 1973
Dagonet, F., et al. : *Mort du paysage ?,* Champ Vallon Éditeur, Diffusion La Découverte, Paris, 1992
Hoskins, W. G. : *The Making of the English Landscape,* Hodder and Stoughton, Londres, 1985
Jellicoe, G. et S. : *The Landscape of Man,* Thames and Hudson, Londres/New York, 1975
Ministère français du plan et de l'aménagement du territoire : *Paysages, photographies,* Éditions Hazan, Paris, 1985
Pinchemel, P., et al. : *Lire les paysages,* La Documentation française, Paris, 1987
Pitte, J.-R. : *Histoire du paysage français,* 2 tomes, Taillandier, 1983
Quillet, B. : *le Paysage retrouvé,* Fayard, Paris, 1991
Revue Hérodote n° 44 : *Paysages en action,* Paris, 1987

Dynamiques locales :

Antarctique, Sélection du Reader's Digest, Paris, 1991
Baynham, S. ; *Africa from 1945 : Conflict in the 20ᵗʰ Century,* Franklin Watts, New York, 1987
Clark, D. : *Post-Industrial America,* Methuen, Londres/New York, 1984
Documentation française : *l'URSS : la dislocation du pouvoir,* collection Études, Paris, 1991
Gentelle, P. : *l'État de la Chine,* La Découverte, Paris, 1991
Grosser, A. : *l'Allemagne en Occident,* Fayard, collection Pluriel, Paris, 1991
Lacoste, C. et Y. : *l'État du Maghreb,* La Découverte, Paris, 1992
Lennkh, A., Toinet, M.-F., et al. : *l'État des États-Unis,* La Découverte, Paris, 1990
Lhomel, E., Schreiber, T., et al. : *l'Europe centrale et orientale, de l'espoir aux réalités,* Collection Études, Paris, 1991
May, J. : *The Greenpeace Book of Antarctica,* Dorling Kindersley, Londres, 1986
Ménudier, H., et al. : *l'Allemagne,*

de la division à l'unité, Publications de l'Institut d'allemand de la Sorbonne nouvelle, Paris, 1991

Morin, E. : *Penser l'Europe*, Gallimard, Paris, 1987

Revue *Hérodote* nº **40** : *Géopolitiques de la France*, Paris, 1986

Revue *Hérodote* nº **27** : *Méditerranée américaine : Guatemala, Salvador, Nicaragua, Antilles...*, Paris, 1982

Revue *Hérodote* nº **35-36** : *Géopolitique des islams*, Paris, 1984-1985

Revue *Hérodote* nº **41** : *le Jeu des frontières : l'Afrique, les bantoustans*, Paris, 1986

Revue *Hérodote* nº **45** : *Alertes en Méditerranée*, Paris, 1987

Revue *Hérodote* nº **46** : *Géopolitiques en Afrique*, Paris, 1987

Revue *Hérodote* nº **47** : *Géopolitique de l'URSS*, Paris, 1987

Revue *Hérodote* nº **48** : *Europe médiane*, Paris, 1988

Revue *Hérodote* nº **49** : *Géopolitiques en Asie des moussons*, Paris, 1988

Revue *Hérodote* nº **50-51** : *La France, une nation, des citoyens*, Paris, 1988

Revue *Hérodote* nº **52** : *Australasie, Philippines, Indonésie, Australie...*, Paris, 1989

Revue *Hérodote* nº **54-55** : *les Marches de la Russie*, Paris, 1989

Revue *Hérodote* nº **57** : *De Gibraltar à Panama*, Paris, 1990

Revue *Hérodote* nº **58-59** : *A l'Est et au Sud*, Paris, 1990

Revue *Hérodote* nº **60-61** : *L'Occident et la guerre des arabes*, Paris, 1991

Revue *Hérodote* nº **62** : *les Territoires de la nation*, Paris, 1991

Revue *Hérodote* nº **63** : *Balkans et balkanisation*, Paris, 1991

Revue *Hérodote* nº **64** : *Cela s'appelait l'URSS*, Paris, 1992

Ricardo, R., Wallerstein, I. : *L'Europa e l'economica politica del sistemamondo*, Franco Agnelli, Milan, 1987

Sabouret, J.-F. : *L'État du Japon*, La Découverte, Paris, 1990

Sautter, C. : *les Dents du géant : le Japon à la conquête du monde*, Olivier Orban, Paris, 1987

Todd, E. : *l'Invention de l'Europe*, Seuil, Paris, 1990

Verdié, M., et al. : *l'État de la France et de ses habitants*, La Découverte, Paris, 1987

Vernet, D. : *la Renaissance allemande*, Flammarion, Paris, 1992

Approches du tiers monde :

Arnaud, P. : *la Dette du tiers monde*, La Découverte, Paris, 1988

Beddis, R. : *The Third World : Development and Interdependence*, Oxford University Press, Oxford/New York, 1989

Comarin, E., et al. : *l'État du tiers monde*, La Découverte, Paris, 1989

Coquery-Vidrovitch, C., Forest, A. : *Décolonisations et nouvelles dépendances*, Presses universitaires de Lille, Lille, 1986

Fanon, F., préface de J.-P. Sartre : *les Damnés de la Terre*, texte de 1961, réédition La Découverte, Paris, 1985

Lacoste, Y. : *Contre les anti-tiers-mondistes*, La Découverte, Paris, 1985

Latouche, S. : *la Planète des naufragés, essai sur l'après-développement*, La Découverte, Paris, 1991

Magdoff, H. : *l'Impérialisme, de l'époque coloniale à nos jours*, La Découverte, Paris, 1980

Ominami, C. : *le Tiers Monde dans la crise*, La Découverte, Paris, 1986

Péan, P. : *l'Argent noir, corruption et sous-développement*, Fayard, Paris, 1988

Reportages *Le Monde* : *les Paradoxes de la pauvreté*, Le Monde-Éditions, Diffusion La Découverte, Paris, 1992

Rouillé d'Orfeuil, H. : *le Tiers Monde*, La Découverte, Paris, 1987

Verhagen, K. : *l'Autodéveloppement ?*, L'Harmattan, Paris, 1991

Wallraff, G. : *Lowest of the Low*, Methuen, Londres, 1988

Découverte de la Terre :

Boorstin, D. : *les Découvreurs, d'Hérodote à Copernic, de Christophe Colomb à Einstein, l'aventure de ces hommes qui inventèrent le monde*, Seghers, Paris, 1986

Bougainville, L. A. de : *Voyage autour du monde*, texte de 1767-1769, La Découverte, Paris, 1985

Cartier, J. : *Voyages au Canada, avec les relations des voyages en Amérique de Gonneville, Verrazano et Roberval*, La Découverte, Paris, 1985

Colomb, C. : *la Découverte de l'Amérique, relations de voyage, 1493-1504*, La Découverte, Paris, 1980

Coquery, C. : *la Découverte de l'Afrique*, Archives Julliard, 1965

Cumming, W. P., et al. : *The Discovery of North America*, Elek Books, Londres, 1971

Davidson, B. : *The Story of Africa*, Mitchell Beazley, Londres, 1984

Favier, J. : *les Grandes Découvertes, d'Alexandre à Magellan*, Fayard, Paris, 1991

Martinière, G., Varela, C., et al. : *l'État du monde en 1492*, La Découverte, Paris, 1992

Pigafetta, A. : *Relation du premier voyage autour du monde par Magellan*, extraits choisis par L. Peillard, Tallandier, 1984

Reclus, E. : *l'Homme et la Terre*, texte de 1906, réédition de morceaux choisis par B. Giblin, F. Maspéro/La Découverte, Paris, 1982

T'Serstevens, A. : *le Livre de Marco Polo ou le Devisement du monde*, texte de 1295-1299, Prodifu, Paris, 1978

Économie agricole :

Bessis, S. : *L'Arme alimentaire*, La Découverte, Paris, 1985

Bessis, S. : *la Faim dans le monde*, La Découverte, Paris, 1988

Charvet, J.-P. : *la Guerre du blé : bases et stratégies des grands exportateurs*, Economica, Paris, 1988

Chonchol, J. : *le Défi alimentaire, la faim dans le monde*, Larousse, Paris, 1987

Chonchol, J. : *Paysans à venir*, La Découverte, Paris, 1991

De Castro, J. : *Géopolitique de la faim*, Les Éditions ouvrières, Économie et Humanisme, Paris, 1952

Klatzmann, J. : *les Politiques agricoles : idées fausses et illusions*, Presses Universitaires de France, Paris, 1972

Klatzmann, J. : *Nourrir dix milliards d'hommes ?*, Presses Universitaires de France, Paris, 1983

Klatzmann, J. : *Nourrir l'humanité*, Éditions I.N.R.A./Economica, Paris, 1991

Économie industrielle :

Bowles, S., Gordon, D. M., Weisskopf, T. E. : *l'Économie du gaspillage*, La Découverte, Paris, 1991

Chevalier, J.-M., Barbet, P., Benzoni, L. : *Économie de l'énergie*, Publications de la Fondation nationale des Sciences politiques, Paris, 1987

De Bandt, J., Hugon, P. : *les Tiers Nations en mal d'industrie*, Economica, Paris, 1988

Dicken, P. : *Global Shift : Industrial Change in a Turbulent World*, Harper and Row, Londres, 1986

Fottorino E. : *les Années folles des matières premières : 1972-1987*, Hatier, Paris, 1988

Fouquin, M., et al. : *Industrie mondiale : la compétitivité à tout prix*, Economica, Paris, 1986

Womack, J.-P., Jones, D. T., Ross, D. : *le Système qui va changer le monde*, Dunod, Paris, 1992

Économie commerciale et financière :

Archambault, E., Greffe, X., et al. : *les Économies non officielles*, La Découverte, Paris, 1988

Brown, A. J. : *World Inflation since 1950*, Cambridge University Press, Cambridge, 1985

Bye, M., Destanne de Bernis, G. : *Relations économiques internationales*, 5ᵉ éd., Dalloz, Paris, 1987

Couvrat, J.-F., Pless, N. : *la Face cachée de l'économie mondiale*, Hatier, Paris, 1988

Das, D. K. : *Migration of Financial Resources to Developing Countries*, Macmillan, Londres, 1986

Dehove, M., Mathis, J. : *le Système monétaire international*, Dunod, Paris, 1986

Delbrel, G., et al. : *Géopolitique de la drogue*, La Découverte, Paris, 1991

Denizet, J. : *les Déséquilibres monétaires et financiers internationaux*, Éditions universitaires de Fribourg (Suisse), 1987

De Vries, M.-G. : *The IFM in a changing World, 1945-1985*, Fonds Monétaire International, Washington, 1986

Rainelli, M. : *le Commerce international*, La Découverte, Paris, 1988

Vellas, F. : *Économie et politique du tourisme international*, Economica, Paris, 1985

Villes :

Ansay, P. et Schoonbrodt, R. : *Penser la ville*, Éditions Archives d'architecture moderne, Bruxelles, 1990

Benko, G. : *Géographie des technopoles*, Masson, Paris, 1991

Buchanan, C., et al. : *l'Automobile dans la ville*, Imprimerie nationale, Paris, 1963

Cannat, N. : *Sous les bidons, la ville*, L'Harmattan, Paris, 1988

Coutras, J. : *Des villes traditionnelles aux nouvelles banlieues*, SEDES, Paris, 1990

Fondation Agnelli : *Tecnocity*, Turin, 1984

Giedon, S., préface de W. Gropius : *Espace, temps, architecture*, La Connaissance Weber, Bruxelles, 1968

Hall, P. : *The World Cities*, Weidenfeld and Nicolson, Londres/New York, 1984

Harpham, T., et al. : *In the Shadow of the City*, Oxford University Press, Oxford/New York, 1988

Kerorguen, Y. de, Merlant, P. : *Technopolis*, Autrement, Paris, 1986

Massiah, G., Tribillon, J.-F. : *Villes en développement*, La Découverte, Paris, 1990

McClure, B., Régnier, B. : *Promenades d'architecture à Paris*, La Découverte, Paris, 1989

Mumford, L. : *la Cité à travers l'histoire*, Seuil, Paris, 1964

Paquot, T. : *Homo urbanus*, Éditions du Félin, Paris, 1990

Revue *Hérodote* nº **19** : *Habitat sous-intégré*, Paris, 1980

Revue *Hérodote* nº **31** : *l'Implosion urbaine*, Paris, 1983

Tribillon, J.-F. : *l'Urbanisme*, La Découverte, Paris, 1990

Fronts et frontières :

Brémond, J., et al. : *Dictionnaire de la pensée politique, hommes et idées*, Hatier, 1989

Chaliand, G. : *Anthologie mondiale de la stratégie*, Bouquins, Laffont, Paris, 1990

Foucher, M. : *Fronts et frontières*, Fayard, Paris, 1988

Kidron, M., et Smith, D. : *The War Atlas*, Pan, Londres, 1983

Klare, M. T., et Kornbluh, P. : *Low Intensity Warfare*, Methuen, Londres, 1989

Korinman, M. : *Quand l'Allemagne pensait le monde*, Fayard, Paris, 1990

Revue *Hérodote* nº **41** : *le Jeu des frontières*, Paris, 1986

Cartographie :

Archives nationales de France : *Espace français, vision et aménagement, XVIᵉ-XIXᵉ siècles*, Archives nationales, Paris, 1987

Brunet, R. : *la Carte, mode d'emploi*, Fayard/Reclus, Paris, 1987

Centre français de création industrielle : *Cartes et Figures de la Terre*, centre Georges Pompidou, Paris, 1980

Chandeigne, M. : *Lisbonne hors les murs : 1415-1580, l'invention du monde par les navigateurs*, Éditions Autrement, Paris, 1990

Courrier de l'Unesco : *Cartes et cartographes, les arpenteurs de la Terre*, juin 1991, Paris, 1991

Downs, R. M., Stea, D. : *Maps in Mind*, Harper and Row, New York, 1977

Harley, J. B., Woodward, D. : *Histoire de la cartographie*, American Geographic Society, Milwaukee (É.-U.), 1987-1992

Leinekugel-le-Cocq, M. : *Premières Images de la Terre*, J. Cuénot éditeur, Paris, 1977

Maury, J.-P. : *Comment la Terre devint ronde*, Découvertes Gallimard, Paris 1989

Meining, D. W. : *The Shaping of America, 1492-1800*, Yale University Press, New Haven/Londres, 1986

Peters, A. : *Atlas of the World*, Longman, Londres/New York, 1989

Pinheiro Marques, A. : *la Cartographie portugaise et la construction de l'image du monde*, Imprensa Nacional, Lisbonne, 1991

Revue *Hérodote* nº **13** : *Dominer : cartes et quadrillage*, Paris, 1979

Westwood, J., et al. : *les Hauts Lieux et leurs mystères : Babel, Machu Picchu, Atlandide, Cnossos...*, Nathan, 1987

Photographies satellitaires :

Association des explorateurs de l'espace, et Kelley, K. W. : *Clairs de Terre, les plus belles photographies prises depuis l'espace*, Bordas, Paris, 1988

Spot Image et Lemesle, J.-P. : *le Tour du monde en deux heures*, Le Cherche Midi, Paris, 1989

Wombwell, P. : *The Globe : representing the World*, Impressions Gallery of Photography, New York, 1989

INDEX

261

REMERCIEMENTS

CRÉDITS PHOTOGRAPHIQUES

g = gauche ; *d* = droite ; *c* = centre ; *h* = haut ; *b* = bas

Couverture, de g. à d. : vue Landsat du centre de la Californie, Photo Science Librairy ; Dallas, Tony Stone ; la Bourse de Hongkong, Telegraph Color Library ; rizières en terrasses aux Philippines, Rex Features.
1 : Caravane de dromadaires, désert du Sahara, Ascani/Hoa-Qui ; 2*g* : Maison peinte ndébélé, Afrique du Sud, P. de Wilde/Hoa-Qui ; 2*hd* : Gondoles, Venise, photothèque vénitienne ; 2*bd* : Angmagssalik, Groenland, Robert Harding ; 3 : Dallas de nuit, Texas, Mark Segal/Tony Stone Associates ; 4*h* : Coiffure de cérémonie, Philippines, E. Valentin/Hoa-Qui ; 4*b* : Carrefour, Tōkyō, Bruno Barbey/Magnum ; 5 : Bourse, Hongkong, The Telegraph Colour Library ; 6 : Ferme, Oshkosh, Wisconsin, Georg Gerster/The John Hillelson Agency ; 8-9 : Edmond van Hoorick ; 10 : Office national suisse du tourisme ; 10-11 : Edmond van Hoorick ; 12 : Nestlé S.A. ; 13 : Alain Morvan/Franck Spooner Pictures ; 14-15 : Y. Arthus Bertrand/Ardea ; 16-17 : S. Jonasson/Frank Lane/Bruce Coleman Inc. ; 20-21 : National Remote Sensing Centre ; 23 : Spectrum Colour Library ; 24-25 : Tony Stone Associates ; 28-29 : Robert Harding ; 30-31 : Paolo Gori/The Image Bank ; 32 : E. Valentin/Hoa-Qui ; 34-35 : David Muench ; 36-37 : Liz et Tony Bomford/Ardea ; 38-39 : Don Klumpp/The Image Bank ; 40 : Sarah Errington/The Hutchinson Library ; 42-43 : Tibor Hirsh/Susan Griggs Agency ; 45 : Musée Condé, Chantilly/Giraudon ; 46-47 : Robert Harding ; 49 : Michael Friedel/Rex Features ; 50-51 : Gerhard Gscheidle/The Image Bank ; 52-53 : Ma Po Shum/Aspect ; 55 : Adam Woolfitt/Susan Griggs Agency ; 56-57 : Michael Holford ; 57 : Royal Geographical Society, Londres/The Bridgeman Art Library ; 59 : Sebastiao Salgado/Magnum ; 61 : British Library ; 62-63 : M. Huet/Hoa-Qui ; 64-65 : D. C. Lowe/Tony Stone Associates ; 68-69 : Manchester City Council ; 70 : Archiv für Kunst und Geschichte ; 72 : The Kobal Collection ; 74-75 : Sepp Seitz/Susan Griggs Agency ; 76*g* : The Mansell Collection ; 76*d* : Mary Evans ; 77 : Topham Picture Source ; 78 : Frank Spooner Pictures ; 79 : Julian Calder/Tony Stone Associates ; 80 : Anthony Suau/Black Star/Colorific! ; 85*h* : John Massey Stewart ; 85*b* : Thierry Cazabon/Tony Stone Associates ; 86 : Steve Mc Curry/Magnum ; 88 : Jay Maisel/The Image Bank ; 91 : Curtis Willocks/Stockphotos ; 93 : Anthony Suau/Black Star/Colorific! ; 94 : Richard Kalvar/Magnum ; 98 : Earth Satellite Corporation/Science Photo Pictures ; 99 : Adam Woolfitt/Susan Griggs Agency ; 101 : Robert Harding ; 103 : David Beatty/Susan Griggs Agency ; 104 : Robert Harding ; 107*h* : Abbas/Magnum ; 107*b* : Airphoto/Susan Griggs Agency ; 112 : Gunter Heil/Zefa ; 112-113 : Geoff Tompkinson/Aspect ; 114 : John Moss/Colorific! ; 117 : Grandadam/Explorer ; 118 : Scianna/Magnum ; 121 : J. Kyle Keener/Katz Pictures ; 122 : David Hughes/Bruce Coleman ; 125 : Novosti/Katz Pictures ; 127 : Carp/Stern ; 128-129 : Georg Gerster/The John Hillelson Agency ; 134-135 : Orion Press/Zefa ; 135*h* : Annet Held/Arcaid ; 135*b* : François Perri/Colorific! ; 136*h* : Burt Glinn/Magnum ; 136*b* : Saharoff/Hoa-Qui ; 138-139 : Roland et Sabrina Michaud/The John Hillelson Agency ; 140-141 : Leo Meier/Weldon Trannies ; 142-143 : Earth Satellite Corporation/Science Photo Library ; 144-145 : Wendy Watriss/Susan Griggs Agency ; 152 : Paulo Fridman/Colorific! ; 155 : Paul Chesley/Photographers Aspen ; 158-159 : Roy Garner/Rex Features ; 160 : Earth Satellite Corporation/Science Photo Library ; 161 : Bodleian Library, Oxford ; 163 : John Lawlor/Tony Stone Associates ; 165 : Steve Benbow/Impact ; 168-169 : The Telegraph Colour Library ; 169 : Peter M. Miller/The Image Bank ; 170-171 : Bill Weems/Woodfin Camp ; 171 : Jason Shenai/Susan Griggs Agency ; 172-173 : JAS Photographic ; 175 : Georg Gerster/The John Hillelson Agency ; 176-177 : The Bridgeman Art Library ; 177 : David Paterson ; 179 : Royal Geographical Society ; 180 : Peter Charlesworth/JB Pictures/Katz Pictures ; 180-181 : Julian Calder/Tony Stone Associates ; 181 : Lewis/Network ; 182-183 : Pictor International ; 185 : S. Franklin/Magnum ; 187 : Richard Bryant/Arcaid ; 188-189 : Sarah Leen/Matrix/Katz Pictures ; 194*h* : M. Setboun/Rapho/Network ; 194*c* : Spectrum Colour Library ; 194*b* : Chip Hires/Frank Spooner Pictures ; 195*hg* : Frank Spooner Pictures ; 195*hd* : Pacemaker Press International ; 195*b* : Eddie Adams/Frank Spooner Pictures ; 198 : Asupi/Impact ; 201 : Sarah Leen/Matrix/Katz Pictures ; 202 : Popperfoto/AFP ; 204 : Popperfoto ; 207*g* : Frank Spooner Pictures ; 207*d* : Mark Cator/Impact ; 208 : Rex Features ; 210-211 : The Telegraph Colour Library ; 216 : Eve Arnold/Magnum ; 216*hd* : Jay Dickman/Matrix/Katz Pictures ; 216*bg* : Eve Arnold/Magnum ; 216*bd* : Rex Features ; 218-219 : Éric Bouvet/Frank Spooner Pictures ; 220 : Georg Gerster/The John Hillelson Agency ; 222 : P. Habans/Sygma ; 224 : Liba Taylor/The Hutchinson Library ; 225 : Topham Picture Library ; 226 : Photo News/Frank Spooner Pictures ; 228-229 : John Reardon/Rex Features ; 230 : Steve McCurry/Magnum ; 231 : Mark Cator/Impact ; 232 : D. Erwitt/Magnum ; 233 : Rex Features ; 234-235 : QA Photos ; 238 : Markel/Liaison/Frank Spooner Pictures ; 242-243 : Royal Geographical Society, Londres/The Bridgeman Art Library ; 243 : par autorisation du doyen et du chapitre de Hereford ; 244-245 : Royal Geographical Society ; 246-247 : Projection de Peters/Oxford Cartographers ; 248-249 : Tom Van Sant/GeoSphere Project ; 250-251 : The Telegraph Colour Library.

CARTES ET ILLUSTRATIONS

g = gauche ; *d* = droite ; *c* = centre ; *h* = haut ; *b* = bas

8 : Chapman Bounford ; 9 : Paul Selvey ; 10 : Matthew Bell ; 11 : Paul Selvey ; 12 : Trevor Hill ; 17 : Euromap ; 18-19 : Matthew Bell ; 20 : Euromap ; 21 : Matthew Bell ; 22 : Matthew Bell ; 24 : Matthew Bell ; 25 : Euromap ; 26-27 : Matthew Bell ; 29 : Matthew Bell ; 30 : Matthew Bell ; 31 : Euromap ; 32 : Euromap ; 33 : Matthew Bell ; 35 : Euromap ; 36 : Matthew Bell ; 37 : Euromap ; 39 : Euromap ; 41 : Martin Woodford ; 43*h* : Euromap ; 43*b* : Matthew Bell ; 44 : Matthew Bell ; 47 : Euromap ; 48 : Euromap ; 50 : Matthew Bell ; 51 : Euromap ; 52 : Matthew Bell ; 53 : Euromap ; 54*h* : Euromap ; 54*cb* : Matthew Bell ; 57 : Euromap ; 58 : Euromap ; 60 : Matthew Bell ; 61 : Euromap ; 63*h* : Euromap ; 63*b* : Matthew Bell ; 66-67 : Susan Beresford ; 68 : Euromap ; 70 : Euromap ; 71 : Trevor Hill ; 72-73 : Trevor Hill ; 74*h* : Trevor Hill ; 74*cb* : Euromap ; 75 : Euromap ; 77 : Trevor Hill ; 78 : Euromap ; 79 : Paul Selvey ; 81 : Trevor Hill ; 82-83 : Susan Beresford ; 84-85 : Euromap ; 86-87 : Trevor Hill ; 88-89 : Euromap ; 90 : Euromap ; 91 : Paul Selvey ; 92 : Euromap ; 93 : Simon Roulstone ; 94 : Trevor Hill ; 95 : Simon Roulstone ; 96-97*b* : Anthony Cowland ; 97*h* : Paul Selvey ; 98-99 : Trevor Hill ; 100-101 : Euromap ; 102-103 : Euromap (cartes), Trevor Hill (illustrations) ; 105 : Richard Manning ; 106 : Trevor Hill ; 108-109 : Susan Beresford ; 110-111 : Simon Roulstone ; 114-115 : Trevor Hill ; 116-117 : Euromap ; 118-119 : Trevor Hill ; 120-121 : Euromap ; 122 : Paul Selvey ; 123 : Richard Manning ; 124 : Euromap ; 125 : Trevor Hill ; 126-127 : Trevor Hill ; 130-131 : Susan Beresford ; 132-133 : Euromap ; 135 : Euromap ; 137*hb* : Euromap ; 137*c* : Anthony Cowland ; 138 : Anthony Cowland ; 139*g* : Anthony Cowland ; 139*d* : Euromap ; 140-141*b* : Martin Woodford ; 141*h* : Euromap ; 142 : Martin Woodford ; 145*g* : Euromap ; 145*d* : Aziz Khan ; 146-147*h* : Pavel Kostal ; 146-147*b* : Martin Woodford ; 148-149 : Susan Beresford ; 150-151*h* : Euromap ; 150-151*bd* : Martin Woodford ; 153*h* : Euromap ; 153*b* : King & King ; 154-155 : Trevor Hill ; 155*h* : Euromap ; 156-157 : Euromap ; 158 : Euromap ; 161 : Anthony Cowland ; 162 : Chapman Bounford ; 163*g* : Trevor Hill ; 163*d* : Euromap ; 164 : Martin Woodford ; 165 : Euromap ; 166-167 : Susan Beresford ; 168 : King & King ; 169 : Euromap ; 170*h* : Euromap ; 170*b* : Trevor Hill ; 171 : Trevor Hill ; 172 : Martin Woodford ; 173*h* : Euromap ; 173*b* : Martin Woodford ; 174*h* : Anthony Cowland ; 174-175 : Martin Woodford ; 177 : Euromap ; 178-179 : Chapman Bounford ; 180 : Euromap ; 183*h* : Euromap ; 183*b* : Anthony Cowland ; 184-186 : Trevor Hill ; 186-187 : Anthony Cowland ; 187*h* : Euromap ; 190-191 : Susan Beresford ; 192-193*c* : Neil Breedon ; 192-193*hb* : Paul Selvey ; 195*h* : Paul Selvey ; 195*b* : Martin Woodford ; 196 : Mick Saunders ; 197*h* : Paul Selvey ; 197*b* : Mick Saunders ; 198-199*c* : Neil Breedon ; 198-199*b* : Paul Selvey ; 200-201*b* : Ian Howatson ; 201*h* : Paul Selvey ; 202 : Paul Selvey ; 203 : Martin Woodford ; 205*h* : Richard Manning ; 205*b* : Paul Selvey ; 206*h* : Paul Selvey ; 206-207*b* : Martin Woodford ; 209 : Mick Saunders ; 210 : Matthew Bell ; 211 : Paul Selvey ; 212-213 : Susan Beresford ; 214-215 : Trevor Hill ; 214*d* : Paul Selvey ; 219*h* : Paul Selvey ; 219*cb* : Matthew Bell ; 221*c* : Trevor Hill ; 221*h* : Paul Selvey ; 222-223 : Ian Howatson ; 225 : Paul Selvey ; 227 : Trevor Hill ; 228-229 : Martin Woodford ; 229*h* : Paul Selvey ; 231*h* : Paul Selvey ; 231*c* : Matthew Bell ; 234-235 : Paul Selvey ; 236-237 : Paul Selvey ; 238-239 : Martin Woodford ; 240-241*b* : Lovett Johns Cartographers ; 241*h* : Dick Bateman ; 242 : Matthew Bell ; 247 : Matthew Bell ; 251 : Chapman Bounford ; 252-253 : Euromap. L'éditeur remercie particulièrement la Fondation Venise en péril pour les informations qu'elle lui a fournies. Il remercie également les Drs Tony Warnes et Rita Gardner pour leurs conseils.

ATLAS DU MONDE RÉEL

Publié par Sélection du Reader's Digest
Photocomposition : MCP, Orléans
Photogravure : Reprocolor Llovet SA, Barcelone, Espagne
Impression et reliure : Industria Grafica SA, Barcelone, Espagne

PREMIÈRE ÉDITION

Achevé d'imprimer : septembre 1992
Dépôt légal en France : octobre 1992
Dépôt légal en Belgique : D.1992.0621.64
Imprimé en Espagne
Printed in Spain